全国各类成人高等学校专升本招生统考教材

民　法

尹志强　主　编

北京邮电大学出版社
·北　京·

图书在版编目(CIP)数据

民法/尹志强主编. —北京:北京邮电大学出版社,2011.2(2016.3重印)
全国各类成人高等学校招生考试复习教材. 专升本
ISBN 978-7-5635-2585-0

Ⅰ.①民… Ⅱ.①尹… Ⅲ.①民法—中国—成人教育:高等教育—升学参考资料 Ⅳ.①D923

中国版本图书馆CIP数据核字(2011)第022819号

书　　名　民　法
主　　编　尹志强
责任编辑　查海敏
出版发行　北京邮电大学出版社
社　　址　北京市海淀区西土城路10号　邮编 100876
经　　销　各地新华书店
印　　刷　北京市彩虹印刷有限责任公司
开　　本　787 mm×1 092 mm　1/16
印　　张　18
字　　数　427千字
印　　次　2016年3月第6次印刷
书　　号　ISBN 978-7-5635-2585-0
定　　价　36.00元

如有印刷问题请与北京邮电大学出版社联系　电话:(010)62283578
E-mail:publish@bupt.edu.cn　Http://www.buptpress.com

出版说明

为了使学生在复习备考过程中不至于迷失方向,学习更有针对性,以达到事半功倍的效果,北京师范大学成人考试教材编写组的朱家珏、程正方、周星、梁中义、李仲来等教授接到最新考试大纲后亲自主笔认真地修订了本次的《全国各类成人高等学校招生考试专升本统考教材》。参加本套丛书修订的这些教授在我国教育战线德高望重,他们大多都参加了大纲的修订和考试命题工作,在修订的过程中,本着对教学认真负责的原则,坚持了以大纲为依据,坚持了以教学为目标,坚持了以突出成人考试特点为方向。他们以严谨的工作作风,以对成人高考(专升本)准确到位的把握,使本套丛书的最新修订版本融入了新的命题思想和观点。本套丛书经修订后奉献给读者,更能起到良好的效果。

本套丛书已经做了全面删改,更换了教材中以及市场反馈的一些略显陈旧、不合情理的内容。考生可通过众创汇嘉网站(http://www.bjzchj.cn/)激活"在线考试系统"进行在线练习及模拟测试,并免费下载"通关宝典",还可通过微信公众平台系统了解成考相关信息。

本套丛书包括《政治》《英语》《民法》《大学语文》《教育理论》《医学综合》《生态学基础》《艺术概论》《高等数学(一)》《高等数学(二)》《时事政治》。

在修订的过程中,本套丛书仍然坚持了下面三个特点:第一,注重针对成人学习的特点,强调科学性;第二,注重试题解释应试能力训练,强调实用性;第三,注重吸收新知识、新成果,强调时代性。

本套丛书可选作成人高考教学的标准教材,同时对高中以上相关人员自学、教研都有很好的参考价值。

编　者

目　　录

第一部分　总　　论

第二部分　物　　权

第三部分　债　　权

第四部分　人　身　权

第五部分 婚姻家庭

第六部分 继 承 权

第七部分 民 事 责 任

附 录 部 分

第一部分 总 论

第一章 民法概述

学习目标

理解民法的概念和调整对象。掌握民法的渊源和适用范围。了解民法基本原则的概念，掌握我国民法各项基本原则的内涵。

一、民法的概念

民法是调整平等主体之间的财产关系和人身关系的法律规范的总称。

1. 广义的民法与狭义的民法

广义的民法是指所有的调整平等主体之间财产关系和人身关系的法律规范。包括独立存在、名为民法的法律规范，如我国的《民法通则》；也包括存在于其他法律文件中的民事法律规范，如《中华人民共和国土地管理法》中有关土地所有权和使用权的规定；还有名称不叫民法但性质上属于民法的法律，如《中华人民共和国公司法》《中华人民共和国票据法》以及最高人民法院的民事司法解释、地方性民事法规、国家认可的民事习惯等也都属于广义上的民法。

狭义的民法仅指名为民法的法律规范。

2. 实质意义上的民法和形式意义上的民法

实质意义上的民法是指在性质上属于调整平等主体之间财产关系和人身关系的法律。形式意义上的民法是指国家立法机关通过一定的程序、按照一定的逻辑体系编纂、以法典方式命名的民事成文法。我国目前还没有民法典。

3. 民法典与民法通则

民法典是国家立法机关按照一定的逻辑体系编纂并予以颁行的民事立法文件。它是民法的最高形式，具有逻辑严密、体系完备、条文众多、相对稳定等特点。

我国现在还没有制定民法典，《民法通则》不是民法典，而是民事单行法，《民法通则》为民法典的制定奠定了一定的基础。

4. 民法和商法

商法是调整商事关系的法律规范。商事关系是指以营利为目的的各种交易关系。

在大陆法系国家，有“民商合一”和“民商分立”两种立法模式。在“民商合一”的立法模式中，民法和商法合为一体，在民法典之外不存在独立的商法典，商法是民法的特别法。在“民商分立”的立法模式下，民法典之外另有商法典，商法典有不同于民法典的特点。我国基本上采取了“民商合一”的立法模式，没有专门的独立的商法典，但有如：公司法、票据法、证券法、破产法、保险法、海商法等单行商事法。

5. 公法和私法

公法和私法是分别适用于主体之间不平等或平等两种不同的社会关系的法律。公法是调整主体之间具有一方服从于另一方的特点的社会关系的法律；私法是调整平等主体之间社会关系的法律。公法是以维护国家利益和公共利益为出发点，私法则以维护个人的权利为出发点。民法以个人的权利和正当利益为终极关怀点，以自己特有的原则和方法，防止对个人权利的不法侵害，相对于维护国家利益和公共利益的公法来说，属于私的法律，即私法。当然，现代社会中，对公法和私法的划分并没有一个明确的界限，有所谓“公法的私法化”和“私法的公法化”等学说。

二、民法的调整对象

根据《民法通则》第2条的规定，我国民法的调整对象是平等主体之间的财产关系和人身关系。

财产关系是指人们在产品的生产、分配、交换和消费过程中形成的具有经济内容的社会关系。人身关系是指人们基于人格和身份所形成的社会关系。不同的财产关系和人身关系有着不同的特点，分属不同的法律调整，民法只调整平等主体之间的财产关系和人身关系。而如税收关系等具有命令和服从性质的财产关系，以及如领导与被领导的关系等则不是民法的调整范围。

平等主体是指参加民事法律关系地位平等的当事人。在民法调整的社会关系中，不论当事人是自然人、法人、国家，也不论当事人的地位、身份、经济状况如何，彼此之间的法律地位平等，没有领导和服从的关系，任何一方都不得把自己的意志强加给对方。

三、民法的渊源

（一）民法的渊源的概念

民法的渊源是指民法的表现形式。民法同其他法律规范一样，必须借助于一定的形式表现出来，才能成为具有国家强制力的行为准则。

（二）民法的渊源的种类

1. 制定法

制定法是指立法机关以条款形式编纂，制定成文件并予颁行的法律。民法的制定法形式有以下几种：

（1）宪法。宪法是全国人民代表大会制定的根本大法，具有最高的法律效力。宪法中有关财产所有权的制度、公民的基本权利和义务的制度等，都是民法的表现形式。民事基本法和单行法都必须以宪法的有关规定为依据。

（2）民事法律。民事法律是全国人民代表大会及其常务委员会制定颁布的民事立法文件，是我国民法的主要表现形式。民事法律的形式有民事基本法、民事单行法、民事特别法的区分。民事基本法就是民法典，我国现在还没有民法典，《民法通则》起着民事基本法的一大部分作用。民事单行法，是为调整某特定类型的民事关系而制定和颁行的法律。我国目前的民事法律，以单行法的形式为特征，《中华人民共和国合同法》（以下简称《合同法》）、《中华人民共和国担保法》《中华人民共和国继承法》《中华人民共和国专利法》《中华人民共和国商标法》《中华人民共和国著作权法》等，都属于单行法。民事特别法是指相对于民事基本法而具有特别规定的单行法。民事特别法既遵循民事基本法的基本原则和规定，又有特别的原则和规定，而且这些特别的原则和规定，应当优先适用。如《中华人民共和国公司法》《中华人民共和国票据法》等，就属于民事特别法。

（3）国务院及其各部委发布的行政法规、规章中的民事规范。国务院是国家最高行政机关，可以根据宪法、法律和全国人民代表大会常务委员会的授权，制定和发布民事规范。由国务院及其部委发布的民事规范，是我国民法的重要表现形式。例如《商标法实施细则》等。

（4）地方性法规、民族区域自治条例和单行条例中的民事规范。地方各级权力机关、行政机关依照宪法和法律制定和颁布的，只在本地区内发生法律效力的民事规范，也是我国民法的渊源。

(5)最高人民法院的司法解释。最高人民法院是我国的最高审判机关，有权就审判工作中具体运用民事法律进行司法解释。最高人民法院的民事司法解释，是我国民法的重要渊源之一。例如《关于贯彻执行 < 中华人民共和国民法通则 > 若干问题的意见(试行)》(以下简称《民通意见》)等。

2. 习惯法

民事习惯是人们在民事活动中反复适用所形成的相对固定的行为规则。经过国家认可的民事习惯，成为民法的渊源。

四、民法的适用范围

民法的适用范围，也称民法的效力，是指民事法律规范在何时、何地、对何人发生法律效力。民法的效力包括以下三个方面：

1. 民法对人的效力

民法对人的效力即指民法对哪些人有法律效力。民法上的人包括自然人和法人。我国民法对人的效力主要有以下几种情况：

第一，对居住在我国境内的中国公民和设立在中国境内的中国法人，都具有法律效力。

第二，对于居留在我国境内的外国人、无国籍人和经我国政府准许设立在中国境内的外国法人，原则上都具有法律效力，但依法享有外交豁免权的人除外。另外，我国民法中某些专门由中国公民、法人享有的权利，对外国人、无国籍人和外国法人不具有法律效力。

第三，居住在外国的我国公民，原则上适用住在国的民法，而不适用我国民法。但是，依照我国法律以及我国与其他国家缔结的双边协定，或我国参加的国际条约，我国认可的国际惯例，应当适用我国民法的，仍然适用我国民法。

2. 民法在时间上的效力

民法在时间上的效力主要指两个方面：

第一，民事法律规范发生法律效力的起、止时间，即从什么时候开始生效，到什么时间终止效力。立法上对民事法律规范开始生效的时间，通常有两种做法：一种是在法律文件中明确规定，该法从其通过或公布之日起开始生效；另一种是在民事规范的条文中，单独列举一条说明该规范在公布后的什么时间才开始生效。例如，《民法通则》是 1986 年 4 月 12 日通过的，但该法第 156 条规定："本法自 1987 年 1 月 1 日起施行。"这种规定是为了让人们在新法生效之前了解该法，并给有关司法机关以准备时间。民事法律的失效时间，法律本身一般都不作规定，而是通过下列方式进行：自然失效，即当某一民事法规规定的任务已经完成后，该法规的效力自然终止；在公布新的法律时，明确宣布以前的同类法规与其相抵触的部分效力终止；修改并重新公布实施法律，并宣布原法律的效力终止。

第二，民法上的溯及既往效力，即民法对于其公布实施以前发生的民事关系有无溯及既往的效力。通常情况下，新的民事法律，只适用于该法生效后所发生的民事关系，也就是说，民法原则上没有溯及既往的效力。

3. 民法在空间上的效力

民法在空间上的效力是指民法在什么地域内适用。由于制定法律的机关不同，民事法规在空间上的适用范围也就不同。一般分为两种情况：

第一，凡是由全国人民代表大会及其常委会、国务院及其各部、委等中央机关制定并颁布的民事法规，适用于中华人民共和国的领土、领空、领水，以及根据国际法和国际惯例应当视为我国领域的一切领域。例如,我国的驻外使馆、领馆,我国在境外的船舶、飞机等。

第二,凡是地方各级政权机关所颁布的法规,只在该地区内发生法律效力,在其他地区不发生效力。

从以上两种情况可以看出,我国民法的适用范围以属地法为原则,即凡是在中国领域内发生的民事活动,原则上都适用中国法律。

五、民法的基本原则

(一)民法基本原则的概念

民法的基本原则是指在民事立法和司法中必须遵守的,其效力贯穿民法始终的根本性规则。

民法的基本原则反映民事活动的根本属性,其内容具有普遍的约束力,是指导民事立法、民事审判活动和民事主体的民事活动的最高准则。民法的基本原则是克服法律局限性的工具。

(二)我国民法的基本原则

根据《民法通则》的规定,我国民法的基本原则有以下几项:

1. 自愿原则

《民法通则》第4条规定:民事活动应当遵循自愿……原则,从而确立了本原则。自愿原则是指民事主体在不违反法律的条件下能够充分根据自己的内心意愿,设立、变更和终止民事法律关系的原则。自愿原则也称"意思自治原则"。该原则只有在私法领域才可适用,而且主要在财产关系中适用,在人身关系中其适用的空间不大,因为人格关系和身份关系原则上是不能由主体创设的。同时,应注意的是,自愿原则并非当事人可以任意作为,在民事活动中当事人也须遵守强制法的有关规定。

自愿原则有三方面含义:第一,民事主体有权自愿决定是否进行某一民事活动,他人无权干涉;第二,民事主体在合法范围内有选择对方当事人以及行为的内容、行为的方式的自由;第三,民事主体有权约定解决纠纷的条款,确定解决争议的方式。

2. 平等原则

平等原则是指民事主体在民事活动中法律地位平等,当事人之间不存在一方服从另一方的关系的原则。平等作为民法的基本原则之一,具有历史文化性,是社会进步的表现。平等原则是民法所调整的社会关系本质的最集中反映,也是民法区别于其他部门法的主要标志。在民事法律关系中,没有平等是不可想象的。我国《民法通则》第3条规定:当事人在民事活动中的地位平等。其基本含义是:参加民事活动的当事人,无论是自然人还是法人,无论其所有制性质如何,也无论其经济实力强弱,其在法律上的地位是平等的,适用的法律是同一的,法律也对双方提供平等的保护。平等有两种:一是结果平等,即不论人的天赋、才能、机遇如何,通过民事活动产生的结果应大致均等;二是机会平等,即社会为每个人提供的机会是相同的,平等的。至于结果上的不平等,是正常的,在市场经济条件下,平等只能是机会平等,民法的作用和任务是保障民事主体在机会平等的基础上,进行竞争。但是,结果平等也是法律关注的,如果出现了普遍的结果不平等影响了人类的进步,法律就应当修改有关的规则,调整机会的合理性。

3. 公平原则

公平原则是指民事立法应当体现社会正义和公平的观念,民事主体应当依据社会公认的公平观念从事民事活动,司法机关应当本着社会正义和公平的精神行使裁判权的原则。《民法通则》第4条规定了这一原则,它是社会进步和正义的道德在民法上的表现。

这一原则的含义有三个方面:第一,民事主体参加民事活动的机会是公平的;第二,民事主体在享有权利和承担义务方面不能显失公平;第三,民事主体在承担民事法律责任方面,条件是公平的、相同的，通常，按过错来承担责任，双方无过错但有损害的，由双方合理分担损失。

4. 等价有偿原则

等价有偿原则是指在交换财产的民事活动中，民事主体应当按照价值规律进行交换的原则。

这一原则的含义是：第一，在交换财产的民事活动中，双方当事人都应当支付对价；第二，双方当事人取得的利益应当基本相当，按照交换财产的价值来衡量，任何一方均不失公平；第三，民事主体的权益受到不法侵害的，加害人应按价值规律给予相当的赔偿，使受害人的权益回复到未受害之时的状态。

5. 诚实信用原则

诚实信用原则是指在民事活动中必须实事求是、讲究信誉、不规避法律、兼顾他人权益的原则。

诚实信用原则，要求民事主体以诚实、善意的态度行使民事权利和履行民事义务，使当事人都能得到应得的利益，不容许损人利己；当发生特殊情况，使当事人之间的利益失去平衡时，法官可以公平裁量，调整双方的利益。

6. 禁止滥用权利的原则

禁止滥用权利原则是指行使民事权利不得超越正当界限，不得损害他人权益，不得违反法律和社会公德，不得损害社会公共利益的原则。在传统民法上，禁止滥用权利是诚实信用原则的当然内容。《民法通则》第7条、第58条规定了这一原则，行使权力超过了正当界限，违反法律或社会公德、侵害他人民事权益或社会公共利益，就构成滥用权利，行为人应当承担相应的民事责任。

第二章 民事法律关系

学习目标

理解民事法律关系的概念、特征及要素。掌握民事权利的概念与分类。理解民事权利的保护方法。了解民事义务的概念与分类。

一、民事法律关系概述

1. 民事法律关系的概念

民事法律关系是指当事人之间符合民法规范的具有民事权利义务内容的社会关系。民事法律关系是民法调整对象在法律上的具体体现。在实际生活中,人们之间会产生各种关系,其中符合民事法律规范,具有民事权利和义务内容的才是民事法律关系。

2. 民事法律关系的特征

民事法律关系有以下特征:

①主体地位平等

在民事法律关系中,主体的法律地位是平等的,而不管其是自然人还是法人,也不论其行政职务的高低、财产的多寡,这与行政法律关系中的命令与服从特征是不同的;

②民事权利和民事义务对等

在民事法律关系中,民事主体在享受一定权利的同时,也相应地承担一定的义务;

③权利救济和补偿性民事主体地位平等

在一方受到侵害时,当事人不能惩罚另一方,法律只是保障受侵害人得到补偿。

3. 民事法律关系的要素

民事法律关系由主体、客体、内容三个要素组成。

(1)主体

民事法律关系的主体是指参加民事法律关系、享有民事权利承担民事义务的人。包括自然人、法人。在特定条件下国家作为整体也可以成为民事主体。

民事法律关系是人与人之间的关系,所以,一个民事法律关系,至少有两方主体,其中,享受权利的一方是权利主体,承担义务的一方是义务主体。通常情况下,民事主体既是权利主体,又是义务主体。这是由法律关系的权利义务的对等性所决定的。

(2)内容

民事法律关系的内容,是民事主体在法律关系中享有的民事权利和承担的民事义务。

(3)客体

民事法律关系的客体,是民事权利和民事义务共同指向的对象。包括物、行为和智力成果。

①物。这是指具有使用价值并能为人力所支配的物质实体和自然力。具体内容将在物权的有关章节中详细阐述。

②行为。这是指民事法律关系中权利人行使权利和义务人履行义务的活动。

③智力成果。这是指人们脑力劳动所创造的成果。智力成果是与人身相联系的非物质财富。如著作、科学发明等。

二、民事权利

1. 民事权利的概念

民事权利是指民法赋予民事主体为实现其利益可实施行为的范围。即当事人在法律的保障下，在一定范围内的意思自由。它包含：权利人可以在法定范围内，依自己的意思进行民事活动，实现其利益；可以要求负有义务的人为一定行为，以实现自己的利益；以及享有权利的人因他人的行为而使权利不能实现时，有权要求司法机关予以保护等内容。

关于民事权利的本质，民法理论上有多种认识，包括"利益说""意思说""法力说"等。

"利益说"认为，权利的本质是由法律保护的利益。不受法律承认和保障的利益，不是权利。此说由德国法学家耶林提出。

"意思说"认为，权利的本质是意思自治。即人的意思能够自由活动或能够任意支配的范围；意思是权利的基础，没有意思就没有权利。德国法学家萨维尼持此观点。

"法力说"认为，权利的本质是由法律和国家权力保障人们为某种特定利益而进行一定行为的"力"；利益是权利的目的，而不是权利本身。德国法学家梅克尔持此主张。

上述学说中，"利益说"和"法力说"揭示了法律和人的行为背后的社会经济原因，有较大的客观性和合理性，构成了现今民法理论对权利本质认识的思想渊源。

综上所述，民法的本质是由国家法律以强制力保障人们某种利益的可能性，据此，权利人可以自己为某种行为，也可要求他人为某种行为。

2. 民事权利的分类

民事权利从不同的角度，以不同的标准可以有多种划分，主要的划分包括以下几种：

(1)依民事权利的客体所体现的利益的性质可以分为财产权与人身权

财产权是以财产为客体，具有一定物质内容，直接体现某种经济利益的权利。包括物权、债权、继承权等。

人身权是以民事主体的人身性要素为客体的权利。包括人格权和身份权。人格权又分为生命权、健康权、身体权、姓名权、肖像权、名誉权、隐私权、自由权等；身份权又分为亲权、亲属权等。

(2)根据民事权利的作用，可以分为支配权、请求权、形成权、抗辩权

(1)支配权支配权是指对权利标的享有的排他性的、直接支配的权利。这种权利仅凭权利人自己的意思即可实现，无须义务人的积极行为相配合。义务人的义务只是容忍、尊重和不干预，表现为不作为。物权、人身权和知识产权是支配权。

请求权是指权利主体可以请求他人为一定行为或者不为一定行为的权利。在请求权中，权利人不能对权利的标的进行直接支配，而只能请求义务人为一定行为或者不为一定行为。在效力上，同一客体可以存在两个以上的互不相容的请求权，而且彼此平等，没有优先性。

形成权是指依照权利人的单方意思表示，就能使既存的法律关系发生变化的权利。其特点是突破了双方法律关系非经协议或其他法律上的原因不得变更的传统民法原则。追认权、解除权、撤销权等都是形成权。

抗辩权是指对抗相对人行使请求权的权利。抗辩权的作用是阻止请求权的效力。当对方行使请求权时，用抗辩权进行"防御"。抗辩权分为延期抗辩权和永久性抗辩权，前者指效力暂时地阻止请求权的抗辩权。包括同时履行抗辩权和先诉抗辩权。所谓同时履行抗辩权是指在双务合同中，一方当事人享有的在他方当事人未为对待给付时，拒绝给付的抗辩权。所谓先诉抗辩权是指一般保证的保证人在债权人未就主债务人的财产请求强制执行时，可以拒绝清偿的抗辩权。后者是指效力永久地阻止请求权的抗辩权。例如诉讼时效抗辩权等。

(3)根据其效力范围,民事权利可以分为绝对权和相对权

绝对权是指能够请求不特定的任何人为一定行为的权利。绝对权的义务主体是权利人以外的世界上的一切人,所以,又称为"对世权"。如所有权、人身权等都是绝对权。

相对权是指权利主体仅能向特定的人请求为一定行为的权利。因为权利人只能向特定的义务人请求为特定行为,所以,相对权又称为"对人权"。相对权一般要靠义务人的积极行为才能实现。例如债权等。

(4)民事权利根据其相互之间依赖关系分为主权利与从权利

在相互有关联的几项权利中,凡是可以不依赖其他权利而独立存在的权利是主权利;凡必须以其他民事权利的存在为其存在前提的权利是从权利。主权利与从权利是相互对应的,主权利不存在,从权利也就不可能存在。没有从权利,主权利也就无从谈起。例如,在有担保的债权中,担保权利相对于其所担保的债权而言是从权利,债权是主权利。如果没有债权,担保权就不可能存在;反之,如果仅有债权,没有设置担保,那么,区分主、从权利也就没有了意义。

(5)原权利和救济权

原权利和救济权是在有原生和派生关系的几项权利中,以其地位而进行的一种划分。当某一权利受到侵害或者有被侵害危险时,产生的保护或恢复受侵害权利的权利是救济权,其中,救济权所要保护或恢复的权利是原权利。民法在赋予当事人原权的同时,也赋予其救济权。当原权利受到侵害或者有被侵害危险时,救济权开始发生作用。通常如所有权、合同债权、继承权等是原权;而请求停止侵害、恢复原状、支付违约金、赔偿损失、恢复名誉等都是救济权。

(6)根据权利要件是否齐备,民事权利分为既得权与期待权

既得权是指已经具备全部要件,被当事人实际享有的权利。例如,公民死亡时,其继承人依继承权而实际取得遗产等。期待权是指已经具备权利构成的部分要件,须等其他要件具备时才能实际享有的权利。即期待权是一种将来可能享有的权利。例如,我们说,每一个人都有继承权,这只是说继承开始前的继承权,是一种期待权,要使其变为既得权,即实际取得遗产,还须具备被继承人死亡和留有遗产这样的条件。

以上对民事权利的分类,是按照不同的标准进行的。对同一种权利,以不同的标准分析会得到多种权利名称,如所有权是财产权,又是绝对权、既得权、原权等。

三、民事权利的保护方法

(一)公力救济

公力救济,是指通过法定程序,向国家有关机关请求对其权利进行保护。公力救济的主要程序是民事诉讼和强制执行。如通过给付之诉,使责任人返还原物、恢复原状等。

(二)私力救济

私力救济也叫"自力救济",是指在权利受到侵害时,权利人依靠自己的力量强制他人、保护权利的行为。例如,为保护自己的人身权而反击行凶者;扣留不付费用的用餐者等。自力救济分为自卫行为和自助行为两种情形。

1. 自卫行为

自卫行为,是指为了防卫或避免自己或他人所面临的侵害,不得已而侵害他人的行为,包括正当防卫和紧急避险。

正当防卫,是指为了使本人或他人的财产或人身权利免遭正在进行的不法侵害,而对侵权行为人所采取的必要防卫行为。这种防卫行为是一种合法行为,行为人对给侵权人造成的损害不承担民事或刑事责任。正因为如此,对正当防卫各国法律都规定有一定的要件。根据我国法律的规定,构成正当

防卫应具备以下要件:第一,须有不法侵害行为存在。对合法行为不得进行防卫,例如,盗窃犯不得以人身权受到侵害为由而反击公安人员的追捕。第二,须是针对正在进行的不法侵害。对于已经终了的或自己想象的侵害,不存在正当防卫。第三,必须是针对不法侵害人本人的防卫。第四,防卫不得超过必要的限度。超过必要的限度是防卫过当,就应承担相应的法律责任。判断必要限度的标准,应做到具体情况具体分析,不能一概而论。依据《民法通则》第128条的规定,防卫过当应当承担适当的民事责任。一般而言,构成正当防卫,以上四项要件缺一不可,但由于正当防卫是一种需要鼓励的行为,法律不能要求过严。另外,在遭受不法侵害时,也不能要求人们对行为后果有充分的考虑。所以,对正当防卫应放宽条件,一般具备前三项要件即应认定构成正当防卫。对此,新修改的我国《刑法》已经做出明确的规定,值得借鉴。

紧急避险,是指为了使本人或他人的人身或财产免受正在发生的侵害,不得已而采取的损害他人权益的行为。紧急避险行为是为避免较大损害的发生,而采取的以较小的损害来保全较大利益的行为。所以,它也是一种自卫行为。但是,它与正当防卫是不同的,正当防卫是对侵害的反击,反击的是侵权行为人;而紧急避险则是逃避侵害,其加害的是无辜的人。构成紧急避险须具备以下四个要件:第一,须有紧迫危险存在,这种危险既包括人的加害行为,也包括事件,如火灾等。第二,危险须是现实的、紧迫的。第三,避险行为须是不得已而采取的。如果当时能采取其他方法避免危险,就不能采取紧急避险方式。第四,避险行为不得超过必要的限度。其标准是其避险所造成的损失是否小于所避免的损失,如果避险所造成的损失超过所避免的损失,则是不允许的。

2. 自助行为

自助行为,是指为了保护自己的权利,对于加害人的自由加以拘束,或对其财产实施扣押、毁损的行为。例如,暂时扣留乘车不买票的人等。

构成自助行为的要件包括:第一,须自己的权利受到侵害。第二,须时间紧迫,来不及请求国家有关机关援助。即在当时情况下,如果不实施自助行为,则将导致权利无从实现,或者其实现会相当困难。第三,须自助行为所使用的手段适于请求权的实现。第四,须不超过保全请求权的必要限度。

在自助行为中,如实施拘束他人自由,或者扣留他人财产的行为,行为人应及时请求国家有关机关依法处理。

四、民事义务的概念与分类

民事义务,是指民事法律关系的当事人一方,依法为满足另一方的利益而为某种行为或不为某种行为的拘束。民事义务是当事人必须履行的,它也是与权利相对应的。通常情况下,权利的实现需要义务的履行。

从权利的方面,可以较准确地反映民事法律关系的性质和内容,所以,民法多是从民事权利角度规定和阐述各种民事法律关系,因此,也有人将民法称为权利法。但民事义务毕竟与民事权利是不同的,民事权利不是强制的,主体可以抛弃,而民事义务一旦设定,就不能抛弃。

民事义务从形态上分为作为义务和不作为义务。依其他标准可以分为:专属义务和非专属义务;主义务和从义务;法定义务和约定义务;积极义务和消极义务;一般义务和附随义务等等。

第三章　自然人

学习目标

了解自然人的概念与住所。掌握自然人民事权利能力的概念与特征、开始与终止。掌握自然人民事行为能力的概念、特征及类型。了解宣告失踪的条件与法律后果，掌握宣告死亡的条件与法律后果。掌握监护的概念与设立、监护人及其职责。

一、自然人概述

1. 自然人的概念

自然人是指基于自然规律而产生的人。自然人是相对法人而言的法律概念。

公民是指具有一国国籍，并根据该国法律享有权利、承担义务的自然人。《民法通则》在第二章的标题中使用了“公民（自然人）”的表述，给人的感觉是二者相等。实质上，从上述的定义中看，“公民”和“自然人”是两个概念。《民法通则》之所以同时使用这两个概念，其原因有二：首先，在我国的民事主体中，不仅我国公民，外国人和无国籍人依法也可以从事民事活动，成为我国的民事主体。因此，在规定公民是民事主体的同时，需要使用“自然人”的概念，赋予外国人和无国籍人依法享有民事主体的资格。所以，《民法通则》在第 8 条第 2 款中规定：“本法关于公民的规定，适用于在中华人民共和国领域内的外国人、无国籍人，法律另有规定的除外。”同时，该规定也体现了在国际私法上普遍适用的、解决涉外民事法律关系主体问题冲突规范时的“国民待遇原则”和“对等原则”。国民待遇原则，是指一国的民事法律赋予外国人与本国人相同的民事主体资格的原则；对等原则，是指两国在处理两国公民在对方国家的民事主体资格问题时，彼此给予相同的待遇的原则。其次，我国自从继受苏联的民法上的公民概念后，就一直使用它，而很少使用“自然人”这一概念，人们已经习惯并能正确理解“公民”在民法中的含义。为了尊重传统民法的做法，同时与国际社会接轨，所以就有了“公民（自然人）”这样的表述。

2. 自然人的住所

自然人的住所是法律确认的自然人的中心生活场所。自然人的住所依法只能有一个，即以其户籍所在地的居住地为住所。如果经常居住地与住所不一致，经常居住地视为住所。经常居住地是指连续居住 1 年以上的居住地。

住所是自然人进行民事活动的中心场所，所以，住所对公民有重要法律意义：

（1）住所决定自然人失踪的空间标准。认定自然人是否失踪，应以其是否离开其住所下落不明为标准。

（2）住所是决定婚姻登记管辖的空间标准。当事人要缔结婚姻关系或解除婚姻关系，须到一方户籍所在地的婚姻登记机关申请办理，通常情况下，户籍所在地就是住所地。

（3）住所是决定个体工商户登记管辖的空间标准。

（4）住所是决定民事诉讼地域管辖的标准和诉讼文书送达的空间标准以及债务清偿地的标准。

（5）住所是决定涉外民事法律关系法律适用的空间标准。如在涉外继承案件中，法定继承，动产适用被继承人死亡时住所地法律。

（6）在其他法律中，住所也有其重要的法律意义。如选举、纳税、嫌疑犯的取保候审等工作无一不是以其住所为中心而进行的。

二、自然人的民事权利能力

(一)自然人的民事权利能力的概念和特征

1. 民事权利能力,是指法律赋予民事主体享有民事权利和承担民事义务的资格。民事权利能力是自然人取得具体民事权利和承担具体民事义务的前提或可能性,它反映民事主体在民法上的地位。也就是说,民事权利能力与民事权利是不同的,其不同表现在以下几方面:

(1)民事权利能力是民事主体享有权利的一种可能性,不论主体是否参加了民事法律关系,均享有这种资格;而作为民事主体实际享有的民事权利,则只有主体参加到具体的民事法律关系中,才能实现。

(2)民事权利能力既包括主体取得民事权利的资格,也包括承担义务的资格;而民事权利则不包含义务的内容。

(3)民事权利能力与主体的人身不可分离,本人既不能放弃也不能转让;而民事权利除人身权外,既可以由主体依法进行转让或抛弃,也可以被依法限制行使或被剥夺。

2. 自然人的民事权利能力具有以下特征:

(1)权利能力的平等性。《民法通则》第10条规定:"公民的民事权利能力一律平等。"这也是宪法规定的"法律面前人人平等"原则在民法中的具体体现。权利能力平等指人们参与民事活动、设定民事权利的机会平等,以及拥有权利能力的人平等。机会平等不一定结果也会平等,结果平等是将来进入共产主义社会后才能实现的一种美好的现象,现在还不具备这样的条件。权利能力人人平等指的是公民不分男女、老幼,不论其行政职务高低、财产多寡,身心正常或残疾,其权利能力都是平等的,不存在也不允许存在歧视性的差别。

(2)权利和义务的一致性。在民事权利能力中,既包含享有民事权利的能力,也包含承担民事义务的能力,是权利和义务的统一体。在民事活动中,公民享有民事权利的同时,也必须承担相应的民事义务。

(3)不可转让性。自然人的民事权利能力仅因死亡而消灭,与民事主体的人身不可分离,本人不能转让或抛弃,他人也不得非法加以限制或剥夺。

(二)自然人民事权利能力的开始和终止

《民法通则》第9条规定:"公民从出生时起到死亡时止,具有民事权利能力,依法享有民事权利,承担民事义务。"从这一规定可以看出,我国公民的民事权利能力是从公民出生时开始的。自然人的权利能力因出生而当然取得,无须履行任何法律手续。

出生作为法律事实中的自然事件,是指自然人脱离母体而成为有生命的独立体的事实。在判断出生的具体时间上,有各种各样的主张,如阵痛说、一部露出说、全部露出说、断脐说、初啼说、独立呼吸说等。实质上,所谓"出生"应具备"出"和"生"两个要素,即胎儿有生命的脱离母体。在我国确认的依据是最高人民法院关于贯彻执行《民法通则》若干问题的意见第1条的规定:"公民的民事权利能力自出生时开始。出生的时间以户籍证明为准;没有户籍证明的,以医院出具的出生证明为准。没有医院证明的,参照其他有关证明认定。"

民事权利能力是民事主体的能力,胎儿没有出生,就不是民事主体,也就没有民事权利能力。但是,在一般情况下,胎儿是要出生的,所以,对于胎儿这一将来的民事主体的利益必须给予必要的保护。在我国主要体现在《继承法》第28条的规定:"遗产分割时,应当保留胎儿的继承份额。胎儿出生时是死体的,保留的份额按照法定继承办理。"

死亡是民法上规定的自然人民事权利能力终止的法定事由,也是唯一的原因。自然人一旦死亡,便失去了从事民事活动、参加民事法律关系的可能性和必要性。法律也就没有必要再为其保留民事权利能力。自然人的死亡有两种方式:即自然死亡和宣告死亡。关于宣告死亡将在以后详细阐述。

自然死亡又称生理死亡或绝对死亡,是自然人生命最终结束的客观事实。民法学的权利能力制度,只研究死亡的要件和法律后果,而不研究死亡的原因。不管是什么原因导致主体死亡,其效果都是使民事权利能力终止。关于自然人死亡的时间界限,理论界有争论。有呼吸停止说、心脏停止跳动说及脑死亡说等。严格来讲,确定自然人死亡的具体时间是由一定时期医学发展的水平所决定的,在当时医学上所能确定的死亡标准,就应当是当时法律上确定的死亡标准。不能单纯地以某一个学说为确定的标准。

自然人死亡,其民事权利能力终止,也就丧失了民事主体的资格,其婚姻关系自然终止,针对他的财产继承开始。只有法律规定的其生前的某些人身权转变为某种法益或其亲属和社会的某种利益时,其人身权继续受到保护。

三、自然人的民事行为能力

(一)民事行为能力的概念和特征

1. 自然人的民事行为能力,是指自然人通过自己的行为取得民事权利和设定并承担民事义务的能力。

法律确定自然人具有民事权利能力,但这只是一种可能性,当事人必须具有通过一定的行为,使其变为现实的资格,这种资格就是民事行为能力,它是法律赋予的。法律确认当事人是否有这种能力的标准是其意思能力,即对自己行为性质的认识能力和对行为后果的判断能力。意思能力是人事实上的能力,它不是法律赋予的,它是确定民事行为能力的基础。当事人对自己的行为有正常的认识能力和判断能力的,法律即赋予其民事行为能力,否则,就不赋予其民事行为能力。

2. 自然人民事行为能力具有如下特征:

(1)民事行为能力是由国家法律确认的。当事人是否具有独立从事民事活动的能力,是由法律确认的,而不是按当事人的意愿确定的。

(2)民事行为能力与自然人的年龄和智力状态相联系。如前所述,民事行为能力以意思能力为基础,而意思能力又是在智力发育正常情况下,须达到一定年龄后才能完全具备的。这一特征是民事行为能力与民事权利能力的主要区别之一。

(3)民事行为能力非依法定条件和程序不得限制或取消。民事行为能力是法律赋予的,不管是他人还是其本人,非依法定的条件和程序都不得擅自加以限制、取消或放弃。

(二)自然人民事行为能力的类型

1. 完全民事行为能力

完全民事行为能力,是指法律赋予达到一定年龄同时智力正常的公民通过自己的独立行为进行民事活动的能力。通常情况下,自然人是随年龄的增长,智力也在逐渐发育健全。到成年时,其不仅能够有意识地实施民事法律行为,并且能够理智地判断和理解法律规范和社会共同生活规则,能够估计某一行为的后果。所以,法律赋予其可以独立进行民事法律行为的能力,是完全民事行为能力人。

《民法通则》第11条规定:"十八周岁以上的公民是成年人,具有完全民事行为能力,可以独立进行民事活动,是完全民事行为能力人。十六周岁以上不满十八周岁的公民,以自己的劳动收入为主要生活来源的,视为完全民事行为能力人。"这说明在我国,年满18周岁、智力正常的人是完全民事行为能力人。而对16周岁以上不满18周岁的人,如果能够以自己的劳动取得收入,并能维持当地群众一般生活水平的,法律推定其为完全民事行为能力人。这是一种特殊的完全民事行为能力人，其资格构成须同时满足年龄限制和以其劳动收入为主要生活来源两方面条件。

2. 限制民事行为能力

限制民事行为能力，是指法律赋予自然人享有的不完全的民事行为能力。

依照《民法通则》第12条和第13条的规定，10周岁以上的未成年人以及不能完全辨认自己行为的精神病人是限制民事行为能力人。限制民事行为能力人可以进行与其年龄、智力、精神健康状况相适应的民事活动，其他民事活动由他的法定代理人代理，或者征得他的法定代理人的同意。10周岁以上的未成年人虽然智力已经发展到一定程度，对社会事物有了一定的识别和判断能力，但毕竟年龄尚小，智力发育尚不成熟，缺乏社会活动经验，不能理智地预见其行为的后果。所以，法律只是给予其一定的从事民事活动的自由。而不能完全辨认自己行为的精神病人，由于精神障碍使其也不能像正常人那样认识和判断其行为的性质和后果。为保护其合法权益和他人及社会利益，法律对其行为也应进行一定的限制。具体达到什么程度才算是与其年龄、智力状况相适应，可以从行为与本人生活相关联的程度，本人的智力能否理解其行为、并预见相应的行为后果，以及行为标的数额等方面认定。一般情况下，为满足其日常生活需要且数额不大的行为（如购买公共汽车票、日常学习用具等）、只享受权利而不承担义务的行为（如接受赠与等）和接受以自己的行为所取得的人身权利和财产权利（如参加儿童画展并获奖励等）是与这部分人的年龄和智力相适应的行为。不能完全辨认自己行为的精神病人与未成年人虽都是行为能力欠缺的人，但二者毕竟不同，法律确定的其可以进行民事活动的标准也就不会相同。

这里需要注意一个问题，当事人自己服用药物或者醉酒后，造成行为失控而为的民事法律行为，一般不应认定无效。首先这种情况是其自己人为造成的，其应对自己的行为负责；其次，这时当事人只是处于一种比平时减弱的辨认、判断和控制自己行为能力的状态下，而不是完全丧失这种能力。例如，在双方均无恶意但喝醉时签订的合同是有效的；服用药物后产生幻觉，将他人打伤，要承担相应的民事责任，甚至是刑事责任等。

3. 无民事行为能力

无民事行为能力，是指当事人不具有以自己的行为取得民事权利、承担民事义务的能力。无民事行为能力的人称无民事行为能力人，在我国分为两种：一是不满10周岁的未成年人；二是不能辨认自己行为的精神病人。

不满10周岁的未成年人，由于年龄太小，还没有民法上的意思能力，即不能正确判断其行为性质和行为后果。为保障他们的利益以及保障社会经济秩序，法律不赋予其行为能力，禁止他们独立从事民事活动，其所需要进行的民事活动，由其法定代理人代为进行。

不能辨认自己行为的精神病人，缺乏对事物的判断能力和自我保护能力，不能正确处理自己的事务，法律赋予其法定代理人享有代为处理其有关事务的权利和义务。

依照我国法律的有关规定，无民事行为能力人、限制民事行为能力人接受奖励、赠与、报酬，他人不得以行为人无民事行为能力、限制民事行为能力为由，主张以上行为无效。

四、宣告失踪与宣告死亡

（一）宣告失踪的条件及法律后果

1. 宣告失踪的条件

宣告失踪，是自然人下落不明达到法定期限，经其利害关系人申请，由法院宣告其为失踪人的法律制度。

根据《民法通则》的规定，宣告失踪必须具备以下条件：

第一，持续下落不明满2年。即自然人离开自己最后居住地后没有音信的状况持续满2年。战争期间下落不明的,下落不明的时间从战争结束之日起计算。

第二,须由该自然人的利害关系人向人民法院申请。利害关系人包括被宣告人的配偶、父母、成年子女、祖父母、外祖父母、兄弟姐妹,以及与被申请人有民事权利和义务关系的人。

第三,必须由人民法院依法宣告。利害关系人向人民法院提出申请后,人民法院应发出寻找失踪人的公告,公告期间为3个月。期间届满,人民法院根据失踪事实是否得到确定,做出宣告失踪的判决,或终结审理的裁决。

2. 宣告失踪的法律后果

宣告失踪的法律后果是:为失踪人设立财产代管人。财产代管人的设立应当有利于保护失踪人财产。依据我国《民法通则》的规定,失踪人的财产由其配偶、父母、成年子女或者关系密切的其他亲属、朋友代管。代管有争议的,由人民法院指定的人代管。代管人的职责是管理失踪人的财产,从代管的财产中支付失踪人所得税款和债务以及其他应付的费用。

(二)宣告死亡的条件及法律后果

1. 宣告死亡的条件

宣告死亡,是指经利害关系人申请,由法院依照法律规定的条件和程序,判决宣告下落不明满一定期限的自然人死亡的法律制度。宣告失踪制度虽然能解决失踪人财产的保护问题,但并不能解决因失踪而引起的民事法律关系不确定的问题,所以,法律在确立宣告失踪制度的同时,又确立了宣告死亡制度。

根据《民法通则》的规定,宣告死亡必须具备以下条件:

第一,自然人离开其住所或最后居住地下落不明的状态持续超过了法定期间。该法定期间有三种情况:一是在一般情况下,自然人离开自己的住所或最后居所地下落不明满4年;二是因意外事故下落不明,从事故发生之日起满2年;三是在战争期间下落不明,从战争结束之日起满4年。

第二,必须由利害关系人向人民法院提出申请。所谓利害关系人,是指与被宣告人有一定亲属关系或财产关系的人,包括被宣告人的配偶、父母、子女、兄弟姐妹、祖父母、外祖父母、孙子女、外孙子女,以及其他与其有民事权利义务关系的人。

第三,必须经人民法院依法予以宣告。人民法院在受理后,应发出寻找失踪人的公告,公告期间为1年。公告期限届满,仍无消息的,即做出该人死亡的宣告。判决宣告之日为其死亡的日期。

需要注意的是,按照我国法律的规定,宣告失踪并不是宣告死亡的必经程序。即自然人在下落不明后,如果符合申请宣告死亡的条件,其利害关系人有权直接申请宣告死亡。

2. 宣告死亡的法律后果

宣告死亡的后果与自然死亡一样,即以被宣告死亡的人原住所地为中心的一切民事法律关系全部消灭。其婚姻关系自然终止,其配偶可以另行缔结婚姻关系,其财产可以作为遗产按继承程序进行处理。

当然,宣告死亡毕竟是法律上的一种推定,当事人在实际上可能还生存于某地方,其在当地所实施的法律行为,应认定是有效的。

五、监护

(一)监护的概念

监护是指对无民事行为能力人或限制民事行为能力人设置专人以保护其人身和财产利益的法律制度。

(二)监护的设定

依照监护设定方式的不同,有法定监护和指定监护之分。法定监护是指由法律直接规定监护人范围和顺序的监护。指定监护是指有法定监护资格的人对担任监护人有争议时，由有关机关指定的人担任监护人的监护。这里的指定机关是被监护人住所地的居民委员会或村民委员会。对指定不服的当事人可以在接到指定监护的次日起30天内向人民法院起诉。

（三）监护人

根据监护本身的特点，监护人应当是完全民事行为能力人，而且必须符合《民法通则》规定的范围。即未成年人的监护人包括未成年人的父母，未成年人的父母死亡或没有监护能力的，依次为有监护能力的祖父母、外祖父母、兄姐以及愿意监护并经有关单位同意的关系密切的亲属或朋友、父母生前所在单位和未成年人住所地的居民委员会或村民委员会、民政部门等。精神病人的监护人包括其配偶、父母、成年子女，有监护能力、本人又愿意且有关单位同意的关系密切的其他亲属、朋友、精神病人所在单位或其住所地的居委会或村委会、民政部门。

（四）监护人的职责和责任

监护人的职责，是指监护人依法所应承担的对被监护人的人身和财产进行监督和保护的职责。根据我国法律的有关规定，监护人的职责主要体现在以下几方面：

(1)保护被监护人的生命安全和身体健康。(2)照顾被监护人的生活。(3)管理和保护被监护人的财产。(4)代理被监护人进行民事活动。(5)代理被监护人进行诉讼。(6)对被监护人进行管理和教育。

与监护人的职责相适应，当出现下列情况时，监护人应承担损害赔偿的责任：不履行监护职责，致使被监护人的人身、财产和其他合法权益受到损害的；监护人因故意或过失给被监护人财产造成损害的；在监护关系存续期间，被监护人给他人造成损害的。

（五）监护的终止

监护的终止也称监护的撤销，指在发生法定事由时，监护关系消灭的制度。有两种类型：一是自然终止，即设定监护的客观情况消失，使得监护的存在已经没有必要，或者监护人的自身情况发生变故，不能再担任监护人时，监护随之终止。例如，未成年人成为成年人，精神病人恢复正常，监护人或者被监护人一方死亡，监护人丧失民事行为能力等。二是诉讼终止，指在监护人不履行监护职责或侵害了被监护人的合法权益时，由被监护人的利害关系人或有关单位诉请人民法院依法撤销原设定的监护人。

第四章　法　人

学习目标

掌握法人的概念、特征及成立条件。理解我国现行立法和学理对法人的分类。掌握法人民事权利能力、民事行为能力的概念与特征。了解法人的变更、终止与清算的概念与内容。

一、法人概述

(一)法人的概念与特征

法人是具有民事权利能力和民事行为能力,依法独立享有民事权利和承担民事义务的组织。

法人具有如下特征:

1. 法人是团体。法人区别于自然人的特点,就在于自然人是由个体担任民事主体,而法人是由自然人及其财产的集合而组成的团体或者说是社会组织,这个社会组织被法律确认为民事主体。

2. 法人拥有独立的财产。拥有独立的财产是法人进行民事活动和承担民事责任的物质基础。法人填补自然人的功能性缺陷,主要是在财产关系方面,因此法人能成为民事主体的支柱,就是财产。易言之,无财产就无法人的人格。在社会组织中,有财产的不都是法人,如合伙、分公司等也有财产,但与法人财产不同的是,后者的财产只是被出资人看作是自己财产的一部分。对于合伙,合伙财产是合伙人的个人财产;对于分公司,分公司的财产是属于总公司财产的组成部分。而法人则不同,法人的财产属法人所有,既独立于其成员,也独立于其出资人。法人的出资人一旦将财产所有权移转于法人,其享有的就只是股东权而不再是所有权,出资财产与出资人"脱钩",使这部分财产成了法人的独立财产。

3. 法人能独立承担民事责任,这是法人拥有独立财产的逻辑结果。法人既然拥有独立财产,便能够以此财产负担自己行为的法律后果。显然,法人这一特征使法人与合伙相区别。合伙虽是团体,但合伙人对合伙组织仍要负无限连带责任,即在民事活动中,合伙团体所负的民事责任最终要归到合伙人的头上,合伙团体并不能独行其是,自己承担责任。而法人的责任承担情况就不同,任何以法人名义所为的行为,其后果由法人承担,即使行为的做出者是作为法人成员的自然人,也由法人承担该行为的后果。易言之,法人的出资人仅负有限责任。

4. 法人能以自己的名义参加民事法律关系。法人作为拟制的人,其所为的行为总是由具体的自然人做出的,也就是法人在参加民事法律关系时,是由法人代表人、代理人或者其他雇员出面的。但法人既为民事主体,任何自然人在代表法人从事民事活动时,其人格就被法人吸收,不再代表自己,其行为名义上归法人,效果自然也由法人承担。法人能以自己的名义参加民事法律关系,使法人的独立人格显现于法律,这也与法人拥有独立财产的特征相一致。

从以上分析看,法人与合伙的区别是明显的,这些区别主要表现在:

(1)法人一般须经登记才能成立;合伙只需各个合伙人协商一致,订立合伙协议即可成立。

(2)法人的目的具有长久性;合伙经营具有暂时性。合伙多是因某一事项而进行合伙,在该事项完成后,合伙即告终止。

(3)法人必须具备特定的名称,这是其成立的必备要件;合伙组织的名称法律并无强制要求。

(4)法人必须具有自己的组织机构,是超个人的单一体;合伙仅为个人的集合。

(5)法人的财产归法人本身;合伙的财产属于全体合伙人共同共有。

(6)法人的债务,仅以法人所有的财产为担保;合伙的债务,除合伙财产外,各合伙人还须以自己的全部财产负无限连带责任。

(7)合伙的成立是基于合伙人之间的人格信任而成立的,所以,各个合伙人之间彼此熟悉、了解;法人的成员不必具备这种条件,甚至彼此可以不认识。

(二)法人应具备的条件

根据《民法通则》第37条的规定,法人的成立必须具备以下条件:

1. 依法成立。依法成立就是依照法律规定而成立。法人是法律赋予其民事主体地位的团体,其成立必须符合法律的规定。所谓依法成立,一是指法人的成立宗旨、组织机构、经营范围、经营方式等必须合法;二是指其成立的审核和登记程序要合法,需要国家有关部门批准的必须依法取得批准后才能成立。

2. 有必要的财产或经费。必要的财产或经费是法人独立进行民事活动,承担民事义务的物质保障。所谓"必要的财产或经费"是指与法人开展的业务相适应的一定数量的财产或经费。

3. 有自己的名称、组织机构和场所。

(1)法人的名称是一法人区别于另一法人的标志,在社会交往中,法人以自己的名称进行活动。法人对已经注册登记的名称享有专用权。企业法人的名称与其信誉紧密相连,具有良好信誉企业的名称是其无形资产,所以,企业的名称权尤其应当保护。《企业法人登记管理条例》第10条规定:"企业法人只准使用一个名称。企业法人申请登记注册的名称由登记主管机关核定,经核准登记注册后在规定的范围内享有专用权。"

(2)法人的组织机构是对内管理法人事务、对外代表法人从事民事活动的机构。法人具有团体性,这就要求有一定的机构来承担管理和交往的职责。法人的组织机构包括法定代表人、分支机构、监督机构等,统称为法人的机关。

(3)法人的场所,是法人从事生产经营的地方。法人可以同时有多个场所,且可以在不同的地点。需要注意的是,法人的场所与住所是不同的,法人也必须有自己的住所,其住所是其在登记机关登记的主要办事机构所在地。法人的住所只能有一个。其住所的意义与自然人住所的意义相同。

4. 能独立承担民事责任。法人是有独立人格的民事主体,对自己的行为应当承担法律责任。法人的财产与其成员的财产在法律上是分开的,所以,法人能够独立承担民事责任。而法人的创立人和法人内部成员对法人的民事责任不予负担,其他法人也不予负担。通常情况下,民事责任是财产责任,所以,所谓独立民事责任实质是指财产责任。能独立承担民事责任,在很大程度上,取决于法人的必要财产或经费。法人的民事责任能力与独立的财产是联系在一起的。

二、我国现行立法对法人的分类

根据不同的标准,法人可以有多种类型,主要的划分类型包括:

(一)学理上对法人的分类

1. 公法人与私法人

这是以法人设立的法律根据为标准进行的分类,是学者将法律分为公法和私法的直接产物。依公法设立、目的事业直接由法律规定、加上有强制性规定、人事由国家任免、不得擅自设立和解散的法人为公法人,如各级国家机关法人等;依私法设立、内部关系平等、经营私法事业、可以由社员大会决定解散的法人为私法人,如公司。

2. 社团法人与财团法人

这是对私法人按照其形成的基础条件的不同进行的分类。以人的集合为成立基础的是社团法人;以捐助的财产为基础而成立的是财团法人,如各种基金会法人等。这是传统民法对法人进行的最重要的分类。

3. 营利法人与公益法人

这是按照法人的目的事业的不同进行的分类。以营利为目的事业的法人是营利法人。所谓营利，是指通过商业活动获得利益并将该利益分配给社员。《民法通则》中规定的企业法人就是营利法人。公益法人是以公益为目的事业的法人。《民法通则》中规定的事业单位法人，多属于公益法人。各种"协会""基金会"等也属于公益法人。

（二）我国现行立法对法人的分类

1. 本国法人与外国法人

凡在本国登记成立的法人为本国法人。

(2)在外国登记成立而在本国活动的法人为外国法人。

2. 企业法人与非企业法人

企业法人是指以营利为目的，独立从事商品生产和经营活动的法人。

非企业法人是指企业法人之外的其他各种法人，包括机关法人、事业单位法人、民办非企业单位法人与社会团体法人等。

3. 机关法人、事业单位法人、民办非企业单位法人与社会团体法人

机关法人是指有独立财政预算经费的各级国家机关。

事业单位法人是有民事主体资格的事业单位。所谓事业单位，即从事公益事业的社会组织，如学校、图书馆、医院等。

民办非企业单位法人，是指非国有的单位或者公民个人创办的非营利的事业单位法人。

社会团体法人是指由法人或自然人组成，谋求事业、行业协调的非营利法人。如协会、学会、研究会、商会等。

三、法人民事权利能力

法人的民事权利能力是指法人享有民事权利和承担民事义务的资格。

法人，由于具有团体性以及与自然人自然属性上的差异，其民事权利能力与自然人相比较，也有特殊性，主要表现在：

1. 法人不能享有某些属于自然人固有的因身体、生命、年龄、亲属关系等产生的权利义务。法人可以享有名称权、名誉权，但不能享有以肉体为前提的人格权，如肖像权、生命权、身体权、健康权等，法人虽然可以通过受遗赠取得死者的遗产，但不能像自然人那样享有继承权。

2. 法人的民事权利能力受法律、行政命令和其章程、目的的限制，而自然人的民事权利能力则具有一般性，他可以享有法律范围内的任何权利和承担任何义务。法人的活动范围受到其设立目的的限制，设立的目的不同，决定了法人的民事权利能力也不同，而自然人的民事权利能力都是相同的。

3. 法人的民事权利能力于法人成立时发生，于法人依法撤销或解散时终止；而自然人的民事权利能力则始于出生，终于死亡。

四、法人民事行为能力

法人的民事行为能力是指法人以自己的行为取得民事权利和承担民事义务的资格。

与自然人相比，法人的民事行为能力具有如下特点：

1. 法人的民事行为能力与其民事权利能力同时发生、同时消灭。法人一经成立，即产生民事权利能力和民事行为能力，并在法人存续期间始终存在。自然人的民事权利能力始于出生，终于死亡，但其民事行为能力则受到年龄、智力、精神状况的限制，既不是与民事权利能力同时发生，也不是同时消灭。

2. 法人的民事行为能力与其民事权利能力在范围上是一致的。法人能够以自己的行为取得民事权利和承担民事义务的范围，不得超出其民事权利能力所限定的范围。自然人的民事行为能力和

民事权利能力不具有这个特点,其民事行为能力因年龄和精神状况的不同分为:完全民事行为能力、限制民事行为能力和无民事行为能力,而其民事权利能力则是相同的。

3. 法人的民事行为能力是由其机关来实现的。法人具有团体性,其民事行为能力由其法定代表人、其他工作人员实现,以体现法人的意志。当然,法人也可以通过代理人进行民事活动。而自然人的民事行为能力则是靠自己来实现的。

五、法人的变更、终止与清算

(一)法人的变更,是指法人在性质、组织机构、经营范围、财产状况及名称、住所等方面的重大变更

《民法通则》第44条规定:"企业法人分立、合并或者有其他重要事项变更,应当向登记机关办理登记并公告。"法人的变更,包括以下方面:

1. 法人的分立。法人的分立是一个法人分裂设立为两个以上法人的法律行为。又分为创设式分立和存续式分立。前者是原法人分立为两个以上的新法人,原法人不复存在。后者是原法人继续存在,只是从中又独立出一个或多个新的法人。

因创设式分立而消灭的法人的权利和义务,由分立后的新法人概括承受;而存续式分立的法人的权利和义务,应依据分立合同的约定或章程的规定承担。

2. 法人的合并。法人的合并,是指两个以上的法人,无须清算而归并为一个法人的法律行为。合并分为创设式和吸收式两种:创设式合并是指两个以上的法人归并为一个新法人,原有的法人均告消灭的合并方式;吸收式合并是指一个以上的法人归并于其他法人,归并后只有一个法人存续的合并方式。

因法人合并而消灭的法人的权利和义务概括地由新设立或继续存续的法人承受。

3. 法人的组织性质变更。法人成立后,其组织形式、性质可能会因各种各样的情况而发生变化,如由集体企业变成私营企业、由有限责任公司变成股份有限公司等。这种变更,凡依法须经登记者,必须办理登记手续。

4. 其他事项的变更。登记设立的法人,其登记事项发生变化,也应申请办理变更登记,如名称、代表机关、注册资金、住所等。

(二)法人的终止,指法人丧失了法律上的人格

依据《民法通则》第45条的规定,法人终止的原因主要包括以下方面:

1. 依法被撤销。法人可以因为原设立任务的完成、设立期限届满,或者因经济发展的需要进行必要的调整等原因而被撤销,也有因进行违法活动而被有关机关撤销的。法人一经撤销即丧失民事主体资格。

2. 解散。解散分为法院或主管机关宣告解散和法人自行解散。当法人的目的和行为违反法律、公共秩序和善良风俗时,可以由法院或主管机关宣告予以解散。法人自行解散的,也需要向国家有关机关申请,申报解散的原因及财产、债权、债务处理情况,经审查批准后方可解散。

3. 依法宣告破产。法人经营不善、资不抵债时,依照有关法律规定,由人民法院依照法定程序宣告其破产。

4. 其他原因。前三项是《民法通则》所列举的法人终止的主要原因,"其他原因"是为补充上述列举,这是立法技术上的问题,以防止列举不尽所带来的疏漏。

(三)法人的清算

清算,是指对终止的法人的业务和财产进行清理,并依照法定程序对其债务进行清偿的法律制度。

法人终止必须进行清算,并停止清算以外的活动。清算由清算组织进行。在我国企业法人解散时,其清算组织由主管机关或人民法院组织有关机关和有关人员组成清算组织。清算组织的职权是对内清理财产,处理法人的有关事务;对外代表法人了结债权债务,在法院起诉和应诉。如果清算法人的财产不足以

清偿债务,清算组织应申请宣告破产。清算终止后,法人最终归于消灭。当然,清算组织还应在法人登记机关进行注销登记,并在指定的报刊上进行公告。

第五章 合 伙

学习目标

掌握合伙的概念。理解普通合伙与有限合伙的基本内容。

一、合伙的概念

合伙是指两个以上的自然人、法人或者其他组织,根据合伙合同而共同出资、共同经营事业,依照合同约定或者法律规定承担责任的组织。这里所说的事业包括各种行业,可以是营利性的行业,也可以是非营利性的行业。

我国关于合伙的法律规范主要体现在两部法律中,《民法通则》和《合伙企业法》。以适用法律的不同为标准,合伙可分为两种类型,合同型合伙和企业型合伙。所谓合同型合伙,是指根据合伙合同形成的合伙,该类型合伙虽然有两个以上的人出资,经营共同事业,但是没有合伙名称,并未在工商部门登记注册成立为一个组织体,组织松散;或者是临时性的,其性质属于合伙合同,没有民事主体资格,合同型合伙适用《民法通则》。所谓企业型合伙,是指自然人、法人和其他组织依照《合伙企业法》在中国境内设立的普通合伙企业和有限合伙企业。该类型合伙具有字号,并在工商部门登记为一个组织体。企业型合伙适用《合伙企业法》。

无论是合同型合伙还是企业型合伙,都存在一些共同的规则,例如都需要两个以上的合伙人,都需要订立合伙协议,都需要共担责任和风险等。但是,二者的法律地位不同。一方面,企业型合伙具有字号,并在工商部门登记为一个组织体,具有较强的团体性,可以成为独立的民事主体;合同型合伙并不能成为独立的民事主体,在性质上不过是一种合同关系。另一方面,两者在设立的条件、持续性、是否建立商业账簿、合伙的解散程序等方面都存在一定的区别。

本处所讨论的合伙是以《合伙企业法》为依据的企业型合伙,包括普通合伙和有限合伙。

二、普通合伙

1. 普通合伙的概念与特征

普通合伙企业,是指由普通合伙人组成,合伙人对合伙企业债务承担无限连带责任的组织。在实践中,绝大多数合伙都是普通合伙,如果未加限制词“有限”,通常说的合伙是指普通合伙,而且通常称“合伙”。普通合伙企业属于营利性普通合伙。

普通合伙的特征主要表现在以下几方面:

(1)合伙是两个以上的合伙人所组成的组织

通常情况下,合伙人并无资格限制,只要具有行为能力,可以签署合伙合同,均可以成为合伙人。但是,《合伙企业法》第3条规定,国有独资公司、国有企业、上市公司以及公益性的事业单位、社会团体不得成为普通合伙人。

(2)合伙存在的基础是合伙协议

合伙协议是两个以上的合伙人之间共同一致的意思表示。合伙协议是合伙组织最重要的内部法律文件,各个合伙人都是按照合伙协议享有权利和承担义务。

(3)合伙以经营共同事业为目的

正是由于以经营共同事业为目的,合伙才能作为一种多个合伙人所组成的组织体而存在。

(4)普通合伙人承担无限连带责任

所谓"普通",就是指合伙人承担无限责任,并且是连带责任。

2. 普通合伙设立的条件

根据《合伙企业法》第14条的规定,设立合伙企业,应当具备下列条件:

(1)有两个以上合伙人。合伙人为自然人的,应当具有完全民事行为能力。合伙必须有两个或者两个以上的人参加,即必须是多个人的集合。这里的人包括自然人、法人和其他组织。

(2)有书面合伙协议。合伙协议经全体合伙人签名、盖章后生效。合伙人按照合伙协议享有权利,履行义务。

(3)有合伙人认缴或者实际缴付的出资。根据《合伙企业法》第16条的规定,普通合伙人可以用货币、实物、知识产权、土地使用权或者其他财产权利出资,也可以用劳务出资。

合伙人以实物、知识产权、土地使用权或者其他财产权利出资,需要评估作价的,可以由全体合伙人协商确定,也可以由全体合伙人委托法定评估机构评估。

合伙人以劳务出资的,其评估办法由全体合伙人协商确定,并在合伙协议中载明。

(4)有合伙企业的名称和生产经营场所。合伙企业名称中应当标明"普通合伙"字样,以便于与合伙企业交易的人了解该合伙的类型及合伙人对合伙债务承担的责任。

(5)法律、行政法规规定的其他条件。

3. 普通合伙的财产

(1)普通合伙财产的构成

根据《合伙企业法》第20条的规定,合伙财产的来源由三部分构成,一是合伙人的出资,合伙人的出资财产转移给合伙后,就与其个人财产相分离,而成为合伙财产。二是以合伙企业名义取得的收益。三是依法取得的其他财产,如接受赠与的财产。

(2)合伙财产的性质

合伙经营的是共同事业,各个合伙人要共同经营、共担风险,根据《合伙企业法》的规定,可以认定合伙财产在性质上属于合伙人共同共有。

(3)合伙财产的处分

因合伙财产属于合伙人共同共有,为保护合伙财产,《合伙企业法》对合伙财产的处分做出了若干限制性规定。

①分割合伙企业财产的限制

除法律另有规定外,合伙人在合伙企业清算前,不得请求分割合伙企业的财产。合伙人在合伙企业清算前私自转移或者处分合伙企业财产的,合伙企业不得以此对抗善意第三人。

②财产份额转让的限制

除合伙协议另有约定外,合伙人向合伙人以外的人转让其在合伙企业中的全部或者部分财产份额时,须经其他合伙人一致同意。合伙人向合伙人以外的人转让其在合伙企业中的财产份额的,在同等条件下,其他合伙人有优先购买权;但是,合伙协议另有约定的除外。

合伙人之间转让在合伙企业中的全部或者部分财产份额时,应当通知其他合伙人。

③财产份额出质的限制

合伙人以其在合伙企业中的财产份额出质的,须经其他合伙人一致同意;未经其他合伙人一致同意,其行为无效,由此给善意第三人造成损失的,由行为人依法承担赔偿责任。

4. 普通合伙事务的执行

《合伙企业法》对普通合伙事务的执行做出了明确规定,主要涉及如下问题:

(1)合伙人的执行权与表决权

合伙人对执行合伙事务享有同等的权利。除法律另有规定外,合伙人对合伙企业有关事项做出的决议,按照合伙协议约定的表决办法办理。合伙协议未约定或者约定不明确的,实行合伙人一人一票并经全体合伙人过半数通过的表决办法。除合伙协议另有约定外,合伙企业的下列事项应当经全体合伙人一致同意:①改变合伙企业的名称。②改变合伙企业的经营范围、主要经营场所的地点。③处分合伙企业的不动产。④转让或者处分合伙企业的知识产权和其他财产权利。⑤以合伙企业名义为他人提供担保。⑥聘任合伙人以外的人担任合伙企业的经营管理人员。此外,增加或者减少对合伙企业的出资,除合伙协议另有约定外,也要经全体合伙人决定。

(2)对外合伙事务的执行

按照合伙协议的约定或者经全体合伙人决定,可以委托一个或者数个合伙人对外代表合伙企业,执行合伙事务。受委托执行合伙事务的合伙人不按照合伙协议或者全体合伙人的决定执行事务的,其他合伙人可以决定撤销该委托。合伙企业对合伙人执行合伙事务以及对外代表合伙企业权利的限制,不得对抗善意第三人。

(3)合伙事务执行人的权利与义务

合伙事务执行人享有的权利有:

①提出异议权。合伙人分别执行合伙事务的,执行事务合伙人可以对其他合伙人执行的事务提出异议。提出异议时,应当暂停该项事务的执行。

②知情权。合伙人为了解合伙企业的经营状况和财务状况,有权查阅合伙企业会计账簿等财务资料。

③监督权。委托一个或者数个合伙人执行合伙事务的,其他合伙人不再执行合伙事务。不执行合伙事务的合伙人有权监督执行事务合伙人执行合伙事务的情况。

合伙事务执行人承担的义务有:

①报告义务。由一个或者数个合伙人执行合伙事务的,执行事务合伙人应当定期向其他合伙人报告事务执行情况以及合伙企业的经营和财务状况,其执行合伙事务所产生的收益归合伙企业,所产生的费用和亏损由合伙企业承担。

②忠实义务。合伙人不得从事损害本合伙企业利益的活动。

③竞业禁止义务。合伙人不得自营或者同他人合作经营与本合伙企业相竞争的业务。

④交易禁止义务。除合伙协议另有约定或者经全体合伙人一致同意外,合伙人不得同本合伙企业进行交易。

5. 普通合伙损益的分配与合伙债务的承担

(1)普通合伙损益的分配

根据《合伙企业法》第 33 条的规定,合伙企业的利润分配、亏损分担,按照合伙协议的约定办理;合伙协议未约定或者约定不明确的,由合伙人协商决定;协商不成的,由合伙人按照实缴出资比例分配、分担;无法确定出资比例的,由合伙人平均分配、分担。

合伙协议不得约定将全部利润分配给部分合伙人或者全部亏损由部分合伙人承担。

(2)合伙债务的承担

根据《合伙企业法》第 38 ~ 40 条的规定,合伙企业对其债务,应先以其全部财产进行清偿。合伙企业不能清偿到期债务的,合伙人承担无限连带责任。无限连带责任包括"无限责任"和"连带责任"两层含义。当合伙财产不足以清偿合伙企业债务时,各合伙人必须以自己的全部财产承担清偿责任,此即合伙人承担无限责任;当合伙财产不足以清偿合伙企业债务时,每个合伙人都必须对全部合伙债务承担清偿责任,债权人可以向任何一个合伙人请求清偿全部合伙债务,合伙人不得以合伙协议约定的债务承担比例对抗债权人,此即合伙人承担连带责任。合伙人由于承担无限连带责任,清偿数额超过其应当承担的比例的,有权向其他合伙人追偿。

6. 普通合伙人的入伙、退伙

(1)入伙

①入伙的概念及条件

入伙是指非合伙人加入到已成立的合伙企业中,而取得合伙人资格的行为。

合伙企业是典型的人合企业,合伙人之间的相互信任是合伙企业存在的基础。因此,《合伙企业法》第43条规定,新合伙人入伙,除合伙协议另有约定外,应当经全体合伙人一致同意,并依法订立书面入伙协议。

订立入伙协议时,原合伙人应当向新合伙人如实告知原合伙企业的经营状况和财务状况。

②入伙的效力

《合伙企业法》第44条规定,入伙的新合伙人与原合伙人享有同等权利,承担同等责任。入伙协议另有约定的,从其约定。

新合伙人对入伙前合伙企业的债务承担无限连带责任,这是强制性规定。此规定的目的主要是为了保护债权人的利益。

(2)退伙

①退伙的概念及形式

退伙,是指在合伙存续期间合伙人退出合伙组织,从而丧失合伙人资格的行为。

根据退伙的原因,退伙可分为三种形式,即自愿退伙、除名退伙和法定退伙。以下分别述之。

第一种退伙形式:自愿退伙。

自愿退伙,又称声明退伙,是指合伙人单方面向其他合伙人声明退伙。

根据《合伙企业法》第45~47条的规定,合伙协议约定合伙期限的,在合伙企业存续期间,有下列情形之一的,合伙人可以退伙:A. 合伙协议约定的退伙事由出现。B. 经全体合伙人一致同意。C. 发生合伙人难于继续参加合伙的事由。D. 其他合伙人严重违反合伙协议约定的义务。

合伙协议未约定合伙期限的,合伙人在不给合伙企业事务执行造成不利影响的情况下,也可以退伙,但应当提前30日通知其他合伙人。

合伙人违反上述规定退伙的,应当赔偿由此给合伙企业造成的损失。

第二种退伙形式:除名退伙。

除名退伙,又称强制退伙,是指当某合伙人出现除名事由时,经其他合伙人一致同意,将其除名,使其丧失合伙人资格。

《合伙企业法》第49条规定,合伙人有下列情形之一的,经其他合伙人一致同意,可以决议将其除名:A. 未履行出资义务。B. 因故意或者重大过失给合伙企业造成损失。C. 执行合伙企业事务时有不正当行为。D. 发生合伙协议约定的事由。对合伙人的除名决议应当书面通知被除名人。被除名人接到除名通知之日,除名生效,被除名人退伙。被除名人对除名决议有异议的,可以自接到除名通知之日起30日内,向人民法院起诉。

第三种退伙形式:法定退伙。

法定退伙,又称当然退伙,是指基于法律规定的事由而退伙。

根据《合伙企业法》第48条的规定,合伙人有下列情况之一的,当然退伙:A. 作为合伙人的自然人死亡或者被依法宣告死亡;B. 个人丧失偿债能力;C. 作为合伙人的法人或者其他组织依法被吊销营业执照、责令关闭撤销，或者被宣告破产；D. 法律规定或者合伙协议约定合伙人必须具有相关资格而丧失该资格；E. 合伙人在合伙企业中的全部财产份额被人民法院强制执行。退伙事由实际发生之日为退伙生效日。

②退伙的效力

其一，退伙人的合伙人资格丧失。

其二，退还退伙人的财产份额。合伙人退伙，其他合伙人与该退伙人应当按照退伙时的合伙企业财产状况进行结算，退还退伙人的财产份额。财产份额的退还办法，由合伙协议约定或者由全体合伙人决定，可以退还货币，也可以退还实物。退伙人对给合伙企业造成的损失负有赔偿责任的，相应扣减其应当赔偿的数额。退伙时有未了结的合伙企业事务的，待该事务了结后进行结算。

其三，退伙人对合伙亏损的分担。合伙人退伙时，合伙企业财产少于合伙企业债务的，退伙人应当依照其应当分担的比例分担亏损。

其四，退伙人对退伙前合伙企业债务承担无限连带责任。退伙人对基于其退伙前的原因发生的合伙企业债务，承担无限连带责任，这是强制性规定，之所以如此规定，是因为退伙人在退伙前是合伙人，如果退伙后对退伙前的合伙债务不承担责任，就加重了未退伙的合伙人的负担，而且还可能发生利用退伙逃避合伙债务，损害债权人利益的情形。

7. 特殊普通合伙的概念与特征

特殊普通合伙，是指以专业知识和专门技能为客户提供有偿服务，合伙人依法承担有限责任或无限责任的企业。

特殊普通合伙有以下特征：

(1)特殊普通合伙是普通合伙的一种特殊形式

特殊普通合伙不是独立于普通合伙的另一种合伙类型，而是普通合伙的一种特殊形式。其特殊性在于，在特定情况下各合伙人对合伙债务承担的责任不同；除此之外，适用普通合伙的规定。

(2)在特定情况下不由全体合伙人承担无限连带责任

所谓特定情况，是指一个合伙人或者数个合伙人在执业活动中因故意或者重大过失给合伙企业造成了债务。在这种情况下，不是由全体合伙人承担无限连带责任，而是由有故意或者重大过失者负无限连带责任。具体讲，若是一个合伙人在执业活动中因故意或者重大过失给合伙企业造成债务的，则其应当承担无限责任，其他合伙人以其在合伙企业中的财产份额为限承担责任；若是数个合伙人在执业活动中因故意或者重大过失给合伙企业造成债务的，则其应当承担无限连带责任，其他合伙人以其在合伙企业中的财产份额为限承担责任。

合伙人在执业活动中非因故意或者重大过失造成的合伙企业债务以及合伙企业的其他债务，仍由全体合伙人承担无限连带责任。

(3)业务范围的特殊性

普通合伙企业主要是从事生产经营活动的企业，而特殊的普通合伙企业通常是以专业知识和专门技能为客户提供有偿服务的专业服务机构。如会计师事务所、律师事务所、建筑师事务所等。所以，其有专业活动的特殊件。

三、有限合伙

1. 有限合伙的概念与特征

有限合伙是由普通合伙人和有限合伙人组成的合伙，其中普通合伙人对合伙企业债务承担无限连带责任，有限合伙人以其认缴的出资额为限对合伙企业债务承担责任。

有限合伙具有以下特征：

(1)责任的特殊性

有限合伙的主要特征是有限责任与无限责任的结合,在一个合伙企业中,普通合伙人对合伙的债务承担无限连带责任,有限合伙人对合伙的债务承担有限责任。

(2)执行合伙事务的特殊性

在有限合伙企业中,有限合伙企业由普通合伙人执行合伙事务。有限合伙人不执行合伙事务,不得对外代表有限合伙企业。

(3)有限合伙人享有特殊权利

有限合伙人享有特殊权利,是指有限合伙人享有普通合伙人不享有的权利。这些特殊权利主要有:

①除合伙协议另有约定外,有限合伙人可以同本有限合伙企业进行交易;

②除合伙协议另有约定外,有限合伙人可以自营或者同他人合作经营与本有限合伙企业相竞争的业务;

③除合伙协议另有约定外,有限合伙人可以将其在有限合伙企业中的财产份额出质;

④有限合伙人可以按照合伙协议的约定向合伙人以外的人转让其在有限合伙企业中的财产份额,不必经全体合伙人一致同意,但转让其财产份额应当提前30日通知其他合伙人。

2. 有限合伙设立的条件

有限合伙的设立,须具备以下条件:

(1)合伙人的人数须合法。有限合伙企业由2个以上50个以下合伙人设立,法律另有规定的除外。有限合伙企业至少应当有一个普通合伙人。这是因为如果没有普通合伙人,就没有人对合伙债务承担无限责任,与合伙的性质相违背。

(2)须有与普通合伙协议内容不同的合伙协议。有限合伙协议除具有普通合伙协议应当载明的事项外,还应当依法载明下列事项:普通合伙人和有限合伙人的姓名或者名称、住所,执行事务合伙人应具备的条件和选择程序,执行事务合伙人权限与违约处理办法,执行事务合伙人的除名条件和更换程序,有限合伙人入伙、退伙的条件、程序以及相关责任,有限合伙人和普通合伙人相互转变程序。

(3)出资须合法。有限合伙人可以用货币、实物、知识产权、土地使用权或者其他财产权利作价出资。但是,有限合伙人不得以劳务出资。这主要是因为有限合伙人对合伙的债务承担有限责任,如果以劳务出资,就会造成其出资和责任界限不易确定的状态,不利于保护债权人。有限合伙人应当按照合伙协议的约定按期足额缴纳出资;未按期足额缴纳的,应当承担补缴义务,并对其他合伙人承担违约责任。

(4)有限合伙企业名称中应当标明“有限合伙”字样。

3. 有限合伙人的入伙、退伙

依据《合伙企业法》第77条的规定,新入伙的有限合伙人对入伙前有限合伙企业的债务,以其认缴的出资额为限承担责任。这与新入伙的普通合伙人不同,新入伙的普通合伙人对入伙前有限合伙企业的债务,承担无限连带责任。

依据《合伙企业法》第81条的规定,有限合伙人退伙后,对基于其退伙前的原因发生的有限合伙企业债务,以其退伙时从有限合伙企业中取回的财产承担责任。这与普通合伙人退伙也不同,普通合伙人对退伙前有限合伙企业的债务,承担无限连带责任。

第六章 民事行为

学习目标

掌握民事行为的概念和特征，了解民事行为的形式。掌握民事行为的分类。理解民事行为的成立要件和生效要件。理解附条件和附期限的民事行为。掌握无效民事行为、可撤销民事行为的概念、特征、情形和法律后果。掌握效力待定的民事行为的概念、特征、情形。

一、民事行为概述

（一）民事行为的概念与特征

1. 根据《民法通则》的相关规定来看，民事行为是指公民或者法人设立、变更、终止民事权利和民事义务的合法行为。

2. 民事行为具有以下法律特征：

（1）民事行为以意思表示为基本要素。意思表示，是指民事主体将设立、变更或消灭一定民事法律关系的内心意思，以一定的方式表示于外部。意思表示是民事行为的基本构成要素，没有意思表示就没有法律行为。但是，意思表示并不等于法律行为。民事行为在多数情况下，需要由双方当事人意思表示一致才能成立；有的民事行为除了当事人意思表示一致外，还必须要交付实物才能成立，如货物运输合同等。即使只有当事人一方意思表示就能成立的民事行为，也应将意思表示理解为法律行为的构成要素，而不能将二者混淆。

（2）民事行为是以设立、变更、终止民事权利和民事义务为目的的行为。任何有意识的活动，都有一定目的，都能引起一定的后果。但是，民事行为不是要达到一般的目的，而是要设立、变更、终止某种民事权利和民事义务关系，发生行为人预期的法律后果。在现实生活中，如邀请朋友看电影、去饭馆吃饭等，并没有希望产生某种民事权利义务关系，所以，就不是民事行为；有的虽然产生一定的权利义务关系，但并不是行为人所预期的或正好相反，如侵权行为所引起的赔偿对方损失的结果等，这些都不是民事行为。

（3）民事行为是一种合法行为。从本质上说，民事行为是一种合法民事行为。因为，只有合法行为，才能得到国家法律的确认和保护，才会产生行为人预期的目的。为非法目的而进行的行为，不是民事行为。所谓合法，既包括形式合法，也包括内容合法。

（二）民事行为的分类

民事行为根据不同的标准可以有不同的类型，依据通行的观点，民事行为的类型主要包括以下几种：

（一）单方行为、双方行为以及多方行为

单方行为是由行为人一方的意思表示即可构成的行为。例如代理权授予行为、遗嘱行为、撤销权行使行为等，这些行为都不需要他人的同意，就能发生行为人预期的法律后果。

双方行为是指行为人双方意思表示对应一致而结合形成的行为。如买卖合同当事人双方的合同。

多方行为是指多方行为人意思表示平行一致而结合形成的行为。如合伙协议等。

（二）要式行为和不要式行为

以民事行为的成立是否必须依照某种特定的形式为标准，可以将其分为要式行为和不要式行为。要式行为，是指必须履行某种特定的形式才能成立的民事行为。如私有房屋买卖，法律规定必须要有书面协议，而且还必须到房屋管理部门办理登记手续才能生效。不要式行为，指不需要履行某种特定形式而只要符合社会生活的一般要求就能成立的民事行为，如一般生活用品的买卖这类民事法律行为，行为人究竟采取何种形式，由其自由选定。

（三）有偿行为和无偿行为

这是以一方当事人的民事行为，是否要求对方给予相应的报酬为标准而进行的划分。有偿行为，指一方当事人为对方承担某种民事义务时，有权要求对方承担相应的义务的民事行为。即要求对方给予报酬。现实生活中，大多数法律行为是有偿的。无偿行为，是指一方当事人为对方承担某种民事义务时，并不要求对方承担相应的民事义务的民事行为，如赠与合同、无息贷款合同、借用合同等。

（四）诺成行为和实践行为

这是根据民事行为的成立是否以交付实物为必要条件而进行的划分。诺成行为，是指一方当事人的意思表示（要约）经对方承诺（也是意思表示）后，即告成立的民事行为。即一旦双方当事人意思表示一致，就能按照意思表示的内容发生民法上的法律效力。如买卖、租赁等都是诺成行为。实践行为，是指除了双方当事人意思表示相一致外，还要交付实物才能成立的民事行为，又称要物行为，如保管合同、借贷合同、设立质押等。

（五）主行为与从行为

这是依彼此关联的民事行为中，某行为能否独立存在为标准进行的划分。主行为，是在彼此关联的行为中，无须相关行为存在即能成立的法律行为。从行为，是在彼此关联的行为中，必须以相关行为为前提的行为。例如，在借贷合同与担保借款人履行债务的保证合同之间，借贷合同是主行为，保证合同是从行为。从行为以主行为为前提，主行为如不成立、无效或被撤销，从行为也不成立、无效或被撤销。

（三）民事行为的形式

民事行为应当具备合法的形式才能生效。合法且能使法律行为生效的形式，即形式要件。不同的法律行为，形式要件有所不同。从整体上讲，法律行为的形式有下述四种类型：

1. 口头形式

口头形式是用语言进行意思表示的法律行为形式。包括面对面地交谈、电话交谈等。凡是法律不要求必须以书面形式进行的法律行为，都可以采取口头形式进行。其优点是简便易行，直接迅速。缺点是没有文字根据，一旦产生争议，不易取得确实的证据。因此，口头形式一般只适用于价额不大，或当时清结的法律行为。

2. 书面形式

书面形式指以文字进行意思表示的法律行为形式。包括一般书面形式和特殊书面形式（公证、鉴证、审核、登记等）。法律规定必须用书面形式的民事行为，以口头形式进行的无效。

3. 推定形式

指根据一般的法律观念，对行为人进行的某种积极行为能够推断出行为人的内在意思的形式。如租赁合同期届满，承租人继续支付租金并租用房屋，而出租人继续收取租金，即可推定双方同意延长租期。

4. 沉默形式

指行为人没有任何积极行为，但从其沉默能够推断出其内在意思的形式。只是这种推断必须要有法律的明确规定，才可作为意思表示的一种形式。例如，依继承法规定，继承开始后，继承人放弃继承权的,应当在遗产处理前,做出放弃继承的意思表示,没有表示的,视为接受继承。又例如,在买卖合同中,需方收货后,在规定的时间内,对产品的数量、质量不提出异议,就认定交付的货物符合合同规定,等等。

二、民事行为的成立与生效

1. 民事行为的成立要件

民事行为必须具备一定的条件,才能成立,进而生效。成立和生效有不同的结果,成立是指法律行为本身的发生、存在,生效则是指法律行为发生法律效力。从逻辑关系上讲,民事法律关系成立之后,具备了生效条件时,发生法律效力,因而成立是生效的前提。

民事行为的成立要件,是指决定法律行为本身发生或者不发生的必要条件。具备这些要件时,就有了一个法律行为,不具备这些要件时,不发生法律行为。在学理上,也有人称“成立要件”为“构成要件”。

民事行为的成立要件,按照是一切民事行为都必需的,还是某些民事行为特别要求的,分为一般成立要件和特殊成立要件。

一般成立要件,是指一切民事行为都必需的必要条件。该要件只有一个,即意思表示。

特殊成立要件,是指某些民事行为特别要求的必要条件。这些要件,相对于不同的民事行为而有所不同:

(1)对于有因行为来说,标的的给付原因是特殊成立要件。也就是说,除要有给付标的的意思表示这个一般成立要件外,还必须有标的给付原因这个特殊要件,有因行为才能成立。例如在买卖关系中,一方有了交付标的物的意思表示,还要有“买卖(即一方卖,一方买)”这个原因,如果没有这个原因,就不能成立买卖行为。

(2)对于实践行为来说,标的物的授受是特殊成立要件。实践行为又叫“要物行为”,它的成立以意思表示和标的物的交付为成立要件。其中,意思表示为一般成立要件,标的物的“授”与“受”共同构成特殊成立要件。

2. 民事行为的生效要件

生效要件是使民事行为能够依照意思表示内容发生法律效果的要件。

一个在客观上已经成立的民事行为,并不是当然能够发生法律效力的,只有具备了法律规定的生效条件的,才能有法律效力。

生效要件也有一般生效要件和特别生效要件之分。

一般生效要件是指一切民事行为都必须具备的生效要件。特别生效要件是指某些法律行为除具备一般生效要件之外,还必须具备的某些生效要件。

(1)主体合格

民事行为能力是民事主体以自己的行为,参加民事活动享受民事权利、承担民事义务的资格。民事行为是要设立、变更或消灭民事法律关系的行为,没有民事行为能力的主体,不能正确判断自己行为的性质和后果,就不能独立实施民事行为。所以,民事行为能力是民事行为的首要条件。“相应的民事行为能力”指行为能力与其所进行的民事行为要相适应。如完全民事行为能力人,可以独立进行法律允许的一切民事活动;10周岁以上的未成年人可以进行与其年龄、智力相适应的民事行为,其他民事活动,由其法定代理人代理,或征得其法定代理人的同意。法人进行民事行为,也须在目的事业活动范围内,超出目的事业范围即在登记机关核准登记的经营范围外的,即构成主体不合格,其行为无效。

(2)内容合法

我国《民法通则》把民事行为限定为合法行为，所以，不违反法律和社会公共利益是民事行为的有效条件。如不得买卖禁止流通物，违反法律规定的行为无效。社会公共利益是法律的本质要求，违背社会公共利益的行为也是无效的。另外，所谓合法也应包括形式合法。

(3) 意思表示真实

所谓意思表示真实，是指行为人的外部表示与其内心的真实意思相一致。实际生活中，造成行为人意思表示不真实的主要有两种情况：一是由于相对人的威胁、欺诈或是乘人之危，使行为人在违背真实意思的情况下而做出民事行为；二是由于行为人自己对该行为的重大误解，使其行为与其内在意思不一致。对意思表示不真实的行为，根据不同的情况，应当认定为无效或者得以撤销。

3. 民事行为的特别生效要件

特别生效要件是某些法律行为特别要求的生效要件，包括法律行为的附条件和附期限。

(1) 附条件的行为的概念与条件的种类

附条件的民事行为，是指在民事行为中，规定了一定的条件，并把该条件的成就与否，作为确定当事人的权利义务生效或失效的根据的民事行为。例如，某甲有一房，经协商以 200 000 元卖给某乙，但某甲同时提出，待他获准调至外地工作时，房屋买卖才正式成交，乙也同意。这就是一种附条件的法律行为。甲是否获准调至外地工作，直接影响该法律行为的效力，是所附条件。

①民事行为中所附的条件，是一种特定的法律事实，它既可以是某种自然现象，也可以是人的某种行为，还可以是某种特定的事件。但并非任何自然现象或任何行为都可以作为条件，作为所附的条件必须有下列特点：

A. 条件应当是将来发生的事实。已经发生的事实，不得作为民事行为所附的条件。

B. 条件应是可能发生的或可能不发生的事实。如果是肯定能发生或肯定不能发生的事实，就不能作为民事行为所附的条件。但是，如果当事人把根本不能发生的事实作为条件时，如何认定？这时应认定该民事行为为不附条件的法律行为，因为其所附“条件”是无效的。同时，根据《民法通则》第 60 条规定：“民事行为部分无效，不影响其他部分的效力的，其他部分仍然有效。”

C. 条件应当是当事人选定（商定）的事实。法律规定的或基于行为性质所决定的事实，不能作为民事行为所附的条件。如在保险合同中规定：当事人出现事故时，保险公司赔偿其多少保险费。这里的“当事人出现事故”是保险合同本身性质决定的必须规定的条件，所以，在保险合同中，这种事实就不能作为所附条件。

D. 条件应当是合法的事实。违法的事实，不能作为民事行为所附条件。例如，某合伙组织规定，入伙须以走私 10 辆汽车成功为条件。某甲如果能在 5 月 1 日前走私 10 辆汽车成功就可以成为合伙人。这个条件就是不合法的。

②对条件的种类从不同的角度可以分为两组：一组是延缓条件和解除条件；另一组是积极条件和消极条件。

A. 延缓条件，是指民事行为中所确定的民事权利和民事义务，要在所附条件成就时发生法律效力的条件。如周日天晴即租公共汽车春游，这里的“周日天晴”即是延缓条件。这时，双方的权利义务均处于停止状态，在条件成就时才能生效。所以，延缓条件又称停止条件。

B. 解除条件，是指民事行为中所确定的民事权利和民事义务，在所附条件成就时，就失去法律效力的条件。即附解除条件的民事行为是已经发生法律效力的行为，当事人已经开始享受权利，承担义务，当所附条件成就时，其权利义务即失去效力。例如，某甲将一间房屋租给某乙，双方约定，甲的儿子从外地调回来时，双方的租赁关系终止。这里的“甲的儿子从外地调回”即是解除条件，该条件成就时，双方的权利义务关系终止。

C. 积极条件,是指把某种事实的发生作为条件,又称肯定条件。例如,某甲与某乙约定,如果某乙考上大学,某甲即送其一台收录机。这里的“某乙考上大学”即是积极条件。

D. 消极条件,是指把某种事实的不发生作为条件,又称否定条件。还如上例,双方约定,如果某乙考不上大学,某乙送某甲一台收录机。这里的“某乙考不上大学”即是消极条件。

上述两组条件可以联系起来运用,成为积极的延缓条件、消极的延缓条件、积极的解除条件、消极的解除条件。

附条件的民事行为一旦成立,对当事人双方都有约束力,任何一方不得为了自己的利益,恶意促成所附条件成就或恶意阻碍条件成就,而应听任事物的自然发展。否则,恶意促成条件成就的,视为条件不成就;恶意阻碍条件成就的,视为条件已经成就。

(2)附期限的行为的概念与期限的种类

附期限的民事行为,是指在民事行为中,指明一定的期限,并把该期限的到来作为当事人的民事权利和民事义务发生或消灭的前提的民事行为。如在买卖合同中规定,自合同成立后,1个月内付完全部货款,否则,供货方可以终止合同。期限可以是一定的时间,也可以是一段时间。

期限和条件都是当事人约定的对民事行为的某种限制。但二者又有不同特点。条件的成就与否,是当事人所不能预知的,它将来可能发生,也可能不发生;而期限则是当事人可以预知的,期限是必然要到来的。

期限以其作用的不同可以分为延缓期限和解除期限。

①延缓期限,是指在民事行为中规定的期限到来之前,该民事行为所确定的民事权利和民事义务不发生法律效力;待期限到来时,其民事权利和民事义务开始发生法律效力。发生法律效力是指权利人开始有权请求义务人履行义务。因此,延缓期限又称始期。如某甲答应给某乙50万元,但同时提出到10月1日某乙才能来取款。这里的“10月1日”即是延缓期限。

②解除期限,是指在民事行为中规定的期限到来时,该民事行为所确定的民事权利和民事义务的法律效力即行消灭的期限,又称终期。例如,租赁合同中规定的“某年某月某日”到期,这里的“某年某月某日”就是终期。

③其他特别生效要件

法律对民事行为的生效有特别规定的条件的,或者当事人对民事行为的生效有特别的约定条件的,只有具备了法定或约定的条件,该民事行为才生效。法定的条件如不动产买卖的登记,约定的条件如当事人订立合同时约定的“公证手续”等。

三、无效民事行为

(一)无效民事行为的概念与特征

无效民事行为,是指不具备或不完全具备民事法律行为的有效条件,因而不能产生行为人预期的民事法律后果的行为。

无效民事行为有以下特征:

无效的民事行为在法律上当然无效,它不需要任何人的主张,而且根据《民法通则》第58条的规定,无效的民事行为,从行为开始起就没有法律约束力。但无效的民事行为也是一种民事行为,不能说无效的民事行为没有任何法律效力。它不能产生行为人进行民事行为时所预期的后果,但能产生一定的法律后果。例如,某甲私自倒卖黄金给某乙,甲是希望得到价金,乙是希望得到黄金,但由于黄金是限制流通物,甲和乙私下交易,属于内容违法,标的物和价金被依法收缴,双方预期的结果都未达到,因为这是一种无效的民事行为。

(二)无效民事行为的情形

1. 行为人不具有相应的行为能力所实施的民事行为

无民事行为能力人实施的民事行为,即不满10周岁的未成年人和不能辨认自己行为的精神病人,以及法人超出经营范围违反禁止性法律实施的行为是无效民事行为。

限制民事行为能力人依法不能独立实施的行为。限制民事行为能力人只能从事与其年龄、智力相适应的民事法律行为,其他行为必须由其法定代理人代为进行,或征得其法定代理人的同意。否则,其实施的行为无效。

2. 意思表示不真实的民事行为

(1)虚构的民事行为

虚构的民事行为,是指行为人双方实施的徒具民事法律行为的形式而根本无意使其发生法律效果的行为。这是一种无效民事行为。其要件是:①行为人双方均做了意思表示;②行为人双方均有虚假意思表示的故意,即双方均知道对方并不想使意思表示的内容发生效果;③行为人双方为虚假意思表示的内心愿望与其虚假的意思表示之间有因果关系。

(2)恶意通谋的民事行为

恶意通谋的民事行为,是指行为人双方恶意通谋故意损害国家、集体或者他人利益的行为。它是一种无效民事行为。其要件有:①行为人双方有恶意通谋的故意;②行为人双方有恶意通谋的行为;③行为人双方有通过恶意通谋损害国家、集体或者他人利益而获取不法利益的目的。

(3)受欺诈而为的损害了国家利益的民事行为

受欺诈而为的民事行为,是指行为人一方因另一方故意制造虚假情况或隐瞒真实情况,陷入错误而进行意思表示的无效民事行为。它有以下要件:

①当事人一方有欺骗对方的行为。无论虚构事实、隐瞒真相均构成欺诈。欺诈常为积极行为,但在少数场合,即在法律上、合同上、商业习惯上有告知事实的义务时,消极不告知或沉默的,也构成欺诈;

②欺诈人有欺诈的故意,包括使对方陷入错误的故意和使对方陷入错误而做出意思表示的故意;

③对方当事人因受欺诈而陷入错误;

④对方当事人因陷入错误而做出意思表示。

另应注意,根据我国《合同法》第52条第(一)项的规定,一方以欺诈的手段订立的合同,损害国家利益的,才是无效的,否则,根据该法第54条的规定,由于受欺诈而订立的合同当事人可以请求法院或仲裁机构予以变更或撤销。这实质上是对《民法通则》的修改。

(4)受胁迫而为的损害了国家利益的民事行为

受胁迫而为的民事行为,是指当事人一方因对方的威胁强迫,陷入恐惧而做出不真实意思表示的无效民事行为。它具有以下要件:

①须有胁迫行为存在。胁迫是不正当地预告危害,以使对方陷入恐惧的行为。最高人民法院《民通意见》第69条指出:“以给公民及其亲友的生命健康、荣誉、名誉、财产等造成损害,或者以给法人的荣誉、名誉、财产等造成损害为要挟,迫使对方做出违背真实的意思表示的,可以认定为胁迫行为。”

②须有胁迫的故意。胁迫人的故意包括两个方面:第一,须有胁迫相对人使之产生恐惧的故意;第二,须有使相对人因恐惧而做出意思表示的故意,即胁迫的目的在于使相对人做出迎合性意思表示。

③须预告危害属于不正当。所谓不正当,即违背诚实信用原则和公认的道德准则。违法当然属于不正当,但不正当却不一定都违法。例如,某甲对某乙说:"如果不签订合同,则告发你私拿回扣的事",其中"告发你私拿回扣"这种预告不是违法的,却肯定属于不正当,因为它干涉了相对人是否签订合同的意思自由。

④须因受到胁迫而产生恐惧。如果胁迫人虽然施加胁迫,但被胁迫人并不因此恐惧;或虽有恐惧,但恐惧并不是因胁迫而生,就不能构成受胁迫而实施的无效民事行为。

⑤须因恐惧做出意思表示。即胁迫人的意思表示与其恐惧须有因果联系。而且,其意思表示,又须迎合胁迫人的意思做出。这两个方面必须同时存在,如果被胁迫人并不因胁迫而恐惧,就不能构成受胁迫而实施的行为。而且,进一步看,即使被胁迫人产生恐惧,但是所实施的行为却不迎合胁迫人的意思,也还是不能构成受胁迫而实施的行为。因为,受胁迫而实施的行为,其实质在于行为人的意思形成和表示均受到不正当干涉。

⑥行为损害了国家利益。

3. 违反法律、行政法规或社会公共利益的民事行为

①违反法律、行政法规强制性规定的民事行为

法律、行政法规中的强制性规定,是要求民事主体必须遵守、不得违反,否则有关民事行为就没有法律效力的规定。民事行为违反了这种规定的,就构成无效民事行为。例如,我国法律禁止买卖毒品,买卖毒品的行为就是无效民事行为。再如,我国法律和行政法规规定不动产所有权的转让行为,必须依法办理过户登记,否则不能发生所有权转让的效果。当事人之间买卖房屋虽然交付了房屋,但不办理过户登记,就是无效的转让行为。

对违反法律应作广义理解,包括违反国家有关的各种法律,不限于违反民法。

②违反社会公共利益的民事行为

《民法通则》第58条第(五)项规定,违反社会公共利益的民事行为无效,《合同法》第52条第(四)项规定,损害社会公共利益的合同无效。

社会公共利益是社会公众根据善良的风俗习惯和公共生活秩序所享有的利益,如环境的不受污染、正常的公共生活秩序不受破坏等。它的基本特点是利益的享有者不是某个人,而是社会公众,而且利益没有权利化,不能表述为某一种民事权利。社会公共利益不同于国家利益,国家利益的享有者是国家,由政府具体地承担。

民事行为是行为人追求个人利益的行为,个人利益的价值不能高于社会公共利益,因此,损害社会公共利益的民事行为受到民法的否定,是绝对无效的民事行为。

四、可撤销的民事行为

(一)可撤销的民事行为的概念和特征

可撤销的民事行为,指行为人对行为有重大误解,或者当事人双方的经济利益明显不公平,因而一方当事人有权请求法院予以撤销的民事行为。

这种民事行为的特征是:行为在撤销之前有效,撤销之时,行为自始无效,也就是撤销的效力溯及至行为开始时。因此,可撤销的民事行为又叫相对无效的民事行为。

(二)可撤销的民事行为的情形

1. 重大误解的民事行为

重大误解的民事行为是基于重大错误认识而实施的意思表示。所谓重大误解,最高人民法院《民通意见》第71条的解释是:"行为人因对行为的性质、对方当事人、标的物的品种、质量、规格和数量等的错误认识,使行为的后果与自己的意思相悖,并造成较大损失的,可以认定为重大误解。"

重大误解行为的要件可以为：

(1)须有错误认识。所谓错误认识，既包括表意人方面的错误，也包括受意人的误解。前者是发动型错误，后者则是受动型错误。错误的形态很多，有把想要设定的法律关系性质搞错的，如把租赁当成借用；有把价格搞错的，如把100元1公斤当成1 000元1公斤；有把履行时间、地点甚至当事人搞错的，等等。

(2)须当事人不了解其错误。即当事人属无意中犯了错误。如果是故意搞错的，那就属于欺诈或虚伪行为，而不再是误解行为。

(3)须错误性质严重。判断错误是否严重，采用一般标准，即从一般人处于表意人的地位，如果有此误解，会不会实施该行为的标准来把握，如果不会实施，则属性质严重。

2. 显失公平的民事行为

显失公平行为是指内容明显违背公平原则的行为。对于民事行为达到何种程度算显失公平，最高人民法《民通意见》第72条的解释是："一方当事人利用优势或者利用对方没有经验，致使双方的权利与义务明显违反公平、等价有偿原则的，可以认定为显失公平。"显失公平行为的要件是：

(1)须属有偿行为。显失公平行为只能发生在有偿行为之中，无偿行为因当事人一方不支付对价，谈不上公平与否的问题。

(2)须行为内容显失公平。显失公平是指根据该行为已经实施或者约定实施的财产给付，明显背离公平原则。即一方当事人利用优势或者利用对方没有经验，致使双方的权利义务明显不对等。

(3)须受害人出于急迫、轻率或者无经验。显失公平的受害一方，在实施行为时，表面上也是自愿的，然而在这种自愿背后，却有急迫、轻率或者无经验的背景。假如不是这样，那么他是不会实施的。因此这种自愿是存在缺陷的，所以法律给予行为人一个补正的机会。

(4)须显失公平在民事行为发生时出现。如订立合同时就显失公平。

3. 一方以欺诈、胁迫的手段订立合同，没有损害国家利益的民事行为(见"合同的效力")

4. 乘人之危订立的合同(见"合同的效力")

五、效力待定的民事行为

(一)效力待定的民事行为的概念与特征

效力待定的民事行为，是指已经成立但效力处于不确定状态的民事行为。

效力待定的民事行为有如下特征：

(1)效力待定的民事行为在成立时，其效力处于不确定状态中，既非有效，亦非无效。

(2)效力待定的民事行为效力的确定，取决于第三人的行为或者其他法定条件。

(3)效力待定的民事行为的后果，可能是有效的，也可能是无效的。

(4)效力特定的民事行为一旦确定为有效，则其效力溯及行为成立时，自始有效；一旦确定为无效，则也是溯及行为成立时，自始无效。

(二)效力待定的民事行为的情形

《民法通则》对效力待定的民事行为没有明文规定，而《合同法》对效力待定合同却做了明确规定。故本书对效力待定的民事行为情形的阐述，依据的是《合同法》的规定。由此，效力特定的民事行为的情形，也就是效力待定合同的情形。

效力特定合同大致下列三种情形：

(1)限制行为能力人订立的依法不能独立订立的合同

限制行为能力人订立的合同有两种后果，一是有效，二是效力待定。属于有效的合同包括三种情形：①订立的纯获利益的合同。②订立的与其年龄、智力、精神健康状况相适应的合同。③事先征得其法定代理人同意而订立的合同。上述三种情形的合同,不必经法定代理人追认,都是有效的,除上述三种情形外,所订立的其他合同皆为效力待定合同。

根据《合同法》第47条的规定,确定该合同效力有两种方法:

其一,经其法定代理人追认或拒绝追认。

追认是指法定代理人对限制行为能力人的行为事后予以承认的一种意思表示。追认须采用明示方式,沉默和推定均不构成追认。拒绝追认可采用明示方式,亦可采用默示方式。一经追认,该合同效力即被确定下来,为自始有效;一经拒绝追认,该合同效力也被确定下来,为自始无效。

其二,相对人行使催告权和撤销权。

相对人可以催告法定代理人在一个月内予以追认。法定代理人未作表示的,视为拒绝追认。合同被追认之前,善意相对人有撤销的权利。撤销应当以通知的方式做出。

相对人行使催告权后,如果法定代理人拒绝追认,或者善意相对人行使了撤销权,则该合同效力也被确定下来,为自始无效。

(2)无代理权而以被代理人名义订立的合同

无权代理分为广义的无权代理和狭义的无权代理。广义的无权代理包括表见代理和狭义的无权代理。狭义的无权代理是指表见代理以外的无代理权所为的代理,其主要有几种情况:①根本没有代理权的代理;②超越代理权的代理;③代理权终止后的代理。

狭义无权代理人以被代理人名义订立的合同,属于效力待定合同。根据《合同法》第48条的规定,确定该合同效力有两种方法:

其一,经被代理人追认或拒绝追认。

追认是指被代理人对无权代理行为事后予以承认的一种意思表示。一经追认,该合同效力即被确定下来,为自始有效;一经拒绝追认,该合同效力也被确定下来,为自始无效。

其二,经相对人行使催告权和撤销权。

相对人可以催告被代理人在一个月内予以追认。被代理人未作表示的,视为拒绝追认。合同被追认之前,善意相对人有撤销的权利。撤销应当以通知的方式做出。

相对人行使催告权后,如果法定代理人拒绝追认,或者善意相对人行使了撤销权,则该合同效力也被确定下来,为自始无效。

(3)无处分权人订立的合同

无处分权人订立的合同,是指无处分权人处分他人财产,与受让人订立的合同。

根据《合同法》第51条的规定,确定该合同效力也有两种方法:

其一,经权利人追认或拒绝追认。

一经追认,该合同效力即被确定下来,为自始有效;一经拒绝追认,该合同效力也被确定下来,为自始无效。

其二,无处分权人在订立合同后取得处分权或未取得处分权。

如果无处分权人在订立合同后取得了处分权,该合同效力即被确定下来,为自始有效;反之,则该合同效力也被确定下来,为自始无效。

第七章 代 理

学习目标

理解代理的概念与特征。掌握代理的类型。理解代理人的义务及代理权行使的限制，了解代理权消灭的原因。理解复代理的概念与特征。掌握狭义无权代理的概念、情形及法律后果。掌握表见代理的概念、成立要件及法律后果。

一、代理的概念与特征

（一）代理的概念

代理，是指行为人根据他人的授权或者法律的规定，以该人的名义实施民事法律行为，而行为的后果归属于该人的行为。

代理是一种至少有三方当事人（被代理人、代理人、第三人）参加的民事法律关系。例如，某甲接受某乙的委托，在乙授权的范围内，以乙的名义，同某丙订立合同。这种代理关系中，甲是代理人，乙是本人，称为被代理人，丙是第三人。实质上甲签订的合同是乙和丙之间的合同。

代理制度一方面源于对行为能力有欠缺者的救济，另一方面则出自于社会生活的需要。由于社会经济生活的发展，人的活动范围逐渐广阔，社会关系日趋复杂，人们对生产、生活资料的采购、商品的销售，已经无法做到事必躬亲，而且也不可能样样精通，为此将部分事务委托他人代为办理在所难免，代理制度便应运而生。代理可以使行为能力有欠缺者获得基本如同完全行为能力人那样的机会，而且使完全行为能力人不仅利用自己的能力和知识参与民事活动，同时还可以利用他人的能力和知识，这就大大增强了主体的活动能力，同时也大大降低了交易的成本。

理解代理概念，应与以下几种行为相区别：

1. 使者的传话。指帮助民事主体实施民事行为而传达意思，或代本人接受意思表示。它与代理的区别是：使者无权决定意思表示的内容，不能决定民事法律行为是否成立；而代理是由代理人直接做出意思表示，其表示内容，由代理人决定。

2. 法人代表的行为。法人在民事活动中，不但可以通过其法定代表人，还可以通过代理人进行民事法律行为。无论通过谁，其法律效果均直接归属于法人。二者的区别在于：代表人是法人本身的机关，不是独立的主体，而代理人是独立主体，法人与代表人的关系是法人内部的关系，法人与代理人之间的关系是两个平等主体之间的关系。

3. 居间。居间是一种合同关系，居间人在中华人民共和国成立前称为掮客、扦手、跑合人等。居间人为委托人报告签订合同的机会或充当签订合同的媒介，而由委托人给付报酬。它与代理人的区别在于，居间人不得代委托人订立合同，而仅仅是在双方之间斡旋，促成合同订立。

4. 行纪。行纪也是一种合同，行纪人受委托人委托，以自己的名义为委托人实施民事行为并收取报酬。它与代理的区别在于，行纪人是以自己的名义为委托人实施民事行为，其法律效果依行纪合同，间接地归属于委托人，因此，理论上又称其为“间接代理”。作为行纪人必须具有特殊身份，依法经核准登记。如信托商店、我国的外贸代理等。

（二）代理的法律特征

1. 代理人在代理权限范围内实施代理行为。这里包含三层意思：一是代理人须有代理权，代理权的产生或因委托,或因法定,或因指定。没有授权属于无权代理。二是法律规定或当事人约定只能由本人实施的行为,不得代理,如婚姻登记、遗嘱公证等。三是代理人在进行代理行为时,有独立的意思表示,可视具体情况而决定表示内容,这与传达人、居间人相区别。

2. 代理人以被代理人的名义进行代理行为。代理人只有以被代理人的名义进行民事活动,其行为后果才能由被代理人承受,如果其以自己的名义进行民事活动,就不是代理,而是自己所为之行为,这一点使代理与行纪相区别。

3. 代理主要是实施法律行为。即代理主要是为被代理人设立、变更、消灭一定民事法律关系,如代签合同、代为诉讼等。不具有法律意义的行为,如代人算账、代人抄写等只能是一种事实行为,它不与第三人产生权利义务关系,不是代理。

4. 代理行为的后果直接由被代理人承担。代理的目的是为被代理人进行民事活动,代理人的行为效力当然归属被代理人,包括设定的权利归被代理人享受,义务归被代理人负担,也包括代理人的行为给他人造成的损害由被代理人赔偿。在代理人正常行使代理权的情况下,代理人与第三人之间,不因代理行为而产生权利和义务关系。

二、代理的类型

(一)委托代理、法定代理与指定代理

1. 委托代理

委托代理,是基于被代理人的委托授权而发生的代理,又叫"意定代理"。

(1)授权行为

授权行为是指被代理人以一定方式向代理人授予代理权的行为。

从性质上讲,授权行为是单方法律行为,行为人只要做出授予代理权的意思表示,就发生了授权的效果,代理人即可取得代理权。

按照《民法通则》第65条的规定,授权可以用书面形式,也可以用口头形式,但是,法律规定用书面形式的,应当用书面形式。

采用书面授权的,应当做成授权委托书。

(2)授权委托书

授权委托书也叫代理证书、委托证明,它是授权委托人制作并且交给代理人用以明确代理关系及代理权限的文书。

《民法通则》第65条规定,授权委托书应当载明代理人的姓名或者名称、代理事项、权限和期间,并由委托人签名或者盖章。

(3)委托代理关系与基础法律关系

委托代理关系的基础法律关系是指需要委托代理进而发生委托代理关系的合同法律关系。

包括委托合同关系、雇佣合同关系、合伙合同关系等。这几种合同关系,合同当事人之间的权利义务的实现,对委托代理都有很大的需求,因而能够产生委托代理关系,它们也被称为委托代理的基础法律关系。

但是,基础法律关系只存在发生委托代理的可能性和条件,并不是有委托合同、雇佣合同或合伙合同就当然地发生委托代理关系。委托代理关系的发生与否,取决于授权行为的有无。如,在委托合同中,委托人只同受托人确立了委托关系但没有授权的行为,受托人就没有代理权;在雇佣合同中,雇佣人没有授权,受雇人就没有代理权;在合伙合同中,隐名合伙人就没有显名合伙人那样的代理权。

(4)代理权的范围

代理权是指代理人能够以被代理人的名义为意思表示或接受意思表示，其效果直接归属于被代理人的资格。

代理人应当在代理权限范围内进行代理，超越代理权限范围的行为，除被代理人追认者外，对被代理人不发生法律效力，由代理人承受后果。被代理人知道代理人超越代理权范围不加制止的，由代理人和被代理人承担连带责任。

代理权范围由授权书明确，如果授权范围不明，被代理人应当向第三人承担民事责任，代理人负连带责任。

2. 法定代理

法定代理，是指根据法律的直接规定而发生的代理关系。法定代理主要是为无行为能力人、限制行为能力人设置的代理，一般是基于一定的亲属关系或某种隶属关系而产生的，其确定带有强制性。法定代理不需要被代理人的授权（而且一般被代理人也无授权能力），但是，在民事活动中，第三人仍然有权要求代理人证明其代理资格。

3. 指定代理

指定代理，是指根据人民法院或有关单位的依法指定而发生的代理。如法院为无民事行为能力人指定监护人，以代理其民事活动，又如为失踪人指定财产代管人等。严格来讲，由于指定代理是“依法”指定，而非“意定”，故也是法定代理。

（二）直接代理与间接代理

根据代理的后果是否直接由被代理人承受，代理分为直接代理和间接代理。

直接代理是代理人显示被代理人姓名或者名称、代理后果直接由被代理人承受的代理。《民法通则》关于代理的规定，就是直接代理的规则。这种代理，也叫“显名代理”。

间接代理是不显示被代理人姓名或者名称、代理人从相对人承受权利义务后将权利义务转交被代理人的代理，也叫“隐名代理”。《合同法》第402、403条有所规定。在间接代理中，一般是代理人从相对人受领代理后果，然后再转交被代理人，被代理人与相对人之间不发生直接的权利义务关系，甚至相互毫无知晓。但是，代理人也可以披露被代理人，或者向相对人披露被代理人，由他们直接发生权利义务关系。在间接代理中，代理人通常叫“受托人”而不叫代理人，被代理人也叫“委托人”，不叫被代理人。

三、代理权的行使

（一）代理人的义务

代理人应在代理权限范围内行使代理权。

代理人在代理权限范围内进行的代理行为，才能由被代理人承担法律后果。超越代理权限所为的行为，除被代理人追认的以外，对被代理人不发生法律效力，而由代理人承担责任。被代理人知道代理人超越代理权为民事活动不加制止的，由代理人和被代理人承担连带责任。

代理人应为维护被代理人的利益而行使代理权。

代理人的职责就是为被代理人服务，所以，代理人应从被代理人利益出发，本着对被代理人最有利的原则行使代理权。也只有在为了被代理人的利益的情况下，才能转委托。代理人不履行职责而给被代理人造成损害的，应当承担民事责任。

（二）代理权行使的限制

代理人不得以被代理人的名义与自己或自己代理的其他人进行民事活动，前者称自己代理，后者称双方代理。自己代理的情况下，代理人同时为代理关系中的代理人和第三人，意思表示双方实际上只由一人实施，容易发生代理人为自己利益而牺牲被代理人利益的情况，所以，法律禁止自己代理。双方代理指同一个代理人,同时代理双方当事人的法律行为。这种情况下,无法实现双方为各自的利益而进行的充分协商,容易发生代理人损害一方或者双方利益的情况。所以,法律也是禁止这种代理的。

四、代理权的消灭

代理权的消灭,也叫代理权的终止,是指代理人与被代理人之间代理关系消灭,代理权不复存在。

代理权消灭的原因有共同的,也有各自不同的。

(一)代理权消灭的共同原因

在各种代理中都能引起代理权消灭的原因,归纳起来包括两种:

1. 本人死亡。代理是为被代理人利益而设立的,如果被代理人(本人)死亡,就会出现没有代理行为后果承受者的局面,所以,代理权因本人死亡而消灭。

2. 代理人死亡或丧失民事行为能力。代理是由代理人以被代理人名义进行民事法律行为的行为,其最基本的要求是代理人必须是完全民事行为能力人。如果代理人已经死亡或丧失民事行为能力,其代理资格就不存在了,自然也就不能以被代理人名义代理被代理人进行民事活动。

(二)委托代理的代理权的消灭

根据《民法通则》第69条的规定,委托代理的代理权消灭的原因还有以下方面的事实:

1. 代理期间届满或代理事务完成。如果代理是有期限的,在期限到来之时,代理关系自然终止;而如果委托代理的事务已经完成,代理也就没有继续存在的必要,代理关系也自然终止。这是委托代理终止的最常见、最正常的原因。

2. 被代理人取消委托或代理人辞去委托。委托代理是建立在被代理人和代理人相互信任的基础上的,它可以因任何一方的意思表示而终止,如果被代理人撤回委托或代理人辞去委托都会引起委托代理的终止。

3. 作为被代理人或代理人的法人终止。法人终止与自然人死亡一样,都是导致法律人格丧失的事实,法人终止也使代理关系终止。

(三)法定代理或指定代理的代理权的消灭

除因代理终止的共同原因外,法定代理和指定代理还可以因下列原因而终止:

1. 被代理人取得或恢复民事行为能力。设立法定代理和指定代理是为保护无民事行为能力人和限制民事行为能力人的合法权益。一旦他们因长大成人或恢复健康而成为完全民事行为能力人,那么,也就没有必要再为其代理。

2. 指定代理的法院或者指订单位取消指定的。

3. 其他原因引起的被代理人与代理人之间的监护关系消灭的。例如,收养关系解除、监护人不履行监护义务而被撤销其监护权等。

需要注意的是,被代理人死亡后,下列情况下的代理行为仍然有效:①代理人不知道被代理人死亡而为代理行为的;②委托书中约定待某一代理事项完成后代理关系终止,而在被代理人死亡时,该事项尚未完成的,代理人的继续代理活动;③被代理人的继承人承认的代理行为。

五、无权代理

(一)无权代理的概念及类型

无权代理是不具有代理权而以本人名义进行民事法律行为,并欲将行为后果归属于本人的行为。《民法通则》第66条规定:"没有代理权、超越代理权或者代理权终止后的行为,只有经过被代理人的追认,被代理人才承担民事责任。"也就是除被代理人追认外,行为人自负无权代理的后果。

（二）狭义无权代理

1. 狭义无权代理的情形

（1）代理权终止之代理。指代理人因代理期限届满或者约定的代理事务完成甚至被解除代理权后，仍以被代理人的名义进行的代理活动。

（2）超越代理权限之代理。指代理人超越代理权限范围而进行的代理行为，如某商场委派采购员收购5吨货，但是采购员却购了10吨货。采购员虽有采购的代理权，但超购的5吨货就是超越代理权限的代理行为。

（3）没有代理权之代理。指既没有经委托授权，又没有法律上的根据，也没有人民法院或者主管机关的指定，而以他人名义进行的民事行为。

2. 狭义无权代理的法律后果

狭义无权代理，性质上属于效力待定的行为，因此，其法律后果为：

（1）被代理人有追认权和拒绝权。

（2）相对人有催告权和被代理人追认之前的撤销权。

（3）被代理人拒绝的，由无权代理人对无权代理行为的后果负责。

《民法通则》规定，无权代理经本人追认后，可以变为有权代理，亦即在追认前无权代理行为的效力处于不确定状态。因此，无权代理在未获追认时，不能按无效民事行为处理，只有在本人不追认，甚至否认时，无权代理的效果才由行为人自己承担。被代理人对无权代理的事后追认，使无权代理变为有权代理，并且该追认具有溯及力，一经追认，代理行为即自始有效。被代理人不加追认的无权代理行为自始对本人无效，即对本人无约束力。被代理人对无权代理行为的追认或拒绝追认的意思表示，可以向无权代理人或者相对第三人表示。《民法通则》第66条规定：本人知道他人以本人名义实施民事行为而不作否认表示的视为同意。也就是追认必须以明示的方式表示，符合法律规定的默示视为追认。与追认权相对应，无权代理的相对人有催告本人于一定期限内答复是否追认的权利，该项权利被称为“催告权”。“被代理人”逾期不作答复的，视为拒绝追认。同时，相对人对无权代理在被代理人追认前有解除权，可以解除与无权代理人所进行的民事行为。但是，在相对人进行民事行为时，已经知道或者应当知道对方是无权代理人的场合，不能取得解除权，无权撤销该行为。

《民法通则》第61条规定：“民事行为被确认为无效或者被撤销后，当事人因该行为取得的财产，应当返还给受损失的一方。有过错的一方应当赔偿对方因此所受的损失，双方都有过错的，应当各自承担相应的责任。”所以，无权代理人不能证明自己为有权代理时，应对无权代理导致的相对人或者被代理人的损失负赔偿责任。但是，如果相对人知道行为人没有代理权，超越代理权或代理权已经终止，还与行为人实施民事行为而给他人造成损害的，由相对人和无权代理人负连带赔偿责任。

代理人知道其被委托代理的事项是违法的仍然进行代理活动的，或者被代理人知道代理人的代理行为违法而不表示反对的，由被代理人与代理人负连带责任。当代理人与被代理人对已实施的民事行为负连带责任时，在民事诉讼中，即可列为共同诉讼人。

（三）表见代理

1. 表见代理的概念

行为人虽无代理权，但其因被代理人的原因所具有的一定的表征，足以使相对人客观上能够相信其有代理权而与其为民事行为，该民事行为的后果直接由被代理人承担的，称为表见代理。

2. 表见代理的构成要件

（1）代理人无代理权，即代理人在实施代理行为时，并无本人的授权，或虽有授权，但并未授权其可实施超出特定授权范围的行为。如果代理人对所实施的行为有代理权，当然不发生表见代理。

(2)该无权代理人有被授予代理权的外表或假象。如果无权代理人以被代理人名义实施法律行为,没有任何迹象表明其被授权,那么,不存在表见代理问题,即表见代理的成立须有“外表授权”的存在。如合同的签订人持有被代理人的介绍信签订合同、使用被代理人的合同专用章或盖有印章的空白合同书签订合同等,即属于有被授予代理权的外表或假象。

(3)相对人有正当理由相信该无权代理人有代理权。这是与第二个条件相联系的一个要件。因为虽有外表授权的存在,但相对人还是不相信,那么,仍然不构成表见代理,而是狭义的无权代理。

(4)相对人基于信任而与行为人成立法律行为。这是判定是否构成表见代理的最终标准。如果虽然有以上三个要件,但最终相对人并未与其就所谓代理内容成立法律行为,那么,也不构成表见代理。

3. 常见的表见代理产生的原因

(1)因授权表示而产生的表见代理。被代理人以直接或间接的意思表示,表明授予他人代理权,但事实上并未授权,在此情况下,相对人有理由相信其有权代理,而与之为民事行为。

(2)因代理授权不明而产生的表见代理。被代理人在代理授权时,未明确代理权限,或未将指明的代理权限有效告知相对人,致使相对人善意无过失地相信代理人的越权代理为有权代理,而与之为民事行为。

(3)因代理关系终止后未采取必要的措施而产生的表见代理。被代理人在代理关系终止后,应将此事实以适当的方式,有效地通知相对人。如果因为被代理人的原因,使相对人不知代理关系终止,而与原代理人为民事行为,则构成表见代理。

4. 表见代理的法律后果

表见代理成立后,产生有权代理的法律后果。被代理人承担代理行为所带来的法律后果,即享受其权利,承担其义务。当然,被代理人有权要求无权代理人赔偿因无权代理而造成的损失。

第八章　诉讼时效和期限

学习目标

理解时效的概念与类型。理解诉讼时效的概念、意义及其与除斥期间的区别。掌握诉讼时效的种类与计算，掌握诉讼时效完成的效力。了解期限的概念与种类、法律意义、确定和计算。

一、时效的概念与种类

（一）时效的概念

时效，是指一定的事实状态持续地达到一定期间而发生一定法律效果的法律事实。

时效是一种期限，但又与一般期限不同，其须有下列三要素：①一定事实状态的持续存在。所谓一定的事实状态是指占有某物、不行使权力等事实。②经过一定的期间，即一定的事实状态持续经过一定期间，这一期间谓之"时效期间"。例如某人占有某物达30年、债权人不行使债权已有3年等。时效期间为多久，应依法律的规定，故属法定期间。③发生一定的法律效果，即发生权利得失的效果。一定的事实状态持续经过一定的期间后，当事人或因此取得权利，或因此失去权利。时效对民事权利所产生的得失效果，是时效的功能之所在。

时效的性质是：

(1)就时效对民事法律关系的效果而言，时效属法律事实，而就时效的期间经过不受当事人意志的作用而言，时效属事件。

(2)时效期间由法律强行规定，当事人不得约定更改或预先抛弃，所以时效期间属法定期间。

(3)期间须与一定的事实状态相结合才发生一定的效果，亦即无一定事实状态与之结合，也就无时效的效果存在。

（二）时效的种类

依时效的事实状态要素和法律效果要素，将时效划分为两类：取得时效和诉讼时效。

取得时效，是指占有他人财产于时效期间届满时即取得该财产所有权的时效。因其事实状态须占有财产，故亦称"占有时效"。取得时效的命名是相对于法律效果而言的。我国现行民法没有关于取得时效的规定。

诉讼时效，是指权利人持续不行使权力而于时效期间届满时即消灭其请求权的时效。诉讼时效期间届满，只是丧失请求权，亦即使权利人丧失依诉讼程序请求保护其权利的"权利"，该"权利"学理上谓之"胜诉权"。权利人丧失胜诉权，但其权利的受领保持力仍存在，即义务人自愿履行义务时，权利人仍有受领权，义务人履行义务后不得以不知道诉讼时效已过为由，要求返还已给付的履行。故诉讼时效期间届满，只是消灭权利的最主要的效力，而非实体权利的全部消灭。就其消灭的最主要的效力，亦即请求权效力而言，诉讼时效又谓之"消灭时效"。

二、诉讼时效

（一）诉讼时效与除斥期间的区别

除斥期间，是指法律对某种权利预定存在的期间，权利人在此期间不行使权力便发生该项实体权利消灭的法律后果。例如，《继承法》第25条第2款规定："受遗赠人应当在知道受遗赠后两个月内，做出接受或者放弃受遗赠的表示。到期没有表示的，视为放弃受遗赠。"这里的"两个月"即是除斥期间,该期间届满,权利人不行使权力,其权利即消灭。

除斥期间和诉讼时效一样,也是一定的事实状态经过一定的期间,而发生一定的法律后果,但这两种制度又存在很大的差异:

1. 法律后果不同。除斥期间届满的法律效力是某项实体权利消灭;而诉讼时效期间届满,只是消灭胜诉权,不消灭实体权利。

2. 适用的条件不同。除斥期间届满,法院可依职权主动适用有关规定,无须当事人提出主张,义务人自愿履行的,也可以请求法院追回;诉讼时效届满后,债务人自愿履行的,不能再要求返还。例如,按破产法规定,债权人自公告之日起3个月内申报债权,逾期不报的,视为自动放弃债权。这里的"3个月"是除斥期间,过期不申报的,其实体权利消灭。破产人不能对该债权人履行债务,否则,人民法院有权追回。

3. 期间不同。除斥期间是一个不变期间,法律规定多长时间,就固定为多长时间,不能变动;而诉讼时效则可因各种原因中止、中断甚至延长。

(二)诉讼时效的意义

法律规定诉讼时效的意义在于:

1. 有利于社会经济的稳定。实际生活中,经常有权利人对权利久不行使的情况,如债权人长期不请求债务人履行,使财产长期处于不稳定状态。

2. 诉讼时效制度能督促权利人及时行使权力,稳定社会经济。

3. 有利于司法机关对案件的调查取证,从而及时、正确地审理案件。

(三)诉讼时效的种类

1. 普通诉讼时效

普通诉讼时效是指由《民法通则》规定的,适用于普通民事法律关系的诉讼时效。依《民法通则》的规定,可分为以下三类:

(1)一般诉讼时效期间。《民法通则》第135条规定:"向人民法院请求保护民事权利的诉讼时效期间为二年,法律另有规定的除外。"亦即一般诉讼时效期间是2年。就比较法而言,我国的一般诉讼时效期间较各国为短。例如《法国民法典》为30年(第2262条),《德国民法典》也为30年(第195条),《日本民法典》则视权利性质分别定为10年或20年(第167条)。从各国法律的规定看,我国的一般诉讼时效期间是比较短的。

(2)短期诉讼时效期间。《民法通则》第136条规定,"身体受到伤害要求赔偿的""出售质量不合格的商品并未声明的""延付或者拒付租金的"以及"寄存财物被丢失或者损毁的"四种情形,诉讼时效期间为1年。从适用短期时效的情况看,多属证据容易灭失或现物(钱)交易,其纠纷宜从速解决,故时效期间较一般时效期间要短。

(3)长期诉讼时效期间。《民法通则》第137条规定,长期诉讼时效期间为20年,自权利被侵害之日计算,而一般和短期诉讼时效期间则是从知道或应当知道权利被侵害时起计算。可见,长期诉讼时效并不是适用于特殊的民事权利,而是适用于"不知道或不应当知道"其权利被侵害的"特殊主体"。对那些知道或应当知道自己权利被侵害的而不及时行使权力的人,是不适用长期时效的。

2. 特殊诉讼时效

特殊诉讼时效是指由特别法规定的诉讼时效。特殊诉讼时效之"特殊",主要是在时效期间上。有长于一般时效期间的,也有少于短期时效期间的。在时效期间的起算上,大多与一般和短期时效期间相同,但也有不相同的。例如,货物运输的损害赔偿请求权的时效期间,从货物运抵到达地点次日起算(《公路货物运输合同实施细则》第 20 条),而《水路货物运输合同实施细则》第 32 条则规定该项期间从运货记录交给托运人或收货人的次日起算。由此还可推论,上述两例均不适用《民法通则》关于长期诉讼时效期间的规定。但对于无特殊起算方法的特殊诉讼时效而言,应适用长期时效期间的规定。

(四)诉讼时效的计算

1. 诉讼时效的起算

诉讼时效的开始,也叫诉讼时效的起算。对于时效期间的起算,依照《民法通则》第 137 条规定,是权利人"从知道或应当知道权利被侵害时起计算"。

由于债权的特点不同,有关时效的起算点也不同,具体是:

(1)附延缓条件之债,从条件成就之时开始;但其请求权定有期限的,则从期限届满得行使请求权之时开始计算时效。

(2)有清偿期之债权从清偿期届至之时开始计算时效。

(3)未定清偿期之债权,其时效从债权人请求履行之时起开始计算,但债权人应给对方必要准备时间的,则从该期限到来之时开始计算。

(4)对于侵权赔偿请求权,其诉讼时效应自权利人已知或应知其权利被侵害和侵害人时起开始计算。对于人身侵害赔偿权的诉讼时效期间,依据伤害的不同其起算时间也有区别。伤害明显的,从受伤害之日起算;伤害当时未曾发现、后经检查确诊并能证明是由伤害引起的,从伤势确诊之日起算。

损害赔偿请求权应视请求权发生的事实性质而定。

①对于因债务不履行而发生的债权之损害赔偿请求权的诉讼时效期间起算,学理上有两种不同的见解:

"债权同一说",认为此项请求权仅为原债权的变形,并非新债权,故其时效起算应与原债权保持同一,亦即仍应从债权成立或期限届满时起算。

"债务不履行时说",认为损害赔偿请求权,是对债务不履行的救济手段,在原债权的履行请求权罹于诉讼时效后,其仍应存在,否则失去其救济之意义。而且只有债务不履行时,始发生损害赔偿请求权,故其时效期间应自债务不履行时起算。

两说比较,以债务不履行时说较为合理。

②对于因人身受伤害而发生的损害赔偿请求权,伤害明显的,从受伤害之日起算;伤害因不明显而未能及时发现的,自伤势确诊之日起算(最高人民法院《民通意见》第 168 条)。

③对于其他因侵权行为而发生的损害赔偿请求权,其时效期间应自权利人已知或应知其权利受损害时起算。

以上各种民事权利的诉讼时效期间的起算点尽管有所差异,但实质上仍然是以权利人能行使其请求权之时为诉讼时效期间的开始。

2. 诉讼时效的中断

诉讼时效中断是指因有与权利人怠于行使权力相反的事实,使已经过的时效期间失去其效力,而须重新起算时效期间的制度。诉讼时效以权利人消极不行使权力为前提条件,若此状态不存在,诉讼时效即因欠缺要件,其已进行的时效期间应归无效(《民法通则》第 140 条)。

(1)发生诉讼时效中断的事由

①权利人之请求。这是指权利人于诉讼外向义务人请求其履行义务的意思表示。权利人提出

请求,使不行使权力的状态消除,诉讼时效也由此中断。关于请求的方式,法律无明文规定,应认为口头或书面等能达到请求效果的方式,均可使用。

除义务人外,权利人若向主债务之保证人、债务人的代理人及财产代管人提出请求的,亦发生请求的效果(《民通意见》第173条第2款)。

②义务人的同意。这是指义务人向权利人表示同意履行义务的意思表示。义务人的同意,亦即对权利人之权利的承认,故与请求发生相同之中断时效的效果。

同意的方式,对此法律未有限制,口头或书面、明示或默示,均无不可,而且也不问义务人的同意是否有中断时效的目的。

同意之当事人有两种情况:第一种,同意之表示人。原则上应为义务人本人,义务人的代理人于授权范围内而为同意的,亦发生同意的效果。但保证人等同意履行义务的意思,对主债务人不产生同意之效果。第二种,同意之相对人。原则上亦为权利人或权利人之代理人。对第三人为同意,不产生同意的效果。

③提起诉讼或仲裁。这是指权利人提起民事诉讼或申请仲裁,请求法院或仲裁机构保护其权利的行为。诉讼之举,是权利人行使权力最为强烈的表示,故诉讼之日便是时效中断之时。权利人若以有效的判决、裁定、调解协议等法律文书,向法院申请执行程序,亦发生与起诉同等的中断时效的效果。

(2)诉讼时效中断的法律效果

诉讼时效中断的事由发生后,已经过的时效期间归于无效,中断事由存续期间,时效不进行,中断事由终止时,重新计算时效期间。但是,如何确认中断事由的终止,因事由的性质有别而有所不同。这包括以下几种情形:

①因请求或同意中断时效的,书面通知应以到达相对人时为事由终止;口头通知应以相对人了解时为事由终止。在时效期间重新起算后,权利人再次请求或义务人再次同意履行义务的,诉讼时效可再次中断。

②因提起诉讼中断时效的,应于诉讼终结或法院做出裁判时为事由终止;权利人申请执行程序的,应以执行程序完毕之时为事由终止。

③因调解或仲裁中断时效的,调处失败的,以失败之时为事由终止;调处成功而达成协议的,以协议所定的履行期限届满之时为事由终止。

(3)诉讼时效中断适用的时效期间类型

诉讼时效中断仅适用一般和短期诉讼时效,而不适用于长期诉讼时效。

3. 诉讼时效的中止

诉讼时效的中止,是指在诉讼时效期间的最后6个月内,因法定事由而使权利人不能行使请求权的,诉讼时效期间的计算暂时停止。依诉讼时效的中止,其已经过的期间仍然有效,待阻碍时效进行的法定障碍消除后,时效期间继续进行。诉讼时效中止的功能,是把导致权利人不能行使权力的法定障碍经过的期间,排除于时效期间之外,使诉讼时效期间所含的事实状态要素,真正能限定于权利人主观不行使权力的情形中。

(1)发生诉讼时效中止的法定事由

①不可抗力。指的是不能预见、不能避免且不能克服的客观情况。包括自然灾害和非出于权利人意思的"人祸",例如瘟疫、暴乱等。

②法定代理人未确定或丧失行为能力。权利被侵害的无民事行为能力人、限制民事行为能力人,如没有法定代理人、法定代理人死亡或丧失代理权,或者法定代理人本人丧失行为能力的,也可作为中止的法定障碍。

③其他。例如有的国家民法典规定，继承开始后，继承人或遗产管理人尚未确定时，其时效可中止(《德国民法典》第207条、《日本民法典》第160条)，这对填补法律漏洞有参考价值。

(2)时效中止的发生期间

中止时效的法定事由在诉讼时效期间的最后6个月内发生，或法定事由虽发生于6个月前但持续至最后6个月内的，才能发生中止时效的法律效果。

(3)诉讼时效中止的法律效果

①法定事由发生前已经过的时效期间仍为有效，法定事由经过的期间为时效中止期间，不产生时效期间的效力，法定事由消除后，时效继续进行。

②法定事由发生在最后6个月内，如法定事由消除后，时效期间不足6个月，是否应补足其为6个月，《民法通则》未予规定。依各国立法例，在最后6个月内经过的时效期间，不论多长，一俟中止事由发生，即认定其不发生时效之效力(《德国民法典》第207条第2项)，从而将中止后的期间补足6个月。

(4)诉讼时效中止适用的时效期间类型

诉讼时效中止仅适用于一般和短期诉讼时效，而不适用于长期诉讼时效。

4. 诉讼时效的延长

诉讼时效的延长，是指因特殊情况，法院对已经完成的诉讼时效期间给予的延展。诉讼时效的延长与中止、中断不同，它只适用于诉讼时效期间已经完成的情形，而且发生时效延长的特殊情况只能是"权利人由于客观的障碍在法定诉讼时效期间不能行使请求权"。依据1988年《最高人民法院关于贯彻执行〈中华人民共和国民法通则〉若干问题的意见(试行)》第175条的规定，诉讼时效的延长不仅可适用于一般与短期时效，而且还可适用于长期时效。由此可见，时效延长是为了保护当事人的权利，于中止、中断外保留的救济空间。

(五)诉讼时效完成的效力

诉讼时效完成，也叫诉讼时效期间届满。它的效力表现为，未在诉讼时效期间内行使权力的债权人丧失"胜诉权"，即丧失了依诉讼程序请求保护其未行使的权力的权利。但是，债权人的权利并不因之而彻底消灭，债权人仍然可以向债务人请求履行，债务人履行了的，不得以诉讼时效期间已过而要求返还。

三、期限

1. 期限的概念和种类

(1)期限的概念

期限是法律规定的或者当事人约定的能够使权利发生、变更或者消灭的时间范围。比如诉讼时效期间是法定期间，而附期限的法律行为的期限，就是约定期间。

(2)期限的种类

期限按照不同的标准划分，可以分成不同的种类。

按照期限的依据是法律规定还是约定，分为约定期间、法定期间和指定期间。①约定期间，指可由当事人自由选择确定的期间。例如履行债务的期间、所有权交付的期间等。②法定期间，指法律强行规定的期间。例如诉讼时效期间、未成年人状态的期间等。在有法定期间并同时允许当事人约定期间时，优先适用约定期间。例如一般动产的所有权从财产交付时移转，但当事人另有约定的除外。只有当事人没有约定期间时，才适用法定期间。在法律上无当事人约定期间的规定时，法定期间不可更改。③指定期间，指由法院或仲裁机关确定的期间。例如宣告死亡以判决宣告之日为死亡日期，违约金、赔偿金自仲裁机关或法院明确责任后10日内偿付等。指定期间实质上也是法定期间，其与法定期间的区别，只是法律将确定期间的"法定"权授予法院或仲裁机关而已。

按照期限是某个不可分的特定时间还是一定的时间区间，分为期日和期间。期日如某日、某月或者某年，期间如某年某月某日至某年某月某日。

2. 期限的法律意义

期限的法律意义主要是确定权利义务的发生、变更或者消灭的时间范围。具体说有以下几点：

(1)决定民事主体的法律地位，即民事主体的法律地位由期限决定。例如：自然人的民事权利能力自出生之日起开始，至死亡之日终止；有民事行为能力人在宣告死亡期间实施的民事法律行为有效；等等。

(2)决定民事权利的得失变更，即民事权利的取得、丧失或变更由期限决定，例如：所有权从财产交付之时起移转；民事权利请求诉讼保护的时效期间；继承自被继承人死亡时开始；等等。

(3)决定民事义务的存在与否，即民事义务的承担由期限决定。例如：在子女未成年期间父母的抚养义务；在债的关系有效期间债务人的给付义务；在专利权存续期间的专利费缴纳义务；等等。

3. 期限的确定与计算

(1)期限的确定

法定期限按照法律的规定确定起止时间点即始期和终期，指定期限由有指定权的机关做出的指定文书确定始期和终期，约定期限则由当事人的意思表示确定始期和终期。

(2)期限的计算方法

期限的计算方法有两种：一是自然计算法，即以实际经过的时间为计算期限的时间；二是以历法计算法，即以所定的年、月、日为计算单位，所称年，不论平闰年一律定为365日，所称月不论大小皆为30日(《最高人民法院关于贯彻执行〈中华人民共和国民法通则〉若干问题的意见(试行)》第198条)。历法计算法虽不精确，然颇为便利。依《民法通则》第154条规定，两种期限计算方法并存，法定或指定期限多用历法计算法，而约定期限，允许当事人选择，如未约定何种计算方法，则推定以历法计算法为其约定期限。

4. 始期与终期

(1)始期

以小时计算期限的，从规定时开始计算；以年、月、日计算期限的，其开始当天不算入，从下一天开始计算。但当事人对此有约定的，按约定计算。

人的年龄，自出生之时起计算，其起算点，包括出生之日，此为各国民法皆予规定的例外(《德国民法典》第187条)。依《民法通则》第9条规定，也应认为有此例外。

(2)终期

期限的最后一天是法定休假日的，以休假日的次日为期限的最后一天；休假日有变通的，以实际休假日的次日为期限的最后一天。

期限最后一天的截止时间为24时。有业务活动时间的，截止到停止业务活动的时间。

练习题

一、单项选择题

1. 民事法律关系的客体包括(　　)

A. 物　　B. 行为

C. 智力成果　　D. 物、行为、智力成果和人身利益

2. 支配权和请求权划分的依据是(　　)

A. 行使权力的人不同
B. 权利的客体不同
C. 法律规定不同
D. 权利的作用不同

3. 债权人对于债务人提供的质押物所享有的权利是( )
A. 从权利
B. 请求权
C. 主权利
D. 抗辩权

4. 对民事权利的最基本的分类是( )
A. 人身权和财产权
B. 支配权和请求权
C. 物权和债权
D. 主权和从权

5. 以下行为中属于单方民事法律行为的是( )
A. 代理行为
B. 赠与行为
C. 自己决定买彩电的行为
D. 放弃继承的行为

6. 对诉讼时效已过的权利人的请求,债务人可以提出抗辩的是( )
A. 同时履行抗辩
B. 先诉抗辩
C. 不安抗辩
D. 永久抗辩

7. 依据《民法通则》的规定,诉讼时效中止的发生时间是( )
A. 诉讼时效期间的任何时间
B. 当事人知道或应当知道自己权利受到侵害之日起 1 年内
C. 权利受到侵害之日起 1 年内
D. 诉讼时效期间的最后 6 个月内

8. 某甲在马路上捡到一个钱包,内有 1000 元人民币。某甲认为是天上掉下的馅饼,就约朋友吃饭,花费殆尽。某甲的行为属于( )
A. 侵权行为
B. 不当得利
C. 无因管理
D. 非民事行为

9. 依据我国有关法律的规定,要宣告某自然人死亡最短需要( )
A. 四年
B. 二年
C. 半年
D. 一年

10. 对于失踪达到法定期间的人,同一顺序的利害关系人中,有的申请宣告死亡,有的不同意宣告死亡,则( )
A. 应当宣告死亡
B. 由后一顺序的利害关系人决定
C. 不应当宣告死亡
D. 由人民法院决定

11. 依据《合同法》的规定,行为人没有代理权、超越代理权或代理权终止后,以被代理人名义订立的合同,如第三人催告被代理人追认,而被代理人未作表示的,视为( )
A. 被代理人追认
B. 被代理人拒绝追认
C. 代理行为有效
D. 由第三人决定代理的效力

12. 以下民事法律行为中所附的条件有效的是( )
A. 如果一年内你能走私五辆汽车,我就同意把公司承包给你
B. 如果去年我不结婚,今年我就把房子租给你了
C. 如果明年我儿子能调回本市,你就不能再租我的房子了
D. 如果你能使太阳从西边出来,我就把房子租给你

13. 复代理人进行民事活动,应以的名义是( )

A. 被代理人　　B. 原代理人
C. 复代理人自己　　D. 第三人

14. 社团法人成立的基础是(　　)
A. 捐助的财产　　B. 集资的财产
C. 人的集合　　D. 人和财产的集合

15. 法人终止时,依法应对其进行(　　)
A. 审计　　B. 审验
C. 清算　　D. 核算

16. 无效民事行为(　　)
A. 没有任何法律效力　　B. 从行为开始起,就没有任何法律效力
C. 在对方追认时有效　　D. 不能产生行为人预期的法律效果

17. 身体受到伤害要求赔偿的诉讼时效是(　　)
A. 2 年　　B. 1 年
C. 180 天　　D. 6 个月

18. 诉讼时效中断后,过去进行的时效期间(　　)
A. 一律无效　　B. 仍然有效
C. 部分有效　　D. 部分无效

19. 最长的诉讼时效期间(即 20 年的诉讼时效期间),其开始的时间是(　　)
A. 权利人知道或应当知道自己的权利受到侵害时
B. 权利受到侵害时
C. 权利人知道自己权利受到侵害时
D. 权利人应当知道自己权利受到侵害时

20. 诉讼时效期间届满后,债权人丧失了(　　)
A. 起诉权　　B. 债权
C. 请求债务人履行的权利　　D. 胜诉权

二、判断题

1. 实事求是是民法的基本原则。(　　)
2. 请求权是请求法院保护的权利。(　　)
3. 甲的所有权受到乙的侵害,需要法律救济,因此甲的所有权是救济权。(　　)
4. 民事权利能力包括享有民事权利的资格和承担民事义务的资格。(　　)
5. 失踪人的债权人有权提出宣告死亡申请,即使失踪人近亲属反对也不能阻止。(　　)
6. 王某 17 岁患有精神病,不能完全辨认自己的行为,但有劳动收入而且为主要生活来源,他属于无民事行为能力的人。(　　)
7. 营利法人是指能够通过市场活动取得利益的法人。(　　)
8. 意思表示是民事法律行为的基本要素。(　　)
9. 民事法律行为所附期限可分为始期和终期。(　　)
10. 民法上规定诉讼时效制度,是为了警戒债权人。(　　)

三、简答题

1. 简述表见代理的构成要件。
2. 简述诉讼时效与除斥期间的区别。

3. 简述民事法律行为的生效要件。

四、论述题

论民法中的平等原则。

五、案例分析题

1995 年 3 月，于妹到外地打工，自此便与家人失去联络，家人查找无果。其妻子张彩霞便向法院申请宣告于妹死亡。而于妹的父母不同意。法院在受理该案后，经过公告，于 1999 年 11 月 5 日做出判决，宣告于妹死亡。张彩霞随即与曹有兵结婚，一年后，曹有兵死亡。而此时于妹又从外地衣锦还乡。但他却发现自己被宣告死亡了。

问：1. 法院的判决是否正确？为什么？

2. 于妹与张彩霞的婚姻关系能否自动恢复？

3. 于妹在被宣告死亡期间，其在外地所进行的民事行为是否有效？

参考答案

一、

1. D　2. D　3. A　4. A　5. D　6. D　7. D　8. B　9. D　10. A

11. B　12. C　13. A　14. C　15. C　16. D　17. B　18. A　19. B　20. D

二、

1. ×　2. ×　3. ×　4. ✓　5. ×　6. ×　7. ×　8. ✓　9. ✓　10. ×

三、

1. 表见代理是指行为人无代理权而以本人名义为代理行为，而相对人基于客观情况足以相信其有代理权，并与之为民事行为，行为的后果由本人承担的代理。其构成要件包括：1）须存在行为人没有代理权的事实；2）须客观上有使相对人相信行为人有代理权的情形；3）须相对人在为行为时系善意且无过失。

2. 二者的区别主要表现在：1）期间不同。诉讼时效是一个可变期间，有中止、中断和延长的规定，而除斥期间则是一个不变的期间；2）法律后果不同。诉讼时效消灭的是胜诉权，而除斥期间消灭的是权利本身；3）适用的法律依据不同；4）适用的条件不同；5）起算的时间不同。

3. 民事法律行为的生效要件包括：1）行为人具有相应的行为能力；2）意思表示真实；3）不违反法律或者社会公共利益；4）符合法律规定形式。

四、

平等原则是指在民事活动中当事人地位平等，有独立的法律人格，彼此之间互不隶属。

平等原则是民法的最基本特征，是民法与其他部门法相区别的主要标志。平等原则主要体现在：

1）自然人的权利能力一律平等；2）不同民事主体参加民事关系，适用同一法律；3）在进行民事活动时，必须贯彻平等协商原则，任何人不得把自己的意志强加给对方；4）在民事权利受到侵害时，民事主体平等地受法律的保护。

五、

1. 法院的判决正确。因为，依据最高人民法院的司法解释，在申请宣告死亡时，利害关系人是有顺序的，配偶的顺序是第一位的，所以，应以配偶的要求判决。

2. 不能。要恢复婚姻关系，须重新进行婚姻登记。

3. 有效。因为，宣告死亡只是法律推定的一种死亡，并非当事人事实上的死亡。在当事人活着的时候，其进行的民事活动当然有效。

第二部分 物 权

第一章 物权概述

学习目标

理解物权的概念、特征和分类。理解物的概念、特征、分类及其意义。掌握物权法的基本原则。理解物权的保护。

一、物权的概念与特征

物权是权利人在法律规定的范围内,按照自己的意志支配自有物或者依照授权支配他人的物,直接享受物的效益的排他性财产权。

物权在各国民法典中基本上没有一个明确的定义。在我国现行民事立法中,也没有"物权"一词。不过,有关物权的法律规范是大量存在的。《民法通则》中关于"财产所有权和与财产所有权有关的财产权"的规定,实际上就是关于物权的规定。物权与债权的关系十分密切,与债权相比,物权有下列基本特征:

(一)物权是对世权

这是物权在效力范围方面的特征。物权的权利主体是特定的人,但义务主体是不特定的人,即除权利主体之外的一切人都负有不得侵犯该物权的义务。正因为如此,民法学上称物权为"对世权",而称债权为"对人权"。

(二)物权是绝对权

这是物权在实现方式方面的特征。物权的内容是对物的直接管领和支配,并排除他人的干涉。物权的实现不需要义务人的积极行为进行协助,而以权利人对标的物进行合法支配为唯一要件。民法学上称物权为"绝对权",而称债权为"相对权"。

(三)物权是对物的支配权

这是物权在作用方面的特征。物权的客体是物,不包括行为和精神财富。物权的作用是保障权利人能够对标的物进行全面支配或限定支配,从而直接享受物的效益。其他权利如人身权、知识产权等,也有支配权性质,但都不是以物为支配对象,不是对物的支配权。

(四)物权是排他性财产权

这是物权在效力方面的特征。物权的排他性主要表现在两个方面:

一是一物之上不能有两个或两个以上互不相容的物权。即一物一权原则。如一物之上不能同时有两个所有权,或者不能同时有两个或两个以上互不相容的他物权。

二是物权具有直接排除不法妨碍的性能。物权人行使权力遇有不法妨碍时,凭借物权能够直接请求妨碍人排除妨碍或消除可能发生妨碍的因素。

值得注意的是,物权的排他性并不排除下列情况:

一是多人共享同一物权,如夫妻对家庭财产共享所有权。

二是一物之上有所有权与他物权同时存在。如甲在自有物上为乙设立了使用权或抵押权。

三是一物之上有互不影响的数个他物权同时存在。用途上互不影响的或者虽为同一种类但互不影响的数个他物权,能够同时并存于一物之上。

四是法律针对物权所规定的限制。如禁止权利滥用原则、相邻权的发生等。

(五)物权具有追及效力

物权的追及效力是指物权的标的物无论辗转于何人之手,物权人都可以追及其物,向实际占有人主张其权利。当然,法律确立的某些特殊制度也会将该追及效力阻断,如善意取得制度的适用。

(六)物权具有优先于债权的效力

这是物权的优先性,即在同一物上有数种权利时,物权人享有较其他权利人优先行使的权力。

二、物权的客体

绝大多数的民事法律关系都和物有着密切的联系。有的直接以物为客体,如所有权关系;有的虽以行为为客体,但仍然与物紧密相关,如以交付物为内容的债权关系。可见,物在民法中占有重要的地位。民事主体必须知道哪种物能够作哪种权利的客体,哪种物能够在什么范围内流转,才能有效地取得财产利益。

(一)物的概念及其法律特征

物是指人们能够支配的物质实体和自然力。其法律特征主要有:

1. 客观物质性

物必须是客观存在的物质实体或自然力。需要指出的有两点:

首先,物是存在于人体之外的。人的身体是人格的附着物,现代法律禁止任何人排它的支配他人身体。但是,如果人身的某一部分同人体分离后也可视为物。如从身体中抽出的血液、剪下的头发、甚至移植出的一定的器官等都是物。以尚未与人身分离的身体的一部分为处分标的,应当以不违反公序良俗为限。如以捐献肾脏为标的,救助病人是允许的,但如果以挖出肾脏为某协议的履行担保则是违法的。

尸体是否是物?尸体是物理学上的物,也符合民法上的"人们能够支配的物质实体或自然力"的物的定义。但是,尸体作为曾经承载特定人格的东西,概括地说它是物是不妥当的。应当认为在通常情况下,尸体不是民法上的物,因为民法上的物其作用是能满足人们生产或生活的需要,在通常意义上,尸体不具备这种意义;但在特定条件下,尸体可以作为物,如作为科学研究对象时(木乃伊、标本)。

其次,某种财产或者财产权利如果不具备客观物质性,那么,即使其能够给权利人带来物质利益,也不能作为物权的客体。

2. 可支配性

物必须是能够被民事主体支配的物质实体和自然力。不能为人们支配的物,即使其是客观存在的,也不能作为物权的客体。比如,太阳就不是民法上的物。支配是对物的占有、使用、收益和处分,这里的支配或者说控制,是指普通人以普遍的手段进行的支配或控制,而不是指专门的科学家利用专门的技术手段的支配或控制。

3. 可使用性

物必须能够适应民事主体的物质利益或精神需求,供民事主体使用。不能认为只有有经济价值和用途的才是物,没有经济价值和用途但能够满足人的精神需要的物也是民法上的物。如亲人的照片、朋友的书信等都是物。

(二)物的分类及意义

从不同的角度、按照不同的标准,可以对物进行不同的分类。物的主要分类可以概括为:

1. 流通物、限制流通物与禁止流通物

这是以物能否流通、能在什么范围内流通为标准对物进行的划分。

流通物是指法律允许在民事主体之间自由流通的物。

限制流通物是指法律对流通范围和程度有一定限制的物。在我国限制流通物主要包括:①按照国家指令性计划购销的物;②黄金;③外币;④公民收藏的文物;⑤麻醉药品、毒品、运动枪支;⑥法律规定的其他限制流通物。

禁止流通物又称不流通物,是指法律明令禁止流通的物。在我国,禁止流通物主要包括国家专有的物资、土地、矿藏、水流以及淫秽书画等非法出版物。

这种分类的意义主要是有利于维护国家和社会的公共利益。如果民事主体违反有关限制流通物、禁止流通物的规定的,要承担相应的民事责任;情节严重的,还要承担行政的或刑事的责任。

2. 动产与不动产

这是以财产是否可以移动并且是否会因移动而损害其价值为标准对物进行的划分。

不动产是指难以人为移动其位置或移动后就会减少或丧失其经济价值的物,主要有土地及其附着物、房屋等。

动产是指位置能够移动,而其本身的价值不会因移动而丧失或相对减少的物,如电视机等。

民法上区分动产和不动产是先确定不动产,不动产以外的物则是动产。对于不动产各国法律规定并不一致,根据我国民事法律的规定,在我国,土地、附着于土地的建筑物及其他定着物、建筑物上的固定附属设备为不动产。

动产与不动产的法律地位是不同的。二者的区别主要可以概括如下:

第一,流通性质和范围有区别。不动产中禁止流通物和限制流通物所占的比例较大,而动产中流通物所占的比例较大。

第二,物权变动的法定要件不同。一般动产物权的变动以物的交付为要件,甚至可以以合同成立为要件,而不动产物权的变动不仅以交付为条件,而且还以在主管机关进行登记为要件,否则不受法律保护。这是因为,不动产一般都有价值大,用途重要,对社会、当事人及关系人利害重大等特点。

第三,纠纷管辖方面有不同。因不动产发生的纠纷,一律由不动产所在地法院或有关机关负责处理。而动产纠纷的管辖则比较灵活。

3. 特定物和种类物

这是以转让物是否有独立特征或者是否被权利人指定而特定化为标准对物进行的划分。

特定物是指具有独立特征或被权利人指定,不能以其他物替代的转让物。特定物包括独一无二的物和从一类物中指定而特定化的物。前者如齐白石的一幅画;后者如从自行车仓库中挑出的一辆自行车。

种类物是指具有共同特征,可以以品种、规格或度量衡来加以计算和确定,不需要具体指定的物。种类物与特定物的区分不是绝对的,种类物通过选择、购买、给付等方式可以特定化而成为特定物。

区分特定物和种类物的意义主要在于:

第一,标的物返还的要求不同:特定物受到侵害,标的物存在的,返还原物;可修理的,修理恢复原状;灭失的,可要求损害赔偿。种类物则适用返还同类物。

第二,标的物灭失后的责任不同:在交付前特定物灭失的,可免除义务人的交付义务,权利人一般可要求赔偿损失;而种类物在交付前灭失的,不免除义务人的交付义务,权利人可要求义务人交付同等种类物。

4. 主物与从物

这是以两个独立存在的物在用途上客观存在的主从关系为标准对物进行的划分。

主物是指独立存在,与同属一人所有的其他独立物结合使用中有主要效用的物。

在两个独立物的结合使用中处于附属地位,起辅助和配合作用的是从物。从物必须经常辅助主物使用;从物不是主物的构成部分;从物必须与主物同属于一人。

区分主物与从物的意义主要在于:如果法律无相反规定,合同也无相反约定,对主物的处分效力及于从物。如从物随主物所有权的移转而移转;对主物设置的租赁、抵押也及于从物。

5. 可分物与不可分物

这是以物是否具有可分割的特点为标准对物进行的划分。

可分物是指可以分割且不因分割而损害其效益或改变其性质的物。如米、油等。

不可分物是指按照物的性质不能分割,否则会改变其效益或性质的物。如一匹马、一辆汽车等;此外,按照财产共有人的协议或权利的性质,在一定时间内不得分割的物,也属于不可分物。

区分可分物与不可分物的主要意义在于:

第一,有利于共有财产的正确分割。共有财产是可分物的,共有人可分割实物;共有财产为不可分物的,一般不得分割实物,只能是有人得实物,其他人从得实物人处取得合理的折价补偿或者采用变价分割。

第二,便于明确多数人之债的债权债务。数人共享同一债权或共负同一债务,标的物为可分物的,债权人可以享有按份债权,债务人可以负有按份债务;标的物为不可分物的,债权人之间是连带债权,债务人负有连带债务。

6. 原物和孳息物

这是以两物之间存在的原有物产生新物的关系为标准对物进行的划分。

原物是指依其自然属性或法律规定产生新物的物。

孳息物是指由原物产生的物。孳息分为天然孳息和法定孳息。天然孳息是指依物的自然属性而获得的收益,如母鸡下的蛋、母牛生的小牛犊等。法定孳息是原物根据法律关系获得的收益,如银行存款的利息、出租房屋所获得的租金等。

区分原物与孳息物的主要意义在于:除法律另有规定或者合同另有约定外,孳息归原物所有人所有;转让原物时,孳息收取权一并转移。

7. 消耗物和不消耗物

这是以同一物是否能够反复使用为标准对物进行的划分。

消耗物是指仅能供权利人一次性使用的物,如食品。不消耗物是指能够供权利人反复使用的物,如房屋、机器等各种耐耗物品。

区分消耗物和不消耗物的主要意义在于:消耗物可以作为消费借贷、买卖等转移所有权的合同的标的物,而不消耗物则不仅可以作为转移物的所有权的合同的标的物,还可以成为使用借贷、租赁等合同的标的物。

8. 有主物和无主物

这是以物在一定期限内是否有所有人为标准对物进行的划分。

有主物是指所有人明确的物,如某甲的汽车。

无主物是指在一定期限内没有所有人或者所有人不明的物,如抛弃物。所谓的所有人不明,是指事实上无法明确所有人。

这种分类的意义主要是为了解决无主物的归属问题。在我国无主物应归国家所有。

三、物权的类型

物权可以依照不同的标准作不同的分类。比如，根据权利人是对自有物享有物权还是对他人所有之物享有物权而分为自物权和他物权；根据物权标的是动产还是不动产而分为动产物权和不动产物权；根据物权是否从属于其他权利存在而分为主物权与从物权；根据他物权设立目的的不同，而分为用益物权和担保物权等等。

（一）自物权

自物权是权利主体依法对自己的所有物享有的物权。所有权是唯一的自物权种类。

自物权有全面、最高的支配力，自物权人在合法范围内能够对标的物进行全面的、自主的支配，按照自己的意思对标的物进行占有、使用、收益和处分，并排除他人的干涉。因此，学理上将自物权也称为完全物权。

（二）他物权

1. 他物权的概念

他物权是指权利人根据法律或合同的具体规定，对他人所有之物享有的物权。所有权以外的其他物权就是他物权。

他物权只有某些方面的、特定的支配力，而且还要受到标的物上的所有权的制约。他物权人支配标的物享受其效益时，除不得违反法律的一般性规定外，还受到设定他物权的合同或者具体法律规定的限制。所以，他物权也称为限制物权或限定物权、不完全物权。

2. 用益物权和担保物权

这是在他物权中，以设立目的的不同为标准对他物权进行的分类。

用益物权是指以实现对标的物的使用和收益为目的而设立的他物权。对他人所有物在一定范围内使用、收益的权利包括地上权、地役权、典权、永佃权等。用益物权人注重的是物的使用价值，其不得处分标的物。

担保物权是指为担保债务的履行而在债务人或第三人的特定财产上设立的他物权，如抵押权、质押权、留置权等。担保物权人注重的是物的交换价值，当债务人不履行债务时，担保物权人能够以担保物折价抵债，或拍卖、变卖担保物而从价款中优先受偿。

四、我国物权法的基本原则

物权法的基本原则，是贯穿于整个物权制度中的物权立法思想和适用物权规范的根本准则。它可以由若干相对集中的法条系统表明，也可以分散体现于有关条文中。物权法的基本原则主要有：

（一）物权法定原则

物权的创设有两种做法：一是放任主义，即物权的创设依当事人的意思，法律上不予限制；二是法定主义，即法律规定物权的种类、内容、效力、变动、保护方法等，不允许当事人依其意思设定与法律规定不同的物权。否则，行为统归无效，利害关系人和国家有关机关对不法行为人都不承担物权的义务。现代各国大都采取法定主义而排斥放任主义。物权法定主义的要求主要有：

（1）物权的种类不得创设，即不得创设法律未规定的新种类的物权。

（2）物权的内容不得创设，即对于物权不得创设与法律规定内容不同的内容。

（3）物权的效力必须由法律规定，不能由当事人通过协议加以设定。

（4）物权的变动和保护方法必须由法律规定，不能由当事人随意确定。

（二）一物一权原则

一物一权原则又称客体特定原则，即一个标的物上不能同时并存两个或两个以上互不相容的物权。一物一权原则的立法思想，是保障物的所有人能够按照自己的意思独占性地、全面地支配自有物，能最终地处分自有物。这样的结果，使物权的支配权性质有了可靠的法律保障，不至于因物权关系不确定而造成社会混乱。

理解这一原则必须注意以下两个问题：

(1)一物一权中的"一物"的含义

这实质上可以归结为如何确定物权的客体。一般而言，物权的客体应具有特定性和独立性。而这种特定性和独立性的衡量标准，不是物理上的，而应是法律上的。所以，一个物具有物理上的特定性和独立性，固然能成为物权的客体，但即使一个物不具有物理上的特定性和独立性，在交易上认为是具有特定性和独立性之物，法律也可以确认其为物权的客体。相反，某物虽然具有一定的特定性和独立性，但如果法律规定其不能单独成为物权客体的话，其也不能成为物权的客体。

(2)一物一权原则具有相对性

即一物一权原则并不排除在同一标的物上同时设立所有权和他物权，也不排除在同一标的物上同时设立两个以上不相冲突的他物权。

(三)物权的公示、公信原则

这实为两个原则，即物权的公示原则与物权的公信原则。这两个原则是针对物权的变动而设立的。

1. 物权的公示原则

物权的公示原则的作用是"使人知"，即要求物权变动当事人须以明确、可靠的方式变动物权，以公开方式让公众知道物权变动的事实，以明确何人取得何物权，何人丧失何物权，防止第三人因物权变动而蒙受损害，保障商品交换安全、有效地进行。物权变动公示的，能使物权变动行为发生确定的效果，从而受到法律的保护。如果不公示的，则不能发生物权变动的效力。

世界各国或地区的民商法多规定动产以交付或占有为公示方法，不动产则多以登记为公示方法。但各国或地区对物权的公示方法对于物权变动效力的影响却有不同的立法主张，即：对抗要件主义与成立要件主义。对抗要件主义认为物权变动仅依当事人的意思表示即发生效力，凡是以其变动对抗第三人的，必须经过法定的公示方法。而成立要件主义则认为物权变动发生效力必须严格依照法定公示方法进行。

我国《民法通则》第72条规定："财产所有权的取得，不得违反法律规定。按照合同或其他合法方式取得财产的，财产所有权从财产交付时起转移，法律另有规定或者当事人另有约定的除外。"根据这一原则性规定，在我国，物权的变动一般以标的物的交付为公示方式(也是生效要件)，但又允许法律的另外规定及当事人的另外约定。

2. 物权的公信原则

物权的公信原则的作用在于"使人信"。所谓公信原则，是指物权变动公示的，即使标的物出让人事实上无处分权，善意受让人基于对公示的信赖，仍能取得物权的原则。

公信原则的内容是：物权变动公示的，即发生权利变动的效力，即使公示有瑕疵，善意受让人也不负返还义务，只能由有过错的人承担责任。具体地讲，对于动产而言，动产占有人以公示方式转让动产物权，受让人不知道并且无义务知道其无处分权的，取得了标的物的占有，就取得了物权。原所有人只能对占有人行使赔偿请求权，无权要求新物权人返还原物。只有受让人恶意取得时，才不受公信力的保护。对于不动产而言，不动产经登记而转让物权的，即使登记有瑕疵，受让人不知道并且无义务知道的，办理完登记就取得了物权。原所有人只能要求有过错的出让人或登记机关承担责任。

确立公信原则的目的主要是为了保护交易活动中的善意受让人，维护公开交易的可靠性和正常秩序。这是因为，物权的变动一般以交付或登记为公示方法，但是，常常发生实际权利与登记或占有所显示的权利不符的情况，这必然影响到交易的安全及善意第三人的利益。因此，为了保护商品交换中信任登记和占有效力的善意取得人，只要信赖这种公示而为一定的行为（如接受买卖、赠与），即使交付或登记与真实的物权状态不相符合，法律也视登记或占有的权利为正当，使善意受让人仍取得其受让的权利，从而起到使人们放心地从事商品交换的作用。

五、物权的保护

物权的保护，是指当物权受到侵害时，法律赋予权利人一定的方法和程序除去侵害，以恢复其对标的物的支配。《物权法》第32条规定："物权受到侵害的，权利人可以通过和解、调解、仲裁、诉讼等途径解决。"《物权法》赋予权利人除去侵害的重要方法就是行使请求权，即请求侵害人为一定的行为。这时，如果侵害人依物权人的请求为了一定的行为，如返还原物、排除妨碍、消除危险、赔偿损失，物权人的权利就得到了保护。

1. 请求确认物权

因物权的归属、内容发生争议的，利害关系人可以请求确认权利（《物权法》第33条）。

2. 请求返还原物

无权占有不动产或者动产的，权利人可以请求返还原物（《物权法》第34条）。

3. 请求排除妨害或消除危险

妨害物权或者可能妨害物权的，权利人可以请求排除妨害或者消除危险（《物权法》第35条）。

4. 请求修理、重作、更换或者恢复原状

造成不动产或者动产毁损的，权利人可以请求修理、重作、更换或者恢复原状（《物权法》第36条）。

5. 请求损害赔偿

侵害物权，造成权利人损害的，权利人可以请求损害赔偿，也可以请求承担其他民事责任（《物权法》第37条）。

需要指出的是，《物权法》所规定的上述物权保护方式，可以单独适用，也可以根据权利被侵害的情形合并适用。

此外，侵害物权，除承担民事责任外，违反行政管理规定的，依法承担行政责任；构成犯罪的，依法追究刑事责任。

第二章　物权的变动

学习目标

掌握物权变动的概念。理解基于和非基于民事行为引起的物权变动的原因。掌握物权变动的公示方法。

一、物权变动的概念

物权变动,是物权的产生、变更和消灭的总称。从权利人角度讲,即物权的取得、变更或丧失。

物权的产生,即物权人取得物权,例如通过合法建造房屋而取得房屋的所有权,通过订立抵押合同而取得抵押权。

物权的变更,有广义和狭义之分。广义的物权的变更,是指物权的主体、内容或者客体的变更。但是严格来讲,物权主体的变更是权利人的更替,应属物权的取得与丧失的问题。狭义的物权的变更,仅指物权的内容或者客体的变更。《物权法》第 194 条第 1 款规定:"抵押权人可以放弃抵押权或者抵押权的顺位。抵押权人与抵押人可以协议变更抵押权顺位以及被担保的债权数额等内容,但抵押权的变更,未经其他抵押权人书面同意,不得对其他抵押权人产生不利影响。"

物权的消灭,即物权人丧失物权。物权的消灭可分为绝对消灭和相对消灭。物权绝对消灭是指物权本身不复存在,例如所有权因标的物灭失而消灭,他物权因存续期间届满而消灭;物权的相对消灭是指原主体丧失某一物权而由其他权利主体取得,实质上是物权主体的变更,例如因买卖行为,出卖人丧失对标的物的所有权,而由买受人取得。严格讲,物权的相对消灭并非物权的消灭问题,而应属于物权的继受或主体的变更问题。

二、物权变动的原因

引起物权产生、变更和消灭的法律事实,可分为民事行为和民事行为以外的原因两大类。

1. 基于民事行为引起的物权变动

民事行为是物权变动最普遍和最重要的原因。作为物权变动原因的民事行为,既可以是单方民事行为,如消灭物权的抛弃行为;也可以是双方民事行为,如通过买卖、互易、赠与等行为取得所有权,通过合同取得抵押权、质权、地役权等他物权。

2. 非基于民事行为引起的物权变动

引起物权变动的民事行为以外的原因,种类甚多,从物权取得方面看,主要有因征收取得物权,因法律的规定取得物权(如留置权),因附合、混合、加工取得所有权,因继承取得物权,因拾得遗失物、发现埋藏物或者隐藏物取得所有权,因合法生产、建造而取得物权。从物权消灭方面看,主要有标的物灭失、法定期间届满、混同、司法裁判等。

三、物权变动的公示方法

基于民事行为引起的变动,在公示方法上,因标的物的性质不同而有所区别。依据《物权法》规定,不动产物权变动必须通过登记予以公示,动产物权变动必须通过交付予以公示。

1. 动产交付

(1)动产交付的概念及效力

交付,即移转占有。动产交付,即动产占有人将该动产移转于他人占有的行为。

关于动产交付的法律效力,大陆法系各国的民法有两种做法:

①交付要件主义。交付要件主义是指即以移转占有作为物权变动的生效要件,即动产物权变动除了当事人之间的合意外,还要进行交付。在移转占有之前,物权变动在当事人之间不产生效力,而且物权变动也不能对抗第三人。

②交付对抗主义。交付对抗主义,是指在移转占有之前,物权变动已在当事人之间发生效力,但不能对抗第三人。

我国《物权法》第23条规定:“动产物权的设立和转让,自交付时发生效力,但法律另有规定的除外。”可见,我国《物权法》关于动产交付的效力,采交付要件主义,这是由《物权法》的公示原则所决定的。

(2)动产交付的类型

动产交付包括现实交付和观念交付两种类型。现实交付,即动产占有的现实移转。观念交付是对现实交付的变通方法,主要包括:

①简易交付。《物权法》第25条规定:“动产物权设立和转让前,权利人已经依法占有该动产的,物权自法律行为生效时发生效力。”简易交付,即受让人已经占有动产,如受让人已经通过保管、租赁、借用等方式实际占有了动产,则于物权变动的合意成立时,视为交付。

②指示交付。《物权法》第26条规定:“动产物权设立和转让前,第三人依法占有该动产的,负有交付义务的人可以通过转让请求第三人返还原物的权利代替交付。”指示交付,即动产由第三人占有时,出让人将其对第三人的返还请求权让与受让人,以代替交付。

③占有改定。《物权法》第27条规定:“动产物权转让时,双方又约定由出让人继续占有该动产的,物权自该约定生效时发生效力。”占有改定,是指动产物权的让与人与受让人之间特别约定,标的物仍然由出让人继续占有,这样,在物权让与的合意成立时,视为交付,受让人取得间接占有。

2. 不动产登记

不动产登记,是指将不动产物权变动的事实登载于特定的簿册或文书之上的活动。

关于不动产交付的法律效力,大陆法系各国的民法有两种做法:

①登记要件主义。登记要件主义是指以登记作为不动产物权变动的生效要件,即不动产物权变动除了当事人之间的合意外,还要进行登记。非经登记,物权变动在当事人之间不产生效力,而且物权变动也不能对抗第三人。

②登记对抗主义。登记对抗主义是指登记之前,不动产物权的变动依当事人之间的合意已经产生法律效力。但是,非经登记,物权变动不能对抗第三人。

我国《物权法》第9条第1款规定:“不动产物权的设立、变更、转让和消灭,经依法登记,发生效力;未经登记,不发生效力,但法律另有规定的除外。”可见,我国《物权法》关于不动产登记的效力,是以登记要件主义为原则。与动产交付要件主义一样,这也是由《物权法》的公示原则所决定的。

但登记要件主义也存在例外。这些例外都属于法律另有规定的情形内,其表现可分为三种类型:

①不以登记为生效要件。《物权法》第9条第2款规定："依法属于国家所有的自然资源，所有权可以不登记。"《物权法》第127条第1款规定："土地承包经营权自土地承包经营权合同生效时设立。"可见，土地承包经营权的设立不以登记为生效要件。

②登记作为对抗要件。《物权法》第129条规定："土地承包经营权人将土地承包经营权互换、转让，当事人要求登记的，应当向县级以上地方人民政府申请土地承包经营权变更登记；未经登记，不得对抗善意第三人。"《物权法》第158条规定："地役权自地役权合同生效时设立。当事人要求登记的，可以向登记机构申请地役权登记；未经登记，不得对抗善意第三人。"

③登记作为处分要件。《物权法》第31条规定："依照本法第二十八条至第三十条规定享有不动产物权的，处分该物权时，依照法律规定需要办理登记的，未经登记，不发生物权效力。"《物权法》第28条至第30条规定的内容是：因人民法院、仲裁委员会的法律文书或者人民政府的征收决定等，导致物权设立、变更、转让或者消灭的，自法律文书或者人民政府的征收决定等生效时发生效力（《物权法》第28条）；因继承或者受遗赠取得物权的，自继承或者受遗赠开始时发生效力（《物权法》第29条）；因合法建造、拆除房屋等事实行为设立或者消灭物权的，自事实行为成就时发生效力（《物权法》第30条）。

第三章　所有权

学习目标

理解所有权的概念与特征。掌握所有权的权能。掌握业主的建筑物区分所有权的概念、特征及其内容。理解相邻关系的概念、特征、种类及处理相邻关系的原则。理解所有权取得的特别方式。掌握共有的概念与特征。理解按份共有和共同共有的基本内容以及共有财产的管理和分割。

一、所有权概述

（一）所有权的概念与特征

所有权是所有人依法对自己的财产享有占有、使用、收益和处分的权利。这是根据《民法通则》第71条的规定得出来的定义，理论上称之为列举式的定义。在民法理论上，所有权有三种含义：一是指所有权法律制度，即所有有关所有权的法律规范；二是指所有权法律关系，即所有人与非所有人之间因所有物而产生的归属、支配关系；三是所有人对所有物依法所享有的权利。

所有权是一种物权，所以具有物权的对世性、绝对性、排他性等一切法律特征。除此之外，所有权还有其不同于其他物权的独特特征：

1. 所有权具有自权性

物权分为自物权和他物权。所有权是一种自物权。与他物权相比，所有权意味着权利人可以直接地、不经任何中介地和无条件地享有占有、使用、收益和处分其物的权利，所以，所有权具有自权性。

2. 所有权具有完全性

所有权是所有人对其所有物进行全面支配的最充分的物权，除了法律和公序良俗，不受任何限制。占有、使用、收益和处分，旨在极其所能地描述所有权作用的全面性与充分性。所以，所有权是一种完全物权。其他物权均派生于所有权，而且仅仅是在一定范围内、以一定的方式对物的支配，所以在性质上属于限制物权。

3. 所有权具有恒久性

所有权是一种具有恒久性的财产权。他物权是有限的，只能在法定或者约定的期限内有效，期限到来之日便是权利消灭之时，而所有权的存在却不以期限为要件。法律不限制所有权的存续期间，当事人在取得所有权时也无须预定其存续期间。当然，所有权的恒久性不等于说所有权不可能消灭。

4. 所有权具有弹力性

所有权的全部或部分权能可以通过设定他物权或者其他形式而同作为整体的所有权相分离，但这种分离是暂时的和有条件的，而且所有权不会因为这种分离而改变其性质。在所有权上的限制或者负担消除后，所有权便又回复其圆满状态。这即是所有权的弹力性。

5. 所有权具有社会性

法制社会中，没有绝对的权利，所有权的行使要受到法律的限制。所有人行使其权利时，不可损害他人的权利，也不可以利用所有物去进行非法活动或取得非法利益。从实质上而言，就是所有权的行使应当和社会共同生活秩序相兼容。

法律对所有权的限制主要表现为两个方面:

(1)私法上的限制。私法上的限制主要是以保障个人利益为目的,可以分为两类:一是对行使所有权的限制,如权利不能滥用原则、诚实信用原则、正当防卫、紧急避险等私力救济手段均是对所有权行使的限制。二是对他人权利行使的忍受,如《民法通则》有关相邻关系的规定即是对所有权的限制。

(2)公法上的限制。公法上对所有权的限制,是以保护社会公益为目的,其种类和数量均在日益增加,如环境保护方面、公用事业方面等。

(二)所有权的权能

财产所有权的内容是指所有人在法律规定的范围内对于其所有物可以行使的权能。所有权的权能是指所有人为利用所有物实现其对所有物的独占利益,在法律规定的范围内可以采取的各种措施和手段。所有权的权能可以分为积极权能和消极权能。

所有权的消极权能是指所有权人有权排除他人对其所有权进行非法干涉的权能。因为所有权是独占性的支配权,不容他人的非法干涉。所有权人对于他人的非法干涉,除有权依有关侵权行为的规定请求损害赔偿外,还可享有恢复原状、返还原物、排除妨害等物上的请求权。由于所有权的这种权能并不是所有人对于物可以施加的积极行为,在没有他人干涉时,这种权能不体现出来而处于停止状态,所以称这种权能为消极权能。

所有权的积极权能是指所有人为实现其所有权而对其所有物进行的积极行为。完整的所有权包括下列四项积极权能:

1. 占有权能

占有即所有权人对物的事实上的占领和控制。占有可分为所有人占有和非所有人占有。

所有人占有是指所有人在事实上占据或控制属于自己所有的财产,是受到法律保护的合法占有。

非所有人占有又可分合法占有和非法占有。合法占有的占有人尽管不是财产所有人,但其占有的取得是有法律根据的,受到法律保护,任何人不得侵犯,即使是所有权人也不得任意干涉或妨碍。非法占有是指非所有权人没有法律上的根据而占有他人财产。非法占有又可分为善意占有和恶意占有:善意占有是指占有人不知道也不可能知道其占有财产是非法的占有;恶意占有是指占有人知道或者应当知道其占有的财产是非法的,但仍然占有。区分善意占有和恶意占有的意义主要在于二者的法律责任不同。

2. 使用权能

使用即依照物的性能和用途,在不毁损该物或变更该物的性质的情况下对其进行利用。使用可分为所有权人的使用和非所有权人的使用。

所有权人的使用是指财产所有人对自己所有的财产按照其性能和用途加以合理利用,受到国家法律的保护。

非所有权人的使用包括合法使用和非法使用。非所有权人按照法律规定或约定取得使用权而以合法的目的和方法使用他人财产属于合法使用,包括所有权人在内的任何人不得干涉。没有法律根据或未经所有权人同意使用他人财产,或者虽然使用权的取得是合法的,但使用目的或方法不合法,属于非法使用。对非法使用应当根据不同情形追究法律责任。

由于对物的使用一般以对物的占有为前提,所以享有物的使用权能的同时通常也享有物的占有权能,但在一定条件下,享有物的占有权能的同时并不一定享有物的使用权能。如质权人、保管人等就只能对标的物进行占有而不能对标的物进行使用。

3. 收益权能

收益即收取由物所派生的经济利益,包括利息和利润。孳息分为法定孳息和天然孳息。

需要注意的是,收益通常是和使用联系在一起,但收益是所有权中的一项独立的权能,不应包括在使用之中。在某些情形下,所有人虽然不直接占有、使用其财产,但仍然可以得到相应的收益。相反,使用不一定有收益。

4. 处分权能

处分即决定物在事实上和法律上的命运。处分分为事实处分和法律处分。

事实上的处分是指所有人变更或消灭其物而实现其利益的行为,包括在客观上使物归于消灭和在客观上改变物的性状。如因为生产而将自己的原材料消耗了。

法律处分是指变更或消灭对其物的权利的行为,主要包括以一定的方式移转物的所有权和以一定方式暂时转让若干权能或若干权能的一部分。如某运动员将其参赛所得的金牌送给其教练。

在实际生活中,所有权的上述四项权能都能够并且经常地与所有人发生分离,而所有人仍不丧失其对于物的所有权。需要指出的是,占有、使用、收益和处分这四项权能在所有权的行使以及所有人利益最终实现的过程当中各自起着不同的作用,但每一项权能都从一个侧面表现了所有权所具有的最本质的属性,即对于自己所有财产的支配。所有权绝非这四项权能的简单相加,而是它们有机结合所构成的一个完整的权利。

二、业主的建筑物区分所有权

(一)业主的建筑物区分所有权的概念与特征

将一栋高层建筑物纵向或横向地划分为若干相对独立的部分,各由不同的主体取得所有权,并对共有部分享有共有权和共同管理的权利,这是现代社会普遍存在的法律现象,我国《物权法》将其定名为"业主的建筑物区分所有权"。

业主的建筑物区分所有权,是指业主对于一栋建筑物中自己专有部分的单独所有权、对共有部分的共有权以及因共有关系而产生的管理权的集合性权利。据最高人民法院《关于审理建筑物区分所有权纠纷案件具体应用法律若干问题的解释》(以下简称《建筑物区分所有权解释》)第1条对业主做了规定,业主是指依法登记取得或者根据《物权法》取得建筑物专有部分所有权的人,或者基于与建设单位之间的商品房买卖民事法律行为,已经合法占有建筑物专有部分,但尚未依法办理所有权登记的人。

业主的建筑物区分所有权是一类特殊的所有权类型,其具有如下特征:

(1)具有集合性。业主的建筑物区分所有权是一种集合性权利。包括业主对建筑物中的专有部分的单独所有权、对专有部分之外的共有部分的共有权以及由此产生的共同管理权三种权利。

(2)专有权的主导性。专有权的主导性表现在三个方面:其一,若无特别约定,区分所有人取得了专有权,就取得了对共有部分的共有权;反之,丧失了专有权,也就丧失了共有权。其二,专有权标的物的大小或价值决定了区分所有人共有(应有份)的比例。其三,在不动产登记上,只需登记专有权即可,共有权无须单独登记。

(3)具有整体性和不可分割性。虽然业主的建筑物区分所有权是三项权利的集合,但是它并非该三项权利的简单叠加而是有机地结合并融为一体,与此对应,由这些权利而产生的义务也是有机地融为一体的。权利人不能保留其中的某一项权利而转让或者抛弃其他权利,权利人也不能以放弃权利为由而不履行相应的义务。

(二)业主的建筑物区分所有权的内容

业主的建筑物区分所有权的内容,包括区分所有建筑物专有部分的单独所有权、共有部分的共有权,以及因区分所有权人的共同关系所生的管理权。

(1)专有部分的单独所有权

《物权法》第70条规定:"业主对建筑物内的住宅、经营性用房等专有部分享有所有权。"何谓专有部分?依据《建筑物区分所有权解释》第2条的规定,建筑区划内符合下列条件的房屋(包括整栋建筑物),以及车位、摊位等特定空间,应当认定为专有部分:①具有构造上的独立性,能够明确区分;②具有利用上的独立性,可以排他使用;③能够登记成为特定业主所有权的客体。规划上专属于特定房屋,且建设单位销售时已经根据规划列入该业主对专有部分享有单独所有权,在性质与内容上与一般的所有权并无不同。《物权法》第71条规定:"业主对其建筑物专有部分享有占有、使用、收益和处分的权利。"但由于区分所有建筑物各专有部分在物理上相互连接,彼此具有共同的利益。因此,《物权法》对业主行使专有权给予了一定的限制。这些限制主要有:

①业主行使权利不得危及建筑物的安全,不得损害其他业主的合法权益(《物权法》第71条);

②业主不得擅自将住宅改变为经营性用房。业主不得违反法律、法规以及管理规约,将住宅改变为经营性用房。业主将住宅改变为经营性用房的,除遵守法律、法规以及管理规约外,应当经有利害关系的业主同意(《物权法》第77条)。何谓"有利害关系的业主"?按照《建筑物区分所有权解释》第11条的规定,业主将住宅改变为经营性用房,本栋建筑物内的其他业主,应当认定为"有利害关系的业主"。建筑区划内,本栋建筑物之外的业主,主张与自己有利害关系的,应证明其房屋价值、生活质量受到或者可能受到不利影响。业主将住宅改变为经营性用房,未按照物权法的规定经有利害关系的业主同意,有利害关系的业主请求排除妨害、消除危险、恢复原状或者赔偿损失的,人民法院应予支持。将住宅改变为经营性用房的业主以多数有利害关系的业主同意其行为进行抗辩的,人民法院不予支持(《建筑物区分所有权解释》第10条)。

(2)共有部分的共有权

共有部分,是指区分所有的建筑物及其附属物的共同部分,即专有部分以外的建筑物的其他部分。共有部分的范围,依据《物权法》第73条规定,建筑区划内的道路,属于业主共有,但属于城镇公共道路的除外。建筑区划内的绿地,属于业主共有,但属于城镇公共绿地或者明示属于个人的除外。建筑区划内的其他公共场所、公用设施和物业服务用房,属于业主共有。《物权法》第74条第3款规定,占用业主共有的道路或者其他场地用于停放汽车的车位,属于业主共有。《建筑物区分所有权解释》第3条规定,除法律、行政法规规定的共有部分外,建筑区划内的以下部分,也应当认定为共有部分:①建筑物的基础、承重结构、外墙、屋顶等基本结构部分,通道、楼梯、大堂等公共通行部分,消防、公共照明等附属设施、设备,避难层、设备层或者设备间等结构部分;②其他不属于业主专有部分,也不属于市政公用部分或者其他权利人所有的场所及设施等。建筑区划内的土地,依法由业主共同享有建设用地使用权,但属于业主专有的整栋建筑物的规划占地或者城镇公共道路、绿地占地除外。

业主基于对住宅、经营性用房等专有部分特定使用功能的合理需要,无偿利用屋顶以及与其专有部分相对应的外墙面等共有部分的,不应认定为侵权。但违反法律、法规、管理规约,损害他人合法权益的除外(《建筑物区分所有权解释》第4条)。

《物权法》第70条规定,业主对专有部分以外的共有部分享有共有的权利。业主对建筑物专有部分以外的共有部分,享有权利,承担义务;不得以放弃权利不履行义务。业主转让建筑物内的住宅、经营性用房,其对共有部分享有的共有和共同管理的权利一并转让(《物权法》第72条)。业主依据法律规范、合同以及业主公约,对共有部分享有使用、收益、处分权,并按照其所有部分的价值,分担共有部分的修缮费以及其他负担。

(3)业主的管理权

业主的管理权主要有以下内容：

①业主有权设立业主大会并选举业主委员会。地方人民政府有关部门应当对设立业主大会和选举业主委员会给予指导和协助。业主大会或者业主委员会的决定，对业主具有约束力。业主大会或者业主委员会做出的决定侵害业主合法权益的，受侵害的业主可以请求人民法院予以撤销(《物权法》第78条)。业主以业主大会或者业主委员会做出的决定侵害其合法权益或者违反了法律规定的程序为由，依据物权法的规定请求人民法院撤销该决定的，应当在知道或者应当知道业主大会或者业主委员会做出决定之日起1年内行使(《建筑物区分所有权解释》第12条)。

《物权法》第83条规定，业主应当遵守法律、法规以及管理规约。业主大会和业主委员会，对任意弃置垃圾、排放污染物或者噪声、违反规定饲养动物、违章搭建、侵占通道、拒付物业费等损害他人合法权益的行为，有权依照法律、法规以及管理规约，要求行为人停止侵害、消除危险、排除妨害、赔偿损失。业主对侵害自己合法权益的行为，可以依法向人民法院提起诉讼。

②业主有权决定区分建筑物的相关事项。依据《物权法》第76条的规定，下列事项由业主共同决定：A. 制定和修改业主大会议事规则；B. 制定和修改建筑物及其附属设施的管理规约；C. 选举业主委员会或者更换业主委员会成员；D. 选聘和解聘物业服务企业或者其他管理人；E. 筹集和使用建筑物及其附属设施的维修资金；F. 改建、重建建筑物及其附属设施；G. 有关共有和共同管理权利的其他重大事项。决定前述E项和F项的事项，应当经专有部分占建筑物总面积2/3以上的业主且占总人数2/3以上的业主同意。决定前述其他事项，应当经专有部分占建筑物总面积过半数的业主且占总人数过半数的业主同意。

此外，《物权法》第77、80条规定，建筑物及其附属设施的维修资金，属于业主共有。经业主共同决定，可以用于电梯、水箱等共有部分的维修。维修资金的筹集、使用情况应当公布。建筑物及其附属设施的费用分摊、收益分配等事项，有约定的，按照约定；没有约定或者约定不明确的，按照业主专有部分占建筑物总面积的比例确定。

③业主的知情权。《建筑物区分所有权解释》第13条规定，业主请求公布、查阅下列应当向业主公开的情况和资料的，人民法院应予支持：建筑物及其附属设施的维修资金的筹集、使用情况；管理规约、业主大会议事规则，以及业主大会或者业主委员会的决定及会议记录；物业服务合同、共有部分的使用和收益情况；建筑区划内规划用于停放汽车的车位、车库的处分情况；其他应当向业主公开的情况和资料。

④业主可以自行管理建筑物及其附属设施，也可以委托物业服务企业或者其他管理人管理。对建设单位聘请的物业服务企业或者其他管理人，业主有权依法更换。《物权法》第82条规定，物业服务企业或者其他管理人根据业主的季托管理建筑区划内的建筑物及其附属设施，并接受业主的监督。

三、相邻关系

(一)相邻关系的概念与特征

相邻关系是指不动产的相邻各方在对不动产行使占有、使用、收益、处分权时，相互间应给予便利与接受限制而产生的民事权利义务关系。相邻权即是相邻不动产所有人或使用人依法享有的在行使自己的物权时能从对方得到便利的权利。

相邻关系既可能在不动产所有人之间发生，也可能在不动产使用权人、借用权人、租赁权人与所有权人或他物权人之间发生。其法律特征可以概括为：

1. 相邻关系总是发生在两个权利主体之间。

2. 相邻关系的内容是相邻人之间的权利义务。相邻一方有为维护其合法权益而行使方便的权利,他方负有提供这种便利的义务。

3. 相邻关系是因在不动产相毗邻的特定条件下对财产的使用而发生的。

(二)相邻关系的种类及其处理原则

不动产的相邻各方,应按照有利生产、方便生活、团结互助、公平合理的精神,正确处理截水、排水、通行、通风、采光等方面的相邻关系。给相邻方造成妨碍或者损失的,应当停止侵害、排除妨碍、赔偿损失。

1. 相邻施工占地关系。相邻一方因施工临时占用他方使用的土地,占用的一方如未按照双方约定的范围、用途和期限使用的,应责令其及时清理现场、排除妨碍、恢复原状、赔偿损失。

2. 相邻截水关系。一方擅自堵截或独占自然流水,影响他方正常生产、生活的,他方有权请求排除妨碍,造成他方损失的应予以赔偿。

3. 相邻排水关系。相邻一方必须使用另一方的土地排水的,应当予以准许,但应在必要限度内使用并采取适当的保护措施排水,如仍造成损失的,由受益人合理补偿。相邻一方可以采取其他合理的措施排水而未采取,因向他方土地排水而毁损或可能毁损他方财产的,他方可要求致害人停止侵害、消除危险、恢复原状、赔偿损失。

4. 相邻通行关系。一方必须在相邻一方使用的土地上通行的,应当予以准许。因此给对方造成损失的,应当给予赔偿。对于一方所有的或使用的建筑物范围内历史形成的必经通道,所有权人或使用权人不得堵塞。因堵塞影响他人生产、生活,他人要求排除妨碍或恢复原状的,应予以支持,但有条件另开通道的,也可另开通道。

5. 相邻防险关系。相邻一方在自己使用的土地上挖水沟、泳池、地窖等或种植的竹木根枝伸延,危及另一方建筑物的安全和正常使用的,应分别情况,责令其消除危险、恢复原状、赔偿损失。

四、所有权取得的特别方式

(一)善意取得

善意取得是指在原物由占有人转让给善意第三人(即不知道占有人为非法转让而取得原物的第三人)时,由该善意第三人取得原物所有权的制度。

善意取得制度的功能在于保护交易的安全。实质上,就是牺牲原权利人的利益来保护善意交易人的利益。对于交易中善意的受让人,承认其在取得财产的同时也就取得了财产的所有权;即使该财产的出让人为非所有人,财产的原权利人也不能向受让人请求返还原物,而只能向出让人请求损害赔偿。因此,交易中的受让人就不必再为交易中在取得财产的同时能否取得其所有权而担忧,从而可安心地进行财产的交易。

在我国目前的司法实践中,适用善意取得制度应具备以下条件:

① 善意取得的标的物必须是法律允许自由流通的动产。因为不动产所有权的取得、变更、丧失均以登记为生效要件,交易中不易使人误信占有人为所有人,所以一般不适用善意取得制度。需要注意的是,在实践中,依登记转移所有权的船舶、汽车等重要动产,其所有权的移转在我国受特殊法律的调整,不适用善意取得制度。

② 善意第三人必须是有偿取得动产的占有。一般认为,无偿取得动产者的利益较之物的真正所有人的利益,后者更值得保护。原因在于这不仅保护了所有人的权利,而且对于第三人的合法权益也无损害。所以,如果第三人是无偿地从非法转让人处取得财物,则无论在何种情况下,即不论出让人是否基于所有人的意思取得占有,也不论第三人取得原物时是恶意还是善意,所有人都有权请求返还。

③ 善意第三人须从无处分权人处取得占有。即无权处分人可能有占有权,并且事实上占有原

物,但他无处分权,其转让系非法转让。如果善意第三人是从有权处分人处取得占有,如代理人,则或者是当然发生物权变动的效力,或者是即使是处分人的行为能力欠缺,或其让与意思有瑕疵(如受胁迫),以至于让与行为不发生效力而被撤销时,虽然受让人系出于善意,也不适用善意取得制度。

④ 第三人必须是公然和善意取得占有。所谓公然,即非隐秘;所谓善意,是指第三人不知且不可能知道占有人系非法转让,包括两层意思:一是第三人误信转让人为所有人或其他有处分权的人。二是依转让物时的环境,他也不可能知道占有人系非法转让人。比如,若受让人受让时的价格十分低廉,则应推定受让人会发现标的物的权利有瑕疵,即其受让时为恶意。

⑤ 非法转让人的占有须是基于所有人的意思而取得。占有权的丧失无非由于两种情况:

一是原物非基于所有人的意思而丧失占有,如原物被盗窃;二是原物是基于所有人的意思而由他人占有,如甲把电视机存放于乙处。我国目前不承认第一种情形下可以适用善意取得制度。

(二)拾得遗失物

依我国《民法通则》第79条第2款之规定,拾得遗失物、漂流物或失散的饲养动物,应当归还失主,因此支出的费用由失主偿还。可见,我国法律明确规定遗失物、漂流物及失散的饲养动物的所有权归于失主(即原所有人或占有人),拾得人有义务将拾得物返还失主,否则,视为对他人所有权的侵犯。也就是说,返还拾得物并不仅仅是道德上的或任意性的义务,而是法律规定的必须履行的强制性义务。

(三)发现埋藏物或隐藏物

依我国《民法通则》第79条第1款之规定,所有人不明的埋藏物、隐藏物,归国家所有。接收单位应当对上缴的单位或个人给予表扬或物质奖励。此外,我国最高人民法院《民通意见》第93条还规定,公民、法人对于挖掘、发现的埋藏物、隐藏物,如果能够证明属其所有,而且根据现行的法律、政策又可归其所有的,应当予以保护。因此,在实践中,应把握以下三个原则:

① 如果当事人不能证明某埋藏物或隐藏物归其所有,就应确定该埋藏物或隐藏物归国家所有。

② 对于法律规定归国家所有的埋藏物或隐藏物,一律属于国家所有。比如,依照《中华人民共和国文物保护法》第4条的规定,我国境内地下、内水和领海中遗存的一切具有历史、科学和艺术价值的文物以及古文化遗址、古墓葬等,均属于国家所有。

③ 对于埋藏物、隐藏物在发现时所有人不明,而以后所有人又明确的情况下,所有人应当可以依法请求国家返还。

(四)添附

添附是指不同所有人的物被结合、混合在一起成为一个新物,或者利用别人之物加工成为新物之事实状态。

我国目前对添附的法律效力没有明确的法律规定,只是《民通意见》第86条进行了这样的司法解释:"非产权人在使用他人的财产上增添附属物,财产所有人同意增添,并就财产返还时附属物如何处理有约定的,按约定办理;没有约定又协商不成,能够拆除的,可以责令拆除;不能拆除的,也可以折价归拆除所有人;造成拆除所有人损失的,应当负赔偿责任。"

添附主要有下列三种情况:附合、混合和加工。附合是指不同所有人之物密切结合在一起而成为一种新物。在附合的情况下,各原所有人的物虽可识别,但要使其分开则于经济上不合理。混合是指不同所有人之动产掺合、融合在一起而成为一种新物。在混合的情况下,混合后各原所有人的原物已经达到凭视觉不能识别的程度,如酒和酒混合。加工是指将他人之动产加工制造成具有更高价值的新物。在司法实践中,对于添附物,一般把握这样一个原则,即处理结果应该符合人们生产、生活的实际需要并能充分发挥物的社会效益。具体可以概括为两个要点:

一是在确定添附物的归属时,应充分尊重当事人的意志,即可以促成当事人之间达成公平合理并出于各方真意的解决争端的协议。若当事人之间不能达成协议,一般应侧重从添附物之合理与有效利用方面来考虑诉讼请求,而不应苛求添附新物之善意与恶意。

二是当添附物归一方所有时,就会产生受益一方(取得添附物所有权的一方)对受损一方(丧失原物所有权的一方)的经济补偿问题。在考虑这一问题时,应分清添附行为是善意还是恶意。一般可以这样判断:实施添附行为时,如果添附人不知道也不可能知道原物为他人所有物时,其添附行为为善意添附;反之则为恶意添附。当添附为善意添附时,无论哪一方取得添附物的所有权,受损失的一方都只能依照不当得利的规定,在受益人所受利益之范围内请求补偿。当添附行为为恶意添附时,如添附人取得添附物的所有权,受损失的一方可按侵权责任的规定请求赔偿全部损失;如对方取得添附物的所有权,添附人只能按不当得利的规定请求经济补偿。

五、共有

(一)共有的概念与特征

1. 共有的概念与特征

共有就是两个或两个以上的民事主体对同一项财产共同享有所有权。其中,共同所有权的享有者称为共有人,而其标的则称为共有物。

共有的主要法律特征可以概括为:

首先,从主体看,共有的主体是两个或两个以上。

其次,从客体看,共有的财产只能是同一项财产。共有是一个所有权同时归几个主体享有。

最后,从引起的民事法律关系看,共有除引起共有人与非共有人之间外部的民事法律关系外,同时还必然引起共有人之间内部的民事法律关系。在共有关系内部,共有人或是对共有财产共同享有权利、承担义务(共同共有),或者按照各自的份额,对其财产分享权利,分担义务(按份共有)。在共有关系外部,共有人作为单一的权利主体,同共有关系以外的民事主体发生财产所有关系。

2. 共有与公有

共有与公有不同,其区别可以概括为:

(1)共有是几个主体对同一项财产共同享有所有权,而公有是公共所有,财产所有权的主体只有一个。

(2)共有不是一种独立的财产所有权类型,只是相同或不同所有权的结合。公有是一种所有权的类型。

(3)在共有关系中,各共有人的权利是平等的,行使权力应由共有人协商一致。而公有财产的权利主体是单一的,享有全面支配财产的权利。

(二)共有的种类

1. 按份共有

按份共有,是指共有人按照各自的份额,对共有财产分享权利、分担义务的一种共有关系。

(1)按份共有的特征

按份共有的特征有二:一是共有人在共有关系中享有的权利和承担的义务是以其在共有财产中一定的份额为依据的。二是按份共有发生的根据是法律规定或当事人的协议。

(2)按份共有权的行使原则

按份共有人在行使按份共有权时,应遵循以下几个原则:

① 协商一致的原则。对于按份共有权的行使,共有人事先有协议的,应当按照协议办理;没有协议或协议不明确的,应当在平等的基础上通过协商达成协议;经过协商仍然无法达成协议,而又急需要办理的,

可以按照拥有共有财产份额一半以上的共有人的意见做出决定,但不得损害其他共有人的合法利益。

② 优先购买权原则。每个按份共有人均有权要求将自己的份额分出或转让。但在转让时,在同等条件下,其他共有人有优先购买权。不过,按份共有人行使优先购买权应该在法定的3个月期限内,否则即丧失其优先购买权。

③ 分割请求权原则。各按份共有人对于共有物有分割请求权。所谓分割,是指共有人分出其份额的行为。不过,以有偿移转共有人之外的第三人为目的的分割,则须受共有人优先购买权的限制。

④ 在份额上可设定担保物权。按份共有人可就其共有权份额,设定抵押权。

⑤ 物上请求权。当共有物受到妨害时,各共有人单独并且共同地享有物上请求权,包括停止侵害、防止妨害和排除妨害、恢复原状和返还原物的请求权。

⑥ 按份共有财产的分割必须保持财产的使用价值。在分割共有财产时,在不损害财产经济价值的前提下,根据具体情况可以采取实物分割、变价分割、作价补偿等三种办法。具体讲,如果共有财产是不可分物,应用作价补偿的方法分割,由愿意取得该项财产的共有人给予其他共有人以货币补偿;如果各共有人均不愿意取得共有财产,应将其变价,共有人按份额领取价金;一般只有在共有财产为可分物时,才能采取实物分割的办法。

2. 共同共有

共同共有,是指共有人对共有财产平等地、不分份额地享有权利并承担义务的一种共有关系。

(1)共同共有关系的特征

共同共有的基本特征有三:一是各共有人对共有财产共同平等地享有所有权,没有份额之分,各人的份额只有在分割时才能确定。二是财产共有关系随着共同关系的解除而消灭。所谓的共同关系,主要有共同劳动、共同经营、共同生活关系。三是共同共有财产随着共同关系的终止而分割,比如在夫妻离婚、分家析产、遗产继承时等。

(2)共同共有财产争议的处理原则

处理共同共有财产争议应遵循以下三个原则:

① 对于共有财产,如果不能证明是按份共有,应认定为共同共有。

② 共同共有人只有在共有财产分割时才能确定自己的财产份额。

③ 对共有财产的分割,有协议的,按协议处理;没有协议的,按等分原则处理,并且考虑共有人对共有财产的贡献大小,适当照顾共有人生活、生产的实际需要。共同共有不存在优先购买权问题,但共同共有财产分割后,一个或者数个原共有人出卖自己分得的财产时,如果出卖的财产与其他原共有人分得的财产属于一个整体或者配套使用,其他原共有人主张优先购买的,应当予以支持。

3. 共有财产的管理与分割

(1)共有财产的管理。共有人对共有财产享有管理权。在按份共有中,虽然各个共有人按照各自的份额享有权利、承担义务,但是每个共有人对共有财产都有管理的权利。在共同共有中,由于共有人权利不分份额,每个共有人对共有财产都有管理权。

(2)共有财产的分割。①按份共有财产的分割。分割共有财产时,在不损害财产经济价值的前提下,根据具体情况可以采取实物分割、变价分割、作价补偿等三种方法。具体讲,如果共有财产是不可分物,应用作价补偿的方法分割,由愿意取得该项财产的共有人给予其他共有人以货币补偿;如果各共有人均不愿意取得共有财产,应将其变价,共有人按份额领取价金;一般只有在共有财产为可分物时,才能采取实物分割的办法。②共同共有财产的分割。共有人之间有协议的,按协议处理;没有协议的,按等分原则处理,并且考虑共有人对共有财产的贡献大小,适当照顾共有人生活、生产的实际需要。共同共有财产分割的,共有人之间不存在优先购买权。

第四章 用益物权

学习目标

理解用益物权、土地承包经营权、建设用地使用权、宅基地使用权、地役权等的概念和基本内容。

一、用益物权的概念与特征

用益物权是以使用、收益为内容的物权。传统民法中的用益物权主要有地上权、地役权和典权。地上权是指在他人的土地上营造建筑物或种植树木而长期使用他人土地的权利。我国法律规定的宅基地使用权、国有土地使用权、中外合资经营企业的场地使用权、林地使用权等,在性质上都属于地上权。地役权是指为了实现自己土地的利益而使用他人土地的权利,比如为耕种而在必经的他人的土地上修路通行的权利。典权是指承典人支付典价,占有出典人的不动产并予以使用和收益的权利。

《民法通则》中规定了几种与所有权有关的财产权,这些权利的产生与所有权相关,权利主体是非所有人,权利内容包含所有权的用益权能,不包含处分权能或者仅包含有限的处分权能。

二、土地承包经营权

1. 土地承包经营权的概念和特征

土地承包经营权,是指承包人依承包合同,对发包人的土地、森林、山岭、草原、荒地、滩涂、水面等自然资源享有的从事经营性使用并获得收益的权利。

土地承包经营权有以下法律特征:

(1)承包经营权的主体,限于从事农业生产的集体组织或公民个人。

(2)承包经营权的客体,是集体所有或国家所有由集体使用的土地、森林、山岭、草原、荒地、滩涂、水面等自然资源。

(3)承包经营权的内容,是依承包合同取得的对土地等自然资源直接占有、使用、收益的权利。

(4)承包经营权依承包合同而产生,权利存续有具体期限。发包人和承包人可以在承包合同中约定承包经营权的期限。

2. 土地承包经营权的主要内容

承包经营权人根据土地承包经营合同,享有以下主要权利:

(1)对承包的土地或者其他自然资源享有经营自主权,他人不得非法干涉。

(2)对承包的土地或者自然资源享有经营性占有、使用、收益的权利。

(3)经发包人同意的,可以将承包的土地或者自然资源转让或转包给第三人。

承包经营权人在享有权利的同时,负担下列主要义务:

(1)须按承包合同约定的用途,合理地对标的物进行经营性使用和收益,不得擅自改变用途。

(2)须对标的物连续增加投入,以维持和提高土地或者其他自然资源的生产率。不得进行破坏性利用、掠夺式收益或荒弃。

(3)须依法律和承包合同向国家纳税。

(4)须依承包合同向发包人交付约定的费用,包括实物和款项。

三、建设用地使用权

(一)建设用地使用权的概念与特征

建设用地使用权,是指因建造建筑物、构筑物及其附属设施而使用国家所有的土地的权利。建设用地使用权具有以下特征:

(1)建设用地使用权的客体具有特殊性。建设用地使用权的客体仅限于国家所有的土地。建设用地使用权是在国有土地上设立的一种用益物权。《物权法》第136条规定,建设用地使用权可以在土地的地表、地上或者地下分别设立。

(2)建设用地使用权的目的具有特殊性。建设用地使用权的目的是为自己建造建筑物、构筑物及其附属设施。

(3)建设用地使用权的内容具有特殊性。建设用地使用权人依法享有对国家所有的土地享有占用、使用和收益的权利(《物权法》第135条第2款)。

(4)建设用地使用权的期限具有稳定性。

(二)建设用地使用权的取得与期限

(1)建设用地使用权的取得

《物权法》第137条规定,设立建设用地使用权,可以采取出让或者划拨等方式。据此,出让与划拨是取得建设用地使用权的两种基本方式。

①划拨方式。土地划拨,是指土地使用人只需按照一定程序提出申请,经主管机关批准即可取得建设用地使用权,而不必向土地所有人交付租金及其他费用。我国物权法规定,严格限制以划拨方式设立建设用地使用权。《物权法》第137条第3款规定,严格限制以划拨方式设立建设用地使用权。采取划拨方式的,应当遵守法律、行政法规关于土地用途的规定。

②出让方式。建设用地使用权出让,是指国家以土地所有人身份将建设用地使用权在一定期限内让与土地使用者,并由土地使用者向国家支付建设用地使用权出让金,土地使用者取得建设用地使用权。建设用地使用权出让有四种形式:协议、招标、拍卖和挂牌。《物权法》第137条第2款规定,工业、商业、旅游、娱乐和商品住宅等经营性用地以及同一土地有两个以上意向用地者的,应当采取招标、拍卖等公开竞价的方式出让。采取招标、拍卖、协议等出让方式设立建设用地使用权的,当事人应当采取书面形式订立建设用地使用权出让合同。建设用地使用权出让合同一般包括下列条款:当事人的名称和住所;土地界址、面积等;建筑物、构筑物及其附属设施占用的空间;土地用途;使用期限;出让金等费用及其支付方式;解决争议的方法(《物权法》第138条)。

无论是通过哪一种方式取得建设用地使用权,都需要进行登记。《物权法》第139条规定:"设立建设用地使用权的,应当向登记机构申请建设用地使用权登记。建设用地使用权自登记时设立。登记机构应当向建设用地使用权人发放建设用地使用权证书。"据此,建设用地使用权自登记时取得。

(2)建设用地使用权的期限

我国法律对通过划拨方式和出让方式取得的建设用地使用权的期限做出了不同的规定。通过划拨方式取得的建设用地使用权是无期限的,而通过划拨方式取得的建设用地使用权是有期限的。

根据《国有土地使用权出让和转让暂行条例》第12条规定,按照土地的不同用途,土地使用权的最高年限为:①居住用地70年。②工业用地50年。③教育、科技、文化、卫生、体育用地50年。④商业、旅游、娱乐用地40年。⑤综合或者其他用地50年。每一块土地的实际使用年限,在最高年限内,由出让方和受让方双方商定。《物权法》第144条及第149条规定,建设用地使用权转让、互换、出资、赠与或者抵押的,当事人应当采取书面形式订立相应的合同。使用期限由当事人约定,但不得超过建设用地使用权的剩余期限。住宅建设用地使用权期间届满的,自动续期。非住宅建设用地使用权期间届满后的续期,依照法律规定办理。该土地上的房屋及其他不动产的归属,有约定的,按照约定;没有约定或者约定不明确的,依照法律、行政法规的规定办理。

(三)建设用地使用权的消灭

建设用地使用权消灭的原因主要有:(1)因使用期限届满而未续期。(2)依法收回土地。(3)约定事由发生。(4)土地灭失。

四、宅基地使用权

1. 宅基地使用权的概念

宅基地使用权是指城乡居民依法对批划给自己建造住宅的土地享有的使用、收益的权利。

宅基地使用权的主要法律特征可以概括为:

(1)宅基地使用权的主体,限于村民。

(2)宅基地使用权的客体,是依法批准划拨给村民用于住宅建造所使用的集体所有的土地。

(3)宅基地使用权的内容,是为依法建造、保有个人住宅、庭院而对批划的土地进行占有、使用、收益的权利。

2. 宅基地使用权的取得与行使

(1)宅基地使用权的取得

宅基地使用权的取得,必须依法履行审批程序。

(2)宅基地使用权的行使

宅基地使用权人对宅基地主要有如下权利:①为保有住宅而长期使用宅基地;②在宅基地空闲处修建其他建筑物、设施;③在宅基地空闲处从事种植并收取收益;④依法转让房屋所有权时一并转让宅基地使用权。

宅基地使用权人在行使其权利时,负担下列主要义务;①按批准的用途使用宅基地;②按批准的面积建房、造院;③服从国家、集体统一规划;④不得妨碍公共利益和邻人利益。

五、地役权

(一)地役权的概念与特征

地役权,是指按照合同约定利用他人的不动产,以提高自己不动产的效益的权利。其中,"他人的不动产"称为供役地,"自己的不动产"称为需役地。

地役权具有以下特征:

(1)地役权的权利主体为需役地的所有人或者使用人。

(2)地役权的权利客体通常是土地。地役权是对他人所有或者使用的土地加以利用。由于我国严格实行"土地使用权主体与房屋所有权主体一致"的原则,所以,地役权仅以土地为客体,不包括建筑物。

(3)地役权的目的是权利人为了提高自己不动产的效益。效益,泛指开发、利用需役地的各种需要。例如甲修水渠灌溉自己农地的庄稼,但水渠需要经过乙承包的土地,甲遂与乙约定,在乙的土地上设立用水地役权,从而提高了甲农地的效益。

(4)地役权具有从属性。地役权是一种从权利,是为了提高需役地的效益而存在,从属于需役地的所有权(或使用权),与需役地的所有权(或使用权)共命运。需役地的所有权(或使用权)让与或消灭,地役权也应随之让与或消灭。《物权法》第164条、165条规定:"地役权不得单独转让。土地承包经营权、建设用地使用权等转让的,地役权一并转让,但合同另有约定的除外。地役权不得单独抵押。土地承包经营权、建设用地使用权等抵押的,在实现抵押权时,地役权一并转让。"第162条规定:"土地所有权人享有地役权或者负担地役权的,设立土地承包经营权、宅基地使用权时,该土地承包经营权人、宅基地使用权人继续享有或者负担已设立的地役权。"

(5)地役权具有不可分性。地役权的不可分性,是指地役权及于需役地的全部和共役地的全部,不得分割为若干部分或仅为一部分而存在。地役权的不可分性主要表现在两个方面:其一,需役地分割或部分转让时,地役权就各个部分而存在。《物权法》第166条规定:"需役地以及需役地上的土地承包经营权、建设用地使用权部分转让时,转让部分涉及地役权的,受让人同时享有地役权。"其二,供役地分割或部分转让时地役权就各个部分而存在。《物权法》第167条规定:"供役地以及供役地上的土地承包经营权、建设用地使用权部分转让时,转让部分涉及地役权的,地役权对受让人具有约束力。"

(6)地役权具有期限性。依据《物权法》第161条的规定,地役权的期限由当事人约定,但不得超过土地承包经营权、建设用地使用权等用益物权的剩余期限。

(二)地役权的取得

根据《物权法》第157条的规定,设立地役权,当事人应当采取书面形式订立地役权合同。地役权合同一般包括下列条款:当事人的姓名或者名称和住所;供役地和需役地的位置;利用目的和方法;利用期限;费用及其支付方式;解决争议的方法。所以,既不存在法定地役权,也不得以单方行为(如立遗嘱)设定地役权。

《物权法》第158条规定:"地役权自地役权合同生效时设立。当事人要求登记的,可以向登记机构申请地役权登记;未经登记,不得对抗善意第三人。"据此,地役权合同生效时地役权人取得地役权。

(三)地役权的内容

地役权的内容主要表现为供役地权利人的义务和地役权人的义务。《物权法》第159条规定,供役地权利人应当按照合同约定,允许地役权人利用其土地,不得妨害地役权人行使权利。《物权法》第160条规定,地役权人应当按照合同约定的利用目的和方法利用供役地,尽量减少对供役地权利人物权的限制。

第五章 担保物权

学习目标

掌握担保物权的概念及其内容。掌握抵押权、质权、留置权的概念、特征、权利设定、权利实现及当事人之间的权利与义务。

一、担保物权概述

担保物权是以确保债务履行为目的,在债务人或第三人所有或经营管理的特定财产上设定的一种物权。如抵押权、质权和留置权。特定的债权人与债务人之间的债的关系是债务人或第三人与债权人之间的担保物权关系的前提。担保物权随债权转移、消灭而转移和消灭,因此,担保物权具有从属性,是从物权。由于担保物权设立的目的在于确保债的清偿,所以,担保物权的标的必须是特定的、具有交换价值的物。即与用益物权关心物的使用价值不同,担保物权关心的是物的交换价值。

二、抵押权

1. 抵押权的概念和法律特征

抵押是指债务人或第三人不移转有关财产的占有而将该财产作为履行债务的担保。当债务人不能履行债务时,债权人有权以该财产折价或者以拍卖、变卖该财产的价款优先受偿,此即抵押权。其主要法律特征可以概括如下:

(1)抵押权是一种物权。抵押权的实现不需要他人的配合。在债务人不履行债务时,抵押权人可以变卖抵押物,并且可以直接请求法院执行,不需要债务人或第三人的某种行为。

(2)抵押权是一种担保物权。抵押权是为担保债权而设立的,是一种从物权。抵押权人不以取得对抵押物的使用为目的,所以,抵押权为担保物权而不是用益物权。

(3)抵押权是不移转标的物占有的担保物权。这是抵押和质押的重要区别之一。

(4)抵押权是在债务人或者第三人的财产上设定的担保物权。

(5)抵押权是以法律规定可以抵押的特定财产为客体的担保物权。抵押权是一种担保物权,而物权的客体只能是特定的财产,因此抵押权也只能以特定的财产为客体。同时,作为抵押物的特定财产须是法律规定可用于抵押的财产,凡法律规定不得抵押的财产不能成为抵押权的客体。

(6)抵押权是就其标的物的价值优先受偿的物权。抵押权不是以取得对标的物的占有、使用、收益为内容的物权,而仅是在债务人不履行债务时可以依法以标的物的价值来优先受偿的物权。也正是在这个意义上,抵押权属于价值权、变价权和优先受偿权。

2. 抵押权的性质

抵押权的性质可以概括为:

(1)从属性。抵押权与其所担保的债权形成主从关系,抵押权为从权利,受抵押权担保的债权为主权利。抵押权因主权利的存在而存在,因主权利的变更、消灭而变更、消灭,但抵押合同另有约定的除外。

(2)不可分性。抵押权是不可分割的物权。抵押物以其全部价值担保债务的履行,当债权部分消灭时,其余部分仍然就抵押物的全部行使权力。也就是说,抵押物或债权的变化不能致使抵押权分割。抵押物的分割、部分灭失或转让,被担保债权的分割或部分转让,均不影响抵押权,抵押权人仍然能够完整地行使其抵押权。

(3)物上代位性。抵押物消灭后,其代替物仍然要代替抵押物担保债务的履行。不过,在抵押人提供了另外的相当的担保时,抵押权人不能行使物上代位权。抵押权的物上代位性是由其为价值权所决定的。因为抵押权是支配抵押财产的交换价值的权利,即使抵押物的形态或性质发生变化,只要还能维持其交换价值,则仍不会失去担保的意义。

(4)特定性。抵押物和抵押权担保的债权须为特定的。抵押权是以抵押财产的价值来担保债权实现的,因此抵押物只能是特定的,对于不特定的财产,当事人无法估计其价值,也就不能起到担保的作用。此外,抵押权所担保的债权也须特定,抵押权只能担保特定的债权,而不能担保一切债权。

(5)顺序性。在同一财产上设定有数个抵押权时,各抵押权之间有一定的先后顺序。因为抵押权不以移转对标的物的占有为成立要件,所以在同一财产上可设定数个抵押权。又因抵押权的实质是优先受偿权,同一财产上设定的数个抵押权就应有一定的顺序。顺序在先的抵押权优先于顺序在后的抵押权,在实现抵押权时只有先顺序的抵押权人受偿后,后一顺序的抵押权人才能就抵押物余下的价值受偿。如果各个抵押权为同一顺序,则各抵押权人只能按其各自的债权比例接受清偿。

(6)追及性。不论抵押财产落入何人之手,抵押权人可追及该财产行使权力。抵押权的追及性表现为:一是抵押人擅自将抵押财产转让给他人时,抵押权不受影响,抵押权人可以追及抵押物并对之行使抵押权。二是抵押财产受到他人不法侵害的,抵押权人可基于抵押权而请求排除妨害。

3. 抵押法律关系

在抵押法律关系中,抵押人是提供财产作为债权担保的一方当事人,可以是债务人,也可以是第三人,但须具备两个条件:第一,抵押人须对抵押物有处分的权利。第二,抵押人须为完全民事行为能力人。抵押权人须为抵押权所担保的主债权的债权人。

确定可以抵押的财产时应遵循以下三个原则:第一,必须是可以进入市场交易的财产,即须为可流通之物;第二,必须是权属明晰的财产;第三,必须是符合社会公共利益的财产,即非为法律禁止抵押之物;第四,必须是不消耗物。

4. 抵押合同和抵押登记

抵押合同是抵押当事人双方自愿设立抵押权的合同,必须用书面形式订立。抵押权人和抵押人在合同中不得约定在债务履行期届满抵押权人未受清偿时,抵押物的所有权移转为债权人所有,约定了的,该约定无效。

抵押登记是指主管机关依法在登记簿上就抵押物上的抵押权状态予以记载。根据《中华人民共和国担保法》(以下简称《担保法》)的规定,抵押合同依法律规定分别自登记之日或签订之日起生效。依法应当办理抵押物登记的,自登记之日起生效;以其他财产抵押的,可以自愿办理抵押物登记,当事人未办理抵押物登记的,不得对抗第三人。办理抵押登记的申请人应当向登记部门提供下列文件或者其复印件:一是主合同和抵押合同;二是抵押物的所有权或者使用权证书。

5. 抵押权的效力

抵押权的效力主要表现在以下方面:

(1)抵押权所担保的债权的范围。对此,当事人可以在抵押合同中约定,如果合同未约定的,则包括主债权、利息、违约金、损害赔偿金和实现抵押权的费用。

(2)抵押权人在实现抵押权时可以依法予以变价的标的物的范围包括抵押物的孳息。债务履行期限届满,债务人不履行债务致使抵押物被人民法院依法扣押的,自扣押之日起抵押权人有权收取由抵押物分离的天然孳息以及抵押人就抵押物可以收取的法定孳息。但如果抵押权人未将抵押物被扣押的事实通知应当清偿法定孳息的义务人的,抵押权的效力不及于该孳息。抵押权人收取的孳息应先充抵收取孳息的费用。

(3)抵押权的保全效力。在抵押权存续期间,抵押人转让已经办理登记的抵押物的,应当通知抵押权人并告知受让人转让物已经抵押的情况;抵押人未通知抵押权人或者未告知受让人的,转让行为无效。抵押人转让抵押物所得的价款,应当向抵押权人提前清偿所担保的债权或者向与抵押权人约定的第三人提存。而且,抵押权不得与债权分离而单独转让或作为其他债权的担保。如果抵押人的行为足以使抵押物价值减少的,抵押权人有权要求抵押人停止其行为。如果由于抵押人的过错使得抵押物价值减少时,抵押权人有权要求抵押人恢复原状,或者提供与减少的价值相当的担保。抵押人对抵押物价值的减少无过错的,抵押权人只能在抵押人因受损害而得到的赔偿范围内要求提供担保。抵押物价值未减少的部分,仍作为债权的担保。

值得注意的是,抵押权对抵押物上原存在的租赁权的效力:抵押人将已出租的财产抵押的,应当书面通知承租人,原租赁合同继续有效。

6. 抵押权的实现

抵押权的实现是指抵押权人行使抵押权,实现抵押物的价值,从中优先受偿其债权的法律现象。在债务履行期届满抵押权人未受清偿的,可以与抵押人协议以抵押物折价、拍卖、变卖该抵押物所得的价款受偿;协议不成的,抵押权人可以向人民法院提起诉讼。

行使抵押权的条件有二:一是在抵押权实行时,抵押权仍然有效存在。二是债务到了清偿期,不是因为债权人方面的原因,债务人没有履行债务,第三人也没有代替债务人履行债务。

7. 抵押权的消灭原因

导致抵押权消灭的原因主要有:被担保债权完全、绝对消灭;抵押物灭失且未因灭失而得赔偿金;抵押权实现;其他原因。

8. 最高额抵押

最高额抵押是指抵押人与抵押权人协议,在最高债权额限度内,以抵押物对一定期间内连续发生的债权作担保。

最高额抵押作为抵押担保物权,具有一般抵押担保物权的共性。但与一般抵押相比,又有如下主要区别:

一是担保的债权不同。一般抵押权是为了某一特定标的数额的债权而设定的抵押担保,其债务合同的各方面都是确定的;而最高额抵押权是为不特定的债权设立的抵押权,即是为债权人的一定范围内的不特定债权所提供的一种物权担保,但债权有最高限额。

二是所担保的债权发生的时间不同。一般抵押权担保的设定与债权同时产生,是为已经发生的债权设定的担保,其目的是为了保证债的实际履行;而最高额抵押权的设定所担保的债权通常是将来的债权,即设定最高额抵押时,主债合同尚未发生,或者尚未实际发生。

三是所担保的实际债权的确定程度不同。一般抵押权所担保的实际债权额是完全确定的;而最高额抵押权所设定的实际债权额是不确定的,是一个未定数额,只是对一段时间内持续发生的数额做出一定的预测,而据此设定抵押额。

四是最高额抵押权不能转让。

三、质权

质权,也称质押权,是指为了担保债权的履行,债务人或第三人将其动产或权利移交债权人占有,当债务人不履行债务时,债权人有就其占有的财产优先受偿的权利。

在我国,质权的特征除须债权人占有质物、标的物不能为不动产外,其余基本同于抵押权。根据质押物的不同,质权分为动产质权和权利质权。

1. 动产质权

动产质权是指债务人或者第三人将其动产移交债权人占有，将该动产作为债务的担保，在债务人不履行债务时，债权人有依照法律规定以该动产折价或者以拍卖、变卖该动产的价款优先受偿的权利。

动产质权不同于抵押权的最主要特征就是必须移交动产的占有，而且，只有移交动产的占有，动产质押合同才能生效。此外，与抵押合同一样，出质人和质权人在合同中也不得约定在债务履行期届满质权人未受清偿时，质物的所有权转移为质权人所有。

动产质权的标的物须具备为非禁止流通的物、须为特定的动产、须为出质人自己享有所有权或处分权的动产三个要件。

在动产质权关系中，质权人有妥善保管质物、在债务人清偿债权后返还质物等义务。质权人的权利主要有：动产质权关系存续期间对质物的占有权、收取质物利息的权利（另有约定除外）、质权受侵害时的损害赔偿请求权或物上请求权、质物的变价权（即在质物有损坏或者价值明显减少的可能，足以危害质权人权利时，质权人可以要求出质人提供相应的担保。出质人不提供的，质权人可以拍卖或者变卖质物，并与出质人协议将拍卖或者变卖所得的价款用于提前清偿所担保的债权或者向与出质人约定的第三人提存）、债务人不履行债务时的优先受偿权、因保管质物所支出的必要费用的偿还请求权、质权存续期间的转质权等。

在动产质权法律关系中，出质人的权利主要有：对质物的处分权、对债务人的求偿权和代位权（即当出质人为非债务人而系第三人时，出质人在代位清偿债务后，对债务人即有求偿权和代位权）。出质人的义务主要有：因质物有隐蔽瑕疵而致使质权人有损害时的损害赔偿义务、对质权人因保管质物所支出的必要费用的偿还义务。

此外，动产质权的效力范围、保全效力、实现方式以及动产质权的消灭等均基本同于抵押权。

2. 权利质权

权利质权是指为了担保债务的清偿，以债务人或第三人所享有的实体财产以外的可以让与的财产权利为质物而为债权人设立的担保。

确定可以质押的权利时应遵循以下三个原则：一是必须是财产权利。因为质押的目的是保证债权的清偿，如果不是财产权利，就无法实现质押的目的。因此，人身权不得作为质押标的。二是必须是可以通过市场交易实现价值的财产权利。通过市场交易包括转让（如专利权可通过转让收取转让费，使质权人实现债权）、兑现（如兑现汇票取得现金来实现债权）、许可他人使用（如著作权中的财产权可以通过许可他人使用来收取费用）及提取货物（如提单）等。三是必须是可以交付的权利。

在权利质押关系中，出质人的处分权受到限制：作为质权标的物的权利，非经质权人同意，出质人不得以法律行为使其变更或消灭。因为权利质权设定后，如果允许出质人使之变更或消灭，势必有害质权人对该标的物所支配的交换价值，担保物权的机能将因之而丧失殆尽，所以法律做了限制。出质人的其他权利主要有：一是股票设质后的股东会出席权。股东就股票设定质权后，其股东地位并不因此而丧失，因此不应禁止出质人基于股东资格而行使权力。不过，无记名股票的股东不得出席股东会。二是无体财产权设质后的使用权。专利权、著作权、商标专用权等无体财产权设质后，出质人除与质权人约定由质权人使用外，出质人仍然有继续使用权。

在权利质押法律关系中，质权人的权利主要有：一是对于证书或证券的留置权。权利质权设定时，基于设定的要物性，质押人须将证书或有价证券交付质权人。质权人对于此等交付占有的证书或证券有留置权，于担保的债权未受清偿前，得拒绝返还。二是利息的收取权。供设质的权利（如债权利息）如有法定孳息时，质权人对此法定利息有收取权。质权人收取利息时，应以对于自己财产同样的注意为之，并为出质人计算。三是权利的变价权。权利质权的权利于价值显有减少，以致足以危及质权人的权利时，质权人得拍卖质物，以其价金代充质物。四是质权的实行权。在债权届满未获清偿时，质权人即可行使质权。质权人的义务主要有：一是保管标的物的义务。二是返还标的物的义务。在所担保的债权受清偿时，质权人应将所占有的权利证书返还于有受领权的人。

权利质权的其他事项基本同动产质权。

四、留置权

留置是指债权人按照合同约定占有债务人的财产，当债务人不按合同规定的期限履行债务时，债权人有权依法留置该财产，以该财产折价或者以拍卖、变卖留置物的价款优先受偿，此即留置权。

1. 留置权的法律特征

留置权的主要法律特征可以概括为：

(1)留置权是担保物权。留置权的功能在于以被留置物的交换价值担保债权的实现，而不在于以被留置物的使用价值供留置人使用、收益。

(2)留置权是法定担保物权。留置权是债权人根据法律规定直接取得的担保物权，其发生无须当事人约定。

(3)留置权是从权利。留置权以债权的存在为前提。留置权是在当事人之间存在合同关系，而且是一方占有他方财产、他方违约拒付或迟付款项的条件下产生的。

(4)留置权是动产物权。留置权的客体只能是动产，不动产不能成为留置权的客体。

2. 留置权人不得行使留置权的情形

有下列情形之一的，留置权人不得行使留置权：

一是双方有不得行使留置权的特别约定的。

二是行使留置权将违反公共秩序或善良风俗的。如不得留置债务人定作的身份证、户口簿、毕业证等。

三是行使留置权将与留置权人所应承担的义务相抵触的。如承运人只能在货物到达地留置货物，而不得在货物发运地留置货物。

3. 留置权的成立条件

必须同时具备下列条件，留置权才成立：

(1)债权人须基于合同占有留置物，即债权人依合同合法占有债务人的财产。我国《担保法》规定，因保管合同、运输合同、加工承揽合同发生的债权，债务人不履行债务的，债权人有留置权。

(2)债务人所负债务须与该留置物有牵连关系。这里的“牵连关系”是指债务人所负债务与债权人对留置物的占有是基于同一法律关系而发生。也就是说，债务人的债务，与其所享有的物的返还请求权是同一项债的内容，而债权人享有的债权，与其所负担的物的返还义务也是同一项债的内容。比如，保管人甲不得因委托人乙前一合同欠交的保管费而留置乙依本合同所保管的财产。

(3)须债务已届履行期而债务人不履行债务。留置权是因债务人不履行债务而发生的，而债务人是否不履行债务，只有当债务履行期限届满才能认定。所以，如果债务未届履行期，则不发生留置权。而且，债务虽然已届履行期，但债务人履行了债务，债权人也不能享有留置权。只有当债务已到履行期，而且债务人未履行债务时，债权人才可将债务人相应的财产留置。

4. 留置权人的权利义务

(1)留置权人的权利主要有

第一，对留置财产的占有权。留置权人可以在债权受全部清偿前继续占有债务人的财产，并可以此拒绝债务人的留置物返还请求权。不过，依我国《担保法》的规定，在债权人占有的财产为可分物时，留置权人留置的财物的价值应与债务额相当，对超过债务金额部分的物应当返还给债务人，而不享有占有权。如果留置权人拒不返还其价值超过债务额的财产部分的，则构成返还义务的违反，而不是留置权的正当行使。

第二，留置物利息收取权。留置权人有权收取留置物的孳息以抵偿债权。这里的利息包括天然孳息和法定孳息。需要注意的是，这里的收取权是基于留置权的效力而发生，不是基于占有的效力而发生，故留置权人只能以留置物的利息抵偿债权及利息等，而不能直接取得利息的所有权。此外，如果留置权人收取留置物法定孳息，如收取租金，则须获得债务人同意。

第三，请求偿还留置物保管的必要费用，如维修费、养护费等。

第四，以留置物折价或变卖留置物的价款优先受偿的权利。

第五，对留置物的必要使用权。留置权人对留置物原则上无使用的权利，但有例外。如基于保管上的必要而使用，经所有人同意而使用。

(2)留置权人的义务主要有

第一，妥善保管留置物。留置权人应以善良管理人的注意保管留置物。留置权人如果未以足够的注意保管留置物而致留置物灭失或毁损的，应承担民事责任。

第二，不得擅自使用、出租留置物及在留置物上再设立担保。

第三，催告义务。留置权中变价处分权的行使须先以催告为要件，未经催告或未经过法定的期间，不得径行变卖留置物。

第四，返还留置物。在债务人履行债务或债务人已经另行提供担保而使留置权成立的原因消灭时，留置权人应将留置物归还给债务人。

5. 留置担保的范围

依我国《担保法》的规定，留置担保的范围包括主债权及利息、违约金、损害赔偿金、留置物保管费用和实现留置权的费用。

6. 留置权的实现

债权人与债务人应当在合同中约定，债权人留置财产后，债务人应当在不少于两个月内履行债务。债权人与债务人在合同中无约定的，债权人留置债务人财产后，应当确定两个月以上的期限，通知债务人在该期限内履行债务。债务人逾期仍不履行的，债权人可以与债务人协议以留置物折价，也可以依法拍卖、变卖留置物。

留置物折价或者拍卖、变卖后，其价款超过债权数额的部分归债务人所有，不足部分由债务人清偿。

7. 留置权消灭的原因

引起留置权消灭的原因主要有：债权消灭或者债权清偿期延缓；债务人另行提供担保并被债权人接受；留置物灭失；留置权实现；留置权人丧失占有；留置权人抛弃留置权等。

第六章　占　有

学习目标

掌握占有的概念及其分类。理解占有保护的基本内容。

一、占有概述

(一)占有的概念

占有是对物在事实上的占领、控制。占是独立于所有权及他物权的一项制度。由于占有是对物在事实上的占领、控制,因此它不要求占有人有占有物的权利。占有制度的主要功能是维护物的事实秩序,禁止他人以私力加以破坏。

(二)占有的分类

依据不同的标准,可以将占有分为不同的类型。常见的占有分类有:

(1)有权占有与无权占有

依据占有人是否基于本权而对物进行占有,可以将占有分为有权占有与无权占有。所谓本权,是指基于法律上的原因,可对物进行占有的权利。如所有权、质权、留置权等。有权占有即指基于本权的占有,如基于租赁合同对租赁物的占有。无权占有即指无本权的占有,如对抢劫物的占有。

区分有权占有与无权占有的意义在于:本权人有权请求无权占有人返还原物及其孳息。另外,作为留置权要件的占有,限于有权占有。

(2)善意占有与恶意占有

对无权占有依据占有人的主观心理状态,可以将占有分为善意占有与恶意占有。善意占有指占有人不知其无占有权利的占有;恶意占有是指占有人知道其无占有权利的占有。判断是否知道有无占有权利的时间点,应以占有的物受到损害时为标准。

区分善意占有与恶意占有的意义在于占有人对损害后果承担的责任不同。《物权法》第242条规定,占有人因使用占有的不动产或者动产,致使该不动产或者动产受到损害的,恶意占有人应当承担赔偿责任。

(3)直接占有与间接占有

以占有人在事实上是否占有物为标准,可以将占有分为直接占有与间接占有。直接占有是指在事实上对物的占有,如驾驶着汽车、戴着眼镜等都为直接占有;间接占有是指基于一定法律系,对于事实上占有物的人(即直接占有人)有返还请求权,从而对物间接支配的占有。如承租人对承租房屋的占有即为直接占有;出租人基于租赁合同关系,对承租人有返还请求权,在出租期间出租人对出租的房屋即为间接占有。

区分直接占有与间接占有的意义在于这两种占有取得的方式不同,保护方法自然也不一样。

(4)自主占有与他主占有

以占有人的意思为标准,可以将占有分为自主占有与他主占有。自主占有是指占有人以自己所有的意思对物进行的占有;他主占有是指占有人非以自己所有的意思对物进行的占有。

区分自主占有与他主占有的意义在于取得所有权的要件不同,如先占要件的占有应当是自主占有。另外,是区分不当得利与无因管理的一个条件。

二、占有的保护

占有为一种既成的事实,即使这种事实与其他当事人的权利相冲突,也不允许再受到非法行为的侵害。我国《物权法》规定了占有保护请求权,以对受到侵害的占有人提供法律上的救济。

根据《物权法》第245条的规定,占有保护请求权的内容主要有以下三项:

1. 返还原物的请求权。占有的不动产或者动产被侵占的,占有人有权请求返还原物。占有人返还原物的请求权,自侵占发生之日起1年内未行使的,该请求权消灭。

2. 排除妨害或者消除危险请求权。对妨害占有的行为,占有人有权请求排除妨害或者消除危险。

3. 损害赔偿请求权。因侵占占有物或者妨害占有造成损害的,占有人有权请求损害赔偿。

练习题

一、单项选择题

1. 下列选项中,属于民法上物的是(　　)

A. 月球　　B. 著作权

C. 债权　　D. 货币

2. 依据我国民法的有关规定,所有人不明的埋藏物、隐藏物应归下列选项中谁所有(　　)

A. 发现单位　　B. 国家

C. 最先占有者　　D. 最先发现者

3. 下列选项中,属于天然孳息的是(　　)

A. 长在树上的果实　　B. 从羊身上剪下的羊毛

C. 在银行存款取得的利息　　D. 出租房屋收取的租金

4. 某农场欲将一头重病奶牛处理掉,工作人员在掩埋过程中,天空突降大雨,工作人员跑开。路过此地的农民某甲发现牛后,即把牛牵走,并进行治疗,该牛康复,而且成为一头高产奶牛。现农场要求某甲返还奶牛。依据法律的有关规定,该奶牛应归(　　)

A. 某甲所有　　B. 农场所有

C. 国家所有　　D. 某甲和农场共有

5. 下列选项中,属于主物和从物关系的是(　　)

A. 甲的手表和乙的表带　　B. 房屋和窗户

C. 电视机和遥控器　　D. 母牛和小牛

6. 甲捡到一块手表,交给公安部门。公安部门依法经过公告后,无人认领,即拍卖给乙。乙在使用过程中,被丙偷走并以低价卖给丁。丁在使用过程中被王某认出,该表原系王某所丢失。问:该表应归谁所有(　　)

A. 乙　　B. 丁

C. 王某　　D. 国家

7. 在我国,自然人不能享有所有权的财产是(　　)

A. 土地　　B. 房屋

C. 文物　　D. 汽车

8. 某甲在裁缝店加工连衣裙一件,双方协商第十五天后来取衣服。第十五天,某甲没有去取衣服,第十七天,某甲去取衣服时,裁缝店老板说已将衣服变卖,并把扣除加工费还剩余的钱交

给某甲。问此案的正确处理方式是(　　)

A. 认定裁缝店老板的做法属于行使留置权,应予以支持

B. 认定裁缝店老板的行为违法,属于侵权行为

C. 某甲没有按时履行义务,属于违约行为

D. 双方违约,各自承担相应的责任

9. 下列选项中,属于担保物权的是(　　)

A. 地役权　　B. 保证

C. 地上权　　D. 抵押权

10. 根据《担保法》的规定,下列选项中,可以用于抵押的是(　　)

A. 自留地　　B. 小学的汽车

C. 大学的教学楼　　D. 土地使用权

11. 下列选项中,属于财产原始取得的是(　　)

A. 赠与　　B. 继承

C. 取得孳息　　D. 买卖

12. 下列选项中,属于法定担保物权的是(　　)

A. 抵押权　　B. 质押权

C. 留置权　　D. 保证

13. 根据目的的不同,他物权可以分为(　　)

A. 自物权和他物权　　B. 用益物权和担保物权

C. 抵押权和留置权　　D. 动产物权和不动产物权

14. 相邻一方必须经过另一方的土地通行的,另一方应当允许,由于通行而造成的损失,使用人(　　)

A. 应当适当补偿　　B. 可以不予赔偿

C. 应当赔偿损失　　D. 不得再通行

二、判断题

1. 法人代表发生的交付指示,是指示交付。(　　)

2. 王某有私房一间,其他任何人就该房负有不得妨碍其行使所有权的义务,这是物权的排他性效力的表现。(　　)

3. 公信原则的目的是使社会公众相信物权的效力。(　　)

4. 法律规定,财产所有权一律从交付时起转移,登记只是一种证明。(　　)

5. 拾金不昧是中华民族的优良传统,因此,拾得他人之物不返还者,属于不道德行为。(　　)

6. 甲未经乙同意出卖了乙的照相机,丙不知情而以市价购之,丙属善意取得。(　　)

7. 甲、乙二人对丙的房屋享有抵押权,后甲、乙二人协商每人对该房有一半的抵押权,该协议有效。(　　)

8. 质押须转移出质物的占有,抵押则不必转移抵押物的占有。(　　)

9. 质押物可以是动产、不动产和权利。(　　)

10. 动产物权的转移以交付为标志;不动产物权的转移以登记为标志。(　　)

三、简答题

1. 简述物权的概念和特征。

2. 简述留置权的成立要件。

四、论述题

试述善意取得制度。

五、案例分析题

刘某出国前托赵某保管电冰箱一台,后刘某来信告知赵某自己可能不回国了,让赵某帮着以1500元的价格把冰箱卖掉。赵某即以冰箱放置时间太长,制冷情况不是很好为由,要求以1000元价格处理。刘某回信说如果制冷情况不好,可以以1000元卖掉。赵某即寄给刘某1000元,并把冰箱留给自己。

问:赵某能否取得冰箱的所有权?为什么?

参考答案

一、

1. D　2. B　3. B　4. A　5. C　6. A　7. A　8. B　9. D　10. D　11. C　12. C　13. B　14. A

二、

1. ×　2. ×　3. ×　4. ×　5. ×　6. ✓　7. ×　8. ✓　9. ×　10. ✓

三、

1. 物权是指直接支配、管理特定物、享受物的利益,并排除他人干涉的财产权利。具有如下特征:①物权的权利主体特定,而义务主体不特定,是对世权;②物权的客体是特定的物;③物权是支配权;④物权的设立、内容等都由法律直接规定,不允许当事人创设;⑤物权具有排他性;⑥物权具有追及性和优先性;⑦物权具有永久性。

2. 留置权的成立必须具备以下条件:①必须有主债权的存在;②留置权人必须基于合同的约定已实际占有债务人的财产;③须有债务人逾期不履行债务的事实。

四、

善意取得又称即时取得,是指无权处分他人动产的占有人,在不法将其占有的他人动产让与第三人后,如果受让人在取得该动产时系出于善意,即取得该动产的所有权,原动产所有人不得要求受让人返还的制度。善意取得制度是以牺牲所有人的利益为代价来保护交易安全。其须具备以下条件:①标的物须是依法可以流通的动产;②让与人无权处分该动产;③受让人是通过有效的交易而取得动产的;④受让人取得动产时须是善意的。

五、

赵某不能取得冰箱的所有权。因为根据《民法通则》的规定,赵某的行为属于滥用代理权中的自己代理,这种行为违背代理制度的目的,不符合代理的基本特征;而且本案中赵某的行为还有欺诈的内容。所以,赵某不能取得冰箱的所有权。

第三部分　债　权

第一章　债的概述

学习目标

理解债的概念与特征。掌握有关债的主要学理分类。掌握不当得利和无因管理的概念、构成要件，掌握不当得利之债和无因管理之债的处理规则。掌握债的保全的概念以及债权人的代位权和撤销权的基本内容。理解债的担保的概念与特征，掌握我国《担保法》规定的债的担保方式及法律要求。理解债的移转的概念及其内容。掌握债的消灭的概念及其原因。

一、债的概念与特征

(一)债的概念

债是指特定当事人之间特定行为的财产性法律关系。

我国《民法通则》第84条规定："债是按照合同的约定或者依照法律的规定，在当事人之间产生的特定的权利和义务关系。"在债的法律关系中，当事人一方对他方有请求其为特定行为的权利，即债权，享有债权的当事人称债权人；他方负有为满足债权人的请求而为特定行为的义务，即债务，负有债务的当事人谓债务人。

(二)债的特征

1. 债的主体特征

债的主体，是指参加债的法律关系的当事人，包括权利主体和义务主体。债的权利主体是债权人，义务主体是债务人。债权人和债务人是相互对立、相互依存的债的双方当事人，缺少任何一方，债的法律关系就不能成立。债权人和债务人可以是单数，也可以是复数。当债权人或债务人一方或双方为数人时，他们之间的债就称为多数人之债。债的主体无论是单数还是复数，均须为特定之人。

2. 债的内容特征

债的内容，即债权和债务。债权是请求为特定行为的权利，债务是须为特定行为的义务，二者负载于同一特定行为，具有互依、共生和对应关系。

债权为请求特定人为特定行为(作为或不作为)的权利。具有如下特征：

(1)债权是财产权。债的关系是建立在债权人和债务人之间的一种利益关系，这种利益关系或直接具有财产性质，或最终与财产有关。债权就是在交换或分配各种经济利益时产生的、以财产或可评价为财产的利益为内容的民事权利。

(2)债权是请求权。债是特定人之间的法律关系，债权的实现有赖于债务人的协助，即债权人只能通过请求债务人为特定行为(交付标的物或提供劳务)来实现自己的利益，不能像物权那样，由权利人直接支配标的物而享受利益。

(3)债权是对人权。债权人只能请求负有特定义务的特定之人为一定的行为或不为一定的行为。在债的法律关系中，债权债务仅存在于特定的当事人之间，债权人只能向债务人主张权利，请求其向自己履行债务。债务人以外的一切他人，因与债权人之间不存在权利义务关系，故债权人不得向其主张债权。

(4)债权具有相容性。在同一标的物上可以同时成立两个以上内容相同的债权。易言之,债权不具有排他性。

(5)债权具有平等性。数个债权人对于同一个债务人,先后发生数个普通债权时,其效力一律平等,无优劣之分,受偿机会均等。

3. 债的客体特征

债的客体,是"给付",即债权债务共同负载的特定行为。如交付财物、支付金钱、移转权利、提供劳务等各种具体的债务人应为的特定行为。

作为债的客体,给付须合法、确定、适当、可能。

二、债的分类

依据不同的标准,可将债作如下划分:

(一)意定之债与法定之债

这是依债之设定及其内容是否允许当事人自由决定划分的。

法定之债,是指债的发生及其内容均由法律直接加以明确规定的债。包括侵权行为之债、无因管理之债、不当得利之债及缔约过失之债。法定之债的发生由法律直接规定,不问当事人有无发生债的关系的意思表示,只要法律规定的事由出现,债的关系当然发生。法定之债的内容由法律直接规定,在法律规定的事由出现时,当事人之间的债权债务关系依法律的规定确定。

意定之债,是指债的发生及其内容完全由当事人依其自由意思而决定的债。意定之债的发生及内容完全依照当事人的自由意思,但当事人的自由意思不得违背法律的强行性规定以及公序良俗,即当事人的自由是有"限度"的。

此分类的法律意义在于:意定之债的发生及内容依当事人的自由意思而定,由合同法加以调整;法定之债的发生及内容源自法律的直接规定,与当事人的意志无关,由相关的债法加以调整。

(二)特定物之债与种类物之债

这是依债的标的物在债成立之时是否特定而划分的。

特定物之债,是指于债成立之时,标的物即已是特定的债。对于特定物之债,债务人履行债务时须交付特定之物;仅在特定之物因灭失不存在时,方可免除交付原物的义务。当事人对于特定之物所有权的转移时间,除法律有强行规定之外,可自行约定。种类物之债,是指以未加特定的种类物为给付标的的债。对于种类物之债,因在债发生时,标的物尚未确定,只有交付时才被特定化,所以,标的物于交付前发生灭失的,不免除债务人交付实物的义务,债务人须以同等的种类物履行债务。除法律另有规定或当事人另有约定外,种类物之债的标的物所有权自交付时起转移。

此分类的法律意义在于:特定物之债的标的物毁损灭失的,发生债的履行不能;而种类物之债则不发生履行不能的问题。

(三)单一之债与多数人之债

这是依债的主体的人数为标准划分的。

单一之债,是指债权人和债务人各为一人的债,也称单数主体之债。

多数人之债,是指以同一给付为标的的债中,债权人为数人或债务人为数人或债权人和债务人均为数人的债,也称复数主体之债。

此分类的法律意义在于:单一之债的主体双方都只有一人,当事人之间的权利、义务比较简单明了,不发生一方主体之间内部的权利、义务关系;而多数人之债,除存在外部的债权债务关系外,在多数债权人或多数债务人的内部尚存在内部关系,因此较之单一之债要复杂得多。区分单一之债和多数人之债,有利于准确地确定债的当事人之间的权利和义务。

(四)按份之债与连带之债

这是依多数人之债中多数债权人或多数债务人的内部关系划分的。

1. 按份之债,是指各债权人或各债务人各自按确定的份额分享债权或分担债务的多数人之债。其中,各债权人享有的份额债权,称按份债权;各债务人负担的份额债务,称按份债务。

在按份之债中,各债权人只能就其所享有的债权份额请求债务人履行或接受债务人的给付,而无权接受超出其债权份额的给付;当其所享有的债权份额得到清偿时,该部分债权即归消灭,对其他债权人的按份债权不发生效力。同理,各债务人仅就自己所负担的债务份额向债权人清偿,对其他债务人的按份债务不负清偿义务;当其所负债务份额清偿完毕时,该部分债务即归消灭,对其他债务人的按份债务不发生效力。可见,按份之债中,就一个债权人或一个债务人发生的事项,对于其他债权人或债务人不发生效力。

2. 连带之债,是指各债权人均得请求债务人为全部债务的履行,各债务人均负有为全部债务履行的义务,且全部债权债务因一次全部履行而归于消灭的多数人之债。其中,具有连带关系的数个债权人为连带债权人,他们所享的债权为连带债权;具有连带关系的数个债务人为连带债务人,他们所负的债务为连带债务。

在连带之债中,一债权人有权代受其他债权人应得份额的债权,但事后应将超出其份额的部分还给其他债权人;一债务人有义务代负其他债务人应负份额的债务,但事后对超出其份额的部分,有请求其他债务人偿还的权利,即求偿权。因连带债务有担保作用,对债权人颇为有利,而连带债权求偿易受阻,对债权人颇为不利,故实践中,连带债务常见,而连带债权少见。

连带债务在强化债权人权利的同时,加重了债务人的义务。因此,《民法通则》第 87 条规定,发生连带债务时,须有当事人的约定或法律的规定。否则,多数人之债以按份债务处理。实践中,由于债务人约定加重自己责任的情况毕竟不多,因此,连带债务的发生多来自法律的强行规定。依我国现行法律的规定,发生连带债务的情形有下列几种:个人合伙债务、法人联营债务、连带责任保证、共同侵权行为人的责任、代理中的连带责任。

此分类的法律意义在于:按份之债的多数债权人或多数债务人的债权或债务各自是独立的,任一债权人接受了其应受份额义务的履行或者任一债务人履行了自己应承担份额的义务后,与其他债权人或债务人均不发生任何权利义务关系。而连带之债的多数债权人或多数债务人的债权或债务是连带的,连带债权人中的任何一人接受了全部义务履行,或者连带债务人中的任何一人清偿了全部债务时,虽原债归于消灭,但连带债权人或连带债务人内部则会产生新的债权债务关系。

(五)简单之债与选择之债

这是依债的标的可否选择划分的。

简单之债,是指只有一种给付作为标的的债。在简单之债中,当事人对债的给付标的没有选择余地,债权人仅能请求债务人依确定的唯一给付标的履行债务,债务人也只能就该标的履行债务。因此,也称不可选择之债或单纯之债。

选择之债,是指在数宗给付中,当事人可选择其中之一作为给付标的的债。选择之债可因法律行为而产生,也可因法律的规定而产生。在选择之债中,可供选择的数宗给付是并列待选的,地位平等。数宗给付在选择之债成立之时既已确定,但债务人并不负履行全部给付的义务,而只需在数宗给付中选择其中之一来履行,此即选择之债的给付特定。给付特定的方法有合同、给付选择和给付不能三种:

1. 依合同而特定,即双方当事人依合同从数宗给付中选择一宗为债的标的。

2. 依给付选择而特定,即依一方当事人的意思表示从数宗给付中选择一宗为债的标的。债权人享有选择权的,称选择债权;债务人享有选择权的,称选择债务。除当事人有约定或法律另有特别规定外,选择权原则上归债务人,这样有利于债务的顺利履行。

3. 因给付不能而特定,在可供选择的数宗给付中,因给付不能而仅余一宗给付时,即发生给付特定。

此分类的法律意义在于:简单之债的标的是特定的,比较简单,其标的无法履行时,即发生履行不能;而选择之债的标的相对不特定,须经选择之后才能特定,方可履行,仅在诸标的都无法履行时,才发生履行不能。

(六)主债与从债

这是依两个债之间的关系而进行划分的。

主债,是指能够独立存在,不以他债的存在为前提的债。

从债,是指不能独立存在,以他债的存在为成立前提的债。

此分类的法律意义在于:主债与从债是相互对应的,没有主债则不发生从债,没有从债也无所谓主债。从债的效力决定于主债的效力,随主债的存在而存在,随主债的消灭而消灭。从债对主债起担保作用。

三、债的发生原因

债作为民事法律关系的一种,其发生须具备一定的法律事实,此法律事实即债的发生原因。债的发生原因主要有下列四项法律事实:

(一)合同

合同,是指平等主体的当事人之间设立、变更、终止民事权利义务关系的双方法律行为。

合同一旦有效成立,即在当事人之间产生特定的权利义务关系。依法成立的合同受法律保护,当事人通过订立合同设立的以债权、债务为内容的民事法律关系,称为合同之债。在实践中,民事主体主要是通过订立合同来明确相互间的权利、义务关系。因合同设立债,是民事主体积极参与民事活动的表现,合同行为是典型的双方民事法律行为,可见,合同是债发生的最常见、最重要的原因,合同法因此而成为债法的主要内容。

(二)侵权行为

侵权行为,是指因过错而不法侵害他人人身权利和财产权利,给他人造成损害的行为。因侵权行为受到损害的人,有请求加害人赔偿损失的权利,加害人有赔偿受害人损失的义务,即在加害人和受害人之间产生以损害赔偿为标的的债权债务关系。此种债权债务关系的发生直接基于法律的强行规定,与当事人的意思无关。侵权行为是一种单方行为,就侵权人的目的而言,并不是为了在侵权人与受害人之间建立民事权利和义务关系。法律规定侵权行为是债的发生根据,是要侵权人以承担债务的方式来弥补受害人所受到的损害。在我国,《民法通则》为了强化人们的守法观念,把侵权行为所生之债,认定为违反法定义务而应承担的民事责任,把侵权之债,规定在"侵权民事责任"的章节中。

(三)不当得利

1. 不当得利的概念

不当得利,是指没有法律上的根据,使他人受损而自己取得的利益。

不当得利因没有法律上的根据,故虽属既成事实也不能受法律的保护。《民法通则》第92条规定:"没有合法根据取得不当利益,造成他人损失的,应当将取得的不当利益返还受损失的人。"基于此项法律规定,在得利人与受损人之间便产生了以利益返还为内容的债权债务关系,即不当得利之债。其中,得利人为债务人,负有返还不当得利的义务;受损人为债权人,享有请求得利人返还不当得利的权利。

①因给付产生的不当得利

此处的给付,是指有意识、基于一定目的而增加他人的财产。给付的目的有两种:一种是为清偿债务;另一种是为成立债的关系。欠缺给付目的而增加他人的财产,该他人即构成不当得利。欠缺给付目的有以下两种类型:

其一,自始欠缺给付目的。包括两种情形:一是非债清偿,即指不负有债务而以清偿之目的而为的给付;二是作为给付原因的行为未成立、无效或被撤销,如因买卖而交付物品,但买卖合同未成立。

其二,给付目的的嗣后不存在。如附解除条件或终期的民事法律行为,条件成就或期限届满。

通常,给付因欠缺给付目的成立不当得利,得利人应负返还义务。但下列情况,虽符合不当得利的要件,但法律排除其适用不当得利的规定:

其一,履行道德义务而为的给付。此种给付不得以不当得利请求返还,如养子女对生父母并无赡养义务而赡养。

其二,债务清偿期届至前的给付。债务人对未届清偿期的债务为期前给付的,债务人不得请求返还。债务因给付而消灭,期限利益视为自愿放弃。

其三,明知无债务的给付。债务人明知无债务存在,而为清偿债务为给付的,视为赠与,不得请求返还。

其四,不法原因的给付。因不法原因而为的给付,给付人不得以对方不当得利为由请求返还,如赌债的给付、贿赂物的给付。

②因给付以外的事实而发生的不当得利

因给付以外的事实而发生的不当得利有以下几种:

其一,基于行为而发生的不当得利。包括以下几种:基于受益人的行为而发生的不当得利,如出租他人之物、擅自利用他人的专利;基于受损人的行为而发生的不当得利,如将他人的牲畜误以为自己的牲畜而喂养、收款员因失误而多找给顾客价款;基于第三人的行为而发生的不当得利,如甲以乙之木料为丙做家具。

其二,基于法律规定而发生的不当得利。在添附情况下,法律规定,因添附丧失权利者(受损人)对新物所有人(受益人)有不当得利返还请求权。

其三,基于自然事件而发生的不当得利。即受益人因自然事件而取得应归属于受损人的利益的不当得利。如甲鱼塘中的鱼跃入相邻的乙鱼塘中,乙因此所获利的利益即为不当得利。

2. 不当得利的构成要件

(1)一方取得财产上的利益

取得财产上的利益,是指因一定事实而增加财产总额。不当得利的成立须以一方取得财产利益为首要条件,若仅致他人损害,而自己并未获得利益,即所谓"损人不利己",那么,即使负赔偿责任,也不构成不当得利。此处的利益,既包括财产的积极增加,也包括财产的消极增加。财产的积极增加,是指权利的增强或义务的消灭,使财产范围扩大。如取得所有权、知识产权、所有权上负担的除去等;财产的消极增加,是指财产本应减少却因一定事实而未减少所产生的利益。如本应支出的费用而没有支出,实际上等于增加了财产。

(2)他方受有损失

他方受有损失,是指因一定的事实,使他人的财产总额减少。若仅有一方获利而无他方受损,则不能构成不当得利。如:某农民使用从某化肥厂流出的水浇农田,使其庄稼获得大丰收,该农民获得的利益,不是不当得利。所谓损失,既包括财产的积极减少,也包括财产的消极减少。财产的积极减少,是指现存财产的减少;财产的消极减少,是指财产本应增加而未能增加。

(3)取得利益与受损失之间有因果关系

不当得利的成立,以利益和损失之间存在因果关系为要件,即一方受损是他方获利所致。至于损失与利益的范围大小是否一致、形态是否相同,在所不问。在返还利益时,利益小于损失的,以利益为准;利益大于损失的,以损失为准。超出损失部分的利益,在扣除有关费用后,收缴国库。

(4)没有法律上的根据

没有法律上的根据,是指获得利益没有法律上的根据。可见没有法律上的根据,是对于取得的利益而言的,并不要求取得权利或财产也无合法根据。如加工工人取得加工物的所有权是有合法根据的,但他取得的该项利益却无法律上的根据,因此应按不当得利制度返还该项利益。如果取得利益有法律上的根据,即使相对人受有损失,也不构成不当得利。如赠与,没有法律上的根据,既包括利益取得时没有根据,也包括利益取得时有根据,之后该根据消灭。如买卖被撤销,一方从对方获得的财产应当返还给对方。

3. 不当得利之债的处理

一定的事实符合不当得利的构成要件,即在当事人之间发生以不当得利返还为内容的债权债务关系。受损人为债权人,得利人(受益人)为债务人。

返还不当得利时,应返还原物,即利益的原来形态;当原物不能返还时,应偿还其价款。该价款依债务人所获利益之时的客观价值而定。

不当得利返还的范围,因债务人主观为善意或恶意而不同:

(1)债务人为善意时,即在取得利益时不知道没有合法根据,仅于现存利益的范围内负返还义务;如利益已不存在,则不负返还义务。但其利益不存在如果是因为将该利益无偿让与第三人时,第三人应负返还该利益的义务。

(2)债务人为恶意时,即在取得利益时明知没有合法根据,不论所受利益是否存在,应将所受利益或其折价连同孳息一并返还。

(3)债务人在取得利益时为善意,嗣后为恶意,其返还范围应以恶意开始之时存在的利益为准。

(四)无因管理

1. 无因管理的概念

无因管理,是指无法定或约定的义务,而管理他人事物的行为。

无因管理为事实行为,一旦发生,即依法在管理人与本人之间产生债权债务关系。其中,管理他人事物的人,称管理人;事物被管理的人,称本人。管理人有权要求本人返还因无因管理而支出的费用,而本人有返还的义务。《民法通则》第93条规定:"没有法定的或者约定的义务,为避免他人利益受损失进行管理或者服务的,有权要求受益人偿付由此而支付的必要费用。"

2. 无因管理的构成要件

法律设立无因管理制度的目的,在于解决尊重他人、不干预他人事务与社会成员间应互助合作、危难相助两种价值理念的冲突。法律一方面鼓励社会成员间互助合作,危难相助,另一方面又要限制对他人事务的过分干预。无因管理系对他人事务的干预,有其存在的必要,但也有法律对其加以规范的必要,否则,就会导致滥加干涉他人事务的后果。为此,无因管理应符合下列构成要件:

(1)管理他人事务

事务,是指能够满足人们生活需要并能成为债的客体的一切事项。在无因管理中,该事务应是他人的事务。如系自己的事务,不成立无因管理。管理,是指对事务的照管、料理等行为。可以是事实行为，如抢救落水儿童；也可以是法律行为，如雇佣他人为邻人修缮房屋。管理的目的是否达到，不影响无因管理的成立。

(2)管理人有为他人管理的意思

管理意思，是指管理人有为他人谋利益的意思，即有使管理事务的行为所产生的利益归属于本人的意思。管理意思的存在，是认定因管理而"干预"他人事务的行为为合法的关键。管理人误将自己的事务认为是他人的事务而管理的，或为自己的利益而管理他人事务的，都不构成无因管理。

(3)管理人无法定或约定的义务

无因管理中的"无因"，即是指没有法定义务或约定义务。管理人因合同义务或法定义务而管理他人事务，不构成无因管理。如履行委托、保管等合同义务，履行监护义务等，虽系对他人事务的管理，但均不构成无因管理。

3. 无因管理之债的处理

无因管理成立，即在管理人和本人之间发生债权债务关系。

(1)管理人的义务

①管理义务。管理人应依本人的明示或可推知的意思，以有利于本人的方法为事务的管理，且须尽善良管理人应尽的注意义务。

②通知义务。管理人在开始管理事务时，应尽其可能及时通知本人，由本人决定是否继续管理。

③结算义务。在管理终止时，管理人应向本人报告管理情况，并将因管理事务所收取的金钱、物品交还本人；以自己的名义为本人取得的权利应移转给本人；管理人为自己利益而使用本人金钱的，应支付利息。

(2)本人的义务

①支付管理人为管理事务支出的必要费用。

②偿还管理人因管理事务而负担的债务。

③赔偿管理人因管理事务所受之损害。

债权让与合同，是由债权人与受让人订立的以债权让与为内容的合同。

四、债的保全

(一)债的保全的概念

债的保全，是指债权人为防止债务人财产的不当减少危及其债权的实现而采取的保全债务人责任财产的法律制度。

债的保全的基本方法是债权人的代位权和债权人的撤销权，这两种措施都旨在通过防止债务人的财产不当减少或恢复债务人的财产，从而保障债权人的权利实现。

(二)债权人的代位权

(1)债权人代位权的概念及成立要件

债权人的代位权，是指因债务人怠于行使其到期债权，对债权人造成损害的，债权人可以向人民法院请求以自己的名义代位行使债务人债权的权利。

我国《合同法》第73条第1款规定："因债务人怠于行使其到期债权，对债权人造成损害的，债权人可以向人民法院请求以自己的名义代位行使债务人的债权，但该债权专属于债务人自身的除外。"代位权是一种法定权利，无论当事人是否约定，债权人都可以享有。

根据《合同法解释(一)》第11条的规定，债权人代位权的成立须具备以下要件：

①须债权人对债务人的债权合法有效且已届清偿期

债权人与债务人之间必须有合法的债权、债务关系存在，这是行使代位权的基础。如果债权债务关系并不成立，或者具有无效或可撤销的因素而应当被宣告无效或者可能被撤销，或者债权债务关系已经被解除，或者债权人和债务人之间的债权是一种自然债权，则债权人都不能行使代位权。

由于履行期届至前的债权，是否有不能实现的危险尚难预料，故债权人只能在债权已届履行期后才可行使代位权。

②须债务人怠于行使其到期债权

根据《合同法解释(一)》第13条的规定，所谓债务人怠于行使其到期债权，是指债务人不履行其对债权人的到期债务，又不以诉讼方式或者仲裁方式向其债务人主张其享有的具有金钱给付内容的到期债务权，致使债权人的到期债务权未能实现。

③债务人怠于行使其到期债权的已对债权人造成损害

对于已对债权人造成损害，应从以下三个方面判断：其一，债权人对债务人的债权已经到期；其二，债务人对债权人已经构成迟延履行；其三，债务人因怠于向自己的债务人行使到期债权，造成自己无力清偿对债权人的债务，即在怠于行使自己的到期债权与不能清偿自己的债务之间具有一定的因果关系。

④须债务人的债权不是专属于债务人自身的债权

债权人代位行使的权利是债务人的债权，依照《合同法》第73条的规定，债权人可以代位行使的权利必须是非专属于债务人自身的债权，也就是说，专属于债务人自身的债权不得代位行使。什么是专属于债务人自身的债权？《合同法解释(一)》第12条明确规定，专属于债务人自身的债权，是指基于扶养关系、抚养关系、赡养关系、继承关系产生的给付请求权和劳动报酬、退休金、养老金、抚恤金、安置费、人寿保险、人身伤害赔偿请求权等权利。

(2)债权人代位权的行使及效力

①债权人代位权的行使

债权人行使代位权必须通过诉讼方式进行，债权人应以自己的名义向人民法院提起代位权诉讼。《合同法解释(一)》第16条规定："债权人以次债务人为被告向人民法院提起代位权诉讼，未将债务人列为第三人的，人民法院可以追加债务人为第三人。"据此，在代位权诉讼中，债权人为原告，次债务人(即债务人的债务人)为被告，债务人应当为第三人。

《合同法》第73条第2款规定："代位权行使的范围以债权人的债权为限。"

②债权人代位权行使的效力

关于债权人行使代位权的效力，《合同法解释(一)》第20条做出了明确规定，债权人向次债务人提起的代位权诉讼经人民法院审理后认定代位权成立的，由次债务人向债权人履行清偿义务，债权人与债务人、债务人与次债务人之间相应的债权债务关系即予消灭。

(三)债权人的撤销权

(1)债权人撤销权的概念及成立要件

债权人的撤销权，是指债权人对于债务人所为的危及其债权实现的财产处分行为，请求法院予以撤销的权利。

《合同法》第74条第1款规定："因债务人放弃其到期债权或者无偿转让财产，对债权人造成损害的，债权人可以请求人民法院撤销债务人的行为。债务人以明显不合理的低价转让财产，对债权人造成损害，并且受让人知道该情形的，债权人也可以请求人民法院撤销债务人的行为。"

债权人撤销权的成立条件，因债务人所为的行为系无偿行为抑或有偿行为而有所不同。在无偿行为场合，只需具备客观要件；而在有偿行为的场合，则必须同时具备客观要件和主观要件。

①客观要件

其一，须债务人实施了减少其财产的行为。根据《合同法》第74条、《合同法解释(二)》第18、19条的规定，债务人减少其财产的行为包括：A. 债务人放弃其债务权；B. 债务人放弃其未到期的债权或者放弃债权担保，或者恶意延长到期债权的履行期；C. 无偿转让财产；D. 以明显不合理的低价转让财产；E. 债务人以明显不合理的高价收购他人财产。对于"明显不合理的低价"和"明显不合理的高价"的判断，《合同法解释(二)》第19条规定，人民法院应当以交易当地一般经营者的判断，并参考交易当时交易地的物价部门指导价或者市场交易价，结合其他相关因素综合考虑予以确认。转让价格达不到交易时交易地的指导价或者市场交易价70%的，一般可以视为明显不合理的低价；对转让价格高于当地指导价或者市场交易价30%的，一般可以视为明显不合理的高价。

其二，须债务人减少其财产的行为于债权成立后所为。因为在债权成立前，债务人的行为并不发生危害债权的可能性。

其三，须债务人减少其财产的行为有害债权。债务人减少其财产行为的后果，导致债务人的清偿资力减少，不能使债权人的债权得到实现。

②主观要件

债权人撤销权成立的主观要件，是指债务人与受益人主观上有恶意。这里的受益人是指与债务人发生交易行为的相对人，包括受让人和转让人。

对于撤销权的主观要件，依债务人所为的行为是无偿行为还是有偿行为而有所不同。对于无偿行为，不以债务人与受让人主观上有恶意为要件。对于有偿行为，则以债务人与第三人主观上有恶意为要件。

债务人的恶意，一般实行推定原则，即只要债务实施了减少其财产的行为并有害于债权人债权的实现，就推定其有恶意。受益人的恶意，就受让人而言，是指其与债务人实施交易行为时，明知债务人以明显不合理的低价转让财产，会对债权人造成损害而仍为之；就转让人而言，是指其与债务人实施交易行为时，明知债务人以明显不合理的高价收购，会对债权人造成损害而仍为之。

(2)债权人撤销权的行使及效力

①债权人撤销权的行使

债权人行使撤销权必须通过诉讼方式进行，债权人应以自己的名义向人民法院提起撤销权诉讼。《合同法解释(一)》第24条规定："债权人依照合同法第七十四条的规定提起撤销权诉讼时只以债务人为被告，未将受益人或者受让人列为第三人的，人民法院可以追加该受益人或者受让人为第三人。"据此，在撤销权诉讼中，债权人为原告，债务人为被告，受让人或受益人应当为第三人。

《合同法》第74条第2款规定，撤销权行使的范围以债权人的债权为限。但撤销权的行使是有期限限制的。《合同法》第75条规定，撤销权应自债权人知道或者应当知道撤销事由之日起1年内行使，超过此期间的，撤销权消灭；自债务人的财产处分行为发生之日起5年内没有行使撤销权的，撤销权也归于消灭。

②债权人撤销权行使的效力

债权人行使撤销权的效力主要表现在：

其一，债务人的行为一旦被撤销即自始无效。

其二，债务人的行为被撤销后，受益人因该行为取得的财产或利益，应返还给债务人。不能返还的，应折价赔偿。受益人已向债务人支付对价的，可依不当得利请求债务人返还。

其三，行使撤销权的债权人，有权请求受益人返还财产或利益，但就收取的财产或利益并不享有优先受偿权，而应将其财产纳入债务人的一般财产中去，作为全体债权人的一般担保。

五、债的担保

（一）债的担保的概念与特征

1. 债的担保的概念

债的担保，即对已成立的债权债务关系，以设定财产负担的方式来确保债权的实现。

债的关系成立后，债务人的财产即作为责任财产而成为债的一般担保。债务人不履行义务时，债权人即可请求强制执行债务人的责任财产。为了避免债务人的责任财产不当减少而害及债权，法律特设了债的保全制度，即赋予债权人代位权和撤销权。然而，债务人的责任财产难免因交易失败、经营不善或不可抗力等而遭遇不测，如此情况一旦发生，债权人的债权必难实现。况且债权具有平等性，无论成立先后均平等地受债务人责任财产的一般担保。就某一项债的关系而言，其成立时债务人的财产虽足以提供充分的担保，但债务人可能负担新的债务，这必然导致债务人责任财产的担保力降低，甚至不能清偿全部债务，结果极可能导致债权全部或部分落空。鉴于此，为确保债权的充分实现，法律于一般担保之外，又设立了特别担保制度，从而使债权获得双重保障。

2. 债的担保的法律特征

（1）债的担保具有从属性

从属性，指债的担保依附于债权债务关系而发生和存在。担保或为既存的债权债务关系而设，或为与担保同时成立的债权债务关系而设。担保之债与被担保之债形成主从关系，担保之债是从债，被担保之债是主债。担保之债的效力受主债效力的制约。

（2）债的担保具有自愿性

债的担保，除法律直接规定的法定担保之外，通常情况下，是由当事人通过合同的方式自愿设立的。担保的设立与否、担保的形式、担保的范围、担保的期限等，法律通常不加干涉，悉由当事人依意思自治而定。

（3）债的担保具有明确的目的性

债的担保系为保障债权人的利益而设。无论何种担保，当事人设立的目的皆是明确的，即确保债权人的利益能够得到充分的实现。

（4）债的担保具有补充性

担保之债的履行，以债务人不履行或不完全履行主债为前提。在担保之债中，不论是债务人设定财产作担保，还是由第三人为债务人向债权人作担保，只有在债务人不履行或不完全履行债务的情况下，才由设定的财产或由第三人来承担补充责任。如果主债业已履行，担保之债即归于消灭。

3. 债的担保的作用

债的担保是对债的效力的补充和加强，可以有效促使当事人积极履行债务，从而保障债权人的利益得以充分实现。依担保原理，在主债之外又设立债的担保，当债务不履行或不能履行时，债权人即可从担保财产中获得清偿。这样，就使得债权得到了双重保障。实践中，债的担保主要适用于合同之债，它对确保合同的履行，维护社会经济秩序，发展市场经济具有重要的意义。

（二）我国《担保法》规定的债的担保方式

债的担保，分为信用担保和财产担保两类。其中，信用担保，是指以第三人的信用确保债权的实现。其实质是把履行债务的主体及其财产范围，由债务人扩及第三人，从而增加了债权人受偿的机会。信用担保，也称人保，其具体方式只有一种，即保证。财产担保，是指以债务人或第三人的特定财产确保债权的实现。该特定财产一旦成为担保财产，其所有人对其权利的行使即受到一定的限制。其实质是让用作担保的财产退出交易领域，使债权的实现免遭不测的风险。财产担保的具体方式有下列四种：抵押、质押、留置、定金。

《中华人民共和国担保法》以下简称(《担保法》)中规定了五种债的担保方式:保证、抵押、质押、留置、定金。

1. 保证

(1)保证的概念

保证,是指第三人与债权人约定,当债务人不履行债务时,由第三人按约履行或承担连带责任的担保方式。该第三人即为保证人,俗称"保人"。保证人原则上应以其全部财产作为履行债务的担保。保证是债权人与保证人之间的一种合同关系,保证为担保主债而成立,故其是一种从债。

(2)保证的设定

①须主债务有效存在。保证作为一种从债,须以主债务的有效存在为其存在的条件。当主债务无效、被撤销或解除时,除当事人另有约定外,保证不发生效力。但债务人因主债务无效、被撤销或解除所负担的返还财产或赔偿损失的债务,仍属有效存在的主债务,保证人对该债务仍需负保证责任。

②保证人须具有法定资格。依我国《担保法》的规定,保证人须是有代偿能力的自然人、法人或其他经济组织。企业法人的分支机构在获得法人的书面授权时,可以作保证人。国家机关以及以公益事业为目的的事业单位、社会团体不得作保证人。可见,法律对保证人的行为能力有特殊要求。

③保证合同的订立须采取书面形式。可以由保证人与债权人单独订立,也可以由保证人在债权人与债务人的主合同中写明其保证责任。保证合同的主要条款,依我国《担保法》的规定,应包括保证的标的、保证的期限、保证的方式、担保的范围及主债务的履行期限等。

(3)保证的范围

保证债务的范围应依约定而确定,但其最大范围一般不得超出主债务的范围。当事人对保证范围没有约定或约定不明确的应推定保证范围及于全部主债务。在保证期限内,保证债务随主债务的减少而减少,当主债务增加时,非经保证人同意,保证的范围不得随之扩大。当同一债务之上保证与物权担保同时存在时,物权担保顺序在先。保证人仅就物权担保以外的主债务承担保证责任。

(4)保证的期限

保证作为附延缓条件的法律行为,应自主债务清偿期届满之日起生效。保证的期限可由当事人在保证合同中约定,如保证合同未约定该期限或约定不明的,保证期间为主债务履行期届满之日起6个月。

(5)保证的方式

保证的方式有两种,即一般保证和连带保证。

①一般保证,是指当事人在保证合同中约定,只有在债务人不能履行债务时,保证人才代为履行的保证方式。对于一般保证,保证人享有先诉抗辩权。先诉抗辩权,又称"检索抗辩权",是法律基于保证的从属性和补充性而设立的专属于保证人的一种抗辩权。依先诉抗辩权,在主债务之纠纷未经审判或仲裁,并就主债务人的财产申请强制执行而未得到满足前,保证人得拒绝债权人的清偿请求。只有在法院对债务人的财产强制执行后仍不能使债权人的债权得到满足时,保证人才履行保证债务。

②连带保证,是指债务人在债务履行期届至时未履行债务的,债权人既可以请求债务人履行债务,也可以请求保证人履行保证债务的保证方式。在连带保证中,保证人与债务人负连带清偿责任,不享有先诉抗辩权。只要主债务履行期届至时,债务人未履行债务的,不问其原因如何,也不论债务人有无履约能力,债权人均可不请求执行债务人的财产,而直接向保证人请求履行保证债务。

关于保证的方式,当事人应在合同中明确约定。当事人在保证合同中没有约定保证方式或约定不明确的,依我国《担保法》的规定,保证人应承担连带保证责任。

(6)保证的效力

①在债权人与保证人之间的效力

债权人在主债务已届履行期而未履行时,发生请求保证人履行债务的效力。保证债权请求力的范围不仅及于主债务,还及于主债务的负担,如违约金、赔偿金等。主债务人对债权人享有或负担的各种权利义务,原则上对保证人也发生绝对效力。同一债务之上有两个以上的保证人时,多数保证人相互之间应负连带保证责任,但保证人与债权人约定承担按份保证责任的,保证人仅就约定的份额负担保证责任。

②在保证人与债务人之间的效力

保证人代主债务人履行债务后,即取得债权人对主债务人的债权。保证人得以自己的名义,就其代替履行的债务,向主债务人追偿。

(7)保证的消灭

保证因下列原因而消灭:

①主债务消灭。保证系从债,主债务消灭,保证亦随之消灭。

②主债务承担。保证是以信用作担保,故主债务人更换时,非经保证人同意,保证归于消灭。

③保证期间届满。债权人于主债务履行期届满而在约定或法定的保证有效期内不行使保证请求权的,或允许债务人延期履行的,保证于期限届满时终止。

④保证合同解除。依法律规定或债权人同意,解除保证合同,保证归于消灭。

2. 抵押(见"担保物权")

3. 质押(见"担保物权")

4. 留置(见"担保物权")

5. 定金

(1)定金的概念

定金,是合同当事人约定的,合同当事人一方为确保合同的履行而预先向他方交付的金钱或其他替代物。

(2)定金的种类

因对定金的约束力的性质认识不同,各国民法规定的定金类型亦不相同,主要有以下几类:

①成约定金,是作为合同成立要件的定金,即合同因定金的交付始告成立。(如《德国民法典》第336条)

②证约定金,是以定金作为订立合同的证据。(如《苏俄民法典》第209条)

③违约定金,是指给付定金的一方如不履行债务时,接受定金的一方得没收定金,定金有预付违约金的性质。

④解约定金,是以定金作为保留解约权的代价。即给付定金者得以抛弃定金而解除合同;接受定金者,得以加倍返还定金而解除合同。(如《法国民法典》第1590条、《日本民法典》第557条)

⑤立约定金,是为了保证正式订立合同而交付的定金。

(3)定金的效力

①给付定金后,如无相反证据,主合同视为成立。定金具有证明主合同成立的效力。

②主债履行后,定金作为从债即告消灭。给付定金的当事人一方,可请求接受定金的当事人一方返还其定金或以定金充抵应付之价金。

③给付定金的一方不履行债务的,无权要求返还定金;接受定金的一方不履行债务的,应当双倍

返还定金。此即定金的解约效力和利益填补效力，即一方得以定金的抛弃而解约，他方未获履约利益而以取得定金作为补偿。

六、债的移转

(一)债的移转的概念

债的移转，是指在债的内容与客体不变的情况下，债的主体发生变更。

债的移转属于债的变更，并且是债的主体发生变更，即由新的主体代替旧的主体，或是债权人发生变更，或是债务人发生变更，或是债权人、债务人都发生变更。但无论是哪一方变更，都不改变当事人之间的权利义务关系，即债权与债务都不改变。

债的移转包括三种类型，即债权让与、债务承担和债的概括移转。

(二)债权让与

(1)债权让与的概念

债权让与，是指在不改变债的内容的前提下，债权人通过让与合同将其债权转移于第三人享有的现象。其中，债权人称为让与人，第三人称为受让人。

(2)债权让与合同的有效条件

债权让与通过债权人与受让人之间订立让与合同来实现。债权让与合同除应具备一般合同的生效要件外，还须具备以下条件才能有效：

①须存在有效的债权。这是债权让与的根本前提。有效的债权是指该债权真实存在且并未消灭。

②须让与人与受让人就债权转让达成合意，让与人与受让人就债权的转让意思表示一致。

③所转让的债权须具有可让与性。债权让与得以成为现实，债权具有让与性是必要条件。基于合同自愿原则，绝大多数的债权都可以转让。但同时，基于社会政策和保护社会公共秩序的需要，债权的让与范围也应受一定的限制。《合同法》第79条明确规定了以下三类债权不得转让：A.根据合同性质不得转让。B.按照当事人约定不得转让。C.依照法律规定不得转让。

④须依法办理有关手续。如果法律、行政法规规定，转让债权应当办理批准、登记等手续的，则应依法办理这些手续。

(3)债权让与的效力

债权让与的效力分为对内效力和对外效力两个方面：

①债权让与的对内效力

对内效力是指债权让与合同生效后，在让与人与受让人之间发生的法律效力。这些法律效力表现在：

第一，法律地位的取代。债权让与合同生效后，如果债权全部让与的，则该债权即由原债权人(让与人)移转于受让人，让与人脱离债的关系，受让人取代让与人的法律地位而成为新的债权人。但是，如果债权是部分让与的，则债权让与合同生效后，让与人并不退出债的关系，而是与受让人共同享有债权。所以，法律地位的取代是针对债权全部让与而言的。

第二，从属于主债权的从权利随之移转。如保证债权、定金债权、利息债权等。《合同法》第81条规定，债权人转让权利的，受让人取得与债权有关的从权利，但该从权利专属于债权人自身的除外。

第三，让与人应将有关债权的证明文件全部交付于受让人，并告之受让人行使债权所必需的一切情况。

②债权让与的对外效力

对外效力是指债权让与对债务人的效力，即债权转移给受让人的结果与债务人的关系。

债权让与合同生效后，在让与人与受让人之间即发生债权转移的后果，但因转让合同不具公示性，债务人对让与的事实可能并不知情，所以债权让与合同对债务人并不发生法律效力。此外，债权让与的结果关乎债务人的利益问题，因此，我国《合同法》第80条第1款规定："债权人转让权利的，应当通知债务人。未经通知，该转让对债务人不发生效力。"据此，债务人收到债权让与通知时，债权让与合同对其产生法律效力。这些法律效力表现在：

第一，债权人的更换。债务人应向受让人履行债务，不得再向让与人（原债权人）履行债务。如果债务人仍然向让与人履行债务，则不构成债的履行，尚须再向受让人履行。而让与人接受此履行，构成不当得利。

第二，抗辩权的援引。债务人对让与人（原债权人）所享有的抗辩权，在债权转让后，仍然可以对抗受让人。《合同法》第82条规定："债务人接到债权转让通知后，债务人对让与人的抗辩，可以向受让人主张。"如同时履行抗辩、时效完成的抗辩、债权无效的抗辩等。

第三，可以主张抵销权。根据《合同法》第83条的规定，债务人接到债权转让通知时，债务人对让与人享有债权，并且债务人的债权先于转让的债权到期或者同时到期的，债务人可以向受让人主张抵销。

（三）债务承担

（1）债务承担的概念及类型

是指在不改变债的内容的前提下，债权人或者债务人通过与第三人订立债务承担合同，将债务全部或者部分地转移给第三人承担的现象。该第三人叫作承担人。

债务承担包括免责债务承担和并存债务承担两种类型。免责债务承担，是指由第三人即承担人代替债务人承担其全部债务，原债务人脱离债的关系，承担人成为新债务人。并存债务承担，是指第三人加入债的关系与债务人共同承担债务，原债务人并不脱离债的关系，而仍为债务人。

（2）债务承担的条件

如同债权让与，若要产生债务承担的后果，亦须具备一定条件。具体条件如下：

①须存在有效的债务。

②须当事人之间签订债务承担合同。该类合同的签订有两种情况，一是由债权人与承担人签订债务承担合同，二是由债务人与承担人签订债务承担合同。

③须经债权人同意。一般来讲，债权转让不会损害债务人的利益，所以无须征得债权人的同意。但债务转移有可能会损害债权人的利益，因此，《合同法》第84条规定："债务人将合同的义务全部或者部分转移给第三人的，应当经债权人同意。"

④所转让的债务须具有可让与性。并非所有的债务都可转移给第三人承担，依法律规定或当事人约定或依债的性质不得移转的债务，不得移转于第三人。

⑤须依法办理有关手续。如果法律、行政法规规定，转让债务应当办理批准、登记等手续的，则应依法办理这些手续。

（3）债务承担的效力

债务承担合同生效后，将发生如下法律效力：

①法律地位的取代。如果是免责债务承担，则在债务承担合同生效后，承担人取代原债务人的地位而成为新债务人。原债务人脱离债的关系，不再负担债务，而由承担人直接向债权人履行债务。如果是并存债务承担，则在债务承担合同生效后，第三人加入债的关系，与原债务人共同承担债务。所以，法律地位的取代是针对免责债务承担而言的。

②抗辩权随之转移。《合同法》第85条规定,债务人转移义务的,新债务人可以主张原债务人对债权人的抗辩。

③从债务随之转移。《合同法》第86条规定,债务人转移义务的,新债务人应当承担与主债务有关的从债务,但该从债务专属于原债务人自身的除外。

(四)债的概括移转

(1)债的概括移转的概念

债的概括移转,是指债的一方当事人将其债权债务一并转移给第三人,由第三人概括地继受这些权利义务的法律现象。其中,转让其债权债务的一方称为转让人;第三人称为承受人。

债的概括移转与前面述及的债权转让和债务承担的不同之处在于,其不是单一地仅转让债权或债务,而是将债权和债务一并转让。

(2)债的概括移转的类型

债的概括移转通常有两种类型:

①合同承受

所谓合同承受,是指合同的一方当事人将原合同中的权利义务全部转移给第三人,第三人承受其在合同中的地位,享受权利并负担义务。

合同承受一般是基于当事人与第三人之间的合同而发生。由于合同承受不仅包括合同债权的移转,而且还包括债务的移转,所以《合同法》第88条规定,当事人一方将自己在合同中的权利和义务一并转让给第三人时,必须经对方同意。

合同承受有时也基于法律的直接规定而发生,该承受属于法定转移,因而不需要取得相对方的同意。如《合同法》第229条规定:"租赁物在租赁期间发生所有权变动的,不影响租赁合同的效力。"据此,买受人除取得物的所有权外,还承受了该租赁物上原已存在的租赁合同关系的出租人的权利和义务。

②企业的合并与分立

根据主体的继承性原则,企业合并或者分立之前的债权和债务应由合并或者分立后的企业承担。对此,《民法通则》第44条第2款规定:"法人分立、合并,它的权利和义务由变更后的法人享有和承担。"《合同法》第90条规定:"当事人订立合同后合并的,由合并后的法人或者其他组织行使合同权利,履行合同义务。当事人订立合同后分立的,除债权人和债务人另有约定的以外,由分立的法人或者其他组织对合同的权利和义务享有连带债权,承担连带债务。"

(3)债的概括移转的效力

根据《合同法》第89条规定,债权债务的概括移转,其效力涉及债权让与的部分适用有关债权让与效力的规定,涉及债务转移的部分适用有关债务转移效力的规定。

七、债的消灭

(一)债的消灭的概念

债的消灭,又称债的终止,是指债的关系在客观上不复存在,债权债务归于消灭。

《合同法》第92条规定,合同的权利义务终止后,当事人应当遵循诚实信用原则,根据交易习惯履行通知、协助、保密等义务。这些义务在学理上称为后合同义务。当事人一方违反后合同义务,给对方当事人造成损失的,对方当事人可以请求赔偿实际损失(《合同法解释(二)》第22条)。

(二)债的消灭的原因

债的消灭的原因是指能够引起债消灭的法律事实。根据《合同法》的规定,债的消灭的原因主要有清偿、抵销、提存、免除和混同,以下分别述之。

(1)清偿

清偿,是指债务人依照合同约定或者法律规定向债权人履行义务。

清偿与履行意义相同,只不过履行是从债的动态角度而言的,而清偿是从债的消灭角度而言的。

债务一经清偿,债权即因其达到目的而消灭。因此,清偿为债消灭的原因。清偿是债消灭的最主要和最常见的原因。

清偿涉及清偿抵充问题。所谓清偿抵充,是指债务人对同一债权人负担数宗同种类债务,而债务人的履行不足以清偿全部债务时,决定该履行抵充某宗或者某几宗债务的现象。

《合同法解释(二)》第20条规定,债权人与债务人对清偿的债务或者清偿抵充顺序有约定的,从约定。没有约定的,债务人的给付不足以清偿其对同一债权人所负的数笔相同种类的全部债务,应当优先抵充已到期的债务;几项债务均到期的,优先抵充对债权人缺乏担保或者担保数额最少的债务;担保数额相同的,优先抵充债务负担较重的债务;负担相同的,按照债务到期的先后顺序抵充;到期时间相同的,按比例抵充。

上述规定仅为原本债务的抵充,如果债务人除主债务之外还应当支付利息和费用,当其给付不足以清偿全部债务时,并且当事人没有约定的,人民法院应当按照下列顺序抵充:①实现债权的有关费用。②利息。③主债务(《合同法解释(二)》第21条)。

(2)抵销

①抵销的概念及类型

抵销,是指当事人双方互负债务时,各以其债权充当债务之清偿,从而使互负的债务在对等数额内相互消灭的法律制度。

以抵销发生根据的为标准,抵销可分为法定抵销与合意抵销。法定抵销,是指在具备法律所规定的条件时,依当事人一方的意思表示所为的抵销。合意抵销,是指按照当事人双方的合意所为的抵销。

合意抵销不受法律规定的条件限制,只需当事人就抵销达成合意即可发生抵销的法律效力。《合同法》第100条规定:“标的物种类、品质不相同的,经双方协商一致,也可以抵销。”而法定抵销只有符合法律规定的条件时,才可发生抵销的法律效力。此处仅介绍法定抵销。

②法定抵销的条件

根据《合同法》的规定,法定抵销必须具备以下条件:

其一,须双方当事人互负债务、互享债权。抵销以在对等额内使双方债权消灭为目的,故以双方互享债权、互负债务为必要前提。若当事人一方对另一方只有债务而无债权或只有债权而无债务,则不会发生抵销。

其二,须双方互负债务的标的物的种类、品质相同。债的目的在于满足当事人的需要,只有标的物的种类、品质相同时,当事人双方的经济目的才一致,通过抵销才可满足当事人双方的利益需要。因此,抵销的债务一般为金钱债务和种类之债。

其三,须双方债务均届清偿期。债权已届清偿期,债权人才有权请求债务人清偿。未届清偿期的债权,因该债权人尚不能请求清偿,故不能主张抵销。否则,无异于强迫债务人提前清偿债务,会损害债务人的期限利益。但有学者认为,双方互负的债务,一方已届清偿期,而另一方未届清偿期时,若未到期的债务人主张抵销的,可以抵销。已届清偿期的一方主张抵销,未到期的一方同意抵销的,则也可以抵销。于此情形下,债务人自愿放弃自己的期限利益,法律自无限制的必要。

其四,须双方的债务均为可抵销的债务。依照法律规定或者债务的性质不得抵销的债务,不得抵销。前者如因侵权行为而生的债务,后者如提供劳务的债务、不作为的债务等。双方约定不得抵销的债务,也不得抵销。例如《合同法解释(二)》第23条规定,对于可以抵销的到期债权,当事人约定不得抵销的,人民法院可以认定该约定有效。

③法定抵销的方法

《合同法》第99条第2款规定:"当事人主张抵销的,应当通知对方。通知自到达对方时生效。抵销不得附条件或者附期限。"

当事人对抵销有异议的,应及时提出,在约定的异议期限届满后才提出异议并向人民法院起诉的,人民法院不予支持;当事人没有约定异议期间,在债务抵销通知到达之日起3个月以后才向人民法院起诉的,人民法院不予支持(《合同法解释(二)》第24条)。

④法定抵销的效力

抵销的效力表现在:双方互负债务在对等数额范围内归于消灭。双方互负债务数额相等的,双方的债权债务关系即归于消灭;双方债务数额不等时,尚未抵销的部分,债权人仍有请求清偿的权利,债务人仍有清偿的义务。

(3)提存

①提存的概念

提存,是指因债权人的原因而无法向其交付合同标的物时,债务人可将该标的物交给有关部门保存以消灭其债务的制度。

提存涉及三方当事人:提存人(债务人)、提存受领人(债权人)和提存部门。

债务的履行需要债权人受领。如果由于债权人的原因,导致债务人无法向债权人履行债务,就会使债务人继续承担着清偿责任,继续处于债务的约束之下。这对债务人是不公平的。为解决一问题,法律设立提存制度。通过提存,债务人可将其无法给付债权人的标的物交给提存机关保存,以代替向债权人的给付,从而免除自己的清偿责任。债务提存后,债务人的债务即消灭,因而提存亦为债的消灭原因。

②提存的法定原因

依《合同法》第101条的规定,有下列情形之一,难以履行债务的,债务人可以将标的物提存:

其一,债权人无正当理由拒绝受领;

其二,债权人下落不明;

其三,债权人死亡未确定继承人或者丧失民事行为能力未确定监护人;

其四,法律规定的其他情形。

③提存的效力

提存涉及三方当事人,因此,提存的效力就表现为三方当事人之间的效力。

其一,债务人与债权人之间的效力。自提存之日起,债务人的债务归于消灭。标的物所有权转移归债权人,标的物毁损、灭失的风险由债权人负担。在提存期间提存物所产生的孳息归债权人所有。提存费用由债权人负担。

其二,提存人(债务人)与提存部门之间的效力。提存成立后,提存部门有妥善保管提存标的物的义务。在提存期间,提存人可以凭人民法院生效的判决、裁定或提存之债已经清偿的公证证明取回提存物。提存受领人(债权人)以书面形式向提存部门表示抛弃提存受领权的,提存人可取回提存物。提存人取回提存物的,视为未提存,因此产生的费用由提存人承担。

其三,提存受领人(债权人)与提存部门之间的效力。在提存期间,债权人可以随时领取提存物,但债权人对债务人负有到期债务的,提存部门根据债务人的要求,在债权人未履行债务或者提供担保之前应当拒绝其领取提存物。债权人应在法律规定的期限内领取提存物。依《合同法》第104

条的规定，领取提存物的权利，自提存之日起5年内不行使归于消灭，提存物扣除提存费用后归国家所有。

(4)免除

免除，是指债权人免除债务人的债务而使债务消灭的意思表示。

免除债务实质上是债权人抛弃债权，是债权人的单方行为。免除成立后，债权人的债权也就不再存在，债务人就不再负担被免除的债务，债即消灭。因此免除债务为债的消灭原因。

免除的效力是使债消灭。免除全部债务的，债即全部消灭；免除部分债务的，债即于免除的范围内消灭。主债务因免除而消灭的，从债务也随之免除。

(5)混同

混同，是指债权与债务同归于一人，而使债的关系消灭的事实。

发生混同的原因有两种，一是概括承受，即债的关系的一方当事人概括承受相对方的权利与义务。概括承受是发生混同的最主要原因。二是特定承受，系指债务人自债权人处受让债权，或者债权人承担债务人的债务时，因而发生的混同。

《合同法》第106条规定："债权和债务同归于一人的，合同的权利义务终止，但涉及第三人利益的除外。"据此，混同的效力是导致债的关系绝对消灭，不仅主债消灭，而且从债也随之消灭。但在涉及第三人利益的情形下，虽发生混同，债却不消灭。

第二章　合　同

学习目标

理解合同的概念、特征、主要分类及其意义。了解我国《合同法》的适用范围。掌握合同成立的要件、两个主要阶段及合同成立的时间、地点。理解缔约过失责任的概念、构成要件、适用情形和责任形式。了解合同的提示性条款,掌握我国《合同法》对格式条款和免责条款的规制。了解合同的形式。了解合同履行的原则,理解合同履行的规则,掌握双务合同履行中三种抗辩权的概念、成立要件、行使以及效力。了解合同变更的概念、内容与效力。掌握合同解除的概念、类型、条件、解除权的行使及合同解除的效力,尤其是法定解除合同的条件。理解各类合同的概念与特征,掌握各类合同当事人的主要义务。

一、合同概述

(一)合同的概念与特征

1. 合同的概念

合同有广义和狭义之分。广义的合同,是指两个以上的民事主体之间设立、变更或终止民事权利义务关系的双方民事法律行为。包括物权合同、身份合同及债权合同。狭义上的合同仅指债权合同,即两个以上的民事主体之间设立、变更或终止债权债务关系的双方民事法律行为。我国《合同法》第2条规定:“本法所称合同是平等主体的自然人、法人、其他组织之间设立、变更、终止民事权利义务关系的协议。”

2. 合同的特征

(1)合同是一种法律事实。民法上,凡能引起民事法律关系发生、变更或消灭的客观事实,都是法律事实。

(2)合同属于法律事实中的行为。法律事实依其与人的意志是否有关,分为自然事件和人的行为。行为是指人的有意识的活动。合同是具有行为能力的人在自己意识的支配下的活动,因而属于人的行为。

(3)合同属于合法行为。行为依其是否符合法律规定,分为合法行为和非法行为。非法行为和合法行为均能引起民事法律关系的发生。但非法行为引起民事法律关系发生,是基于法律的直接规定,且其法律后果与行为人的意愿相反;而合法行为引起民事法律关系的发生,是出于行为人的意愿。合同是由行为人依照法律的规定进行的行为,其法律后果符合行为人的意愿,因而属于合法行为。

(4)合同属于民事法律行为。民法上的合法行为包括:民事法律行为和事实行为。事实行为,是指基于事实的状态或经过发生法律效力的行为,如先占、埋藏物的发现、遗失物的拾得等。民事法律行为,是依其意思表示的内容发生法律效果的行为。民事法律行为不同于其他民事合法行为之处,在于其是以意思表示为要素的行为。合同是民事主体旨在设立、变更或终止民事权利义务关系的行为,以当事人的意思表示为基础,属于民事法律行为。

(5)合同是双方或多方的民事法律行为。民事法律行为依其意思表示的多少,分为单方行为、双方行为和多方行为。合同属于双方法律行为,即由两个方向相反的意思表示所构成的民事法律行为,双方当事人处于利害关系相对立的地位。通常双方当事人的意思表示达成一致,即合意,合同即告成立。

在我国法律实践中，存在“经济合同”这一概念。在合同之前冠以“经济”二字，是20世纪80年代实行的有计划的商品经济条件下，为了解决特定主体之间（即法人之间）商品交换应体现的计划内容而采用的概念。经济合同仍是平等主体之间的合同，属于民事合同，在类型定位上属于债权合同，是与非计划合同相对称的合同类型。经济合同的主体双方须是法人，或至少一方是法人而另一方是个体经营者或农村社员。

（二）合同的分类

依据不同的标准，可将合同作如下分类：

1. 单务合同与双务合同

这是依据合同当事人双方是否互负义务而进行的划分。

单务合同，是当事人一方负担给付义务，而他方不负担给付义务的合同，如赠与合同、借用合同。双务合同，是当事人双方互负对待给付义务的合同，如买卖合同、租赁合同。

此分类的法律意义在于：双务合同有对待给付及同时履行抗辩等特殊规则，单务合同则无；双务合同一方履行不能时，他方可解除合同，单务合同不发生这种结果；双务合同因不可归责于双方当事人的原因而不能履行时，会发生风险负担问题。而单务合同中，因不可归责于双方当事人的原因而不能履行时，风险一律由债务人负担，不发生双务合同中的复杂问题。

2. 有名合同与无名合同

这是依法律是否设有规定并赋予特定名称为标准划分的。

有名合同，也称典型合同，是指法律设有规定并赋予一个特定名称的合同。如我国《合同法》中所规定的七种合同，皆为有名合同。无名合同，也称非典型合同，是指法律未作规定，也未赋予特定名称，任由当事人自由创立的合同。

此分类的法律意义在于：有名合同的订立，当事人可以参照法律有关规定，在合同发生争议时，法院或仲裁机关应按照法律的有关规定裁判。无名合同，法律未作具体规定，其成立、生效及纠纷解决，除适用有关民事法律行为和合同的一般规定外，可以参照与之类似的有名合同的法律规定。由于法律不可能对一切合同都做出规定，因此，无名合同只要内容不违反国家法律和政策，不违反社会公德和社会利益，即应承认其效力。

3. 主合同与从合同

这是依合同相互间的主从关系为标准划分的。

主合同，是指不依赖他合同的存在而独立存在的合同。从合同，是指以他合同的存在为存在前提的合同。从合同要依赖于主合同的存在而存在，从合同自身不能独立存在。抵押合同、质押合同、保证合同、定金合同等担保合同与其所担保的合同之间的关系，就是主从合同关系。其中，担保合同是从合同，被担保的合同为主合同。

此分类的法律意义在于：明确主从合同间的制约关系，从合同以主合同的存在为前提，主合同变更或消灭，从合同原则上也随之变更或消灭。

4. 为自己利益订立的合同和为第三人利益订立的合同

这是以是否遵守合同相对性原则为标准划分的。

为自己利益订立的合同，亦称束己合同，是指严格遵循合同相对性原则，合同当事人为自己直接承受合同权利义务和直接取得利益所订立的合同。该合同仅在订约当事人之间发生债权债务关系，第三人不能向合同当事人主张权利和追究责任，合同当事人也不能向第三人主张合同权利和违约责任的合同。此合同乃合同之常态。

为第三人利益订立的合同，属涉他合同的一种。是指合同当事人突破合同的相对性原则，为使第三人直接享有合同权利和直接取得合同利益所订立的合同。该合同所生之债权债务由缔约人以外的第三人承受,但该第三人并不是合同缔约人,因而无须在合同上签字或盖章,也不需要通过其代理人参与缔约。正因如此,为第三人订立的合同只能使第三人获得利益,原则上不能使第三人承担任何义务,所以,订立这种合同一般也不必征得第三人的同意。

此分类的法律意义在于:两类合同的缔约目的不同,合同的效力也不同,且为第三人利益订立的合同,原则上只能为第三人设定债权而不能设订单纯的债务。第三人对合同为其设定的债权,有接受或拒绝的权利。其接受时,该第三人就是债权人;其拒绝时,合同债权由缔约人自己行使。常见的为第三人利益订立的合同是为他人订立的保险合同。

5. 诺成合同与实践合同

这是根据合同的成立是否以交付标的物为要件而划分的。

诺成合同,是指不依赖标的物的交付,只需当事人意思表示一致即可成立的合同,如买卖合同、承揽合同、委托合同等。实践合同,是指除经当事人意思表示一致外,还需交付合同标的物才能成立的合同,如保管合同等。

区分诺成合同与实践合同,对于确定两类合同的成立时间、标的物所有权和使用权转移时间以及风险转移时间有重要意义。

6. 要式合同与不要式合同

这是根据合同的成立是否需要采用特定的形式或程序来划分的。

要式合同,是指合同的成立要求采用特定形式的合同。其中,根据特定形式是属于法律直接规定还是当事人自由约定又分为法定要式合同与约定要式合同。不要式合同,是指不需要特定的形式或程序就可成立的合同,如《合同法》第 10 条所列举的一般书面形式、口头形式和其他形式即是。在我国,“特定形式和程序”,主要有特别指定的书面形式,公证、鉴证,批准和登记等。

区分要式合同与不要式合同的意义在于,两者成立或生效的条件不同。如果为要式合同,则只有在符合法律规定或当事人约定的特别形式或程序时,该要式合同才能成立或生效;如果是不要式合同,则只要符合合同的一般成立或生效要件,合同就能成立或生效。

(三)我国《合同法》的适用范围

合同法的适用范围是指合同法在哪些方面发生效力,包括对人的适用范围,对空间的适用范围和对时间的适用范围。可参见前文“民法的适用范围”。

根据我国《合同法》第 2 条,我国合同法在合同类型方面的适用范围具体为:

(1)合同法适用于平等主体之间订立的民事权利义务关系的协议。即合同法应适用于各类民事合同。具体包括:

①合同法已确认的 15 类有名合同。

②其他法律所确认的抵押合同、质押合同、专利权或商标权转让合同等。

③虽未由民法所确认但仍然由平等的民事主体所订立的民事合同,也应受合同法调整。

(2)合同法所适用的合同包括各类民事主体基于平等自愿等原则所订立的合同。公民之间、法人之间、公民和法人之间订立的民事合同,都应当适用合同法的规定。

(3)合同法的适用范围既包括当事人设立民事权利义务的协议,也包括当事人变更、终止民事权利义务的协议。

下列关系不适用于我国合同法:

(1)政府依法维护经济秩序的管理活动,属于行政管理关系,不是民事关系,适用有关政府管理的法律。

(2)法人、其他组织内部管理关系,适用有关公司、企业的法律。

(3)根据《合同法》第2条规定,婚姻、收养、监护等有关身份关系的协议,适用其他法律的规定。

二、合同的订立

合同是双方法律行为,合同的订立必须基于当事人的合意,即双方当事人意思表示达成一致。合意的形成过程,就是双方你来我往讨价还价、相互交换意思表示的过程。这一过程即是合同订立的一般程序,法律上将这一过程分为要约和承诺两个阶段。

(一)合同的成立要件

合同是双方或者多方的民事法律行为,因此,必须具备民事法律行为的成立要件。

《合同法》第25条规定:“承诺生效时合同成立。”这个规定,确定了合同的成立要件是要约和承诺,也就是当事人意思表示一致,形成“合意”。所以,“合意”是合同的成立要件。

然而,合同也有“一般成立要件”和“特别成立要件”。

(二)要约

1. 要约的概念

要约,是一方当事人以订立合同为目的而发出的,由相对人受领的意思表示。其中,发出要约的人称要约人,受领要约的人称相对人或受要约人。在商业活动和对外贸易中,要约又称为报价、发价或发盘。

2. 要约的构成要件

(1)要约必须是特定的人所为的意思表示。要约是要约人向相对人所做出的含有合同条件的意思表示,旨在经受要约人的承诺以成立合同。只有要约人是特定的人,受要约人才能对之承诺。要约人可以是自然人、法人,也可以是本人或代理人,但在客观上须是可以确定的人。

(2)要约必须是向特定人发出的意思表示。要约人为要约,是为了唤起相对人的承诺进而成立合同,故要约必须向相对人做出。要约的相对人须为特定之人。但在特殊情况下,即使要约不向特定人而向不特定的人做出,只要无碍要约所要达到的目的,要约也可以成立,如悬赏广告。

(3)要约必须是能够反映所要订立合同主要内容的意思表示。要约除须表明要约人订立合同的愿望以外,还须具备所要订立的合同的各项必要条款,如标的、质量、数量、价款或酬金、履行期限、履行地点和方法、违约责任和解决争议的方法等。要约是对未来合同的设计,要约一旦被承诺,合同即告成立。而必要条款是任何合同都不可或缺的,否则,合同不能成立。因此,要约的内容必须包括足以订立合同的必要条款。

3. 要约的法律效力

要约的法律效力,又称要约的拘束力。其内容包括要约的生效、对要约人的效力和对相对人的效力三个方面:

(1)要约生效的时间。要约于到达受要约人时生效。要约因其形式的不同,其生效的具体时间有所差别:对话形式的要约,自受要约人了解时发生效力;书面形式的要约,于到达受要约人时发生效力;采用数据电文形式进行要约,收件人指定特定系统接收数据电文的,该数据电文进入该特定系统的时间,视为到达时间,即要约生效时间;未指定特定系统的,该数据电文进入收件人的任何系统的首次时间,视为到达时间,即要约生效时间。

(2)对要约人的效力。理论上称其为“要约的形式拘束力”。是指要约生效后,在其存续期间不得变更或撤回的效力。其目的在于保护相对人的利益,维护交易的安全。

(3)对相对人的效力。理论上称其为“要约的实质拘束力”。是指要约经相对人承诺,合同即告成立的效力。要约生效后,相对人即获得承诺的权利。相对人一旦承诺,合同即成立,相对人与要约人共同成为合同的当事人。

要约的法律效力有其存续期间，此期间是指要约受承诺拘束的期间，故亦称承诺期间。要约在存续期间内受相对人承诺的拘束，非于此期限内承诺，对要约无拘束力。要约于到达相对人时生效，其存续期间有约定期间和法定期间两种。前者依意思自治原则，要约的存续期间由要约人自定，要约在约定的期限内有效。后者是在要约人未定有存续期间时，依法律规定确定的期间。

法定期间因要约发出的方式不同而不同：以对话方式进行的要约，相对人须即时承诺；以非对话方式进行的要约，应以可期待承诺到达的合同期间为其存续期间。该合同期间通常包括要约到达相对人的必要期间、相对人考虑承诺与否的必要期间及承诺到达要约人所需的必要期间。

4. 要约的撤回

要约的撤回，是指在要约生效之前，要约人欲使其丧失法律效力的意思表示。

要约可以撤回，但撤回要约的通知必须在要约送达相对人之前或同时送达相对人，方能发生撤回的效力。要约一旦被撤回，即对要约人失去拘束力。

5. 要约的撤销

要约的撤销，是指在要约生效后，要约人欲使要约丧失法律效力的意思表示。

要约可以撤销，但撤销要约的通知应在要约生效以后相对人发出承诺通知之前送达相对人。要约一旦被撤销，即丧失对要约人的拘束力。但是要约中确定了承诺期限或明示要约不可撤销的及受要约人有理由认为要约是不可撤销的，且为履行合同做了准备工作的，要约不可撤销。

6. 要约的消灭

要约的消灭，是指要约丧失其法律效力，要约人和相对人均不再受其拘束。要约因下列原因而消灭：要约有效期间（承诺期间）届满；要约撤回或撤销；要约被拒绝。要约被拒绝包括相对人不承诺和相对人对要约进行扩张、限制或变更后而承诺两种情形，后者被视为一项反要约。

7. 特殊要约

(1)反要约，是指相对人对要约的内容进行扩张、限制或变更后所做的“承诺”。因承诺须与要约的内容一致方能成立合同，对要约修改后所做“承诺”，实为一种新的要约，而非对要约的承诺。

(2)交叉要约，也称交错要约，是指当事人双方互为意思内容相同的要约。交叉要约中的两个意思表示，是相向发出的，且均在收到对方要约之前发出，可谓“不谋而合”，故交叉要约互达于相对人时，合同即成立。通常以后到达要约的到达时间为合同的成立时间。

(3)悬赏广告，是指以广告的方式，对完成一定行为的人给予报酬的意思表示。悬赏广告是对不特定的人发出的要约，相对人须以完成广告中指定的行为作承诺，方能成立合同。广告人对完成广告要求行为的人负有给付报酬的义务，行为人在完成广告中指定的行为时，对广告人有报酬请求权。

(4)现物要约，是指未经订购而当事人一方向相对人退寄物品的行为。对于现物要约，相对人不负有承诺的义务，亦不负有退回物品的义务，但不得丢弃、损毁，在要约人来领回前，有保管义务。

8. 要约与要约邀请

要约邀请，又称要约劝诱、要约引诱，是指一方当事人邀请他人向自己发出要约的意思表示。

要约与要约邀请的区别在于：

(1)要约邀请，是当事人为唤起他人对其要约的意思表示，本身不发生要约的法律效力，是订立合同的预备行为，对行为人不具有拘束力；而要约是订立合同的行为，对要约人具有拘束力。

(2)要约一般是向特定人发出的，而要约邀请则是向不特定人发出的。

(3)要约的内容具体确定，具备成立合同的全部必要条款；而要约邀请的内容不具备成立合同的全部必要条款,如普通的商业广告。

(三)承诺

1. 承诺的概念

承诺,是指受领要约的相对人为成立合同而同意接受要约的意思表示。要约一经承诺,合同即成立。在商业交易中,承诺又称为接受、还盘、收盘。

2. 承诺的构成要件

(1)承诺须由受领要约的相对人做出。承诺的意思表示一般应以明示的方式做出,但当事人约定或交易习惯允许默示的,承诺可采取默示方式。承诺通常不必以要约的同一方式做出。

(2)承诺的内容须与要约的内容完全一致。承诺是要约人愿意按照要约的全部内容与要约人订立合同的意思表示,因此,相对人须对要约绝对和无条件的同意,否则,合同不能成立。承诺对要约内容进行实质性变更的,便不构成承诺,而视为一项新要约或反要约。所谓实质性变更,是指有关合同的标的、数量、质量、价款或报酬、履行期限、地点和方式、违约责任和解决争议方法等的变更。承诺未对要约内容进行实质性变更的,除要约人及时表明反对或者要约表明不得对要约内容作任何变更的以外,不为对要约的变更,该承诺有效。合同内容以承诺的内容为准。

(3)承诺须于承诺期限内做出。否则,不发生承诺的效力而视为新的要约。承诺期限,是指受要约人做出承诺的有效期限,也即要约的存续期限。该期限有约定和法定两种。承诺应当在要约确定的期限内到达要约人。对于要约中没有规定承诺期限的,承诺期限的确定因要约方式的不同而有别:要约以对话方式做出的,应当即时做出承诺,但当事人另有约定的除外;要约以非对话方式做出的,承诺应当在合理期限内到达要约人。

(4)承诺须向要约人做出。承诺是对要约的同意,受要约人承诺的目的在于同要约人订立合同,须由要约人作为一方当事人,故承诺只有向要约人做出才有意义。非向要约人做出同意要约的意思表示,不为承诺,但向要约人的代理人做出承诺,视为向要约人承诺。

3. 承诺的表示方式

承诺作为意思表示,其表示方式一般应与要约的方式相一致,或按约定或按要约要求的方式做出。

(1)承诺应以明示的方式做出,除法律有特别规定或当事人双方有特别约定之外,沉默或不行为不能作为承诺的方式。

(2)要约以对话方式做出的,受要约人应当即时承诺,否则,要约人有权拒绝。但当事人另有约定的除外。

(3)承诺应当以通知的方式做出,通知可以是口头的或书面的。但依法必须以书面形式订立的合同,其承诺必须以书面的形式做出。

(4)根据交易惯例或要约表明可以通过行为做出承诺的,行为亦可作为承诺的表示方式,即意思实现。所谓意思实现,是指依习惯、事件性质或要约人为要约时预先声明承诺无须通知,在相当时期内有可认为承诺的事实时,合同即告成立的现象。合同法本以承诺须通知为原则,但为在特别情况下简化及便利合同的成立,遂承认合同因承诺意思的实现而成立这一例外。意思实现因不必通知即可使合同成立,超越了合同成立的运作过程通常须有承诺通知的模式,对当事人的利益关系极大。因此,为保护当事人的利益,各国民法对因意思实现成立合同的交易环境均有所限制,即意思实现仅在以下的交易环境中,始发生承诺的效力:依交易习惯,承诺无须通知的,如向酒店订酒席、向宾馆订房间;依事件性质,承诺无须通知的,如邮购;依要约人要约时的预先声明,承诺无须通知的。

(5)当事人还可以约定以数据电文作为承诺的方式。

4. 承诺的生效时间

承诺的生效,通常意味着合同的成立,因此承诺的生效时间意义重大。依我国现行《合同法》的规定,承诺于承诺期限内到达要约人时生效。

(1)要约以对话方式做出,受要约人即时承诺的,承诺即时生效;要约人约定承诺期限的,承诺在承诺期限内到达要约人时,承诺生效。

(2)要约以非对话方式做出的,承诺于合理期限内到达要约人时生效。

(3)约定以数据电文形式承诺的,在承诺期限内,该数据电文进入要约人所指定的特定系统时,承诺生效;要约人未指定特定的系统的,该数据电文进入要约人的任何系统的首次时间,即为承诺的生效时间。

(4)承诺需要通知的,承诺于通知到达要约人时生效;承诺不需要通知的,根据交易惯例或要约的要求做出承诺行为时,承诺生效。

(5)采用信件、数据电文形式订立合同的场合,当事人约定采用确认书确认承诺的效力的,承诺自确认书签订时生效。

5. 承诺的撤回

承诺的撤回,是指承诺人阻止承诺发生法律效力的意思表示。

承诺于到达要约人时生效,因此,撤回承诺的通知须先于或同时与承诺到达要约人,才能发生撤回的效力。

(四)合同成立的时间与地点

合同成立的时间:

1. 要式合同的成立时间。要式合同除当事人之间意思表示一致外,还需完备特定的手续,故其成立时间应为完成特定手续的时间,如房屋买卖合同的成立时间为其履行过户登记的时间。

2. 法律、法规规定应采用书面形式或当事人约定应采用书面形式订立合同,当事人未用书面形式,但当事人一方已经履行了合同主要义务,对方接受的,合同成立,对方接受履行的时间为合同成立时间。

3. 不要式合同的成立时间。以要约与承诺的方式签订不要式合同,以承诺生效的时间为合同成立的时间。其中,以直接对话方式签订合同的,以相对人做出承诺的时间为合同成立的时间;以非对话方式签订合同的,以承诺送达要约人的时间为合同成立的时间。

4. 当事人采用信件、数据电文形式订立合同,在合同成立前要求签订确认书的,以签订确认书的时间为合同成立的时间。

5. 交叉要约合同的成立时间。非对话方式的交叉要约,以后到达要约的到达时间为合同的成立时间。

合同成立的地点:

1. 要式合同成立的地点。要式合同因需完备特别手续,故以完成特别手续的地点,为合同成立的地点。

2. 不要式合同成立的地点。不要式合同的成立地点,通常由当事人约定,可以是要约生效地、承诺生效地或标的物所在地等;当事人无约定的,一般以承诺生效的地点为合同成立的地点。

3. 交叉要约合同成立的地点。以后到达相对人的要约的到达地点为合同成立的地点;若双方要约同时到达相对人,则到达地点同时为合同成立的地点。

三、合同的内容和形式

(一)合同的条款

当事人依程序订立合同,意思表示一致,便形成合同条款。合同条款构成了合同的内容。

(1)提示性条款

合同的提示性条款,是指法律规定的对当事人订立合同起示范和提示作用的合同条款。一般来说它不是合同的全部条款,其中含有必备条款。

根据我国《合同法》第12条第1款的规定,提示性条款主要有:

①当事人的名称或者姓名和住所;

②合同的标的;

③合同标的的质量和数量;

④价款或酬金;

⑤履行的期限、地点和方式;

⑥违约责任。

(2)格式条款

根据《合同法》第39条,格式条款是指当事人为了重复使用而预先拟定,并在订立合同时未与对方协商的条款。格式条款具有如下特征:

①格式条款是由当事人一方为了重复使用而预先拟定的;

②格式条款适用于不特定的相对人;

③格式条款的内容具有定型化特点;

④相对人在订约中居于附从地位。

采用格式条款订立的合同,也称定型化合同、定式合同、标准合同、格式合同,是指一方当事人将对所有相对人采用的交易条件预先拟定,由相对人决定是否承诺的合同。

格式条款合同是通常由一方当事人事先拟定好固定格式和内容的合同,是随着社会化大生产而出现的,它的应用适应了社会化大生产的需要,简化了当事人订立合同的过程,提高了交易的效率。其在使经济流转简便、迅捷的同时,剥夺了合同相对人选择合同条款的自由权。相对人只能在下面两种情形中“自由选择”:或全盘接受定式合同的既定条款而订立合同,或拒绝整个合同。正因为如此,为了保护相对人的利益,法律对格式条款合同的条款、效力及合同的解释均有特别规定。根据我国《合同法》第39条、40条和41条的规定,对格式合同的特别规定包括:①提供格式合同的一方应当遵守公平原则确定当事人之间的权利和义务,采取合理的方式提请对方注意免除或者限制其责任的条款,按照对方的要求对该条款予以说明;②格式合同中有免除提供格式条款一方责任、加重对方责任、排除对方主要权利等情形的,该条款无效;③对格式合同条款的理解有争议的,应当做出不利于提供格式合同一方的解释。格式合同条款与非格式合同条款不一致的,应当采用非格式合同条款规定的内容。

格式条款合同的相对人在订约中处于从属地位,而格式条款制定人在订约中处于优势地位,由于双方地位差异,且格式条款为一方事先拟定,含有不公平内容的可能性较大。为此,我国法律规定,对某些格式条款合同的条款由超然于双方当事人的社会团体、国家授权机关制定,以维护交易的安全。并规定采用格式条款订立合同,提供格式条款的一方应当遵循公平原则确定当事人之间的权利和义务,并采取合理的方式提请对方注意免除或者限制其责任的条款,对该条款予以说明。

格式条款合同的适用范围,我国法律目前尚无明确规定。在合同实务中,一些法律上和事实上垄断经营的行业均适用格式条款合同。法律上垄断经营的行业有公用事业,如邮电、铁路、航空、城市交通、国有公路运输、城市供水、供电、供气以及国有房地产经营等。事实上垄断经营的行业有保险、银行、海上运输等。

(3)免责条款

合同的免责条款,是指当事人约定免除或者限制其未来责任的合同条款。无效免责条款,是指没有法律拘束力的免责条款。

免责条款是当事人协商同意的合同的组成部分,具有约定性。免责条款的提出须为明示,不允许以默示的方式做出,也不允许法官推定。免责条款包括免责事项和免责范围两方面的内容。免责条款具有约定性,法律不强加干预。但依我国《合同法》的规定,合同中的下列免责条款无效:造成对方人身伤害的;因故意或者重大过失给对方造成财产损失的。

法律之所以规定上述两项免责条款无效,是因为上述两种行为均可构成侵权行为,即使当事人之间没有合同关系,也可以追究当事人的侵权责任。如果允许当事人约定这种侵权行为免责,无异于允许当事人以合同方式剥夺他人的合同外权利。

(二)合同的形式

合同的形式,是指合同当事人意思表示一致的外在表现形式。我国《合同法》规定:当事人订立合同可以采用口头形式、书面形式和其他形式。合同的口头形式指当事人只有口头语言为意思表示订立合同,而不用文字表达协议内容的合同形式。口头形式优点在于方便快捷,缺点在于发生合同纠纷时难以取证,不易分清责任。口头形式适用于能即时清结的合同关系。书面形式是指当事人以合同书或者电报、电传、电子邮件等数据电文形式等各种可以有形地表现所载内容的形式订立合同。书面形式有利于交易的安全,重要的合同应该采用书面形式。书面形式又可分为下列几种形式:(1)由当事人双方依法就合同的主要条款协商一致并达成书面协议,并由双方当事人的法定代表人或其授权的人签字盖章;(2)格式合同;(3)双方当事人来往的信件、电报、电传等也是合同的组成部分。

四、合同的履行

合同的履行,是指合同生效后,合同当事人依照合同的约定实施属于合同标的的行为,从而使合同目的得以实现。合同履行,是当事人在整个实施合同过程中,全面、适当地完成合同义务的行为,是当事人实施给付义务的过程。

合同的履行是合同法的核心内容。表现在:合同的订立是为了履行合同,合同成立是合同履行的前提;合同的效力是合同履行的依据;合同的移转是履行主体的变更;合同履行是合同终止的原因之一;违约责任能促使合同当事人履行合同。

(一)合同履行的原则

1. 适当履行原则

适当履行原则,又称正确履行原则、全面履行原则,是指当事人按照合同规定的标的及其数量、质量,由适当的主体在适当的履行期限、履行地点,以适当的履行方式,全面完成合同义务的履行原则。

2. 实际履行原则

实际履行原则,是指当事人按照合同约定的标的完成合同义务的原则。该原则要求当事人在履行合同中,要实际履行标的,不能用其他标的代替原合同的标的,也不能以违约或赔偿金代替履行标的。实际履行原则不是绝对的,在下列情况下可适用除外:以特定物为标的物的合同,当标的物灭失时,实际履行已不可能;义务人不能按期交付标的,使实际履行对权利人已失去意义或不必要;标的质量不符合合同要求,权利人放弃实际履行的请求。

3. 协作履行原则

协作履行原则,是指当事人在合同履行过程中,相互协作,共同完成合同的约定义务。合同的履行是当事人的相互行为，权利的实现需要义务人的合作，义务的履行也需要权利人的帮助。只有债务人的给付行为，没有债权人的受领给付，合同的内容仍难以实现。可以说，没有相互协作，就没有合同的履行。该原则要求当事人应尽量为对方的履行创造必要的方便条件；合同履行发生变化或确实不能履行合同时应及时通知对方；发生合同纠纷时应及时协商解决，尽量减少或避免损失的发生。

(二)合同履行的规则

1. 履行主体

合同关系的当事人是债权人和债务人，通常情况下，债权人和债务人是当然的履行主体。但除法律规定、当事人约定、性质上必须由债权人、债务人本人亲自履行的以外，债权人和债务人的代理人、合同约定的第三人皆可成为履行主体。

当事人约定由债务人向第三人履行债务的，债务人未向第三人履行债务或者履行债务不符合约定，应当向债权人承担违约责任；当事人约定由第三人向债权人履行债务的，第三人不履行债务或者履行债务不符合约定，债务人应当向债权人承担违约责任。

2. 履行标的

履行标的，是指债务人应为的特定行为，即给付。它因合同关系的不同而有别，主要包括交付财物、移转权利、提供劳务等。

当事人应按合同约定的履行标的适当履行。合同对质量没有约定或约定不明确的，可以协议补充；不能达成补充协议的，按照合同有关条款或者交易习惯确定。如果仍不能确定，按国家标准、行业标准履行；没有国家标准、行业标准的，按照通常标准或者合同目的的特定标准履行。合同对价款或者报酬没有约定或者约定不明确的，可以协议补充；不能达成补充协议的，按照合同有关条款或者交易习惯确定。如果仍不能确定，按照订立合同时履行地的市场价格履行；依法应当执行政府定价或者政府指导价的，按照规定履行。执行政府定价或者政府指导价的，在合同约定的交付期限内政府价格调整时，按照交付时的价格计价。逾期交付标的物的，遇价格上涨时，按照原价格执行；价格下降时，按照新价格执行。逾期提取标的物或者逾期付款的，遇价格上涨时，按照新价格执行；价格下降时，按照原价格执行。

3. 履行地点

履行地点，是债务人应为履行行为的地点。当事人应当按照合同约定的履行地点履行。合同对履行地点没有约定或约定不明确的，可以协议补充；不能达成补充协议的，按照合同有关条款或者交易习惯确定。如果仍不能确定，给付货币的，在接受货币一方所在地履行；交付不动产的，在不动产所在地履行；其他标的，在履行义务一方所在地履行。

4. 履行期限

当事人应当按照合同约定的期限履行。合同对履行期限没有约定或约定不明确的，可以协议补充；不能达成补充协议的，按照合同有关条款或者交易习惯确定。如果仍不能确定，债务人可以随时履行，债权人也可以随时要求履行，但应当给对方必要的准备时间。

5. 履行方式

履行方式与当事人的权益密切相关，合同当事人应当严格按照约定的方式履行。合同对履行方式没有约定或约定不明确的，可以协议补充；不能达成补充协议的，按照合同有关条款或者交易习惯确定。如果仍不能确定，即按照有利于实现合同目的的方式履行。

6. 履行费用

履行费用，是合同当事人为履行合同义务所支出的必要费用。履行费用的负担应当在合同中明确约定。合同对履行费用的负担没有约定或约定不明确的，可以协议补充；不能达成补充协议的，按照合同有关条款或者交易习惯确定。如果仍不能确定,由履行义务一方负担。

(三)双务合同履行中的抗辩权

双务合同履行中的抗辩权,是在符合法定条件时,当事人一方对抗对方当事人的履行请求权,暂时拒绝履行其债务的权利。

双务合同履行中的抗辩权,是合同效力的体现。抗辩权的行使,只是在一定的时期内中止履行合同,并不消灭合同的履行效力。抗辩权并不消灭债权本身,产生抗辩权的原因消失后,债务人仍应履行其所负债务。可见,双务合同中的抗辩权为一时的抗辩权、延缓的抗辩权。这类抗辩权包括同时履行抗辩权、顺序履行抗辩权及不安抗辩权三种。

1. 同时履行抗辩权

同时履行抗辩权,是指在没有规定履行顺序的双务合同中,当事人一方在对方当事人未为对待给付以前,可以拒绝对方履行请求的权利。其适用条件如下:

(1)由同一双务合同产生互负的债务。互负债务,是指双方当事人所负的债务具有对价关系。只有在同一双务合同中才有可能产生同时履行抗辩权。

(2)合同中未约定履行顺序。这种情况下,往往要求当事人同时履行。只有在双方当事人的债务同时到期时,才可能产生同时履行抗辩权。

(3)对方当事人未履行债务或者未按照约定适当履行债务。

(4)对方的对待给付是可能履行的义务。

2. 后履行抗辩权

后履行抗辩权,是指在规定了先后履行顺序的双务合同中,后履行一方当事人在应先履行一方当事人未为履行债务之前,可以拒绝应先履行一方当事人履行请求的权利。其适用条件如下:

(1)由同一双务合同产生互负债务。

(2)债务的履行有先后顺序。

(3)应先履行的一方当事人未履行或者履行债务不符合约定。

(4)应先履行的债务有履行的可能。

3. 不安抗辩权

不安抗辩权,是指在规定了先后履行顺序的双务合同中,应先履行债务的一方当事人,在后履行债务一方当事人因财产状况恶化而有难为对待给付的情况下,于后履行债务一方当事人未履行或提供担保之前,可以拒绝先为履行的权利。其适用条件如下:

(1)适用于有先后履行顺序的双务合同。

(2)后履行债务的一方当事人的债务尚未届履行期限。

(3)后履行债务的一方当事人有丧失或者可能丧失履行债务能力的情况,如经营状况严重恶化;转移财产抽逃资金,以逃避债务;丧失商业信誉等。

(4)后履行债务一方当事人未履行或提供担保。

五、合同的变更与解除

(一)合同的变更

(1)合同变更的概念

合同变更,有广义和狭义两种含义。广义的合同变更是指合同关系在同一性保持不变的情况下,其部分要素发生的变化。包括合同的主体、内容和客体的变更。狭义的合同的变更,仅指合同内容或客体的变更。现代民法所称合同变更多指狭义而言,而将合同主体的变更称为合同的转让。

(2)合同变更的内容

合同内容的变更包括以下情形：

①标的物种类的变换、数量的增减、品质的改变、规格的更改等；

②履行期限、履行地点、履行方式、结算方式等履行条件的变更；

③合同的性质的变更，如因合同债务的违反而产生了损害赔偿债务；

④合同的担保方式的变更；

⑤合同的附款的变更；

⑥其他内容的变更。

(3)合同变更的效力

合同内容变更后，合同的当事人应受变更后的合同的拘束，以变更后的合同作为履行的根据。合同的内容变更的效力原则上仅对未履行的部分发生，对已履行的部分无溯及力，但法律另有规定或当事人另有约定的除外。

(二)合同的解除

合同的解除，是指合同成立后，因当事人一方的意思表示或者双方的协议，使基于合同而发生的债权债务关系归于消灭的行为。合同的解除分为约定解除和法定解除两种。

约定解除，是当事人通过行使约定的解除权或者双方协商决定而进行的合同解除。可见，约定解除分两种情况，一是当事人在合同成立后生效前，在合同中约定了解除条件，并约定为一方或双方保留解除合同的权利，一旦条件成就，一方或双方即可行使约定的解除权，解除合同。二是当事人未在合同中约定解除条件，但在合同履行完毕前，经双方当事人协商一致而解除合同。

法定解除，是指出现法律规定的解除事由而由享有解除权的一方当事人解除合同。

1. 合同解除的条件

(1)约定解除的条件包括：须经当事人双方协商一致；须不因解除而损害国家利益和社会公共利益。

(2)法定解除的条件包括：因不可抗力致使不能实现合同目的的，当事人双方均可解除合同；预期违约，在合同履行期限届满之前，当事人一方明确表示或者以自己的行为表明不履行主要债务的，对方当事人可以解除合同；当事人一方迟延履行主要债务，经催告后在合理期限内仍未履行的，对方可以解除合同；当事人一方迟延履行债务或者有其他违约行为致使不能实现合同目的，对方可不经催告解除合同；法律规定的其他情形。

2. 合同解除权的行使和效力

约定或者法定的解除条件出现后，并不当然发生合同解除的效力。只有当事人行使解除权后，合同才能解除。解除权的行使，应由解除权人向相对人为解除的意思表示。就是说，合同的解除必须要有解除行为。

解除权有法定或约定期间的，如期间届满而未行使的，则解除权消灭；解除权未约定期间的，相对人可以催告解除权人于合理的期间内行使解除权，解除权人逾期未行使的，解除权消灭。合同一经解除，其效力溯及消灭，当事人回到未订合同的状态。但当事人之间如已有给付或当事人一方因相对人不履行而受损害的，则发生返还财产和损害赔偿的效力。

六、各种合同

(一)买卖合同

1. 买卖合同的概念与特征

(1)买卖合同的概念

买卖合同，是当事人双方约定，一方交付标的物并转移其所有权于他方，他方受领标的物并支付价金的合同。其中,负有转移标的物所有权义务的一方为出卖人;负有支付价金义务的一方为买受人。买卖合同的内容,是双方当事人就标的物、价金、履行期限、履行地点等合同条件所达成的一致协议。买卖合同的标的物须是出卖人所有或有权处分的动产或不动产,且须是法律允许的流通物。

(2)买卖合同的特征

①买卖合同是标的物所有权与价金对价移转的有偿合同。在买卖合同中,出卖人转移标的物所有权的给付义务与买受人给付价金的义务互为对价。

②买卖合同是双务合同。买卖合同双方当事人的权利义务是彼此对等的,一方的权利正是另一方的义务。

③买卖合同是诺成合同。买卖合同的双方当事人之间意思表示达成一致,无须交付实物,合同即告成立。

④买卖合同是不要式合同。买卖合同除法律另有规定或当事人另有约定外,其成立无须具备一定的形式和履行特定手续。

2. 出卖人与买受人的主要义务

(1)出卖人的义务

其一,交付标的物。出卖人交付标的物时,必须按照买卖合同约定的种类、规格、数量、质量、期限、地点和方式进行交付。标的物有从物的,应随主物一并交付。出卖人在交付标的物时,须将与标的物有关的单证一并交付,如发票、产品合格证、使用说明书等。

其二,标的物品质瑕疵担保义务。标的物品质瑕疵担保,是出卖人就其所交付的标的物应保证其符合法定或约定的品质。即标的物交付于买受人之后,应保证不发生减少其价值和效用的瑕疵。标的物品质瑕疵,是指标的物欠缺法定或约定品质的情况。标的物存在品质瑕疵时,买受人可以请求减少价金或解除合同,也可以请求出卖人更换、修理,费用由出卖人承担。标的物为种类物时买受人可以请求出卖人另行交付无瑕疵的替代物。因品质瑕疵而致使买受人或第三人损害的,出卖人应负损害赔偿责任。

其三,标的物权利瑕疵担保义务。标的物权利瑕疵担保,是出卖人就其所移转的标的物有保证其不受他人追夺以及不存在未告知的权利负担的义务。标的物权利瑕疵,是指出卖人对于标的物无处分权,从而标的物被他人主张权利或所移转的权利存在未告知的负担,如标的物上存在为他人设定的抵押权、租赁权等。标的物存在权利瑕疵时,买受人可以请求出卖人除去权利负担,并可以依债务不履行的规定,向出卖人主张支付违约金、实际履行 解除合同、损害赔偿或其他权利。

(2)买受人的义务

其一,支付价金。买受人应依合同关于价金数额、给付期限、地点和方式的约定为给付。

其二,受领标的物。对于出卖人交付的标的物及有关权利凭证,买受人应及时受领,否则将负受领迟延的责任。

其三,对标的物的检查通知和保管义务。买受人受领标的物后,应在法定或约定的期限内及时检查标的物。如发现存在应由出卖人负担责任的瑕疵时,应立即通知出卖人并妥善保管标的物。

3. 标的物所有权转移的规则

依我国《民法通则》的有关规定,标的物所有权自交付时起转移。法律另有规定或当事人另有约定的除外。可见,通常情况下,交付时间即为标的物所有权的转移时间。

标的物交付的时间,通常依合同的约定或法律的规定而确定。法律或合同都没有明确规定时,一般以完成下列行为的时间推定为交付时间:出卖人送货的,出卖人将标的物运到预定地点,由买受人验收后为交付;出卖人代办托运或邮寄的,出卖人办理完托运或邮寄手续后即为交付;买受人自己提货的，出卖人通知的提货时间为交付时间；标的物在订立合同之前已为买受人实际占有的，合同生效的时间即为交付时间；需要办理法定手续的，以办理完法定手续的时间为交付时间。

4. 标的物风险转移的规则

买卖合同标的物风险负担，是指买卖过程中发生的标的物意外毁损灭失的风险归属。

风险负担移转以标的物的交付时间为准。标的物交付前，风险负担由出卖人承担；标的物交付后，风险负担移转于买受人。法律另有规定或当事人另有约定的除外。但当事人一方给付迟延的，应负担迟延中发生的风险。

5. 特种买卖

(1)买回

买回，是指当事人双方约定，由出卖人将来买回已出卖的标的物所有权的买卖合同。出卖人对出卖物的再买回的权利，称买回权。

买回是一种附停止条件的买卖合同。买回对出卖人有一定积极意义，但对经济生活的稳定存在消极影响。因此，多数国家对买回都规定了期限限制，在买回期限内不行使买回权的，买回权即消灭。买受人在买回期限内，仅可善意使用标的物，但不得自由处分标的物。

(2)试用买卖

试用买卖，是指当事人双方约定，于合同成立时，出卖人将标的物交付买受人试用，买受人在约定期限内对所试用标的物的认可为该合同生效条件的买卖合同。试用买卖是一种附停止条件的买卖合同。合同的效力取决于买受人对标的物的认可。买受人的认可应在约定或出卖人规定的期限内做出，超出期限未作表示的，视为认可。试用买卖标的物的所有权一般于试用方以书面、口头或其他可接受的方式表示愿意购买时转移于买方，即试用方；卖方为了防止买方取得标的物所有权后不付款，可以在合同中约定：在买方付清全部价款之前，标的物所有权不转移于买方。

试用买卖的试用期间，一般当事人应有明确的约定，没有约定或者约定不明确的，可以协议补充，不能达成补充协议的，可以以合同有关条款或交易习惯确定，仍不能确定的，由卖方决定。

(3)分期付款买卖

分期付款买卖，是指当事人双方约定，出卖人先行给付标的物于买受人，而买受人分期给付价金的买卖合同。

分期付款买卖，对出卖人而言，有利于促销；对买受人而言，只给付总价金的一部分，即可占有和使用标的物。分期付款买卖一般用于房屋及高档耐用消费品的买卖中。因买受人的价金是分期支付的，影响了出卖人的资金周转，故分期付款的总价金一般略高于一次性付款的价金。

分期付款买卖对出卖人而言，有不能获得全部价金的危险。为此，出卖人可采取下列担保方式以确保其债权：就所交付标的物设定第一顺序抵押权；保留标的物的所有权于全部价金清偿之前；保留对合同的解除权。如根据《合同法》第 167 条的规定，分期付款的买受人未支付到期价款的金额达到全部价款的 1/5 的，出卖人可以要求买受人支付全部价款或者解除合同。

(4)连续供给买卖合同

连续供给买卖合同，是指当事人双方约定，一方在一定期限内供给一定种类、品质和数量的物于他方，而由他方给付价金的买卖合同。如日常生活中的供电、供水、供天然气合同及订报、订牛奶合同等。

连续供给买卖合同有两种类型：一种是当事人已就标的物的总额、分批交付的次数及期限达成明确的协议，如前述年度订报、订牛奶合同。另一种是当事人并未就标的物交付的总量做出约定，而只是就每一次交付的数量和期限达成了合意，只要时间在继续，供给就一直会持续下去，如前述的供电、供水、供天然气合同。

(5)样品买卖

样品买卖,是指双方当事人约定按照样品的品质交付标的物的买卖。

样品,是指从一批商品中抽取出来的或者由生产、使用部门加工、设计出来,用以反映和代表整批商品品质的少量实物。包括卖方提供的"卖方样"、买方提供的"买方样"以及由买方提供,卖方据此复制加工出一个类似样品由买方确认的"回样",即"确认样"。

样品买卖中,当事人应当封存样品以备日后对照,并且可以对样品质量予以说明。卖方交付的标的物应与样品及其所说明的品质相一致。如果样品买卖中的买方不知道样品存在隐蔽瑕疵的,即使交付的标的物与样品相同,卖方交付的标的物的质量仍然应当符合同种物的通常标准。这是样品买卖中处理样品隐蔽瑕疵的原则。

(二)赠与合同

1. 赠与合同的概念与特征

赠与合同,是当事人一方将自己所有的财产无偿地转让给另一方所有,另一方表示接受的双方法律行为。

在赠与合同中,将自己的财产无偿转让给他方所有的当事人,称为赠与人,表示接受财产的一方当事人,称为受赠人,当事人所转让的财产,称为赠与物。

赠与合同的法律特征:

(1)赠与合同是双方法律行为。赠与合同必须在双方当事人意思表示达成一致时才能成立。一方有赠与的意思表示而另一方没有愿意接受赠与的意思表示,或者一方有接受赠与的意思表示而另一方无赠与的意思表示,赠与合同均不成立。正是这一特征,使赠与合同区别于遗赠。

(2)赠与合同以转移赠与物的所有权于受赠人为目的。赠与是对财产归属的一种处分行为,其目的是将赠与物的所有权从赠与人处转移至受赠人处。赠与合同的成立,将导致赠与物所有权的转移。

(3)赠与合同是单务合同。在赠与合同中,赠与人负有转移赠与物的所有权给受赠人的义务,而受赠人则仅享有接受赠与物的权利,并不承担对价性义务。

(4)赠与合同是无偿合同。在赠与合同中,赠与人将赠与物的所有权转移给受赠人是没有对价性给付条件的,受赠人取得赠与物的所有权无须支付对价。

(5)赠与合同是诺成性合同。赠与合同只需当事人意思表示一致,无须实际交付标的物即可成立。对于赠与人做出的,将其财产无偿给予相对人的意思表示,只要受赠人做出了接受该赠与的意思表示,则赠与合同即告成立。既不需要采用特定的合同形式,也不需要将赠与的财产实际交付给受赠人。

2. 赠与人的主要义务

(1)交付赠与物的义务。赠与合同是诺成性合同,合同生效后,按照合同的约定交付赠与物给受赠人是赠与人承担的主要合同义务。赠与人不仅要将赠与物按照约定的时间、地点、方式等交付给受赠人,而且还应将赠与物的所有权转移给受赠人。但赠与人的经济状况显著恶化,严重影响其生产经营或者家庭生活的,可以不再履行赠与义务。(见《合同法》第195条)

(2)赠与人对赠与物的瑕疵担保责任。赠与合同为无偿合同,所以,原则上对于赠与物的瑕疵,赠与人不承担责任。但附义务赠与中,赠与物有瑕疵的,赠与人在附义务的限度内承担与出卖人相同的责任。赠与人故意不告知瑕疵或者保证无瑕疵,造成受赠人损失的,应当承担损害赔偿责任。

(3)对赠与物的损害赔偿责任。为确保赠与合同的履行,实现受赠人的受赠权益,《合同法》第

189 条规定:"因赠与人故意或者重大过失致使赠与的财产毁损、灭失的,赠与人应当承担损害赔偿责任。"

3. 赠与合同撤销的种类

赠与合同的撤销,是指依法享有撤销权的赠与人或其他人在赠与合同生效后,撤销该赠与合同使其归于消灭的法律行为。

赠与合同的撤销分为任意撤销和法定撤销。前者是赠与人基于其独立意志而决定撤销赠与合同的情况;后者则是指赠与人基于法律规定的原因而行使撤销权撤销赠与合同的情况。赠与合同一经撤销,赠与关系即自始归于消灭。尚未交付的赠与物无须再交付;已经交付的赠与财产应当返还给赠与人,为此,撤销权人可以向受赠人要求返还赠与财产。

(1)任意撤销

我国《合同法》第 186 条规定:"赠与人在赠与财产的权利转移之前可以撤销赠与。具有救灾、扶贫等社会公益、道德义务性质的赠与合同或者经过公证的赠与合同,不适用前款规定。"任意撤销赠与合同应具备下列条件:

一是赠与人须在赠与合同生效之后,赠与财产的权利转移之前,做出撤销赠与的意思表示;二是须所要撤销的赠与合同不在法律禁止撤销之列。依《合同法》的规定,具有救灾、扶贫等社会公益、道德义务性质的赠与合同或者经过公证的赠与合同,不允许赠与人任意撤销。除此之外的赠与合同,赠与人可依自己的意志予以撤销。

(2)法定撤销

当法定事由发生时,依法享有撤销权的赠与人或者其他人得以行使撤销权撤销合同。法定撤销分赠与人的法定撤销和其他人的法定撤销两种情况。

赠与人法定撤销的法定事由如下:受赠人严重侵害赠与人或者赠与人的近亲属;受赠人对赠与人有抚养义务而不履行;受赠人不履行赠与合同约定的义务。法律规定,赠与人撤销权的除斥期间为 1 年,自知道或者应当知道撤销原因之日起计算。其他人法定撤销的法定事由如下:因受赠人的违法行为致使赠与人死亡或者丧失民事行为能力的,赠与人的继承人或者法定代理人可以撤销赠与。法律规定,赠与人的继承人或者法定代理人的撤销权的除斥期间为 6 个月,自知道或者应当知道撤销原因之日起计算。

(三)租赁合同

1. 租赁合同的概念与特征

租赁合同,是指当事人双方约定,在一定期限内,一方移转特定物于他方占有、使用或收益,他方给付租金并于期限届满时返还该特定物的合同。其中移转特定物的使用权或收益权的一方为出租人;出租人所移转的特定物为租赁物,租赁物须为法律允许自由流通的动产或不动产;对租赁物享有使用权或收益权的一方为承租人。

租赁合同依其目的分为两种:以使用为目的的租赁为使用租赁;以使用收益为目的的租赁为用益租赁。前者如租用他人房屋居住,后者如租种他人土地而获取粮食等土地出产物。

租赁合同的法律特征:

(1)租赁合同是标的物的使用收益权与租金对等移转的合同。出租人保留租赁物的所有权。可见租赁有别于买卖和互易,也有别于使用借贷。

(2)租赁合同是双务、有偿、诺成性合同。

(3)租赁合同的标的物须为有体物、特定物、非消耗物。租赁合同并不移转标的物的所有权,租期届满,承租人须返还租赁物。

(4)租赁权的物权化。承租人的租赁权可以对抗他人,具有物权的性质。如在租赁合同有效期内,出租人将财产再租给第三人的行为对承租人无效。又如在租赁关系存续期间,出租人出卖租赁物于第三人,租赁合同不受影响,对第三人继续有效。买受人作为新的所有权人,须尊重承租人的租赁权,即须取代原所有人地位而成为新的出租人。民法理论上称此为"买卖不破租赁"。

(5)租赁期限在6个月以上的租赁合同为要式合同。《合同法》第215条规定:"租赁期限六个月以上的,应当采用书面形式。当事人未采用书面形式的,视为不定期租赁。"

2. 出租人与承租人的主要义务

(1)出租人的义务

其一,交付租赁物。出租人应依照合同约定的时间、方式交付租赁物。

其二,继续性保持租赁物符合约定的使用收益状态。此义务又称租赁物瑕疵担保义务。租赁合同是继续性合同,在其存续期间,出租人有继续保持租赁物的法定或约定品质的义务。如租赁物发生品质降低而害及承租人使用收益时,出租人应予以维护修缮,恢复原状。当租赁物存在品质瑕疵或权利瑕疵使承租人不能依约为其使用收益时,承租人得解除或终止租赁合同。承租人因此受损失的,出租人应负赔偿责任,但承租人于订约时明知存在瑕疵的除外。

其三,返还担保物。承租人于订约时交付了押金或其他担保物的,合同终止时,出租人应予以返还。

(2)承租人的义务

其一,给付租金。此乃承租人的主要义务。租金是承租人取得租赁物使用权所应支付的对价,承租人应依约定的租金标准、给付时间和方式交付。

其二,依照约定善意使用、收益和保管租赁物。承租人应按约定的方法或依租赁物的性质所确定的方法使用租赁物,并应善意保管租赁物。承租人因过失致租赁物毁损灭失的,应负违约责任。

其三,通知义务。租赁关系存续期间,租赁物有修理、防止危害的必要,或第三人就租赁物主张权利,或出现其他应当通知的情况时,承租人应及时通知出租人。承租人怠于通知,致使出租人不能及时救济而受损害的,承租人应负赔偿责任。

其四,返还租赁物。租赁合同终止时,承租人应返还租赁物于出租人。否则,即为违约,须负违约责任。租赁合同有定期租赁合同和不定期租赁合同两种。对于定期租赁合同,法律对其租赁期限有限制性规定,即租赁期限不得超过20年。超过20年的,超过部分无效。租赁期间届满,当事人可以续订租赁合同,但约定的租赁期限自续订之日起不得超过20年。对于不定期租赁合同,承租人有权在任意时间提出退租,出租人有权在任意时间撤租。

其五,不得擅自转租。承租人转租,须经出租人同意。非经出租人同意,承租人不得将租赁物转租,否则,出租人可终止合同。承租人经出租人同意将租赁物转租于他人的,承租人与原出租人的租赁关系继续存在。因为次承租人的过错造成租赁物毁损的,由承租人对原出租人负赔偿责任。

(四)承揽合同

1. 承揽合同的概念与特征

承揽合同,是指当事人一方按他方的特别要求,完成一定的工作并将工作成果交付给他方,他方按约定接受工作成果并给付酬金的合同。

在承揽合同中,按照他人的要求完成一定的工作,并交付工作成果的一方当事人称为承揽人,要求他人完成一定的工作并接受工作成果的一方当事人称为定作人。承揽人和定作人可以是法人或其他组织,也可以是自然人。承揽合同的标的是完成并交付工作成果,而不是提供劳务,即使承揽人付出了劳务,如果没有完成工作成果,就不能取得报酬。承揽合同的标的通常是有形的,但个别情况下也可以是无形的,如测试仪器的运行。

承揽合同的法律特征:

(1)承揽合同是双务、有偿、诺成性合同。承揽合同中,承揽人的交付工作成果与定作人的接受工作成果并支付报酬互为对价性义务,故是双务、有偿合同。又承揽合同因当事人双方的意思表示达成一致而成立,故又是诺成性合同。

(2)承揽合同以完成一定的工作为目的。承揽合同中的承揽人必须按照定作人的要求完成一定的工作,因为定作人订立承揽合同的目的是取得承揽人完成的一定的工作成果。定作人所需要的是物化的劳动成果,而不是承揽人单纯的劳务本身。承揽人的劳务只有与其工作成果相结合,才能满足定作人的需要。

(3)承揽人的工作具有独立性。承揽人以自己的设备、技术和劳力独立完成工作,不受定作人的指挥管理。除非当事人另有约定,承揽人不得把接受的任务转让给第三人。若经定作人同意将承揽工作的一部分转让给第三人完成的,承揽人应就第三人的工作向定作人承担责任。

(4)承揽合同的标的具有特定性。承揽合同是为满足定作人的特殊需要而订立的,这就决定承揽人完成的工作成果具有特殊性,必须符合定作人的特殊需求。

(5)承揽人须承担取得工作成果的风险。承揽人应承担独立完成工作中所遭受的风险,对工作成果的完成负全部责任。承揽人不能完成定作人所指定的工作成果,不得向定作人要求报酬。

2. 承揽人与定作人的主要义务

(1)承揽人的主要义务

其一,承揽人应按合同约定的时间、方式、数量、质量、品种等完成工作,并交付工作成果。

其二,承揽人应亲自完成约定的工作。未经定作人同意,承揽人无权将合同转让给第三人。承揽合同具有人身信任的性质,定作方通常基于对承揽方技术条件、工作能力及信誉的信任,方与其订立合同,如果承揽方擅自转让合同,可能导致定作方信任落空、利益受损,故承揽人须亲自履约。

其三,妥善保管、正当使用定作方提供的原材料或物品,不得以次充好偷换定作方提供的原材料或物品及零部件。

其四,由承揽人提供原材料的,应按合同规定选用原材料,并接受定作方的检验。

其五,承揽人在完成工作过程中,应将影响工作质量和进程的情况及时通知定作方,以便定作方及时采取措施排除影响。

其六,承揽人在工作期间,应接受定作人的监督、检查,以确保工作符合定作人的要求。

其七,承揽人须按定作人的要求,对承揽工作保密。未经定作人同意,不得将技术资料或复制品留存或转让于第三人。

其八,承揽人对其所完成工作成果负瑕疵担保义务。

(2)定作人的主要义务

其一,按照约定的地点、方式及时验收承揽人交付的工作成果。

其二,合同约定有协助义务的或依承揽工作的性质需要协助的,定作人须协助。

其三,按约定的时间、数额和结算方式,向承揽人支付酬金。

其四,按约定提供原材料、相关物品及有关的技术资料、数据等。

其五,应对要求完成的工作成果提出具体要求或特别指定标准,以便承揽人工作。

其六,接受的工作成果存在瑕疵的,应在约定或合理的期限内,及时通知承揽人。

工作成果在交付定作人以前,风险由承揽人负担。但定作人受领迟延的,迟延期间的风险由定作人负担。原材料由承揽人提供的,风险由承揽人负担;原材料由定作人提供或定作人已付款购买的,风险由定作人负担。

(五)委托合同

1. 委托合同的概念与特征

委托合同,又称委任合同,是指当事人双方约定,一方为他方处理事务的合同。

在委托合同中,委托他人为自己处理事务的人称委托人(委任人),接受委托的人称受托人(受任人)。委托制度的发展取决于商品经济的发达,个人由于时间、精力和能力诸方面的限制,不可能事必躬亲,不得不将部分事务交由他人处理。法律对这种关系加以确认和调整,于是产生委托制度。委托人可以特别委托受托人处理一项或数项事务,即特别委托;也可以概括委托受托人处理一切事务,即概括委托。

委托合同的法律特征:

(1)委托合同的标的是处理事务的行为。处理事务的行为可以是法律行为,也可以是事实行为。但委托合同不适用于具有人身性质的行为,如婚姻登记行为;也不适用于履行人身性质的债务行为,如演唱行为。

(2)受托人须在委托人授权范围内,以委托人名义从事与委托事务有关的活动,其活动后果包括风险在内均由委托人承担。

(3)委托合同是诺成性、不要式合同。双方当事人达成合意,合同即告成立。除法律有特别规定外,合同的形式可由当事人自由协商,书面、口头均无不可。

(4)委托合同既可以是有偿合同,也可以是无偿合同。对此,应依意思自治原则由当事人自由约定。

(5)委托合同的订立和履行具有人身属性。委托合同的订立,体现着委托人对受托人能力和信誉的信任,也表明受托人愿意为委托人办理委托事务的意志。这种彼此信任是委托合同订立和存续的基础。因此,法律要求受托人除非情况特殊,原则上应当亲自处理委托事务。

2. 委托人与受托人的主要义务

(1)受托人的主要义务

其一,依约处理事务的义务。受托人应在委托人授权范围内妥善处理所受托的事务。原则上,受托人应当亲自处理所受托的事务,不得随意转托他人。但经委托人同意或遇紧急情况时,为保护委托人利益可以转委托。

其二,报告义务。受托人应将事务处理的进展情况随时向委托人报告。事务处理终结,应当向委托人汇报最终结果。

其三,交付财产的义务。受托人在处理事务过程中所收受的物品、利息及其他财产,应当交还委托人。

其四,赔偿损失的义务。受托人因自己的违约行为或违法行为给委托人造成损失的,应当依约定或法律规定承担赔偿损失的责任。

(2)委托人的主要义务

其一,支付费用的义务。委托人应当支付受托人为处理事务而需要的必要费用。

其二,支付报酬的义务。对于有偿的委托合同,委托人应依约定向受托人如数支付报酬。

其三,赔偿的义务。受托人在处理受托事务过程中,非因自己的过错而受到的损害,委托人应当赔偿。

(六)保管合同

1. 保管合同的概念与特征

保管合同,也称寄托合同,是指当事人约定,一方将物品交付给他方,由他方给予保管的合同。

在保管合同中,对他人物品进行保管的一方当事人称保管人或受寄人,将自己的物品交托于保管人保管的当事人称寄托人,也称寄存人。

保管合同的法律特征:

(1)保管合同原则上为要物合同,即实践性合同,除当事人另有约定外,保管合同自保管物交付时成立。

(2)保管合同的标的是保管行为。保管合同的目的在于保管物品,故保管人不得对寄托人的物品进行利用和改造。

(3)保管合同可以有偿,也可以无偿。此由当事人自由约定。当事人对有偿、无偿没有约定或约定不明,依合同其他条款或交易惯例仍无法确定的,保管合同视为无偿。

(4)保管合同为不要式合同。

2. 保管人与寄存人的主要义务

(1)保管人的主要义务

其一,保管义务。保管人须以有利于寄托人的保管方式保管物品;对保管物须尽必要程度的注意。在无偿保管合同中,保管人应尽与保管自己所有物同样的注意;在有偿保管合同中,保管人应尽管理人的注意;保管人应当亲自为寄托人保管物品,非经寄托人同意或有不得已的事由,不得转托第三人保管。

其二,不得使用义务。非经寄托人同意,保管人不得擅自使用保管物品。

其三,返还保管物的义务。保管事务完成,保管人应将保管物及其所生孳息全部返还给寄托人。

其四,告知义务。当保管物发生危险或第三人对保管物主张权利,提起诉讼或实行扣押时,保管人应及时通知寄托人。

(2)寄存人的主要义务

其一,支付报酬的义务。当保管合同为有偿合同时,寄存人应向保管人支付约定的报酬。寄存人不支付报酬,保管人有权留置保管物。

其二,偿还费用的义务。寄存人应当偿还保管人为保管寄托物而支出的必要费用。

其三,赔偿损失的义务。保管人因寄托物的自身性质或带有瑕疵而遭受损害的,寄存人应当给予赔偿。

其四,声明义务。寄存人寄存货币、有价证券或者其他贵重物品的,应当向保管人声明,由保管人验收或者封存。寄存人未声明的,该物品毁损、灭失后,保管人可以按照一般物品予以赔偿。

练习题

一、单项选择题

1. 债的客体是(　　)

A. 特定的物　　B. 特定的行为

C. 价金　　D. 一种权利

2. 从民事法律关系的主体上看,债的主体(　　)

A. 双方都是特定的

B. 双方都不是特定的

C. 债权人是特定的,债务人是不特定的

D. 债务人是特定的，而债权人不是特定的

3. 无因管理之债和不当得利之债是( )

A. 合同之债　　B. 准合同之债

C. 法定之债　　D. 意定之债

4. 在下列合同所产生的债中，可以适用留置权的是( )

A. 委托合同　　B. 租赁合同

C. 货物运输合同　　D. 买卖合同

5. 依据《合同法》的规定，下列选项中，属于要约的行为是( )

A. 寄送商品的价目表　　B. 发布招标公告

C. 在拍卖会上参加竞买　　D. 发布招股说明书

6. 下列选项中，属于债的内容变更的是( )

A. 债权让与　　B. 债务承担

C. 债权债务的概括承受　　D. 履行方式的变更

7. 债的标的物在被提存期间发生的毁损、灭失风险责任，依法应承担的责任人是( )

A. 提存人　　B. 债权人

C. 提存机关　　D. 债务人

8. 在合同履行过程中，如果不可抗力发生在义务人迟延履行期间，从而造成合同不能履行，义务人( )

A. 可以免除责任　　B. 可以部分免除责任

C. 可以在通知权利人后免除责任　　D. 应当承担违约责任

9. 要约发出后，要约人要使要约不发生效力，撤回要约的通知必须( )

A. 立即发出　　B. 在受要约人承诺之前发出

C. 先于要约或与要约同时到达受要约人处　　D. 在受要约人收到要约前发出

10. 王某将自有房屋出租给赵某，租期到2001年6月止，2001年2月，王某把该房屋卖给刘某。此时，该租赁合同( )

A. 继续有效，合同当事人是王某和赵某　　B. 继续有效，合同当事人是刘某和赵某

C. 终止，但王某应补偿赵某的损失　　D. 终止，但刘某应补偿赵某的损失

11. 下列合同中，不得适用留置制度的是( )

A. 保管合同　　B. 加工承揽合同

C. 借款合同　　D. 货物运输合同

12. 下列担保方式中，不需要当事人约定，而依法可以直接适用的是( )

A. 抵押　　B. 质押

C. 留置　　D. 保证

13. 下列担保方式中，属于信用担保的是( )

A. 抵押　　B. 质押

C. 留置　　D. 保证

14. 依据我国法律的有关规定，定金的数额可以由当事人约定，但约定的数额不得( )

A. 超过合同标的额的10%　　B. 少于合同标的额的10%

C. 超过合同标的额的4倍　　D. 超过合同标的额的20%

15. 下列关于债权人代位权的表述正确的是( )

A. 债务人怠于行使其到期债权，危及债权人债权时，债权人才能行使
B. 债权人可以请求人民法院以自己的名义代位行使债务人的债权，也可以直接行使代位权
C. 债权人行使代位权时，行使的范围不以自己的债权数额为限
D. 行使代位权的费用，应由债权人承担

16. 下列选项中，能构成无因管理之债的是(　　)
A. 义务劳动　　B. 将他人的牲畜当成自己的而进行饲养
C. 雪后清扫马路　　D. 将落水者救起并送往医院

17. 下列选项中，符合法律规定的债的让与行为是(　　)
A. 甲以遗嘱方式将债权转让给继承人
B. 某企业宣告破产后，将其债权转让给第三人
C. 某演出公司把与某演员签订的演出合同中对演员的债权转让给另一公司
D. 某甲将自己对儿子的赡养请求权转让给好友某乙

18. 依据合同法的规定，租赁合同中，没有约定租赁物的修理义务的，租赁物修理责任的承担人应是(　　)
A. 出租人　　B. 承租人
C. 出租人和承租人共同　　D. 出租人和承租人协商确定的人

19. 合同法规定的撤销权行使的期间为一年，该期间开始的时间是(　　)
A. 债权人知道或应当知道撤销事由之日　　B. 行为开始之日
C. 债权人知道或应当知道撤销事由之次日　　D. 行为开始之次日

20. 债权与物权不同，债权不属于(　　)
A. 对人权　　B. 对世权
C. 相对权　　D. 请求权

21. 租赁合同期间，承租人转租的，(　　)
A. 出租人有权提前解除合同
B. 出租人不得提前解除合同，但可要求承租人付双倍租金
C. 出租人无权解除合同
D. 出租人无权提前解除合同，但可以要求承租人承担违约责任

二、判断题

1. 甲、乙二人订立买卖合同，甲将自己的电视机卖给乙；后甲又同丙就同一台电视机订立买卖合同。此时，乙因先订合同而有债权，丙则因后订合同，不应有债权。(　　)
2. 买电影票形成简单之债，买家用电器则能发生选择之债。(　　)
3. 邻居家中失火，甲奋不顾身抢救被烧伤，花去医疗费 100 元，甲的行为是无因管理。(　　)
4. 王某向李某交货而李某下落不明，王某将货提存，不料发生地震，提存之物被毁，损失应由王某承担。(　　)
5. 甲欠乙 5 万元钱，丙为保证人，约定丙保本金，后甲未还债，产生利息和违约金，乙有权要求丙承担全部责任。(　　)
6. A 公司欠 B 公司 10 万元到期无力偿还，B 公司得知 A 公司对 C 公司有到期债权而 A 公司不向 C 公司讨债，B 公司可行使代位权。(　　)
7. 甲、乙二人为邻居，甲院中有枣树一棵，树枝伸至乙家，风吹枣，落至乙院中，乙子食之，构成不当得利。(　　)

8. 甲、乙之间有买卖合同,甲是卖方,甲向乙交货时由于大意,多交了两件,乙明知而受领,构成不当得利。 ( )
9. 甲向乙发出要约之后,可以加急电报在相对人承诺之前撤销要约。 ( )
10. 悬赏广告属于要约。 ( )
11. 缔约过失责任以损失为必要条件。 ( )
12. 订立合同时未向对方告知有关信息,导致合同不成立,对方受到损失的,构成缔约过失责任。 ( )
13. 租赁期限超过6个月的,应当采用书面形式。 ( )
14. 在委托合同中,受托人以自己名义而不是以委托人名义处理委托事务。 ( )
15. 甲承租乙的财产后,可以自由地转租。 ( )

三、简答题

1. 简述不当得利的构成要件。
2. 构成承诺需具备哪些条件?
3. 法定抵销应具备哪些条件?
4. 简述代位权的条件。

四、论述题

1. 论买卖合同当事人的权利和义务。
2. 试述保管合同当事人的权利和义务。

参考答案

一、

1. B　2. A　3. C　4. C　5. C　6. D　7. B　8. D　9. C　10. B
11. C　12. C　13. D　14. D　15. A　16. D　17. A　18. A　19. A　20. B
21. A

二、

1. ×　2. ✓　3. ✓　4. ×　5. ×　6. ✓　7. ×　8. ✓　9. ✓　10. ✓
11. ✓　12. ✓　13. ✓　14. ×　15. ×

三、

1. 不当得利是指没有法律上或合同上的根据,使他人受到损失而自己获得利益。其构成要件包括:1)须一方获得利益。包括财产的直接增加,也包括应当减少而没有减少两种情况。2)须他方受有损害。如果仅是一方获有利益而另一方并无损害,也不构成不当得利。3)一方获得利益与另一方受到的损失之间有因果关系。4)获得的利益没有法律上的根据。

2. 承诺是受要约人同意要约的意思表示。其构成要件包括:1)承诺必须由受要约人做出。2)承诺须向要约人做出。3)承诺的内容必须与要约的内容一致。4)承诺必须在承诺的有效期限内做出。

3. 法定抵销是指二人互负到期债务,且该债务的标的物种类、品质相同的,任何一方都得以自己的债务与对方的债务抵销的法律制度。法定抵销应当具备以下条件:1)须二人互负债务互享债权;2)须双方债务种类相同;3)双方债务须均已到履行期;4)须双方所负债务均非不得抵销的债务。

4. 代位权是指债务人怠于行使其到期债权,危及债权人的权利时,债权人所享有的以自己名义代替债务人行使债权的权利。其条件包括:1)须债务人对第三人享有到期债权;2)怠于行使其权利;3)债务人的怠于行使行为已给债权人造成损害;4)须债务人对第三人享有的债权是非专属于债务人行使的债权。

四、

1. 买卖合同是出卖人转移标的物的所有权于买受人,买受人支付价款的合同。

出卖人的权利义务主要是:1)向买受人交付标的物,并转移所有权;2)承担物的瑕疵担保责任和权利瑕疵担保责任。买受人的主要权利义务是:1)支付价款的义务;2)检验和接受标的物的义务。

2. 保管合同的当事人包括保管人和寄存人。

保管人的权利和义务主要包括:1)妥善保管的义务;2)专属保管义务;3)不得使用保管物的义务;4)第三人主张权利时的通知义务;5)返还义务;6)收取保管费用的权利。

寄存人的权利和义务主要包括:1)支付保管费用的义务;2)贵重物品声明的义务;3)领取保管物品的权利。

第四部分 人身权

第一章 人身权概述

学习目标

理解人身权的概念、特征及其分类。

一、人身权的概念与特征

（一）人身权的概念

人身权，是指与民事主体的人身不可分离，以特定的人格和身份利益为内容的权利。包括人格权和身份权。

人身权是与财产权相对应的一项民事权利。财产权是基于财产关系而发生的具有物质内容，并直接体现一定经济利益的权利。而人身权则是基于人身关系而产生的，体现为人格或身份利益，一般没有直接的财产内容。

人身权是民事主体享有的最基本的民事权利，也是现代社会人们赖以生存的不可缺少的社会条件。现代社会中，一个人可能会因某种原因而不享有某些具体的财产权，却不可能不享有人身权，人身权是自然人生存和发展的基础和前提。近代意义上的人身权是在资产阶级革命运动中提出的，是“人权运动”的产物。所谓人权，其本义是指每个人都享有或都应该享有的权利。即人之所以为人所应享有的权利。它包括各种各样的权利。随着社会的不断发展和进步，人身权将越来越受到人们的重视。在大陆法系国家，民法典对人身权的规定较粗略，英美法系对人身权的保护主要适用侵权行为法。我国《民法通则》则将人身权专设一章集中规定，在主体制度和民事责任制度中，也有有关条文规定，这充分说明我国法律对人身权的重视。

（二）人身权的法律特征

与财产权相比较，人身权具有下列法律特征：

1. 人身权为专属权。人身权与主体的人身不可分离，随主体的产生而产生，并随主体的消灭而消灭，是身体权。人身权主要是其精神利益，这种精神利益是以主体的人身为依附的，离开主体的人身，其精神利益也就无法存在。所以一般情况下，人身权只有权利人本人享有和行使，不得转让、赠与、继承。这种特性使得人身权的取得与财产权的取得是不同的。自然人一出生就享有法律规定的各种人身权利，如生命健康权、姓名权、肖像权、名誉权、荣誉权、身份权等。即人身权是法定的权利，一般不需要主体通过实施一定的行为取得。财产权的取得通常需要主体的积极行为取得。另外，需要注意的是：不论主体有无民事行为能力，也不论主体是否意识到权利的存在，人身权都是存在的。主体在违反了民事义务时，不能任意剥夺其人身权利或限制其人身权的行使。这也是人身权与财产权的不同之处。

2. 人身权为绝对权。人身权的行使不必借助于他人的积极行为，只要他人不加妨碍和侵犯，人身权就可实现。

3. 人身权具有非财产性。人身权以人格和身份利益为内容，并不具有直接的财产内容，不具有经济学上的价值和使用价值，不能用金钱来衡量。与此相适应，人身权也不以满足主体的物质利益为目的。其本身也不以主体的财产多寡而有所不同，对人身权的保护也不以财产责任为原则。人身权行使的目的主要是为了满足民事主体精神上的需要。当然，这并非说人身权与财产权没有联系。例如，某种人格权的享有会直接影响其财产利益的取得范围；对人格的侵害往往带来其财产损失，如医疗费、误工费等；又例如，基于配偶身份而对另一方遗产享有继承权；法人的名誉权受到损害，会使人们失去对它的信任，造成其财产损失，甚至破产等。另外，在知识产权中，人身权与财产权是存在于一体的。即必须明确，我们说人身权不具有财产内容，不是说它与财产权没有联系。

二、人身权的分类

人身权以不同的标准可有不同的分类。按照权利的性质，人身权可分为人格权和身份权；按照主体的不同，人身权分为自然人的人身权和法人的人身权。其中，以权利的性质为标准进行的划分是最重要的划分。本书也只进行这种分类的阐述。

（一）人格权

人格权，是指民事主体具有法律上的独立人格必须享有的民事权利。人格权是每一个民事主体都享有的权利。公民一出生，就享有该权利；法人一成立，也就享有相应的人格权。人格权随权利主体的存在而存在，并随主体的消亡而消亡。人格权主要包括：生命权、健康权、身体权、姓名权、肖像权、名誉权、荣誉权和隐私权等。

（二）身份权

身份权，是指民事主体因具有某种特定身份时依法享有的权利。身份权具有对人格的依附性；其内容具有权利义务的两位一体性；身份权与财产具有关联性。身份权多发生在有血缘联系、婚姻联系的亲属之间。一般包括：亲属权、监护权、配偶权和亲权等。

第二章　人格权

学习目标

掌握我国民法所保护的主要人格权的概念与内容。

一、生命健康权的概念与内容

(一)生命健康权的概念

生命健康权是指公民依法所享有的生命安全、身体健康和维持正常功能的权利。实质上生命健康权包括:生命权、身体权和健康权三种权利,只是我国《民法通则》把它们合而为一,统称为生命健康权,实际上它们虽有联系,但其区别也是明显的:

1. 生命权是指自然人以其生命维持和安全利益为内容的人格权利,具体应包括:①生命安全维持权(如当生命出现危险时,进行正当防卫、紧急避险等);②司法保护权,即请求司法机关予以救济的权利;③生命利益支配权,即权利人处分自己生命的权利。生命始于出生,终于死亡,所以,生命权的持续期间也是从出生到死亡。从人格利益角度看,生命是人的最高人格利益,是人的第一尊严,因此,生命权是人所有权利中最重要的权利,是其他所有权利的基础,没有生命权的人,也就不享有其他任何权利。

2. 身体权指自然人对其肢体、器官和其他组织的安全维护和支配的权利。身体权要保护的是肢体、器官和其他组织的完满状态以及主体对自己身体的支配。例如,对自己身体的部分转让(献血、捐献肾脏等)。身体是自然人成为民事主体的物质基础。

3. 健康权是自然人以其器官乃至整体功能利益为内容的人格权。它所保护的不是无疾病状态,而是整体身心的安全运行,功能的正常发挥,既不限于生理健康,也包括心理健康。

身体权与健康权是紧密相连的,但二者内容并不相同。身体权的客体是身体,健康权的客体是健康。身体权体现的利益是自然人身体组织的完整性,健康权体现的利益是自然人肌体功能的完整性。例如,谩骂他人,使其心理受到创伤的,属于侵害健康权,而不是身体权;而殴打他人致一般性软组织挫伤,经治疗痊愈者,该殴打行为侵害的是身体权,而不是健康权。又如:在拳王争霸赛中,泰森将霍力菲尔德的耳朵咬掉一块,这时,泰森侵犯了霍力菲尔德的身体权,而没有侵害其健康权,因为其听觉功能没有受到影响,只是身体组织受到了破坏。

(二)侵害自然人的生命健康权,可以根据侵权行为的性质、情节和危害程度,分别追究行为人的民事责任、行政责任和刑事责任

根据《民法通则》第119条和《最高人民法院关于贯彻执行〈中华人民共和国民法通则〉若干问题的意见(试行)》的有关规定,以及《中华人民共和国国家赔偿法》的规定,侵害公民生命健康权的民事赔偿责任包括以下几方面:

1. 支付丧葬费。当公民生命权受到侵害时,加害人应支付的费用,具体数额根据国家有关规定。

2. 支付受害人生前扶养的人必要的生活补助费。受害人生前扶养的人,由于受害人的死亡,而得不到扶养,这部分费用也应由侵权行为人负担,标准一般以当地的基本生活水平为准。是未成年人的给付到18周岁,其他无劳动能力的给付到死亡时止。

3. 赔偿医疗费。医疗费包括诊断费、挂号费、治疗费、化验费、药费、住院费等，这部分费用应以治疗医院的诊断证明和医疗费单据为凭。

4. 赔偿因误工而减少的收入。受害人因身体或健康受到侵害而不能工作的，加害人应赔偿其因不能正常工作而减少的收入，受害人的亲属因对受害人进行专人照顾而减少的收入也应赔偿。误工时间从受伤害之日起，到医院诊断书认定其恢复健康或因此而死亡之时止。数额标准，有固定收入的，以其平时工资或平均实际收入标准为准，无固定收入的按当地国有同行业的平均收入计算。

5. 支付交通费、住宿费等。受害人在去医院治疗或转院过程中所支付的交通费、住宿费等，加害人也应予以赔偿。

6. 赔偿残疾者生活补助费。指由于身体受到伤害，致使受害人残疾的情况下，侵权人所应承担的费用，包括基本生活费和残疾用具费。前者的标准，应根据伤残等级，按当地平均生活标准计算；后者要以医院证明按普及型器具的费用标准计算。

二、姓名权的概念与内容

姓名是自然人之间相互区别的文字符号，其本身包含姓氏和名字两部分。姓名权是自然人依法享有的决定、变更和使用自己姓名并排除他人干涉或非法使用的权利。

姓名权从内容上讲包括命名权、变更权和使用权。

（一）命名权

指自然人决定其姓名的权利。包括姓氏决定权和名字决定权。公民可以姓父姓，可以姓母姓，也可以决定姓其他的姓；公民可以给自己取正式名字，也可以取别名、笔名、艺名或其他名字。一般而言，自然人出生后，先由其父母等为其取一个正式姓名，以办理户籍登记，待自己具备行为能力后，他可以继续使用该姓名，或决定取新的姓名，即变更姓名。

（二）变更权

指自然人依法改变自己姓名的权利。其实，变更权属于命名权的自然延伸。自然人有权决定自己的姓名，其内容当然也就包括变更自己的姓名，只是由于权利人在未变更之前，已经以原有的姓名参与了各种法律关系，其姓名的改变可能会影响他人或社会利益。所以，变更姓名必须遵守有关的法律规定，变更正式姓名还须到户籍登记机关办理变更登记手续。

（三）使用权

指自然人依法使用自己姓名的权利。使用权是姓名权的基本内容，包括权利人自己使用或不使用自己的姓名（如在自己的作品上不署名），也包括要求他人正确使用自己姓名的权利。作为权利，姓名权当然可以由权利人自由行使，但是任何权利都不是绝对的，权利人在行使姓名权时，也必须遵守有关规定，受到一定限制。这种限制，主要表现在以下几方面：

其一，在正式法律文件上，公民都必须使用其正式姓名，因为如果允许使用其他姓名，就会造成法律关系的混乱，使权利义务主体不明确，从而影响整个社会经济秩序。另外在法律或行政法规有特殊规定时，当事人应当遵守。如：去银行存款，应使用真实姓名等。

其二，公民不得基于不正当目的而取与他人相同的名字，不得故意造成姓名混乱。由于我国人口众多，现实生活中，重名重姓在所难免，只要不是故意为制造混乱或损害他人利益而取的姓名，都不属违法。

其三，不得滥用姓名，如基于不正当目的而随意变更姓名等。

姓名权在我国得到充分保护，立法上除《民法通则》外，《中华人民共和国婚姻法》（以下简称《婚姻法》）、《中华人民共和国收养法》（以下简称《收养法》）、《中华人民共和国著作权法》等都有相关的规定。实践中，侵害姓名权的行为主要有以下几种方式：

一是干涉他人姓名权的行为，如父母干涉子女姓名权，养父母强迫养子女随其姓氏等。需要注意的是，自然人出生后，一般是父母为其取名，包括正式姓名和乳名，这不是侵权行为，也不是干涉姓名权，而是父母亲权的表现。

二是盗用他人姓名行为，指未经他人同意或授权而擅自使用他人姓名，实施有害于他人或社会的行为。例如，以他人姓名签字领取不合法收入等。

三是假冒他人姓名的行为，假冒即冒名顶替，即使用他人姓名，并冒充该人参加民事活动或其他活动的行为。

盗用和假冒都是非法使用他人姓名的侵权行为，但二者有一定区别：盗用是未经允许擅自使用他人姓名，而假冒则是直接使用他人姓名，并以他人身份进行民事活动。

四是不正确使用他人姓名，指恶意使用他人姓名的行为。例如，恶意使用他人姓名于动物或以他人姓名为文学作品中的反面人物命名，或者对他人姓名中的文字乃至读音进行改动，进而达到奚落他人的目的等，都属不正确使用他人姓名的行为。

另外，需要特别注意，判断某一行为是否侵害了他人姓名权要看实质，因为姓名权的客体是姓名，姓名由一定的文字符号组成并被称呼，一个符号或称呼能否成为姓名权的客体，不在于其表现形式，而在于它能否代表某一特定的人。姓名总是与某一特定的个人联系在一起的，所以，只有那些能够代表某人，表现某人的符号才能成为该个人的姓名权客体。例如，某人的别名，只有在该别名使他人能够认为是代表该人时，这个别名才是他的姓名，才能受法律保护。否则，即使该别名被人冒用，也不能被认定为侵权。

三、肖像权的概念与内容

肖像，是指自然人的外部形象通过一定的形式在客观上的再现所形成的作品。肖像是自然人外部形象的客观再现，反映自然人的真实面貌。由于肖像能客观反映肖像人的形象，所以，在法律意义上，肖像体现自然人的人格利益。

肖像权是指自然人对自己肖像所享有的专有权利。从内容上看，肖像权包括：制作专有权和使用专有权。制作专有权是指制作肖像的决定权和实施权。肖像人可以自行制作肖像，如自画像等，也可以委托他人制作，如到照相馆照相、请画家画像等。使用专有权指肖像权人对肖像的专有使用权。权利人有权以任何合法方式使用自己的肖像，包括自己使用，也包括允许他人使用，通过使用而取得财产上的利益或达到精神上的满足。

侵害自然人肖像权的行为表现在以下几方面：

1. 未经许可而制作或使用他人肖像。肖像权作为人格权，体现主体的人格利益，属绝对权。未经他人允许，不得制作或使用，否则，即构成侵权。

2. 无正当理由地制作、使用他人肖像。对此，也可以反过来理解：如果制作、使用他人肖像有正当理由，为法律所允许，即便未经肖像权人同意，也不构成侵权。这些正当理由也称对肖像权的限制，包括：①国家机关为执行公务而使用公民肖像，如公安机关为通缉犯罪嫌疑人而使用其肖像；司法机关在诉讼活动中作为证据而使用当事人的肖像等。②在公开场合中，为新闻报道目的而使用参加该公开活动的人的肖像。如参加游行、集会、演讲时等。③为本人或社会公共利益而使用其肖像。如在寻人启事中使用失踪人的肖像；为社会公共利益而对违法或不道德行为人的行为进行曝光等。④特殊人物的肖像权受到一定的限制。如政府官员、知名人士、运动员、艺术家等，他们的活动受到社会的普遍关注，对有些活动，人们也享有知情权，所以，为了报道这些人的活动、事迹而使用其肖像，即使未征得其本人同意，也不构成侵权。⑤为了科学研究或文化教育的目的，而在一定范围内使用他人肖像。

我国《民法通则》第100条规定："公民享有肖像权，未经本人同意，不得以营利为目的而使用公民的肖像。"据此，很多人包括司法部门的人认为侵害肖像权的构成要件是：一、未经本人同意；二、以营利为目的。这其实是对该条文的误解。对此，本书以为应从以下两方面理解：首先，肖像权从内容上来讲包含物质利益和精神利益，但其中的精神利益是主要部分，而物质利益则是其精神利益派生的。物质利益不能掩盖其精神利益，也就是说，不能以肖像权的物质利益是否受损来作为判断肖像权是否受损的标准。例如，在某人的肖像上乱涂乱画，行为人并不具有经济利益或营利目的，但不能说其行为没有侵害他人肖像权。其次，这一规定可以从逻辑角度来理解，即：经本人同意，得以营利为目的使用公民的肖像，或者说法律规定的仅仅是未经他人同意，以营利为目的而使用他人肖像是侵权行为，但并未规定，也不能推理出，不以营利为目的，未经他人同意使用他人肖像就不构成侵权。所以，"以营利为目的"不能作为侵害肖像权的构成要件，《民法通则》第100条的规定只是逻辑上不周延的表现。

四、名誉权的概念与内容

名誉是社会对特定的人的思想、品德、才干、财产状况等各方面的一种综合评价。也就是说，名誉是一种社会客观评价，而不是自己对自己的评价，是一般人的评价，而不是某一个人或某一组织的评价。这种评价是一种积极的评价，不一定表现出来，有时只存在于人们的观念中。名誉反映某一特定人的人格，所以，名誉对民事主体来说至关重要。

名誉权是指民事主体对其名誉所享有的权利，它是民事主体人格权的重要组成部分，其对主体财产等方面的影响也非常大。名誉本身虽非财产，也不能用金钱来计算，但名誉对主体财产利益的影响却不容忽视，特别是对企业法人，名誉（信誉）好的企业，企业效益就好；名誉受损，社会评价降低，就会失去原有的经济伙伴，导致企业的重大损失。

名誉权具有专属性，表现在名誉权与特定的人身不可分离，主体不能转让，不能抛弃，也不受他人剥夺，名誉权伴随主体终生。对名誉权的侵害都是针对特定的人，而对某一类人进行侮辱、诽谤，不构成侵害名誉权行为。

同时要注意，侵害名誉权的行为必须为第三人所知悉。名誉是一种社会评价，只有在加害行为使受害人的社会评价受到影响时，才能认定为侵害名誉权行为，不能以受害人自己或加害人的主观愿望为依据。具体说，对某人实施的行为，如果没有使公众对其评价降低，即使受害人精神上产生了极大痛苦，也不能认定该行为是侵害名誉权行为；相反，如果针对某人实施的一定行为，客观上造成了受害人的公众评价降低，而受害人自己并未意识到，也应认定该行为是侵害名誉权行为。例如，对某一精神病患者进行的侮辱、诽谤，受害人可能意识不到，而加害人的行为无疑损害了该精神病人的名誉权，其监护人应就此提出诉讼，以保护被监护人的合法权益。

在实际生活中，经常出现的案例，如在超市购物，被怀疑偷东西，进而被搜查身体。受害人往往以名誉权受到侵害为由，向人民法院提起诉讼，这是对名誉权的误解。因为，是否构成名誉权侵权，或者说名誉权是否受到侵害的标准，是看社会评价是否降低，而这个标准恰恰不是受害人自己所能感觉的。在实际操作中，就应以这种侵权事实是否被第三人所知悉为标准，因为只有为第三人知悉后，才可能产生社会评价降低的问题。当然，超市以偷东西为由搜查顾客身体的行为也肯定是侵权行为，定性上应认定为侵害了顾客的身体权。即未经允许而支配他人身体，是侵害身体权的行为。

关于死者有无名誉权问题，目前争论较大，在实务上，人民法院都根据最高人民法院的有关司法解释，认定死者享有名誉权。但从民事主体制度的基本原理分析，自然人的民事权利自出生时开始，到死亡时终止，人死后不可能享有民事权利，所以，死者不能享有名誉权。但对死者进行侮辱、诽谤又确实属违法行为。如何理解？本书认为，区分"名誉权"和"名誉"这两个概念是解决这一问题的合理途径。名誉权只能是活着的人才能享有,但名誉作为社会评价是生者和死者都有的,人死后不可能把人们对他的评价也带进坟墓。在实际生活中,有的人死后很长时间,人们仍然对其进行称赞,这种名誉,法律上应当进行保护,否则就会使社会伦理、道德等方面受到冲击,人们就不会为追求好名誉而努力,社会文明和进步就会因此而受到影响。

保护死者名誉并不一定要求死者享有名誉权,权利虽然只有生者享有,但权利的内容——利益,在公民死后仍有所体现。这是因为利益体现在两方面,一是个人利益,二是社会利益,对社会利益的保护并不因公民的死亡而撤销。

侵害公民名誉权的行为,根据《民法通则》第 101 条的规定,主要表现为侮辱和诽谤两种方式。

侮辱,是指以暴力或者其他方式贬低他人人格,毁损他人名誉的行为。如当众剥光他人衣服,逼迫他人受胯下之辱等。此外,这也表现为以书面形式对他人进行侮辱,如写大字报对他人进行谩骂,等等。

诽谤,是指捏造并散布某些虚假事实,损害他人名誉的行为。它与侮辱的区别在于,诽谤传播的是虚假事实,而且这种捏造和传播很可能使第三者信以为真,而口头或书面形式的侮辱则不具有误导他人的作用。

除此之外,其他行为如宣扬他人隐私而使其名誉权受到损害,假冒他人姓名从事违法活动,以及侵害肖像权时对他人名誉也造成损害等,都属于侵权行为竞合。如何保护自己的权利,由当事人自行选择其一即可。

五、隐私权的概念与内容

隐私是指自然人个人生活中不愿被他人所知悉的内容。隐私权是指自然人依法享有的个人生活秘密不受他人侵害的权利,是一项独立的人格权利。

我国目前在实务上并没有独立的隐私权,1988 年 1 月 26 日最高人民法院在审判委员会通过的《关于贯彻执行〈中华人民共和国民法通则〉若干问题的意见(试行)》中的第 140 项规定:"以书面、口头形式宣扬他人的隐私","造成一定影响的,应当认定为侵害公民名誉权的行为。"这种解释容易造成名誉权保护的混乱,也使隐私权得不到很好的保护。这就在于隐私权与名誉权存在着多方面的区别,这种区别主要表现在以下几方面:

1. 权利内容不同。名誉权的内容是社会对主体的评价,而隐私权的内容是当事人不愿公开的私生活秘密。

2. 加害人有无抗辩理由不同。在侵害名誉权案件中,以加害人得以散布的事实是真实的为抗辩理由提出抗辩;而在侵害隐私权案件中,则不能以此为抗辩理由,相反,加害人所披露的事实越真实,越详细,侵害他人隐私权的程度就越严重。

3. 权利的取舍不同。隐私权中包括公开权,即当事人可以将在某一方面的隐私权抛弃,如模特向画家、摄影师公开身体以供描绘、拍摄等。而名誉权中的名誉是公众对某人的一种评价,它不是当事人所能抛弃的。

4. 权利的范围不同。名誉权除自然人外,法人也享有,而隐私权则只有自然人才具有。

5. 保护的方式不同。名誉权受到损害时,可以依法消除影响,恢复名誉等进行救济,而隐私权受到侵害则无法消除影响,也无法恢复。另外,在现实生活中,有时擅自披露他人隐私,并不造成他人名誉受损,甚至可能会使其得到公众的尊重,反而提高其名誉。这时,行为人侵害了当事人的隐私权,而并没有侵害其名誉权。

侵害隐私权的方式主要有:非法侵入他人住宅、非法对他人行踪进行监视监听、窥视他人私生活、披露他人隐私等。

另外，需要注意的是，公众人物的隐私权范围比普通人要狭窄。这是因为公众人物的日常活动，老百姓有知情权，如政治家的活动、著名人物的活动等，他们的活动与公共利益有很大关系。

当隐私权与知情权发生冲突时，应当从保护公共利益的角度出发，首先保护知情权。

六、荣誉权的概念与内容

荣誉是特定的人从特定的组织依法获得的积极评价。荣誉权是民事主体依法享有的保持自己的荣誉称号，并不受非法剥夺的权利。荣誉权中的荣誉既然是特定组织对特定人的评价，那么荣誉权就与特定的人身不可分离，是不能转让，也不受非法剥夺的。

荣誉权中的"荣誉"与名誉权中的"名誉"有共同之处：都是社会对某一特定人的评价。在某些方面也有关联，如获得荣誉称号能提高人的名誉，而侵害了荣誉权或荣誉被剥夺，其社会评价就会降低，名誉就会受到影响。但是，二者毕竟是两种权利，有严格的区别。这表现在：①取得方式不同。名誉是每个人都有的，名誉权是法律赋予每个民事主体的，其取得不需要任何特殊条件，自然人一出生，法人一成立就享有名誉权。而荣誉虽然是每个人都可以获得的，如"技术能手"称号，但它需要经过当事人自己努力，技术熟练，取得一定成绩，并受到有关机关、组织表彰时才能获得。②范围不同。名誉权是每个人都能普遍获得的人身权，而荣誉权不是每个人都能获得的。③内容不同。名誉是社会公众对某一特定人的品德、才干、能力等各方面的综合评价；荣誉是国家机关或社会组织对某一特定公民、法人在某一方面做出突出贡献而授予的"特殊名誉"。④消灭方式不同。名誉是社会公众的内心意思反映，任何人或组织都无法剥夺或限制，名誉权也只有在主体死亡后才能消灭；而荣誉既然是授予的，当然也可以由有关部门予以剥夺。例如，某人曾荣获"共和国卫士"称号，但他后来又投敌叛国，有关部门就应剥夺其原先获得的荣誉称号。

荣誉权从内容上讲，包括荣誉保持权和利益支配权。前者指对已获得的荣誉称号，权利人有拥有并保证归自己享有，以及排除他人侵害的权利；荣誉一经取得，当事人即终生拥有，不能转让，也不能继承，非有法定事由，经法定程序不得剥夺。后者指荣誉权人对其荣誉中精神利益和物质利益享有的支配权利。精神利益指由于获得荣誉称号而享有的受到尊敬、崇拜及内心满足等精神上、心理上的感觉。荣誉权中的物质利益指在取得荣誉的同时，获得的物质利益，以及根据规定享有的其他物质利益（如不得让"全国劳动模范"下岗）。

侵害荣誉权的行为，一般表现为：非法剥夺他人荣誉称号，损坏他人荣誉证书，或非法扣留由于获得荣誉称号而带来的物质利益等。

第三章　身份权

学习目标

掌握身份权的概念、特征及其内容。

一、身份权的概念与特征

身份权，是民事主体基于某种特定身份而依法享有的民事权利。具体讲，身份权是民事主体基于在特定社会关系中的地位或资格而依法享有的民事权利。

与人格权相比，身份权具有以下特征：

1. 身份权不是民事主体固有的权利

身份权不是民事主体固有的权利，而是通过一定的行为或事实取得的，它也会因一定的行为或事实而消灭。如配偶权，是基于结婚而取得的，也会因离婚或配偶的死亡而消灭。

2. 身份权不是民事主体的必备权利

没有身份权，民事主体依然可以生存，可以从事各种民事活动。

3. 身份权具有权利义务两位一体性

身份权一词只是借用了权利的用语，实为权利义务的集合体。因为民事主体基于特定身份既享有一定的权利，同时也承担一定的义务。如在亲权中，父母对未成年子女有抚养教育的权利，同时也有抚养教育的义务。

4. 身份权必须以一定社会关系中的地位或资格为前提

身份权是基于某种特定地位或资格而享有的权利，所以必须以该特定地位和资格作为前提。

根据身份权客体的不同，身份权可以分为婚姻家庭法上的身份权、知识产权法上的身份权以及荣誉权等。本部分重点介绍荣誉权和婚姻家庭法上的身份权。

二、荣誉权

1. 荣誉权的概念与特征

荣誉权，是指民事主体对自己荣誉所享有的权利。

我国《民法通则》第 102 条规定："公民、法人享有荣誉权，禁止非法剥夺公民、法人的荣誉称号。"我国《侵权责任法》第 2 条第 2 款也明确规定了保护荣誉权。

荣誉权具有以下特征：

(1)荣誉权的主体可以是自然人，也可以是法人或其他民事主体。

(2)荣誉权的客体是荣誉。

所谓荣誉，是指民事主体因一定事由、基于某种资格而获得的积极评价。例如，某人在工作中表现突出，被国家授予了"五一劳动奖章"称号；某企业法人信誉一直很好，被工商行政管理部门授予"重合同守信用企业"称号；某纺织车间织万米布无瑕疵，被工厂授予"先进车间"的称号等。

荣誉权中的"荣誉"与名誉权中的"名誉"都是社会对某一特定主体的评价，但两者又有很大的区别，主要表现在：

①取得的条件不同。名誉是每个人都有的，其取得不需要具备任何特定条件；而荣誉虽然是每个人都可以获得的，但它需要经过当事人取得一定的成绩，并受到有关机关、组织表彰时才能获得。

②取得的方式不同。名誉是存在于社会大众心里的，是一种自由的、随意的评价；而荣誉是一定的国家机关或社会组织依照一定的程序对某一主体给予的评价。

③内容不同。名誉是对某一特定主体的综合性评价，涉及各个方面，具有整体性；而荣誉是对某一特定主体在某一方面的评价。

④性质不同。名誉是社会大众对某一主体的评价，无论这个评价是好还是坏，其都构成该主体的名誉；而荣誉只能是正面的、积极的评价。因此，有好名誉与坏名誉之分，却无好荣誉与坏荣誉之别。

(3)荣誉权可以因荣誉被取消而消灭。

既然荣誉是授予的，当获得荣誉者不再符合所授予荣誉的条件时，也可以由有关组织予以取消。如某田径运动员在世界级大赛中获得冠军称号，但赛后经组委会查证，该运动员在比赛前服用了兴奋剂，于是组委会按照一定的程序取消了其冠军称号。由于冠军称号被取消，其荣誉权也归于消灭。

2. 荣誉权的内容

荣誉权的内容主要包括：

(1)荣誉获得权

即民事主体有权获得授予他们的荣誉，任何人不得妨碍、阻挠他人获得荣誉，也不得侵占他人应获得的荣誉。

(2)荣誉保持权

荣誉权人有权保持自己的荣誉，他人不得非法剥夺。

(3)荣誉利用权

荣誉权人有权利用自己的荣誉。荣誉权人可以一定方式表明自己的荣誉，也可以将荣誉用于生产、经营以及生活的各个方面。

(4)享有因荣誉所产生的各种利益的权利

荣誉权本身不直接体现财产内容，但是，荣誉往往能够给权利人带来各种利益。荣誉人有权享有这些利益。

三、其他身份权

除荣誉权外，身份权还包括婚姻家庭法上的配偶权、亲权、亲属权。

配偶权，是指在合法有效的婚姻关系存续期间，夫妻双方基于夫妻身份所互相享有的民事权利。配偶权是一组权利义务的集合。具体而言，配偶权包括：夫妻姓名权、住所决定权、同居的权利和义务、忠实义务、相互扶助义务以及日常事务代理权。

亲权，是指父母基于其身份而对未成年子女的人身和财产进行监护的权利和义务。该权利的基础在于父母与未成年子女这一特定的身份关系。亲权名为权利，实际上也是权利和义务的集合体。亲权只能由父母专有。具体而言，亲权的内容包括人身照护权和财产照护权。

亲属权，是指民事主体因血缘、收养等关系产生的特定身份而享有的民事权利。具体可划分为：其一，父母与成年子女之间的权利，如父母享有请求成年子女赡养的权利。其二，祖父母、外祖父母与孙子女、外孙子女之间的权利，如父母已经死亡的未成年的孙子女、外孙子女享有请求有负担能力的祖父母、外祖父母抚养的权利。其三，兄弟姐妹之间的权利，如父母无力抚养的未成年弟妹享有请求有负担能力的兄、姐抚养的权利。

练习题

一、单项选择题

1. 人身权作为专属权(　　)

A. 不能转让　　B. 可以转让

C. 不可以转让但法律另有规定的除外　　D. 不得有偿转让

2. 人身权是民事主体最基本的民事权利,所以(　　)

A. 它是每个民事主体都享有的　　B. 它不是每个民事主体都享有的

C. 公民和法人的人身权范围是一样的　　D. 死人的名誉可以任意损害

3. 人身权不具有财产内容,所以(　　)

A. 人身权损害不能用金钱赔偿

B. 任何一项人身权都不得有偿转让

C. 对人身权造成损害不会影响主体的财产利益

D. 侵害人身权的民事责任不以损害赔偿为原则

4. 下列主体中,享有名称权的是(　　)

A. 公民、外国人　　B. 自然人、法人

C. 农村承包经营户、个体工商户　　D. 法人、个体工商户、个人合伙

5. 下列行为中属于侵犯肖像权的是(　　)

A. 为寻找失踪人而使用其肖像

B. 公安机关为通缉犯罪嫌疑人而使用其肖像

C. 为新闻报道目的而使用他人的照片

D. 未经许可而将他人的肖像张贴在照相馆前招揽生意

6. 依据我国《民法通则》的规定,公民的(　　)受到侵害时,当事人有权要求赔偿损失。

A. 生命权、健康权、身体权　　B. 姓名权、肖像权、名誉权、荣誉权

C. 名誉权、隐私权、健康权　　D. 配偶权、监护权、亲属权、亲权

7. 下列行为中不属于侵犯姓名权的有(　　)

A. 干涉　　B. 盗用

C. 假冒　　D. 父母为未成年子女取姓名

8. 某甲与某乙素有积怨,为使甲不能调至上级单位,在组织部门考察时,某乙到处散布某甲与他人有不正当男女关系,致使某甲精神受到很大打击。某乙的行为侵犯了某甲的(　　)

A. 荣誉权　　B. 名誉权

C. 生命健康权　　D. 隐私权

9. 泰森在比赛时将霍利菲尔德的耳朵咬下一块肉,在民法上泰森的行为侵犯了霍利菲尔德的(　　)

A. 健康权　　B. 身体权

C. 名誉权　　D. 肖像权

10. 下列民事权利中,属于人格权系列的是(　　)

A. 生命权、身体权、健康权、隐私权

B. 生命权、健康权、亲属权、名誉权

C. 身体权、健康权、监护权、名誉权

D. 姓名权、肖像权、监护权、名誉权

11. 下列行为中不属于侵犯他人名誉权的是(　　)

A. 到处宣扬某未婚男女有两性关系

B. 捏造某人是私生子并在其单位散布
C. 为侮辱他人而在大庭广众下进行谩骂
D. 在争吵中将某人曾被判有期徒刑的事实张扬出去

12. 张某和刘某夫妇无子女,后收养李某的幼子为养子。该养子(　　)
A. 姓张　　B. 必须姓刘
C. 必须姓李　　D. 可以姓张,可以姓刘,也可以姓李

13. 某杂志社未经影星李某同意,即在杂志的封面上刊登其未成名时与前妻的露情照片,并附有某生产滋补药品公司名称。李某以(　　)受到侵害为由,要求杂志社承担民事责任。
A. 肖像权　　B. 名誉权
C. 肖像权和荣誉权　　D. 肖像权或名誉权

14. 某甲与某乙所在单位要评选"先进工作者",某甲认为某乙是其最有力的竞争者,为不让某乙评上,某甲即散布某乙有虚报成绩等谣言,使乙未能评上"先进工作者",并因此使精神受到极大打击。某甲的行为侵犯了某乙的(　　)
A. 荣誉权　　B. 隐私权
C. 名誉权　　D. 健康权

15. 自然人开始享有名誉权的时间是(　　)
A. 年满 18 周岁
B. 出生时
C. 年满 16 周岁以上,以自己的劳动收入为主要生活来源时
D. 年满 10 周岁

16. 下列著作权中不属于人身权的是(　　)
A. 发表权　　B. 修改权
C. 保护作品完整权　　D. 使用权和获得报酬权

17. 下列民事权利中,只能由公民享有的是(　　)
A. 荣誉权　　B. 著作权
C. 肖像权　　D. 名誉权

18. 下列权利中,不属于民法上人身权的是(　　)
A. 结婚权　　B. 选举权
C. 对自己作品的修改权　　D. 在自己作品上的署名权

19. 下列民事权利中,不能由公民享有的权利是(　　)
A. 名誉权　　B. 名称权
C. 隐私权　　D. 荣誉权

20. 某甲在劳动中被砸伤,致使双腿被截肢。根据我国民法的有关规定,现某甲仍享有(　　)的权利。
A. 健康权以外的人格权　　B. 身体权以外的人格权
C. 接受监护的权利　　D. 各种人格权

21. 荣誉权是民事主体对自己获得的荣誉称号依法所享有的权利,对该荣誉称号,依法可以(　　)
A. 抛弃　　B. 继承
C. 转让　　D. 剥夺

22. 人格权是(　　)

A. 自公民出生就享有的　　B. 并非出生就享有

C. 自公民年满十八周岁时享有　　D. 并非一切公民都平等享有的

二、判断题

1. 人身权包括人格权与身份权。(　　)
2. 姓名权专属于本人,不能转让。(　　)
3. 肖像可以供他人有偿使用,因此,肖像权是具有财产利益内容的人格权。(　　)
4. A 恶意谩骂 B,B 精神痛苦而生病,A 侵害了 B 的健康权。(　　)
5. 对公民的侮辱和诽谤都构成侵害其名誉权。(　　)
6. 公民的姓名权、肖像权、名誉权、荣誉权受到侵害的,有权要求侵害人赔偿损失。(　　)
7. 某部电影中出现一烈士的遗像,与市民陈某极像,后经了解,确是影片利用了陈某的肖像,该行为因没有丑化陈某而不属于侵权。(　　)

三、简答题

1. 简述人身权的概念和法律特征。
2. 简述名誉权与隐私权的区别。
3. 简述肖像权侵权的构成要件。
4. 简述侵害姓名权的主要表现方式。
5. 简述人格权和身份权的区别。

四、论述题

1. 试述我国《民法通则》对人身权进行保护的意义。
2. 简述精神损害的物质赔偿。

五、案例分析题

1. 贺某夫妻带着儿子贺加其到华美照相馆照周岁纪念相。摄影师于某见贺加其活泼可爱,便私自多放大了几张,在征得贺某同意后将其中一张摆放在自己的橱窗内,以招揽顾客。其余的几张保留了下来。后来,于某的朋友洪某见到该照片,称其所在的印刷厂正在制作儿童挂历,就要求于某给他一张。印刷厂以 700 元价格从洪某处买到照片并制作投产。贺某在买挂历的过程中,发现儿子的大头像也在其中,非常气愤,找到印刷厂问明来源后,即以于某和印刷厂为被告起诉到法院。要求停止侵害,赔礼道歉,赔偿损失 2000 元。法院在审理过程中应于某要求追加洪某为被告。

法院经调查,认定上述事实属实。

问:1)本案中于某的行为是否构成侵权?说明理由。

2)法院应怎样判决?

2. 王某与李某系好朋友,王某酷爱集邮,但由于经济上不富裕,很多邮票无法购得。后经人点拨,心生一计,他以李某的名义、地址在某杂志上刊登一则征婚启事。此后,李某收到大量异性来信,要求与其建立恋爱关系,王某从这些来信上挑选了大量邮票,而李某并不知怎么回事。其女朋友得知此事与其大吵一架后分手了,李某只觉得委屈,整天闷闷不乐。后王某将此事告知李某,李某十分气愤,要求王某公开赔礼道歉,消除影响并赔偿损失,王某不同意,经单位调解无效,李某以侵害其姓名权为由起诉到法院。

问:1)本案中李某的名誉权是否受到了侵害?

2)你认为法院应当怎样判决?

3. 一天,某报记者李某在回家的路上,看到有几个人在某工地弃用的工棚中聚众赌博,便用相机拍下此场面。第二天在报纸上登出并有文字说明，指出这些人胆大包天，在光天化日下聚众赌博。照片登出后，其中参与赌博的赵某找到报社，认为李某及报社未经其同意，擅自使用其肖像，属于侵权行为，要求李某和报社向其赔礼道歉、并赔偿精神损失五千元。问：李某及报社是否侵害了赵某的肖像权？为什么？

参考答案

一、

1. C　2. A　3. D　4. D　5. D　6. B　7. D　8. B　9. B　10. A
11. D　12. D　13. D　14. C　15. B　16. D　17. C　18. B　19. B　20. D
21. D　22. A

二、

1. ✓　2. ✓　3. ×　4. ×　5. ✓　6. ✓　7. ×

三、

1. 人身权是指与民事主体的人身不可分离，以特定的人格和身份利益为内容的权利。与财产权相比较，人身权具有下列法律特征：

1）人身权为专属权。人身权与主体的人身不可分离，随主体的产生而产生，并随主体的消灭而消灭，是身体权。

2）人身权为绝对权。人身权的行使不必借助他人的积极行为，只要他人不加妨碍和侵犯，人身权就可实现。

3）人身权具有非财产性。人身权以人格和身份利益为内容，并不具有直接的财产内容，不具有经济学上的价值和使用价值，不能用金钱来衡量。当然，这并非说人身权与财产权没有联系。

2. 名誉权是指民事主体对其名誉所享有的权利。隐私权是指自然人依法享有的个人生活秘密不受他人侵害的权利。

隐私权与名誉权存在着多方面的区别：

1）权利内容不同。名誉权的内容是社会对主体的评价，而隐私权的内容是当事人不愿公开的私生活秘密。

2）在侵害名誉权案件中，加害人得以散布的事实是真实的为抗辩理由提出抗辩；而在侵害隐私权案件中，则不能以此为抗辩理由，相反，加害人所披露的事实越真实，越详细，侵害他人隐私权的程度就越严重。

3）隐私权中包括公开权，即当事人可以将在某一方面的隐私权抛弃，如模特向画家、摄影师公开身体以供描绘、拍摄等，而名誉权中的名誉是公众对某人的一种评价，它不是当事人所能抛弃的。

4）权利的范围不同。名誉权除自然人外，法人也享有，而隐私权则只有自然人才具有。

5）保护的方式不同。名誉权受到损害时，依法可以消除影响，恢复名誉等进行救济，而隐私权受到侵害则无法消除影响，也无法恢复。另外，在现实生活中，有时擅自披露他人隐私，并不造成他人名誉受损，甚至可能会使其得到公众的尊重，而提高其名誉。这时，行为人侵害了当事人的隐私权，而并没有侵害其名誉权。

6）侵权行为的表现方式不同。侵害隐私权的方式主要有：非法侵入他人住宅、非法对他人行踪进行监视监听、窥视他人私生活、披露他人隐私等。而侵害名誉权的行为方式主要是侮辱和诽谤。

3. 侵害肖像权的行为一般从以下两方面认定：

1)未经许可而制作或使用他人肖像。肖像权作为人格权,体现主体的人格利益,属绝对权。未经他人允许,不得制作或使用,否则,即构成侵权。

2)无正当理由地制作、使用他人肖像。对此,也可以反过来理解:如果制作、使用他人肖像有正当理由,为法律所允许,即便未经肖像权人同意,也不构成侵权。这些正当理由也称对肖像权的限制,包括:①国家机关工作人员为执行公务而使用公民肖像,如公安机关为通缉犯罪嫌疑人而使用其肖像;司法机关在诉讼活动中作为证据而使用当事人的肖像等。②在公开场合中,为新闻报道目的而使用参加该公开活动的人的肖像。如参加游行、集会、演讲时等。③为本人或社会公共利益而使用其肖像。如在寻人启事中使用失踪人的肖像;为社会公共利益而对违法或不道德行为人的行为进行曝光等。④特殊人物的肖像权受到一定的限制。如政府官员、知名人士、运动员、艺术家等,他们的活动受到社会的普遍关注,对有些活动,人们也享有知情权,所以,为了报道这些人的活动、事迹而使用其肖像,即使未征得其本人同意,也不构成侵权。⑤为了科学研究或文化教育的目的,而在一定范围内使用他人肖像等。

认定侵害肖像权的行为不是必须“以营利为目的”。不以营利为目的,未经权利人同意,也无合法理由地制作、使用他人肖像的仍构成侵权。

4. 在实践中,侵害姓名权的行为主要有以下几种方式:

一是干涉他人姓名权的行为,如父母干涉子女姓名权,养父母强迫养子女随其姓氏等。需要注意的是,自然人出生后,一般是父母为其取名,包括正式姓名和乳名,这不是侵权行为,不是干涉姓名权,而是父母亲权的表现。

二是盗用他人姓名行为,指未经他人同意或授权而擅自使用他人姓名,实施有害于他人或社会的行为。例如,以他人姓名签字领取不合法收入等。

三是假冒他人姓名的行为,假冒即冒名顶替,指使用他人姓名,并冒充该人参加民事活动或其他活动的行为。

盗用和假冒都是非法使用他人姓名的侵权行为,但二者有一定区别:盗用是擅自使用他人姓名,侵权人并非以受害人身份进行民事活动,而假冒则是直接使用他人姓名,并以他人身份进行民事活动。

四是不正确使用他人姓名,指恶意使用他人姓名的行为,例如,恶意使用他人姓名于动物或以他人姓名为文学作品中的反面人物命名,或者对他人姓名中的文字乃至读音进行改动,进而达到奚落他人的目的等,都属不正确使用他人姓名的行为。

5. 人格权指公民、法人具有法律上独立人格必须享有的民事权利。而身份权指公民、法人基于其身份而享有的权利。二者的主要区别在于:1)产生的条件和基础不同。人格权是法律赋予民事主体普遍享有的人身权;身份权则是基于主体的某种行为(如收养)或某种法律事实而产生。2)权利主体的范围不同。人格权是每一民事主体都享有的,没有限制,身份权因只有在发生一定事实的情况下才享有,所以身份权的享有是有限制的。3)权利开始的时间不同。人格权的取得是与公民的出生和法人的成立同时发生的;身份权则须具备一定条件后才能取得。

四、

1. 我国《民法通则》对人身权的规定是在总结了历史的经验和教训的基础上,根据我国的现实情况做出的,在我国法制史上有重要的地位。对我国民事主体人身权的保护具有重要的意义:

1)赋予人身权极其重要的法律地位。《民法通则》开创性的将人身权专列一章进行集中规定,并在知识产权和民事责任中也有具体的规定,足以显示我国民法对人身权的重视。

2)《民法通则》对人身权的规定,是我国《宪法》中有关“人身自由不受侵犯”“人格尊严不受侵犯”等原则的具体化。

3)对人身权的保护规定,使民法调整对象更加完整,也完善了我国的法律体系。同时也使我国民法学理论更趋完备。

总之,《民法通则》对人身权的规定和实施,对保障民事主体的人身权不受侵害,健全社会主义法制,促进精神文明建设都有现实的和深远的意义。

2. 精神损害的物质赔偿,也称精神损害赔偿,指民事主体因其人身权受到侵害时,侵权人所应当承担的经济赔偿责任。从我国民事立法和多数学者的主张看,精神损害赔偿是得到法律确认的,其制度的存在是有价值的。根据最高人民法院的解释意见,对受害人提出精神损害赔偿要求的,人民法院可以根据侵权人的过错程度、侵权行为的具体情节、给受害人造成精神损害的后果等情况酌定。事实上为切实保护民事主体的人身权,对侵权人除依法使其承担物质损失的赔偿责任外,如再令其承担以物质赔偿受害人的精神损害的责任,将更能抚慰受害人的精神创伤,也更能使侵权人受到教育以及警戒其他人。也更体现民法“保护当事人合法权益”的立法精神,维护法律的尊严。

所以精神损害的物质赔偿,在性质上不是人格的商品化,而是一种具有多重含义的民事责任方式,它包含对受害人的补偿性、抚慰性,也包含对侵权人的惩罚性,当然,其中的抚慰性是主要的。

五、

1. 1)于某的行为构成侵权。因为,虽然于某在自己的橱窗内使用贺加其的照片经过了贺某夫妇的同意,但其将照片赠给洪某在挂历上使用却没有征得权利人的同意,而且其赠与行为并无合法理由。所以,于某的行为构成侵权。

2)法院应当判决:①于某向原告赔礼道歉;②洪某和印刷厂停止侵害、赔礼道歉并进行一定的经济赔偿;③收缴洪某和印刷厂的非法所得。

2. 1)李某的名誉权受到了侵害。王某的行为给李某的名誉造成一定的影响,当然,这是由于侵害李某的姓名权而引起的,属于侵权行为的竞合。名誉权是公民就其道德品质、才干、声誉、形象等各方面社会综合评价所享有的权利。因此,构成名誉侵权必须有受害人社会评价降低的事实。侵害名誉权案件中,原告须证明被告的侵害行为为第三人知悉,即说明社会评价降低。本案王某以正在谈恋爱的李某的名义登征婚广告,无疑降低了李某的社会评价,侵害了李某的名誉权。

2)法院应当以姓名权侵权为案由,认定王某侵害了李某的姓名权,并使其承担赔礼道歉、消除影响以及赔偿损失的民事责任,对其非法所得应予以收缴。因为,王某是未经李某同意而以李某名义进行非法活动,属于典型的侵害他人姓名权的行为。李某名誉权受到的侵害只是侵权行为的竞合,更何况,本案李某是以姓名权受到侵害而起诉的,法院应当以此进行审理。

另外,根据最高人民法院的意见规定:“侵害他人的姓名权、名称权、肖像权、名誉权、荣誉权并获利的,侵权人除依法赔偿受害人的损失外,其非法所得应当予以收缴。”所以,本案王某非法收集的邮票应由法院予以收缴。

3. 李某及报社的行为不构成侵权。因为,李某作为记者对社会丑恶现象有权利、也有义务予以揭露。运用社会舆论进行正常的社会监督是正常行为,而且,李某也没有以营利为目的。所以,李某及报社虽然没有经过赵某等的同意而使用其肖像,仍不构成侵权。

第五部分 婚姻家庭

第一章 概 述

学习目标

掌握婚姻家庭法的调整对象和基本原则。理解身份法律行为的概念、特征及分类。理解婚姻法上的身份权。

一、婚姻家庭法的调整对象

婚姻家庭法虽属于民法部门,但与其他民法规范比较,又具有相对独立的性质。其独立性特点主要是由它的特定调整对象决定的。婚姻家庭法的调整对象可概括为婚姻家庭关系,对此,应从两个方面来认识:

1. 从调整对象的范围来看,婚姻家庭法既调整婚姻关系,又调整家庭关系。婚姻关系因结婚而成立,又因一方死亡或离婚而终止。所以,关于结婚的条件和程序、夫妻间的权利和义务,关于离婚的处理原则、程序、条件以及离婚后有关子女抚养、财产分割和生活困难等问题,都属于婚姻关系范围。家庭关系是基于结婚、出生、法律拟制等原因而发生,又因离婚、家庭成员死亡、拟制血亲关系解除等原因而消灭。因此,关于确认家庭成员之间的亲属身份,规定家庭成员之间的权利义务及其产生、变更和终止等方面的事项,均属于家庭关系的范围,由婚姻家庭法规范调整。

2. 从婚姻家庭法调整对象的性质来看,既有婚姻家庭方面的人身关系,又有婚姻家庭方面的财产关系。其中人身关系占据主导地位,财产关系以人身关系为先决条件,居于从属依附地位。所以,婚姻家庭法在性质上应认定为身份法而非财产法;它所调整的对象是基于婚姻家庭而产生的人身关系以及与此相联系的财产关系。

二、婚姻家庭法的基本原则

婚姻家庭法的基本原则是婚姻家庭立法的指导思想,规定着民事主体从事婚姻家庭活动、司法机关从事审判活动应该遵循的基本价值、基本观念。

《婚姻法》第 2 条规定,实行婚姻自由、一夫一妻、男女平等的婚姻制度,保护妇女、儿童和老人的合法权益,实行计划生育。

1. 婚姻自由原则

婚姻自由原则是宪法赋予公民的一项基本权利。是指男女双方有权依法决定自己的婚姻,既不受对方的强迫,也不受第三人的干涉。婚姻自由包括结婚自由和离婚自由。《婚姻法》第 3 条明确规定,禁止包办、买卖婚姻和其他干涉婚姻自由的行为。

2. 一夫一妻原则

一夫一妻,即一男一女结为夫妻的个体婚姻形式。按照这一原则,任何人都不得同时有两个或者两个以上的配偶。婚姻法严格维护一夫一妻制度,禁止重婚以及其他破坏一夫一妻制度的行为。婚姻家庭法为贯彻执行一夫一妻原则提供了有效的法律保障。如《婚姻法》第 10 条明确规定,重婚为无效婚姻;《婚姻法》第 46 条规定,因有配偶者与他人同居导致离婚的,无过错方有权在离婚诉讼中请求损害赔偿等。

3. 男女平等原则

婚姻家庭法所规定的男女平等原则，既是宪法原则的具体化，又是婚姻家庭法的立法基础之一。它是指男女两性在婚姻和家庭生活的各个方面都享有平等的权利，承担平等的义务。婚姻法为贯彻男女平等原则，做出了一系列有关夫妻之间或者父母双方在人身、财产上都有“平等”的权利义务的规定。如夫妻在家庭中地位平等（《婚姻法》第13条）；夫妻双方都有各用自己姓名的权利（《婚姻法》第14条）；夫妻双方都有参加生产、工作、学习和社会活动的自由，一方不得对他方加以限制或干涉（《婚姻法》第15条）；夫妻有互相扶养的义务（《婚姻法》第20条）；子女可以随父姓，可以随母姓（《婚姻法》第22条）；夫妻有相互继承遗产的权利（《婚姻法》第24条）等。

4. 保护妇女、儿童和老人合法权益原则

保护妇女、儿童和老人合法权益是从婚姻家庭领域中的客观实际出发，以维护婚姻家庭的安定和谐为目标的婚姻家庭法的基本原则。之所以要特别强调妇女、儿童和老人，从妇女角度看，是因为之前我国社会长期以来一直是男尊女卑的社会，新中国成立后，实行男女平等的关键就是要维护妇女的合法权益不受侵犯；从儿童和老人的角度看，则因为他们是婚姻家庭法中被抚养教育和被赡养的主体，是需要他人照顾保护的弱势群体，因此也正是合法权益较容易被侵犯的人。

《婚姻法》为贯彻这一原则，做出了一系列保护性规定，如女方在怀孕期间、分娩后1年内或中止妊娠后6个月内，男方不得提出离婚（《婚姻法》第34条）；离婚时，夫妻的共同财产由双方协议处理，协议不成时，由人民法院根据财产的具体情况，照顾子女和女方权益的原则判决（《婚姻法》第39条）；父母对子女有抚养教育的义务；子女对父母有赡养扶助的义务（《婚姻法》第21条）；有负担能力的孙子女、外孙子女，对于子女已经死亡或子女无力赡养的祖父母、外祖父母，有赡养的义务（《婚姻法》第28条）。《婚姻法》还明确规定，禁止实施家庭暴力或虐待、遗弃家庭成员，禁止溺婴、弃婴和其他残害婴儿的行为。

5. 计划生育原则

实行计划生育是我国的基本国策之一。婚姻家庭制度同生育制度有着密切的内在联系，婚姻家庭是人口再生产的社会形式。婚姻双方是共同的生育主体，家庭是人口再生产的基本单位，宏观上的社会人口再生产，在微观上是通过婚姻家庭中的生育行为实现的。因此，我国的婚姻家庭法以实行计划生育为其基本原则之一。

《婚姻法》规定，夫妻双方都有实行计划生育的义务，从家庭方面保障计划生育工作的实施。《收养法》中有关“收养人只能收养一名子女”（《收养法》第8条）以及“送养人不得以送养子女为理由违反计划生育的规定再生育子女”（《收养法》第19条）等的规定也是计划生育原则在婚姻家庭法中的体现。

三、身份法律行为与身份权

1. 身份法律行为的概念、特征及分类

身份法律行为，是指以身份以及身份所引起的人身关系和财产关系的产生、变更或消灭为目的的法律行为。它包括形成行为和附随行为两类。所谓形成行为是指直接以亲属身份的发生、变更或消灭为目的的法律行为，如结婚、离婚、收养以及解除收养等；所谓附随行为是指以形成行为为前提，附随于这种行为而从事的法律行为，如有关夫妻财产的约定、离婚时有关子女抚养和财产分割的协议。即使婚姻家庭法上的附随行为有时只涉及财产关系，但是正因为它附随于有关身份变动的形成行为，因此，不能单纯作为财产法上的事项来对待。

与一般民事法律行为比较，身份法律行为有以下几个特征：

(1)主体资格具有限定性。该特征体现在两个方面:其一,身份法律行为的主体必须具有特定的亲属身份。例如,撤销婚姻、离婚、解除收养关系等身份行为的主体只能是婚姻关系或收养关系的当事人。其二,身份行为只有行为能力的有无之分,没有限制行为能力之说。换言之,身份行为人要么具有独立行为的完全行为能力,要么没有独立行为的能力,不存在需要征得法定代理人同意或事后法定代理人追认其行为的问题。

(2)身份行为不得代理。亲属身份行为及其法律后果以亲属身份为依归,是人身专属性的行为和后果,只能由本人进行和承受,因而亲属的身份关系的成立、变更或消灭,原则上皆须基于亲属身份人本人的自由意思,且须亲自做出实质性意思表示,不得由他人代理。

(3)身份行为不得附条件或期限。身份关系的建立是为了达成一种伦理的结合,目的就在于结合本身,而不是结合所要完成的某个目标。即使结合是为了达到某个目标,该目标也只是行为的动机,不能被纳入行为的内容中。例如,一方结婚即使是为了有房屋居住,也不能将该动机纳入结婚的行为中,如以对方购得房屋作为婚姻生效的条件。因此,身份法律行为中的形成行为发生身份变动的后果,应不允许附条件或期限,否则和身份关系的性质不符。

(4)身份行为具有要式性。身份法律行为涉及身份关系的稳定,公示和透明对于当事人和社会具有重要意义,因此,往往具有要式性,一方面促使当事人慎重,另一方面维护社会秩序(尤其是家庭秩序)的稳定。我国婚姻法对于结婚、协议离婚和收养都有登记的要求,未经登记,行为不发生效力。

(5)身份行为的评价具有独立的规则。对于形成身份行为,其效力不同于一般民事行为,它只有有效、无效和可撤销三种效力类型,而没有效力待定情形。从构成要件上看,婚姻可撤销的条件只限于胁迫,并不包括欺诈;从法律后果上看,婚姻无效的法律后果通常只是相对无效,而不是绝对无效,即只有在当事人或利害关系人向审判机关申请并经过宣告后才会发生无效的法律后果。

2. 婚姻法上的身份权

身份权是基于身份关系所产生的权利。身份权的核心问题是身份,因此,它所表达的就是亲属之间的身份地位关系,表明特定的亲属之间各自所处的不同地位和关系。因此,身份权就是亲属地位的法律化。

身份权具有以下特征:

(1)身份权具有专属性。身份权仅在具有一定亲属关系的人之间存在,所以,它在归属上和行使上都具专属性,不得转让,不得处分,不得由他人代行,一般也不得抛弃。

(2)身份权具有义务性。身份权不仅仅是单方面为权利人设定,同时也是为相对人的利益而设定,如父母对未成年子女的教育权利同时也为一种义务。所以,身份权权利的行使与义务的履行具有同一性,权利人不得擅自不行使甚至抛弃。

(3)身份权无时效性。身份权的权利人不行使权利的状态持续一定时间后,该权利不会丧失。例如,扶养请求权人多年不行使其权利,只要其仍具备受扶养的条件,其扶养请求权就一直存续并受法律保护。这一点构成了身份权与债权的重要差别。所以,身份权不适用诉讼时效。这一点构成了身份权与债权的重要区别。

第二章　亲属关系原理

学习目标

掌握亲属的概念与种类。理解亲系、行辈与亲等的基本内容。掌握亲属关系发生与终止的原因。

一、亲属的概念与种类

1. 亲属的概念

亲属是指自然人之间因婚姻、血缘和法律拟制而产生的身份关系。亲属之间存在着固定的身份和特定的称谓。与一般社会关系不同，亲属关系的发生必须基于特定的法定事由，如配偶关系的发生基于男女双方的婚姻这一法定事由、父母子女关系的发生基于出生或者收养这一法定事由。亲属关系主要表现为亲属间在身份上和财产上的权利与义务。

2. 亲属的种类

根据亲属关系发生的原因不同，可将亲属分为配偶、血亲和姻亲三种。

(1)配偶。男女双方因结婚而结为夫妻，在婚姻关系存续期间，夫妻双方互为配偶。配偶在亲属关系中有着极其特殊的重要地位。夫妻是亲属关系发生的起点，配偶则是血亲关系和姻亲关系得以发生的重要基础和纽带。

(2)血亲。血亲是指有血缘联系的亲属。法律上的血亲包括自然血亲和拟制血亲。

自然血亲，是指出自同一祖先，因出生而自然形成的具有真实血缘联系的亲属。如父母与子女、兄弟姐妹、祖孙、伯叔与侄子女、舅姨与外甥子女等，不分父系、母系，无论是婚生或非婚生，也无论是全血缘(同父同母)的或半血缘(同父异母、同母异父)的，都属自然血亲的范围。

拟制血亲，是指本无该种血亲应具有的血缘关系，而由法律确认其与该种自然血亲具有同等权利义务的亲属。由于此种血亲不是自然形成的，而是法律设定的，故又称“准血亲”或“法定血亲”。我国现行婚姻法确认的拟制血亲有两类：一是养父母与养子女以及养子女与养父母的其他近亲属；二是事实上形成了扶养教育关系的继父母与继子女。

(3)姻亲

姻亲是指配偶一方与另一方的血亲之间因婚姻而发生的亲属关系。但配偶本身不在姻亲之列。姻亲包括以下几种：

①血亲的配偶，即己身血亲的配偶。如儿媳、女婿、继父母、姐妹夫、姑父、舅母、姨父、伯母等。

②配偶的血亲，即己身配偶的血亲。如公婆、岳父母、继子女、夫的兄弟姐妹、妻的兄弟姐妹。

③配偶的血亲的配偶，即己身与己身配偶的血亲的配偶之间的关系。如妯娌、连襟等。

二、亲系、行辈与亲等

1. 亲系

亲系，是指亲属间的联络系统，或称为亲属间的血缘联络。亲属以婚姻、血缘为基础，构成纵横交错，互相交织的亲属网络。除配偶外，一切亲属都有一定的亲系可循。

按照血缘关系的紧密程度，亲系有直系与旁系之分。血亲分为直系血亲与旁系血亲；姻亲亦分为直系姻亲与旁系姻亲。直系血亲与直系姻亲统称为直系亲，旁系血亲与旁系姻亲统称为旁系亲。

(1)直系血亲与旁系血亲

直系血亲,是指生育自己或自己所生育的上下各代亲属。上溯至父母、祖父母、曾祖父母等,下至子女、孙子女、曾孙子女等,皆为直系血亲。值得注意的是,直系血亲除自然直系血亲外,还包括法律拟制的直系血亲,如养父母与养子女、养祖父母与养孙子女、有扶养关系的继父母与继子女都是拟制直系血亲。

旁系血亲,是指双方之间无从出关系但由一共同祖先所生的血亲。如同源于父母的兄弟姐妹,同源于祖父母的伯、叔、姑与侄子女之间,堂(表)兄弟姐妹之间皆为旁系血亲。同父母所生者为全血缘亲属,同父异母或同母异父所生者,谓半血缘亲属。

(2)直系姻亲与旁系姻亲

姻亲以配偶为媒介,因相对人是他方配偶的血亲,故也分直系与旁系。与配偶的直系血亲为直系姻亲,但二者共同的后代除外。如公婆与儿媳,岳父母与女婿,继父母与继子女。与配偶的旁系血亲为旁系姻亲,如与妻或夫的叔、姑、姐妹、兄弟等皆为旁系姻亲。

2. 行辈

行辈又称辈分,是指亲属间的世代第次。辈分按世代来划分,以一世代为一辈分。按辈分的不同,可将亲属分为长辈亲、同辈亲和晚辈亲。同一世代者为同辈,互称为兄弟姊妹。自同辈而上则为父母辈、祖父辈等。自同辈而下则为子辈、孙辈等。父母辈以上为长辈亲,因其辈分高于自己,地位即尊,故旧称尊亲属。子辈以下为晚辈亲,因其辈分低于自己,地位即卑,故旧称卑亲属。

辈分这一观念,素来为我国人民所重视。现代法律实行人人平等原则,亲属辈分的尊卑在法律上已经并无多大实益,故我国婚姻法没有长辈、晚辈、平辈亲的规定,但《继承法》第11条有所涉及,即"被继承人的子女先于被继承人死亡的,由被继承人的子女的晚辈直系血亲代位继承"。

3. 亲等

(1)亲等的概念及亲等的计算方法

亲等是衡量亲属间亲疏远近的指数与尺度。亲等越多则亲属关系越远。

国外立法对亲等的计算有两种方法:罗马法计算法和寺院法计算法。

由于罗马法的亲等计算法比较科学、准确,因此目前为世界多数国家所采用。罗马法的亲等计算法不仅适用于血亲的计算,也准用于姻亲的亲等计算。本处仅介绍罗马法对血亲的亲等计算方法。

直系血亲亲等计算。其方法是从己身出发上数或下数(不算己身),以一世(代)为一亲等,世代数之和,即直系血亲的亲等数。例如,从己身往上数,自己与父母为一亲等;与祖父母为二亲等直系血亲;往下数,自己与子女为一亲等;与孙子女为二亲等。其他以此类推。

旁系血亲亲等计算。其方法是从己身往上数到同源的直系尊亲属,再由同源的直系尊亲属往下数到所要计算亲等的亲属,合计其代数以定亲等。具体而言,首先找出同源直系血亲,即己身与对方的共同长辈直系血亲,再按直系血亲亲等的计算方法从己身往上数至同源直系血亲,记下世代数;再从同源直系血亲往下数至要计算的旁系血亲,记下世代数;最后将两边的世代数相加所得之和,就是旁系血亲的亲等数。

(2)我国婚姻法关于亲属关系的计算方法

我国婚姻法计算亲属关系的亲疏远近的单位是"代"。如《婚姻法》第7条规定,三代以内的旁系血亲禁止结婚。

代即指世辈,以一辈为一代。计算亲属关系的代数分为直系血亲和旁系血亲两个方面。一辈代数小的比代数大的亲属关系亲近。

直系血亲的计算。从自己向上数至要计算的对方,自己本身为一代,数至父母为二代,祖父母为三代，依次类推。因此，自己与祖父母是三代直系血亲；自己与孙子女是三代直系血亲。

旁系血亲的计算。首先找出同源直系血亲，按直系血亲的计算法，从己身往上数至同源直系血亲，记下世代数；再从同源直系血亲往下数至要计算的旁系血亲，记下世代数。如果两边的世代数相同，则用一边的世代数定代数。如果两边的世代数不同，则取世代数大的一边定代数。例如，计算自己与兄弟姐妹之间的代数，首先找出同源直系血亲，即父母，己身为一世代，往上数至父母为二世代；再从父母为一世代，往下数至兄弟姐妹是二世代。因此，兄弟姐妹之间是二代的旁系血亲。

三、亲属关系的发生与终止

亲属关系因特定原因而发生，亦因特定的原因而终止。由于亲属关系的性质和种类不同，引起亲属关系发生和终止的原因亦有所不同。

1. 配偶关系的发生与终止

配偶关系因男女结婚而发生。按我国《婚姻法》规定，结婚应当办理结婚登记，以取得结婚证的时间，作为配偶关系发生的时间。

配偶关系终止的原因有两种：一是因配偶一方死亡（包括自然死亡和宣告死亡）而终止，二是因夫妻离婚而终止。

2. 血亲关系的发生与终止

（1）自然血亲关系的发生与终止

自然血亲以出生为发生的唯一依据。这是生物遗传学规律所决定的。基于人出生的事实，产生了父母子女以及兄弟姐妹等血亲关系。无论是婚生子女还是非婚生子女，都是以出生这一法律事件为血亲发生根据的。

自然血亲只能因一方死亡而终止。自然血亲不因任何人为条件而终止，即使子女被他人收养，仅终止双方的父母子女权利义务，因出生而形成的父母子女身份和称谓、法律上的禁婚效力仍然存在。

（2）拟制血亲关系的发生与终止

拟制血亲是法律设定的血亲，由于拟制血亲的种类不同，其发生和终止原因也不同。

关于养父母与养子女关系的发生和终止。养父母与养子女这种拟制血亲，是因收养成立而发生。同时，被收养人与收养人的其他近亲属，也发生拟制血亲关系。

养父母与养子女的拟制血亲关系除因一方死亡而终止外，还可因收养解除而终止。

关于继父母与继子女关系的发生与终止。这种拟制血亲关系的发生原因有二：一是以继子女的生母或生父与继父或继母结婚为前提，二是继子女与继父母之间必须形成抚养教育关系的事实。这两个条件必须同时具备，才能发生拟制血亲关系。

有抚养关系的继父母与继子女间的拟制血亲关系的终止，可因继父母子女当事人一方死亡而终止。如果生父（母）与继母（父）离婚，继子女未成年由生父母带走而与继父母终止抚养的，则该子女与继父母间的拟制血亲关系终止；但如继子女已被继父母抚养成年，则其与继父母间的拟制血亲关系仍然存在，不因生父（母）与继母（父）离婚而终止。

3. 姻亲关系的发生与终止

姻亲关系因婚姻成立而发生。姻亲关系是否因配偶一方死亡或者离婚而终止，各国规定不同。我国《婚姻法》未规定姻亲关系，因而亦未规定姻亲关系终止的原因。但我国《继承法》第 12 条规定，丧偶儿媳对公、婆，丧偶女婿对岳父、岳母，尽了主要赡养义务的，作为第一顺序继承人。据此，姻亲关系不因配偶一方死亡而终止。

第三章　结　婚

学习目标

掌握结婚的概念与特征。理解结婚条件。掌握事实婚姻的概念及相关规定。掌握无效婚姻与可撤销婚姻的基本内容。

一、结婚的概念与特征

结婚,又称婚姻成立,是指男女双方依据法律规定的条件和程序,确立夫妻身份的民事法律行为。

结婚作为一种法律行为,具有如下特征:

1. 结婚行为是身份法律行为。结婚行为的法律后果是当事人之间形成夫妻身份,因而属于身份法律行为。

2. 我国的结婚行为当事人必须是两个异性。异性的结合是婚姻自然属性要求,也是婚姻行为区别于其他法律行为的重要特征。虽然近年来一些国家已经通过允许同性结婚的法律,但依据我国现有法律,只有异性才能结婚。

3. 结婚行为必须符合法律规定的特殊有效条件。由于婚姻关系具有自然属性,所以结婚行为除了必须具备一般民事法律行为的有效条件外,还必须符合法律规定的婚姻关系有效的特殊要件。

二、结婚条件

我国《婚姻法》第二章第5~8条规定了结婚的实质条件和结婚的形式条件。

1. 结婚的实质条件

结婚实质条件,是指男女双方结婚时必须具备的法定条件。结婚实质条件包括结婚的必备条件和结婚的禁止条件。

根据《婚姻法》规定,必备条件有三项:(1)男女双方完全自愿;(2)男女双方必须达到法定婚龄,男不得早于22周岁,女不得早于20周岁;(3)必须符合一夫一妻制,即任何人不得同时有两个或者两个以上的配偶。

结婚的禁止条件,是指法律不允许结婚的情形。根据《婚姻法》规定,禁止条件有两项:(1)直系血亲和三代以内的旁系血亲禁止结婚。(2)患有医学上认为不应当结婚的疾病禁止结婚。

2. 结婚的形式条件

结婚的形式条件,是指法律规定的缔结婚姻所必须履行的法定手续。《婚姻法》第8条规定:"要求结婚的男女双方必须亲自到婚姻登记机关进行结婚登记。符合本法规定的,予以登记,发给结婚证。取得结婚证,即确立夫妻关系。未办理结婚登记的,应当补办登记。"这一规定表明,在我国,结婚必须履行的法定程序是结婚登记,任何其他的结婚形式都不会产生有效婚姻的法律效力。

结婚登记分为申请、审查、登记三个步骤。

三、事实婚姻

1. 事实婚姻的概念

事实婚姻是法律婚姻的对称,一般泛指没有配偶的男女双方未履行法定结婚程序,但具有成立婚姻的意思并以夫妻身份公开同居生活的一种"准婚姻"关系。事实婚姻应具备以下特征:(1)当事人必须是无配偶的男女;(2)当事人以夫妻名义同居生活,对外以夫妻相待,具有创设夫妻关系的目的性和公开性;(3)当事人未办理结婚登记。

我国虽然采用了严格的登记婚姻制度,但在现实生活中,男女双方未办理结婚登记而共同生活的情况仍时有发生。

根据当事人婚姻状况的不同,同居情况可以分为两种:(1)已有配偶的人又与配偶以外的异性同居生活。这又可分为两种情况,第一,公开以夫妻名义同居,属于事实婚姻,同时也构成重婚,这种同居情形不属于本部分的讨论范围;第二,不公开以夫妻名义同居,属于《婚姻法》明文禁止的"有配偶者与他人同居"的行为,当事人要承担一定的民事责任。(2)没有配偶的人与异性同居生活。这又可分为两种情况,第一,无配偶的男女不以婚姻为目的而同居,通常称为非婚同居。非婚同居行为是当事人选择的生活方式,不具有违法性,当事人之间一般不产生权利义务关系。这种同居情形也不属于本部分的讨论范围。第二,无配偶的男女以夫妻名义共同生活。当事人有缔结婚姻关系的意思,也有共同生活的事实,但未履行结婚登记手续,通常所说的事实婚姻即是这种情况。

2. 我国现行婚姻法对事实婚姻的规定

我国现行婚姻法对事实婚姻的规定,主要体现在最高人民法院的司法解释中。最高人民法院《关于适用〈中华人民共和国婚姻法〉若干问题的解释(一)》(以下简称《婚姻法解释(一)》)第5条规定,未按婚姻法规定办理结婚登记而以夫妻名义共同生活的男女,起诉到人民法院要求离婚的,应当区别对待:

(1)1994年2月1日民政部《婚姻登记管理条例》公布实施以前,男女双方已经符合结婚实质要件的,按事实婚姻处理;

(2)1994年2月1日民政部《婚姻登记管理条例》公布实施以后,男女双方符合结婚实质要件的,人民法院应当告知其在案件受理前补办结婚登记;未补办结婚登记的,按解除同居关系处理。可见,具备事实婚姻特征的,并不都是事实婚姻,因为《婚姻法解释(一)》规定了承认事实婚姻关系的最后期限。

根据《婚姻法解释(一)》的规定,1994年2月1日前确立同居关系并符合相应条件的,仍可认定为事实婚姻。认定为事实婚姻的,当事人之间形成夫妻关系。一方起诉离婚的,按照离婚案件处理。1994年2月1日后形成的同居关系,可以通过补办婚姻登记确立婚姻关系,这给同居当事人提供了弥补结婚形式瑕疵的机会。补办结婚登记后,其婚姻关系的效力从双方均符合《婚姻法》所规定的结婚的实质要件时起算,及补办结婚登记的效力具有溯及力。未补办登记的,属于同居关系。当事人起诉要求解除同居关系的,人民法院不予受理。

认定为同居关系的,当事人之间不形成夫妻关系。同居期间因共同生活而形成的财产关系,按照共同共有关系处理。同居期间一方死亡的,另一方不能以配偶身份继承;但符合适当分得遗产条件的,可以要求分得部分遗产。同居期间所生子女,属于非婚生子女,但法律地位与婚生子女相同,双方均负有抚养的权利和义务。

四、无效婚姻与可撤销婚姻

1. 无效婚姻

(1)无效婚姻的概念

无效婚姻,是指男女两性的结合因违反了法定的结婚要件而不具有法律效力的一种婚姻形式。因此,无效婚姻并不是婚姻的一个种类,它只是一种不具有法律效力的民事行为,是婚姻立法和婚姻法学研究中用来说明当事人违法结合的一个特定的概念。

(2)婚姻无效的情形

根据《婚姻法》第 10 条规定，有下列情形之一的，婚姻无效：

①重婚的。重婚是指有配偶的人又与他人登记结婚的违法行为，其中，有配偶的人又与他人登记结婚的构成法律上的重婚；虽未与他人结婚登记，但与他人以夫妻名义同居生活的，构成事实上的重婚。无论是法律上的重婚还是事实上的重婚，其婚姻关系均属无效。

②有禁止结婚的亲属关系的。禁止结婚的亲属关系是指直系血亲和三代以内的旁系血亲。

③婚前患有医学上认为不应当结婚的疾病，婚后尚未治愈的。

④未到法定婚龄的。未到法定婚龄是指男女一方或双方不足法定婚龄而以夫妻名义同居生活。

认定无效婚姻，必须以无效原因的现实存在为前提。当事人在缔结婚姻关系时欠缺婚姻要件，但事后无效原因消灭的，一般不得再宣告该婚姻无效。《婚姻法》第 8 条规定："当事人依据婚姻法规定向人民法院申请宣告婚姻无效的，申请时，法定的无效婚姻情形已经消失的，人民法院不予支持。"例如，当事人双方或一方在结婚时虽未达法定婚龄，但随着时间推移后来达到法定婚龄，则不能主张婚姻无效。

(3)宣告婚姻无效的程序

①宣告婚姻无效的机关。一般来讲，无效民事行为当然无效，无须宣告。但对无效婚姻问题，我国采用宣告无效制度。《婚姻法解释(一)》第 13 条规定："婚姻法第 12 条所规定的自始无效，是指无效或者可撤销婚姻在依法被宣告无效或被撤销时，才确定该婚姻自始不受法律保护。"但是，《婚姻法》未明确规定婚姻无效的法定宣告机关。根据《婚姻法解释(一)》第 7 条规定，有权申请婚姻无效的人应向人民法院申请宣告婚姻无效。因此，无效婚姻的宣告机关只能是人民法院，其他任何单位和个人无权宣告婚姻无效。

启动宣告婚姻无效程序的途径有两种：一个是请求权人提出申请。依据《婚姻法解释(一)》第 7 条规定，由婚姻当事人及利害关系人通过起诉的方式，请求人民法院启动宣告程序；符合立案条件的，由人民法院立案审理。另一个是法院依职权主动监督婚姻效力。依据最高人民法院《关于适用〈中华人民共和国婚姻法〉若干问题的解释(二)》(以下简称《婚姻法解释(二)》)第 3 条的规定，人民法院受理离婚案件后，经审查确属无效婚姻的，应当将婚姻无效的情形告知当事人，并依法做出宣告婚姻无效的判决。

②申请宣告婚姻无效的请求权人。根据《婚姻法解释(一)》第 7 条的规定，有权依据婚姻法规定向人民法院就已办理结婚登记的婚姻申请宣告婚姻无效的主体，包括婚姻当事人及利害关系人。利害关系人包括：

其一，以重婚为由申请宣告婚姻无效的，为当事人的近亲属及基层组织。

其二，以未到法定婚龄为由申请宣告婚姻无效的，为未达法定婚龄者的近亲属。

其三，以有禁止结婚的亲属关系为由申请宣告婚姻无效的，为当事人的近亲属。

其四，以婚前患有医学上认为不应当结婚的疾病，婚后尚未治愈为由申请宣告婚姻无效的，为与患病者共同生活的近亲属。

可见，无效婚姻的原因不同，申请宣告婚姻无效的主体也不相同。

③无效婚姻请求权的行使期间

《婚姻法解释(二)》第 5 条规定："夫妻一方或者双方死亡后一年内，生存一方或者利害关系人依据婚姻法第十条的规定申请宣告婚姻无效的，人民法院应当受理。"据此，婚姻当事人双方与生存期间，只要无效婚姻的原因没有消除，申请主体便可提出婚姻无效的申请；如果当事人一方或者双方死亡的，须在其死亡以后 1 年内提出申请。

④人民法院对婚姻无效案件的审理

《婚姻法解释(二)》第7条第1款规定:“人民法院就同一婚姻关系分别受理了离婚和申请宣告婚姻无效案件的,对于离婚案件的审理,应当待申请宣告婚姻无效案件做出判决后进行。”

法律关于婚姻无效的规定属于强行性规定,只能依据客观事实依法认定,并不取决于案件当事人的主观意愿。所以,《婚姻法解释(二)》第2条规定:“人民法院受理申请宣告婚姻无效案件后,经审查确属无效婚姻的,应当依法做出宣告婚姻无效的判决。原告申请撤诉的,不予准许。”《婚姻法解释(一)》第9条规定:“人民法院审理宣告婚姻无效案件,对婚姻效力的审理不适用调解,应当依法做出判决;有关婚姻效力的判决一经做出,即发生法律效力。”“涉及财产分割和子女抚养的,可以调解。调解达成协议的,另行制作调解书。对财产分割和子女抚养问题的判决不服的,当事人可以上诉。”

(4)婚姻无效的法律后果

婚姻无效将产生以下三方面的法律后果:

①当事人之间身份关系上的效力

根据《婚姻法》第12条规定,婚姻无效,自始无效。当事人不具有夫妻的权利和义务。

人民法院根据当事人的申请,根据《婚姻法》第12条的规定,依法宣告婚姻无效或者撤销婚姻的,应当收缴双方的结婚证书并将生效的判决书寄送当地婚姻登记管理机关(《婚姻法解释(一)》第14条)。

②当事人之间财产关系上的效力

《婚姻法》第12条规定,同居期间所得的财产,由当事人协议处理;协议不成时,由人民法院根据照顾无过错方的原则判决。对重婚导致的婚姻无效的财产处理,不得侵害合法婚姻当事人的财产权益。《婚姻法解释(一)》第15条规定,被宣告无效或被撤销的婚姻,当事人同居期间所得的财产,按共同共有处理。但有证据证明为当事人一方所有的除外。

结合上述规定,无效婚姻当事人之间财产关系上的效力,应作如下理解:其一,不适用《婚姻法》中有关夫妻财产制的规定。夫妻财产制是针对有效婚姻而言的;其二,在财产分割时,以协议分割为原则,判决分割为例外;若是判决分割,则推定为当事人共有,主张个人所有的要承担举证责任;其三,判决分割应照顾无过错方利益,从而使导致婚姻无效后果的一方应承担不利后果;其四,保护合法婚姻当事人的财产权益。《婚姻法解释(一)》第16条规定,人民法院审理重婚导致的无效婚姻案件时,涉及财产处理的,应当准许合法婚姻当事人作为有独立请求权的第三人参加诉讼。

③亲子关系上的效力

亲子关系是指当事人与所生子女之间的关系。根据《婚姻法》第12条的规定,无效婚姻并不影响父母子女之间的亲子关系,他们之间的关系仍然适用《婚姻法》中有关父母子女的规定。

2. 可撤销婚姻

(1)可撤销婚姻的概念

可撤销婚姻,是指已经成立的婚姻关系,因欠缺婚姻合意,受胁迫一方得以向婚姻登记机关或法院申请撤销的婚姻。可撤销婚姻是民法上可撤销民事行为在婚姻法中的具体体现。

(2)婚姻可撤销的原因

《婚姻法》第11条规定:“因胁迫结婚的,受胁迫的一方可以向婚姻登记机关或人民法院请求撤销该婚姻。”据此,婚姻可撤销的原因只有一种,即受胁迫而缔结的婚姻。可见,婚姻可撤销的原因要窄于民法上可撤销民事行为的撤销原因,后者还包括欺诈、乘人之危、重大误解等。根据《婚姻法解释(一)》第10条第1款规定,因胁迫而结婚的“胁迫”,是指行为人以给另一方当事人或者其近亲属的生命、身体健康、名誉、财产等方面造成损害为要挟,迫使另一方当事人违背真实意愿结婚的情况。在胁迫结婚的情况下，受胁迫方的结婚意思表示处于一种不自由的状态，违反了婚姻自由原则，因此，法律赋予受胁迫方撤销婚姻关系的权利。

(3)撤销婚姻的程序

①婚姻撤销的机关

有权撤销婚姻的机关是婚姻登记机关和人民法院。不同的撤销机关对应着不同的程序，婚姻登记机关依行政程序撤销婚姻，人民法院依诉讼程序撤销婚姻。

婚姻登记机关撤销婚姻。2003年《婚姻登记条例》第9条规定："因胁迫结婚的，受胁迫的当事人依据《婚姻法》第十一条的规定向婚姻登记机关请求撤销其婚姻的，应当出具下列证明材料：(一)本人的身份证、结婚证；(二)能够证明受胁迫结婚的证明材料。""婚姻登记机关经审查认为受胁迫结婚的情况属实且不涉及子女抚养、财产及债务问题的，应当撤销该婚姻，宣告结婚证作废。"据此，经由婚姻登记机关撤销婚姻的，应属于就子女抚养、财产及债务问题双方已达成协议或无争议的婚姻；如果存在争议，婚姻登记机关不得撤销婚姻，而应告知当事人向人民法院起诉，通过诉讼程序解决。

人民法院撤销婚姻。《婚姻法解释(一)》第11条规定："人民法院审理婚姻当事人因受胁迫而请求撤销婚姻的案件，应当适用简易程序或者普通程序。"第14条规定："人民法院根据当事人的申请，依法宣告婚姻无效或者撤销婚姻的，应当收缴双方的结婚证书并将生效的判决书寄送当地婚姻登记管理机关。"

②婚姻撤销的请求权人及请求权行使期间

《婚姻法解释(一)》第10条第2款规定："因受胁迫而请求撤销婚姻的，只能是受胁迫一方的婚姻关系当事人本人。"婚姻关系事关当事人的身份利益，因受胁迫而结婚的一方当事人是否撤销婚姻，应尊重其自主意愿。因此，在可撤销婚姻中，享有撤销权的人只能是受胁迫的一方，当事人之外的其他人均无此权利。

《婚姻法》第11条规定，受胁迫的一方撤销婚姻的请求，应当自结婚登记之日起1年内提出。被非法限制人身自由的当事人请求撤销婚姻的，应当自恢复人身自由之日起1年内提出。该"1年"不适用诉讼时效中止、中断或者延长的规定(《婚姻法解释(一)》第12条)。因此，该"1年"属于除斥期间，逾期不行使的，视为放弃撤销权。

(4)婚姻被撤销的法律后果

《婚姻法》第12条规定："无效或被撤销的婚姻，自始无效。"可见，被撤销的婚姻与无效婚姻具有相同的法律后果。

第四章　夫妻关系

学习目标

掌握夫妻人身关系、财产关系的基本内容。

一、夫妻人身关系

夫妻人身关系,是指基于夫妻身份而在夫妻之间当然产生的,没有直接财产内容的权利义务关系。

夫妻人身关系发生在合法夫妻之间,对夫妻而言,既是权利,也是义务,其内容由法律直接规定,当事人不能约定加以变更或消灭。从本质上看,夫妻人身关系是因婚姻身份而使夫妻双方在人身自由方面受到一定的限制或享有一定的权利,其目的是维系婚姻共同体。

我国现行《婚姻法》对夫妻人身关系的内容主要做了如下规定:

(1)夫妻的姓名权。《婚姻法》第 14 条规定:"夫妻双方都有各用自己姓名的权利。"

(2)夫妻的人身自由权。《婚姻法》第 15 条规定:"夫妻双方都有参加生产、工作、学习和社会活动的自由,一方不得对他方加以限制或干涉。"

(3)夫妻的计划生育义务。《婚姻法》第 16 条规定:"夫妻双方都有实行计划生育的义务。"

二、夫妻财产关系

夫妻财产关系是指基于夫妻身份而产生的以财产为内容的权利义务关系。它是夫妻共同生活关系的重要内容,也是实现家庭经济职能的基础。一般包括夫妻财产制度、夫妻之间的扶养关系、夫妻之间的继承关系。

1. 夫妻财产制度

夫妻财产制度,亦称婚姻财产制度,是规范夫妻财产关系的法律制度。夫妻财产制度有广义和狭义之分。广义的夫妻财产制度,是指关于夫妻婚前财产和婚后所得财产的归属、管理、使用、收益、处分以及夫妻债务的清偿、夫妻关系终止时的财产分割等方面的法律规定的总和。狭义的夫妻财产制度,一般不包括夫妻关系终止时的财产分割。我国《婚姻法》规定的夫妻财产制度是狭义的,有关夫妻关系终止时的财产分割内容规定在离婚制度中。

我国现行婚姻法的夫妻财产制度分为法定财产制和约定财产制两种。

(1)法定财产制

法定财产制,是指在夫妻对婚后所得财产没有约定的情况下,依照法律规定,其财产原则上为夫妻共同所有的制度。需要指出的是,按照法定财产制度,在夫妻对婚后所得财产没有约定的情况下,并非全部财产都为夫妻共同所有,有例外为夫妻个人所有的情形。所以,法定财产制度应包括两种情形:夫妻共同财产制和夫妻个人特有财产制。

①夫妻共同财产制

夫妻共同财产制,是指在婚姻关系存续期间,夫妻双方或一方所得的财产,除法律另有规定或夫妻另有约定之外,均为夫妻共同所有,夫妻对于共同财产,平等地享有占有、使用、收益以及处分的权利的财产制度。

根据《婚姻法》第 17 条第 1 款的规定,夫妻在婚姻关系存续期间所得的下列财产,归夫妻共同所有：

其一，工资、奖金。

其二，生产、经营的收益。

其三，知识产权的收益。根据《婚姻法解释（二）》第12条的规定，“知识产权的收益”，是指婚姻关系存续期间，实际取得或者已经明确可以取得的财产性收益。

其四，继承或赠与所得的财产，但遗嘱或赠与合同中确定只归夫或妻一方的财产除外。

其五，其他应当归共同所有的财产。根据《婚姻法解释（二）》第11条的规定，在婚姻关系存续期间的下列财产，属于“其他应当归共同所有的财产”：第一，一方以个人财产投资取得的收益；第二，男女双方实际取得或者应当取得的住房补贴、住房公积金；第三，男女双方实际取得或者应当取得的养老保险金、破产安置补偿费。

夫妻对共同所有的财产，有平等的处理权。《婚姻法》第17条第2款规定：“夫妻对共同所有的财产，有平等的处理权。”对这一规定应当如何理解呢？《婚姻法解释（一）》第17条规定的“夫或妻对夫妻共同所有的财产，有平等的处理权”应当理解为：第一，夫或妻在处理夫妻共同财产上的权利是平等的。因日常生活需要而处理夫妻共同财产的，任何一方均有权决定。第二，夫或妻非因日常生活需要对夫妻共同财产做重要处理决定，夫妻双方应当平等协商，取得一致意见。他人有理由相信其为夫妻双方共同意思表示的，另一方不得以不同意或不知道为由对抗善意第三人。

②夫妻个人特有财产制

夫妻个人特有财产制，是指在适用夫妻共同财产制度的情况下，法律明确规定婚后一部分财产为夫妻个人所有，所有方享有对该财产占有、使用、收益和处分的专属权利，夫妻中的另一方不得干涉的夫妻财产制度。

根据《婚姻法》第18条的规定，有下列情形之一的，为夫妻一方的财产：

其一，一方的婚前财产。

其二，一方因身体受到伤害获得的医疗费、残疾人生活补助费等费用。

其三，遗嘱或赠与合同中确定只归夫或妻一方的财产。

其四，一方专用的生活用品。

其五，其他应当归一方的财产。这是概括性规定，有补充属于夫妻个人特有财产的空间。如《婚姻法解释（二）》第13条规定，军人的伤亡保险金、伤残补助金、医药生活补助费属于个人财产。

需要指出的是，夫妻一方所有的财产，不因婚姻关系的延续而转化为夫妻共同财产，但当事人另有约定的除外（《婚姻法解释（一）》第19条）。

（2）约定财产制

①约定财产制的概念。约定财产制，是法定财产制的对称。是夫妻以协议的方式，对婚前和婚姻关系存续期间所得财产的归属和使用做出约定，从而部分或全部排除夫妻法定财产制适用的一种财产制度。

②夫妻财产约定的范围及约定形式。根据《婚姻法》第19条第1款的规定，夫妻可以约定婚姻关系存续期间所得的财产以及婚前财产归各自所有、共同所有或部分各自所有、部分共同所有。约定应当采用书面形式。没有约定或约定不明确的，适用法定财产制。

③夫妻财产约定的效力。夫妻财产约定的效力分为对内效力和对外效力。

对内效力。对内效力是指夫妻财产约定对夫妻双方当事人的拘束力。《婚姻法》第19条第2款规定：“夫妻对婚姻关系存续期间所得的财产以及婚前财产的约定，对双方具有约束力。”可见，对内效力是夫妻财产约定最直接、最基本的效力。

对外效力。对外效力是指夫妻财产约定对第三人的拘束力。《婚姻法》第19条第3款规定:“夫妻对婚姻关系存续期间所得的财产约定归各自所有的,夫或妻一方对外所负的债务,第三人知道该约定的,以夫或妻一方所有的财产清偿。”据此,夫妻财产约定是否对第三人发生效力,以第三人是否知悉该约定的存在和约定的内容为准。如果第三人明知或应知该约定的,则该约定对第三人具有对抗效力。此外,第三人知道该约定的,夫妻一方对此负有举证责任(《婚姻法解释(一)》第18条)。

2. 夫妻间的扶养

夫妻之间的扶养,是指夫妻在经济上相互扶助和相互供养的权利和义务。《婚姻法》第20条规定:“夫妻有互相扶养的义务。一方不履行扶养义务时,需要扶养的一方,有要求对方付给扶养费的权利。”夫妻间的扶养义务虽然是基于身份产生的,但在性质上属于财产关系。一方拒不履行扶养义务,情节恶劣,后果严重,可以构成遗弃罪。

3. 夫妻间的继承

夫妻间的继承权,是指夫妻一方基于夫妻身份而享有的承受另一方遗产的权利。夫妻遗产继承权,在性质上应属于财产权,但又以特定的身份为基础。《婚姻法》第24条规定:“夫妻有相互继承遗产的权利。”夫妻遗产继承权是继承制度中的问题,其内容详见第六部分“继承权”。

第五章 离 婚

学习目标

掌握离婚的概念与特征。理解登记离婚和诉讼离婚的基本内容。

一、离婚的概念与特征

离婚,又称婚姻的解除,是指婚姻关系当事人在生存期间依法将有效婚姻关系予以解除的行为。

离婚具有以下法律特征:

1. 离婚必须以有效婚姻关系的存在为前提。当事人离婚的目的是为了消灭婚姻的效力,如果婚姻是无效的,就无所谓婚姻的效力,也就没有离婚的必要。

2. 离婚不得代理。一旦离婚,当事人之间的夫妻身份消灭,随之财产关系也将发生重大变更,即离婚是涉及当事人切身利益的身份法律行为,必须体现当事人的真实意志。因此,离婚的请求只能由当事人本人提出,任何他人都不得代理。

3. 离婚必须在夫妻双方生存期间进行。如果婚姻关系当事人一方已经死亡(包括宣告死亡),其婚姻关系已经终止,自然不存在离婚的必要。

4. 离婚条件、程序具有法定性。离婚是一个婚姻共同体的解体,不仅事关当事人的切身利益,也将影响家庭的安宁和社会的稳定。因此,法律不允许当事人随意解除婚姻,对离婚条件和离婚程序都做出了严格规定。离婚必须符合法定的条件,履行法律规定的程序。

5. 离婚将产生一系列法律后果。离婚不仅终止了夫妻之间的人身关系,也终止了彼此间的财产关系,并引发相应的财产关系方面的一系列的法律后果。

从不同的角度可对离婚作不同的分类,从离婚程序的角度,可将离婚分为登记离婚与诉讼离婚。将登记离婚与诉讼离婚并列确立为我国的两大离婚方式已经成为我国离婚制度的一大特色。

二、登记离婚

1. 登记离婚的概念

是指夫妻双方自愿离婚,并就离婚的法律后果达成协议,经过婚姻登记机关认可,即可解除婚姻关系的一种离婚方式。由于登记离婚是依行政程序终止婚姻关系的一种离婚方式,所以又称为行政离婚。

登记离婚是对当事人双方自愿达成的离婚协议的认可,充分尊重了当事人的意志,体现了婚姻法保障离婚自由的精神。但是登记离婚也会产生一些弊端,如草率离婚、虚假离婚等。所以,现行婚姻法对其在条件和程序上做了必要限制,以减少其在运用上可能出现的负面作用。

2. 登记离婚的条件和程序

根据我国《婚姻法》和《婚姻登记条例》的规定,登记离婚必须符合下列条件:

(1)双方当事人适格。这里有两层含义,一是当事人双方均为完全民事行为能力人,若一方属于无民事行为能力人或者限制民事行为能力的精神病人,则不能适用行政程序的离婚方式,而只能按诉讼程序处理离婚问题;二是双方当事人必须是在中国内地登记的合法夫妻关系,非婚同居、未经登记的事实婚姻关系或不是在中国内地登记的婚姻关系,都不能以登记离婚的方式解除。

(2)双方当事人必须有真实的离婚合意。登记离婚以当事人自愿离婚为前提,离婚合意应是当事人双方在平等自愿的基础上形成的真实的意思表示。

(3)双方当事人对子女的抚养和财产问题已达成协议。

(4)离婚协议的内容必须合法。

根据《婚姻登记条例》规定，登记离婚必须经过申请、审查、登记三个环节。

《婚姻法》第31条规定："男女双方自愿离婚的，准予离婚。双方必须到婚姻登记机关申请离婚。婚姻登记机关查明双方确实是自愿并对子女和财产问题已有适当处理时，发给离婚证。"

三、诉讼离婚

1. 诉讼离婚的概念及适用情形

诉讼离婚，是指夫妻一方基于法定理由提出诉请，由法院依法通过调解或判决而解除婚姻关系的离婚方式。因为诉讼离婚都是经过法院审理的，虽然有些诉讼离婚经过法院的调解最后以当事人达成离婚协议而结案，而不是以判决的方式结案，但这种离婚协议毕竟不同于登记离婚中的协议，它必须经过法院的确认，并且由法院制作成法律文书，因而诉讼离婚又称为裁判离婚。

《婚姻法》第32条第1款规定："男女一方要求离婚的，可由有关部门进行调解或直接向人民法院提出离婚诉讼。"

在我国，当事人不能或者不愿采用登记离婚的，都可以适用诉讼离婚。概括而言，诉讼离婚的适用范围大致有：(1)一方要求离婚，另一方不同意离婚的；(2)双方都同意离婚，但在子女、财产等问题上不能达成协议；(3)精神病人的配偶要求离婚的；(4)失踪人的配偶要求离婚的；(5)事实婚姻关系的当事人要求解除婚姻关系的；(6)婚姻不是在中国内地登记的夫妻要求离婚的；(7)符合登记离婚条件，但当事人不愿登记离婚的。

2. 诉讼离婚的程序

(1)调解

《婚姻法》第32条第2款规定："人民法院审理离婚案件，应当进行调解；如感情确已破裂，调解无效，应准予离婚。"依据这一规定，无论是因有关部门调解无效而提起的离婚诉讼，还是当事人一方直接向人民法院提起的离婚诉讼，人民法院原则上都应首先依法调解。可见，调解是人民法院审理离婚案件的必经程序。

(2)判决

人民法院在对离婚案件调解无效的情况下，应当以事实为根据，以法律为准绳，一般应及时做出准予或不准予离婚的判决。如果当事人对一审法院的判决不服的，有权在判决书送达之日起15日内提起上诉；二审判决为终审判决。判决不准离婚或调解和好的离婚案件，没有新情况和新理由的，原告在6个月内又起诉的，法院不予受理。

3. 判决离婚的法定理由

判决离婚的法定理由，是指法院准予离婚的标准和依据。我国《婚姻法》第32条第2款规定："人民法院审理离婚案件，应当进行调解；如感情确已破裂，调解无效，应准予离婚。"依据这一规定，"感情确已破裂"是准予离婚的实质性条件，是判决离婚的唯一法定理由。

但是，"感情确已破裂"又应如何认定呢？《婚姻法》对此提供了具体的标准。第32条第3款规定："有下列情形之一，调解无效的，应准予离婚：(一)重婚或有配偶者与他人同居的；(二)实施家庭暴力或虐待、遗弃家庭成员的；(三)有赌博、吸毒等恶习屡教不改的；(四)因感情不和分居满二年的；(五)其他导致夫妻感情破裂的情形。"该条第4款规定："一方被宣告失踪，另一方提出离婚诉讼的，应准予离婚。"

4. 诉讼离婚的限制性规定

(1)对现役军人的配偶要求离婚的限制

《婚姻法》第33条规定:“现役军人的配偶要求离婚的,须得军人同意,但军人一方有重大过错的除外。”本条是对现役军人配偶的离婚胜诉权的限制。即对其配偶提出的离婚请求,如果现役军人不同意又无重大过错的,一般不得判决离婚。

(2)对男方要求离婚的限制

《婚姻法》第34条规定:“女方在怀孕期间、分娩后一年内或中止妊娠后六个月内,男方不得提出离婚。女方提出离婚的,或人民法院认为确有必要受理男方离婚请求的,不在此限。”

本条只是对男方离婚起诉权的暂时性限制,只是推迟了男方提起离婚之诉的时间,即男方在女方怀孕期间、分娩后1年内或流产后6个月内起诉离婚的,人民法院一般不予受理,并没有剥夺男方的离婚请求权。待上述期限届满后,男方仍可请求离婚。但是,在特殊情况下,如果人民法院认为确有必要受理男方离婚请求的,也可受理,但是否准许离婚则另当别论。

5. 离婚的法律后果

离婚的法律后果,是指离婚在当事人的人身关系、财产关系和亲子关系方面所引发的一系列变化。

(1)离婚在当事人身份上的后果

我国婚姻法对离婚在当事人身份关系方面产生的效力并没有明确的规定,学理上认为,离婚在当事人身份上的效力主要表现为:

①配偶身份的丧失。婚姻关系的终结导致双方互为配偶的身份的丧失,这是离婚的最直接效力和目的。

②当事人再婚的自由。离婚后,当事人恢复为单身,再婚的障碍不再存在,当事人获得再婚的权利和自由。

③姻亲关系消灭。《婚姻法》未就离婚在姻亲关系上发生的效力做出明确规定,通说认为姻亲关系因夫妻关系的终止而消灭。

(2)离婚在当事人财产上的后果

①夫妻之间扶养义务终止。

②夫妻相互间继承权丧失。

③夫妻共同财产的分割。

共同财产分割的方法与原则。《婚姻法》第39条第1款规定:“离婚时,夫妻的共同财产由双方协议处理;协议不成时,由人民法院根据财产的具体情况,照顾子女和女方权益的原则判决。”据此,共同财产分割的方法有二:一是协议分割;二是判决分割。共同财产分割的原则有四:一是男女平等原则;二是照顾子女和女方的合法权益原则;三是有利于生产、方便生活需要的原则;四是照顾无过错方的原则。

对妨碍共同财产分割行为的处理。《婚姻法》第47条规定:“离婚时,一方隐藏、转移、变卖、毁损夫妻共同财产,或伪造债务企图侵占另一方财产的,分割夫妻共同财产时,对隐藏、转移、变卖、毁损夫妻共同财产或伪造债务的一方,可以少分或不分。离婚后,另一方发现有上述行为的,可以向人民法院提起诉讼,请求再次分割夫妻共同财产。人民法院对前款规定的妨害民事诉讼的行为,依照民事诉讼法的规定予以制裁。”

动产的分割。动产的分割主要涉及以下内容:

其一,关于投资性财产的分割。根据《婚姻法解释(二)》第15条的规定,夫妻双方分割共同财产中的股票、债券、投资基金份额等有价证券以及未上市股份有限公司股份时,协商不成或者按市价分配有困难的，人民法院可以根据数量按比例分配。

其二，关于有限责任公司出资额的分割。根据《婚姻法解释（二）》第16条的规定，人民法院审理离婚案件，涉及分割夫妻共同财产中以一方名义在有限责任公司的出资额，另一方不是该公司股东的，按以下情形分别处理：A. 夫妻双方协商一致将出资额部分或者全部转让给该股东的配偶，过半数股东同意、其他股东明确表示放弃优先购买权的，该股东的配偶可以成为该公司股东；B. 夫妻双方就出资额转让份额和转让价格等事项协商一致后，过半数股东不同意转让，但愿意以同等价格购买该出资额的，人民法院可以对转让出资所得财产进行分割。过半数股东不同意转让，也不愿意以同等价格购买该出资额的，视为其同意转让，该股东的配偶可以成为该公司股东。

其三，关于合伙企业出资额的分割。根据《婚姻法解释（二）》第17条的规定，人民法院审理离婚案件，涉及分割夫妻共同财产中以一方名义在合伙企业中的出资，另一方不是该企业合伙人的，当夫妻双方协商一致，将其合伙企业中的财产份额全部或者部分转让给对方时，按以下情形分别处理：A. 其他合伙人一致同意的，该配偶依法取得合伙人地位；B. 其他合伙人不同意转让，在同等条件下行使优先受让权的，可以对转让所得的财产进行分割；C. 其他合伙人不同意转让，也不行使优先受让权，但同意该合伙人退伙或者退还部分财产份额的，可以对退还的财产进行分割；D. 其他合伙人既不同意转让，也不行使优先受让权，又不同意该合伙人退伙或者退还部分财产份额的，视为全体合伙人同意转让，该配偶依法取得合伙人地位。

其四，关于独资企业财产的分割。根据《婚姻法解释（二）》第18条的规定，夫妻以一方名义投资设立独资企业的，人民法院分割夫妻在该独资企业中的共同财产时，应当按照以下情形分别处理：A. 一方主张经营该企业的，对企业资产进行评估后，由取得企业一方给予另一方相应的补偿；B. 双方均主张经营该企业的，在双方竞价基础上，由取得企业的一方给予另一方相应的补偿；C. 双方均不愿意经营该企业的，按照《中华人民共和国个人独资企业法》等有关规定办理。

不动产的分割。不动产的分割主要涉及以下内容：

其一，夫妻共有房屋的归属和分割。对于这个问题，《婚姻法解释（二）》做了三条具体规定。其第19条规定："由一方婚前承租、婚后用共同财产购买的房屋，房屋权属证书登记在一方名下的，应当认定为夫妻共同财产。"第20条规定："双方对夫妻共同财产中的房屋价值及归属无法达成协议时，人民法院按以下情形分别处理：（一）双方均主张房屋所有权并且同意竞价取得的，应当准许。（二）一方主张房屋所有权的，由评估机构按市场价格对房屋做出评估，取得房屋所有权的一方应当给予另一方相应的补偿。（三）双方均不主张房屋所有权的，根据当事人的申请拍卖房屋，就所得价款进行分割。"第21条规定："离婚时双方对尚未取得所有权或者尚未取得完全所有权的房屋有争议且协商不成的，人民法院不宜判决房屋所有权的归属，应当根据实际情况判决由当事人使用。当事人就前款规定的房屋取得完全所有权后，有争议的，可以另行向人民法院提起诉讼。"

其二，父母为子女购置房屋的权属和分割问题

关于父母为子女购置房屋的权属和分割问题，根据《婚姻法解释（二）》第22条的规定，应分两种情形处理：一是当事人结婚前，父母为双方购置房屋出资的，该出资应当认定为对自己子女的个人赠与，但父母明确表示赠与双方的除外。二是当事人结婚后，父母为双方购置房屋出资的，该出资应当认定为对夫妻双方的赠与，但父母明确表示赠与一方的除外。

④夫妻债务的清偿

夫妻共同债务，是指在婚姻关系存续期间，夫妻一方或双方为共同生活或共同生产、经营活动需要所负的债务。

夫妻共同债务具有两个构成要件：一是时间性，即通常情况下，夫妻共同债务形成于婚姻关系存

续期间。《婚姻法解释(二)》第24条规定:“债权人就婚姻关系存续期间夫妻一方以个人名义所负债务主张权利的,应当按夫妻共同债务处理。但夫妻一方能够证明债权人与债务人明确约定为个人债务,或者能够证明属于《婚姻法》第十九条第三款规定情形的除外。”《婚姻法》第19条第3款规定:“夫妻对婚姻关系存续期间所得的财产以及婚前财产的约定,对双方具有约束力。夫妻对婚姻关系存续期间所得的财产约定归各自所有的,夫或妻一方对外所负的债务,第三人知道该约定的,以夫或妻一方所有的财产清偿。”二是目的性,即通常情况下,夫妻共同债务用于共同生活或共同生产、经营活动的需要。《婚姻法解释(二)》第23条规定:“规定债权人就一方婚前所负个人债务向债务人的配偶主张权利的,人民法院不予支持。但债权人能够证明所负债务用于婚后家庭共同生活的除外。”

凡是确定为夫妻共同债务的,应由夫妻双方对债权人承担连带责任。离婚时,应先以夫妻共同财产偿还共同债务,然后分割剩余的共同财产。如果夫妻共同财产不足以清偿夫妻共同债务,或者双方是采用约定分别财产制而没有共同财产的,则应由双方以个人财产连带清偿。根据《婚姻法解释(二)》第25、26条的规定,当事人的离婚协议或者人民法院的判决书、裁定书、调解书已经对夫妻财产分割问题做出处理的,债权人仍有权就夫妻共同债务向男女双方主张权利。一方就共同债务承担连带清偿责任后,基于离婚协议或者人民法院的法律文书向另一方主张追偿的,人民法院应当支持。夫或妻一方死亡的,生存一方应当对婚姻关系存续期间的共同债务承担连带清偿责任。

⑤离婚时的经济帮助

《婚姻法》第42条规定:“离婚时,如一方生活困难,另一方应从其住房等个人财产中给予适当帮助。具体办法由双方协议;协议不成时,由人民法院判决。”这条规定确立了离婚时的经济帮助制度。确立该制度的意义就在于对生活困难的一方给予经济上的帮助,目的就是为了消除生活困难一方在离婚问题上的经济顾虑,使他们充分行使离婚自由的权利。离婚时要求经济帮助必须具备下列条件:

其一,要求帮助的一方确实有生活困难。

《婚姻法解释(一)》第27条规定:“《婚姻法》第四十二条所称‘一方生活困难’,是指依靠个人财产和离婚时分得的财产无法维持当地基本生活水平。一方离婚后没有住处的,属于生活困难。”

其二,要求帮助一方的生活困难存在于离婚时。

其三,另一方有经济负担能力。

⑥离婚时的经济补偿

《婚姻法》第40条规定:“夫妻书面约定婚姻关系存续期间所得的财产归各自所有,一方因抚育子女、照料老人、协助另一方工作等付出较多义务的,离婚时有权向另一方请求补偿,另一方应当予以补偿。”这条规定是我国婚姻立法史上首次确立的离婚时经济补偿制度。该制度表明,我国婚姻法直接肯定了家务劳动的经济价值。

经济补偿请求权的成立必须符合以下三个条件:

其一,须夫妻书面约定婚姻关系存续期间所得的财产归各自所有;

其二,须一方在共同生活中对家庭承担了更多的义务;

其三,必须于离婚之时提出请求。

(3)离婚损害赔偿制度

①离婚损害赔偿的概念

离婚损害赔偿,是指因夫妻一方的法定过错行为导致离婚,无过错方因离婚而受到损害的,可向有过错方要求的赔偿。离婚损害赔偿制度的确立,为维护无过错方的合法权益提供了有利的法律保障。

②离婚损害赔偿请求权的成立条件

根据我国《婚姻法》及其司法解释，请求离婚损害赔偿必须符合以下条件：

其一，须当事人双方具有法律认可的夫妻身份。

其二，须夫妻一方实施了法定的过错行为。《婚姻法》第46条规定："有下列情形之一，导致离婚的，无过错方有权请求损害赔偿：(一)重婚的；(二)有配偶者与他人同居的；(三)实施家庭暴力的；(四)虐待、遗弃家庭成员的。"

其三，须因一方的法定过错行为而离婚。根据《婚姻法解释(一)》第29条的规定，人民法院判决不准离婚的案件，对于当事人基于婚姻法规定提出的损害赔偿请求，不予支持。在婚姻关系存续期间，当事人不起诉离婚而单独依据该条规定提起损害赔偿请求的，人民法院不予受理。

其四，须无过错因离婚而受到损害。《婚姻法解释(一)》第28条规定："《婚姻法》第四十六条规定的'损害赔偿'，包括物质损害赔偿和精神损害赔偿。"

其五，须请求权人无过错。

③离婚损害赔偿请求权的行使

离婚损害赔偿的权利包括请求权主体和承担赔偿责任的主体，根据我国《婚姻法》的规定，请求权主体限于无过错的配偶一方，责任主体限于有过错的配偶一方。

请求离婚损害赔偿的期限限制。根据《婚姻法解释(一)》第30条、《婚姻法解释(二)》第27条的规定，无过错请求离婚损害赔偿在时间上是有限制的，这些限制表现在：

其一，无过错方作为离婚案件的原告，基于《婚姻法》第46条规定向人民法院提起损害赔偿请求的，必须在离婚诉讼的同时提出。

其二，无过错方作为被告的离婚诉讼案件，如果被告不同意离婚也不基于《婚姻法》第46条规定提起损害赔偿请求的，可以在离婚后1年内就此单独提起诉讼。

其三，无过错方作为被告的离婚诉讼案件，一审时被告未基于《婚姻法》第46条规定提出损害赔偿请求，二审期间提出的，人民法院应当进行调解，调解不成的，告知当事人在离婚后1年内另行起诉。

其四，当事人在婚姻登记机关办理离婚登记手续后，以《婚姻法》第46条规定为由向人民法院提出损害赔偿请求的，人民法院应当受理。但当事人在协议离婚时已经明确表示放弃该项请求，或者在办理离婚登记手续1年后提出的，不予支持。

(4)离婚在父母子女关系方面的后果

①离婚后的父母子女关系

《婚姻法》第36条第1款规定："父母与子女间的关系，不因父母离婚而消除。离婚后，子女无论由父或母直接抚养，仍是父母双方的子女。"该条第2款规定："离婚后，父母对于子女仍有抚养和教育的权利和义务。"据此，离婚仅解除婚姻关系，但父母与子女之间的权利义务关系不因父母离婚而解除。

②离婚后子女的直接抚养问题

根据《婚姻法》第36条第3款的规定，离婚后，哺乳期内的子女，以随哺乳的母亲抚养为原则。哺乳期后的子女，如双方因抚养问题发生争执不能达成协议时，由人民法院根据子女的权益和双方的具体情况判决。

③离婚后子女抚育费的负担问题

根据《婚姻法》第37条的规定，离婚后，一方抚养的子女，另一方应负担必要的生活费和教育费的一部或全部，负担费用的多少和期限的长短，由双方协议；协议不成时，由人民法院判决。关于子女生活费和教育费的协议或判决，不妨碍子女在必要时向父母任何一方提出超过协议或判决原定数额的合理要求。

④离异父母对子女的探望权

探望权的概念。探望权，又称探视权，是指父母离婚后，不直接抚养子女的一方依法享有的对未与之共同生活的子女继续探望、交往的权利。《婚姻法》第 38 条第 1、2 款规定："离婚后，不直接抚养子女的父或母，有探望子女的权利，另一方有协助的义务。行使探望权利的方式、时间由当事人协议；协议不成时，由人民法院判决。"《婚姻法解释(一)》第 24 条规定："人民法院做出的生效的离婚判决中未涉及探望权，当事人就探望权问题单独提起诉讼的，人民法院应予受理。"

探望权的中止。探望权的中止是指因发生一定的法定事由，致使探望权不宜继续行使，而由人民法院依法暂时停止探望权的行使。《婚姻法》第 38 条第 3 款规定："父或母探望子女，不利于子女身心健康的，由人民法院依法中止探望的权利；中止的事由消失后，应当恢复探望的权利。"据此，探望权的中止以出现法定中止事由，即"父或母探望子女，不利于子女身心健康"为前提，中止探望权须经人民法院判决。探望权中止的后果，只是暂时取消探望子女的权利，并非永远剥夺该权利。中止探望的情形消失后，人民法院应当根据当事人的申请通知其恢复探望权的行使(《婚姻法解释(一)》第 25 条)。

探望权的强制执行。《婚姻法》第 48 条规定："对拒不执行探望子女等判决或裁定的，由人民法院依法强制执行。有关个人和单位应负协助执行的责任。"《婚姻法解释(一)》第32 条规定："《婚姻法》第四十八条关于对拒不执行有关探望子女等判决和裁定的，由人民法院依法强制执行的规定，是指对拒不履行协助另一方行使探望权的有关个人和单位采取拘留、罚款等强制措施，不能对子女的人身、探望行为进行强制执行。"

第六章　父母子女

学习目标

掌握父母子女关系的概念及分类。掌握父母子女间的权利和义务。

一、父母子女关系的概念与分类

父母子女关系又称亲子关系（“亲”即父母双亲，“子”即子女），是指依照相关法律规定，在父母子女之间产生的权利和义务关系。父母子女关系是亲属关系中最近的直系血亲关系。

根据父母子女关系产生的原因，我国《婚姻法》将父母子女关系分为两种，即自然血亲的父母子女关系和拟制血亲的父母子女关系。

1. 自然血亲的父母子女关系

自然血亲的父母子女关系，包括生父母与婚生子女关系、生父母与非婚生子女关系。《婚姻法》第25条规定：“非婚生子女享有与婚生子女同等的权利，任何人不得加以危害和歧视。不直接抚养非婚生子女的生父或生母，应当负担子女的生活费和教育费，直至子女能独立生活为止。”

2. 拟制血亲的父母子女关系

拟制血亲的父母子女关系包括养父母和养子女关系、继父母与继子女关系。《婚姻法》第26、27条规定：“国家保护合法的收养关系。养父母和养子女间抚养关系的权利和义务，适用本法对父母子女关系的有关规定。养子女和生父母间的权利和义务，因收养关系的成立而消除。”“继父母与继子女间，不得虐待或歧视。继父或继母和受其抚养教育的继子女间的权利和义务，适用本法对父母子女关系的有关规定。”

二、父母子女间的权利和义务

1. 父母对子女有抚养教育的义务

《婚姻法》第21条第1款规定：“父母对子女有抚养教育的义务。”该条第2款规定：“父母不履行抚养义务时，未成年的或不能独立生活的子女，有要求父母付给抚养费的权利。”据此，父母对未成年子女的抚养是无条件的，而对成年子女的抚养是有条件的，父母仅对不能独立生活的成年子女负有抚养的义务。根据《婚姻法解释（一）》第20条的规定，“不能独立生活的子女”是指尚在校接受高中及其以下学历教育，或者丧失或未完全丧失劳动能力等非因主观原因而无法维持正常生活的成年子女。此外，父母不履行抚养义务时，未成年的或不能独立生活的子女，有权要求父母付给抚养费，这里的抚养费，包括子女生活费、教育费、医疗费等费用（《婚姻法解释（一）》第21条）。

2. 父母对未成年子女有管教、保护的权利和义务

《婚姻法》第23条规定：“父母有保护和教育未成年子女的权利和义务。在未成年子女对国家、集体或他人造成损害时，父母有承担民事责任的义务。”

3. 子女对父母有赡养扶助的义务

《婚姻法》第21条第1款规定：“子女对父母有赡养扶助的义务。”该条第2款规定：“子女不履行赡养义务时，无劳动能力的或生活困难的父母，有要求子女付给赡养费的权利。”同时，根据《婚姻法》第30条的规定，子女对父母的赡养义务，不因父母的婚姻关系变化而终止。

4. 父母和子女有相互继承遗产的权利

《婚姻法》第24条第2款规定：“父母和子女有相互继承遗产的权利。”根据《继承法》第10条的规定，父母和子女互为第一顺序继承人。当父母死亡时，子女有继承父母遗产的权利；当子女死亡时，父母有继承子女遗产的权利。

第七章　收　养

学习目标

掌握收养的概念及特征。掌握收养法的基本原则。理解收养关系成立的条件。理解收养效力的基本内容。掌握收养关系解释的方式及法律后果。

一、收养的概念与特征

收养,是指自然人依照法律规定的条件和程序,领养他人的子女为自己的子女,使之发生父母子女间权利义务关系的民事行为。

收养具有以下法律特征:

(1)收养是一种民事行为。收养是当事人基于意思表示,并以建立养父母子女关系为目的的一种民事行为。

(2)收养是一种身份行为。收养关系成立后,一方面解除了被收养人与其生父母间的权利义务关系,另一方面形成了收养人与被收养人间的拟制的父母子女关系,使养父母代替了生父母的法律地位。

(3)收养是要式行为。收养是引发当事人身份关系变更的重大法律行为,不仅涉及当事人的切身利益,也关系到家庭和社会的利益。因此,我国《收养法》规定,收养关系的成立和接触应当由相关当事人达成协议,并必须办理收养登记。欠缺法定形式要件的收养行为不能发生当事人所追求的法律后果。

(4)收养是可以解除的民事行为。收养产生的拟制血亲关系与因出生而产生的自然血亲关系的区别在于,后者不能人为地解除,而前者既可依法律行为而产生,也可依法律行为而解除。

二、收养法的基本原则

收养法的基本原则是我国收养立法和司法的宗旨和指导思想,也是当事人收养行为必须遵循的基本准则。我国收养法的基本原则有:

1. 有利于被收养人抚养、成长原则

未成年的被收养人正处于身心发育阶段,需要有一个良好的适合他们健康成长的生活环境。因此,收养法确立了收养应有利于被收养人的抚养、成长的原则。这一原则贯穿于收养行为的整个过程。

2. 保障被收养人和收养人合法权益原则

合法的收养关系有助于更好地发挥家庭的养老育幼的社会功能。所以,我国收养法将收养各方当事人的合法权益置于法律的保护之下,要求有关部门和相关人员尊重当事人的合法权益,禁止各种危害收养关系当事人的合法权益的行为。

3. 平等自愿原则

收养关系当事人的平等自愿是指当事人在收养活动中的法律地位平等,收养关系的成立须以各方当事人的意思表示真实一致为必备条件。收养是改变身份关系的重大法律行为,收养关系的建立或解除,带有浓厚的感情色彩,收养人是否愿意领养他人子女,送养人是否同意将子女送给他人收养,有识别能力的被收养人是否愿意被他人收养等,都应由当事人自己的意志决定。只有这样,才能形成巩固、和谐的收养关系。

4. 不违背社会公德原则

收养涉及身份关系的变更,具有极强的伦理性。所以,当事人在进行收养活动时不但要遵守法律规范,还应尊重社会伦理道德及习俗的要求。

5. 不违背计划生育原则

计划生育是我国的一项基本国策,也是我国婚姻家庭法明确规定的一项基本原则。收养子女作为补充自然生育的必要手段,与计划生育有着直接密切的关系。所以,收养法必须采取有效措施防止一些人将超计划生育的子女,借收养之名随意送养或收养,以规避计划生育法规政策。

三、收养关系的成立

1. 收养关系成立的实质条件

(1)一般收养关系成立的条件

一般收养关系成立的条件,是指通常情况下建立收养关系时,当事人和收养行为所应具备的条件。

根据《收养法》第4条的规定,通常情况下,建立收养关系应具备下列条件:

①被收养人应具备的条件

其一,不满14周岁的未成年人。

其二,得不到父母的抚养。得不到父母的抚养是指丧失父母的孤儿;或者查找不到生父母的弃婴和儿童;或者生父母有特殊困难无力抚养的子女。

②收养人应当具备的条件

其一,无子女;

其二,有抚养教育被收养人的能力;

其三,未患有在医学上认为不应当收养子女的疾病;

其四,年满30周岁;

其五,无配偶的男性收养女性的,收养人与被收养人的年龄应当相差40周岁以上。

③送养人应当具备的条件

我国《收养法》规定,14周岁以下的未成年人生父母、其他监护人和社会福利机构均可以作送养人,但他们须分别符合相应的条件。

A. 生父母作为送养人的条件

其一,生父母有特殊困难,均无力抚养子女。

其二,须双方共同送养,但生父母一方不明或者查找不到的可以单方送养。

其三,配偶一方死亡,另一方送养未成年子女的,死亡一方的父母有优先抚养的权利。即此种情形下的送养须先征求死亡一方的父母的意见。

B. 其他监护人作为送养人的条件

其一,未成年人的父母均死亡的情形。

在此情形下,监护人送养未成年孤儿的,须征得有抚养义务的人同意。有抚养义务的人不同意送养、监护人不愿意继续履行监护职责的,应当依照《民法通则》的规定变更监护人。

其二,未成年人的父母均不具备完全民事行为能力的情形。

在此情形下,该未成年人的监护人不得将其送养,但父母对该未成年人有严重危害可能的除外。

C. 社会福利机构作为送养人的条件

社会福利机构通常是指由民政部门设立的,专门收容、抚养暂时无法查明生父母或监护人的弃儿、孤儿的社会组织,如儿童福利院等。在我国,除了这类机构外,其他任何机构不得送养上述弃儿或孤儿。

④须各方当事人达成收养合意

收养人与送养人须双方自愿,并达成收养协议。收养年满10周岁以上未成年人的,还应当征得被收养人的同意。有配偶者收养子女,须征得其配偶的同意,由夫妻双方共同作为收养人。生父母离婚后,一方送养子女的,应征得另一方同意。

(2)特殊收养关系成立的条件

特殊收养关系成立的条件,是指几种特殊身份的当事人之间成立收养关系应具备的条件。因收养关系当事人的身份特殊,所以收养法律对这类收养关系成立的条件要求宽于一般收养关系成立的条件。

①收养三代以内同辈旁系血亲的子女

《收养法》对收养三代以内同辈旁系血亲的子女的放宽条件表现为:

其一,被收养人可以不受不满14周岁的限制;

其二,作为送养人的生父母即使没有抚养子女的困难,也可将子女送养;

其三,无配偶的男性收养三代以内同辈旁系血亲的女儿时,可以不受年龄相差40周岁以上的限制;

其四,华侨收养三代以内同辈旁系血亲的子女,可以不受收养人无子女的限制。

②收养孤儿、残疾儿童或者社会福利机构抚养的查找不到生父母的弃婴和儿童

《收养法》对这类收养的放宽条件表现为:收养人可以不受收养人无子女和收养一名的限制。

③收养继子女

继父或者继母经继子女的生父母同意,可以收养继子女。《收养法》对收养继子女的放宽条件表现为:

其一,被收养人可以不受不满14周岁的限制;

其二,作为送养人的生父母即使没有抚养子女的困难,也可将子女送养给继父或者继母;

其三,可以不受收养一名的限制;

其四,作为收养人的继父母可以不受一般收养人其他条件的限制。

2. 收养关系成立的形式条件

收养关系的成立,除具备上述实质条件外,还必须履行法定程序,以使合法的收养关系得以确认和公示。

(1)行政登记程序

行政登记程序是成立收养关系的必经程序。《收养法》第15条第1款规定:“收养应当向县级以上人民政府民政部门登记。收养关系自登记之日起成立。”

(2)收养协议与收养公证

《收养法》第15条第3款规定:“收养关系当事人愿意订立收养协议的,可以订立收养协议。”第4款规定:“收养关系当事人各方或者一方要求办理收养公证的,应当办理收养公证。”据此,收养协议与收养公证都不是收养成立的必经程序,而是法定程序以外的当事人可自行选择的形式,是否订立书面的收养协议或办理收养公证,不影响收养关系的效力。

四、收养的效力

1. 收养关系成立的法律效力

(1)收养的拟制效力

《收养法》第23条第1款规定:“自收养关系成立之日起,养父母与养子女间的权利义务关系,适用法律关于父母子女关系的规定;养子女与养父母的近亲属间的权利义务关系,适用法律关于子女与父母的近亲属关系的规定。”据此,收养的拟制效力表现为:

①收养人与被收养人之间形成拟制的父母子女关系。

②被收养人与收养人近亲属之间形成相应的拟制亲属关系。

③被收养人的后代与收养人及其近亲属之间形成相应的拟制亲属关系。

(2)收养的解除效力

《收养法》第23条第2款规定:“养子女与生父母及其他近亲属间的权利义务关系,因收养关系的成立而消除。”据此,养子女从此脱离了生父母而成为养父母的子女,被收养人与其生父母相互间不再承担抚养、赡养等义务,也不再享有继承等权利。被收养人与其他的自然血亲的近亲属间的权利义务关系,也同时解除。

2. 收养行为的无效

(1)收养无效的原因

《收养法》第25条第1款规定:“违反《中华人民共和国民法通则》第五十五条和本法规定的收养行为无法律效力。”

(2)确认收养无效的程序及收养无效的法律后果

根据我国现行法律、法规的有关规定,确认收养无效的程序只有一种,即由人民法院依诉讼程序确认收养行为无效。

《收养法》第25条第2款规定:“收养行为被人民法院确认无效的,从行为开始时起就没有法律效力。”

五、收养关系的解除

1. 收养关系解除的方式

收养关系解除的方式有两种:即协议解除和诉讼解除。

(1)协议解除

收养关系成立后,在被收养人成年之前,收养人、送养人双方可以协议解除收养关系。养父母与成年养子女关系恶化、无法共同生活的,也可协议解除收养关系。收养关系的协议解除必须符合收养法规定的条件和程序。

①协议解除的条件。须有当事人解除收养关系的合意,养子女未成年时须收养人、送养人双方协商一致,养子女年满10周岁以上的,应当征得本人同意。养子女成年后,应由养父母与成年养子女之间达成解除收养关系的协议。

②协议解除的程序。根据《收养法》第28条的规定,当事人协议解除收养关系的,应当到民政部门办理解除收养关系的登记。

(2)诉讼解除

收养当事人不能达成解除收养关系协议的,收养人、送养人或者已经成年的被收养人可以向人民法院起诉,通过诉讼程序由人民法院处理。诉讼解除的情形有三种:

①养子女未成年时,养父母要求解除收养关系的

根据《收养法》第26条第1款的规定,收养人在被收养人成年以前,不得解除收养关系,但收养人、送养人双方协议解除的除外,养子女年满10周岁以上的,应当征得本人同意。

②养子女成年后,送养人要求解除收养关系的

根据《收养法》第26条第2款的规定,收养人不履行抚养义务,有虐待、遗弃等侵害未成年养子

女合法权益行为的，送养人有权要求解除养父母与养子女间的收养关系。送养人、收养人不能达成解除收养关系协议的，可以向人民法院起诉。

③养子女成年后，养父母或成年养子女一方要求解除收养关系的

根据《收养法》第27条的规定，养父母与成年养子女关系恶化、无法共同生活的，可以协议解除收养关系。不能达成协议的，可以向人民法院起诉。

2. 收养关系解除的法律后果

(1)人身关系上的效力

①养子女与养父母之间

根据《收养法》第29条的规定，收养关系解除后，养子女与养父母及其他近亲属间的权利义务关系即行消除。

②养子女与生父母之间

根据《收养法》第29条的规定，收养关系解除后，未成年的养子女与生父母及其他近亲属间的权利义务关系自行恢复；成年的养子女与生父母及其他近亲属间的权利义务关系是否恢复，可以协商确定。

(2)财产关系上的效力

根据《收养法》第30条的规定，收养关系解除后，经养父母抚养的成年养子女，对缺乏劳动能力又缺乏生活来源的养父母，应当给付生活费。因养子女成年后虐待、遗弃养父母而解除收养关系的，养父母可以要求养子女补偿收养期间支出的生活费和教育费。

生父母要求解除收养关系的，养父母可以要求生父母适当补偿收养期间支出的生活费和教育费，但因养父母虐待、遗弃养子女而解除收养关系的除外。

(3)共同财产的分割

如果养子女与养父母在共同生活期间形成了共同共有的财产的收养关系解除时，应就这部分共同共有财产进行分割。

练习题

一、单项选择题

1. 生活在同一家庭的成员，以一定的亲属关系为前提条件，具有固定的身份和称谓。下列说法正确的是(　　)

   A. 家庭成员之间肯定不存在亲属关系

   B. 具有亲属关系的人则肯定是家庭成员

   C. 具有亲属关系的人肯定不是家庭成员

   D. 常态下，家庭成员同时具有亲属关系，但亲属关系不等于家庭成员

2. 下列表述正确的是(　　)

   A. 婚姻法只调整婚姻关系

   B. 婚姻法只调整婚姻家庭方面的人身关系

   C. 婚姻法只调整婚姻家庭方面的财产关系

   D. 婚姻法既调整婚姻家庭方面的人身关系又调整婚姻家庭方面的财产关系

3. 在现代核心化小家庭中，家庭关系的核心是(　　)

   A. 夫妻关系　　B. 祖孙关系　　C. 父母子女关系　　D. 兄弟姐妹关系

4. 下列关于婚姻家庭关系的说法中，正确的是(　　)

A. 婚姻家庭关系中的财产关系终归是财产关系，因此具有等价有偿性质

B. 婚姻家庭关系中的人身关系，存在于具有特定亲属身份的主体之间，本身具有一定的经济内容

C. 婚姻家庭关系中，人身关系是起决定作用的主要方面，财产关系则处于从属地位，不能脱离人身关系而独立存在

D. 婚姻家庭方面的财产关系，虽是以人身关系为前提的，但它不是人身关系发生、变更和终止所引起的相应法律后果

5. 下列关于婚姻家庭方面的财产关系特性的表述，不正确的是，婚姻家庭方面的财产关系(　　)

A. 局限于相互之间具有特定身份的亲属

B. 终归是财产关系，因此具有等价有偿性质

C. 基于结婚、出生、收养等特定法律事实而发生

D. 反映亲属共同生活的要求，是实现家庭经济职能的要求

6. 婚姻法的基本原则是指婚姻法对我国婚姻家庭制度所做的概括性、原则性的规定，是我国婚姻立法的指导思想。下列不属于婚姻法基本原则的是(　　)

A. 婚姻自由原则　　B. 男女平等原则

C. 诚实信用原则　　D. 计划生育原则

7. 亲属身份行为及其法律后果，(　　)

A. 可以由他人代理　　B. 可以由本人进行和承受

C. 只能由本人进行和承受　　D. 不能由本人进行和承受

8. 婚姻自由是指男女双方有权依照法律规定，自主决定自己的婚姻问题，不受任何人的强制和干涉。下列说法中属于其他干涉婚姻自由的是(　　)

A. 包办婚姻的

B. 买卖婚姻的

C. 换亲和转亲的

D. 对不结婚者进行侮辱、恶语中伤的

9. 下列禁止性规定中，体现我国婚姻所规定的一夫一妻原则的是(　　)

A. 禁止重婚

B. 禁止家庭暴力

C. 禁止借婚姻索取财物

D. 禁止家庭成员间的虐待和遗弃

10. 我国《婚姻法》规定，女方按照计划生育的要求中止妊娠的，在手术后 6 个月内，男方不得提出离婚。这样的规定所体现的我国婚姻法的原则是(　　)

A. 一夫一妻　　B. 男女平等

C. 计划生育　　D. 保护妇女、儿童和老人合法权益原则

11. 形成行为是指直接以亲属身份的发生、变更或消灭为目的的法律行为，下列不属于其效力的是(　　)

A. 有效　　B. 无效　　C. 可撤销　　D. 效力待定

二、简答题

1. 简述婚姻家庭法的基本原则。

2. 简述身份法律行为的概念与特征。

3. 简述身份权的概念与特征。

参考答案

一、

1. D 2. D 3. A 4. C 5. B 6. C 7. C 8. D 9. A 10. D 11. D

二、

1. 婚姻家庭法的基本原则是婚姻家庭立法的指导思想,规定着民事主体从事婚姻家庭活动、司法机关从事审判活动应该遵循的基本价值、基本观念。

婚姻家庭法的基本原则主要包括:(1)婚姻自由原则。(2)一夫一妻原则。(3)男女平等原则。(4)保护妇女、儿童和老人的合法权益原则。(5)实行计划生育原则。

2. 身份法律行为,是指以身份以及身份所引起的人身关系和财产关系的产生、变更或消灭为目的的法律行为。

身份法律行为有以下几个特征:(1)主体资格具有限定性。(2)身份行为不得代理。(3)身份行为不得附条件或期限。(4)身份行为具有要式性。(5)身份行为的评价具有独立的规则。

3. 身份权是基于身份关系所产生的权利。

身份权具有以下特征:(1)身份权具有专属性。(2)身份权具有义务性。(3)身份权无时效性。

第六部分　继承权

第一章　继承权概述

学习目标

理解继承权的概念与特征。了解我国继承法的基本原则。掌握遗产的概念和范围，继承权的行使与丧失。

一、继承权的概念与特征

（一）继承权的概念

继承权是指自然人死亡之后，其近亲属按照其有效遗嘱或者法律的具体规定，无偿取得其遗留的个人合法财产。其中，遗留财产的死者称为被继承人。自然人死亡时遗留的财产称为遗产。依法取得遗产的人（死者的近亲属）称为继承人。继承人依法承受死者财产的权利称为继承权。调整财产继承法律规范的总称叫作继承法。

继承必须具备以下条件：(1)须有近亲属死亡事实的发生。继承是对死者遗产的继承，所以，有死亡事实的发生是财产继承的前提，活着的人之间的财产移转，不能称为继承。这里的死亡包括生理死亡和宣告死亡。(2)死亡的近亲属须留有遗产。财产继承的客体是财产，死者没有留下财产，当然也就不发生财产继承。死者留有遗产是财产继承的物质条件。(3)须有合法的继承人。继承人是继承法律关系的主体，没有继承人或继承人丧失继承权的，不发生继承，死者的财产由有关组织或国家承受。

（二）继承权的特征

继承权作为一种民事权利，具有以下特征：

1. 继承是一种财产转移现象。继承是对死者财产的承受，所以，继承也叫财产继承。继承以死者留有财产为前提，以继承人取得财产为权利实现的标志，继承是财产取得的一种方式，所以，继承权是财产权。

2. 继承与一定的身份相关联。继承，只发生在具有一定亲属关系的人之间。《中华人民共和国继承法》（以下简称《继承法》）所确定的继承人范围也仅限于近亲属。没有亲属关系的人之间不发生财产继承问题，法定范围之外的亲属之间也不发生财产继承问题。

3. 继承的发生依赖于被继承人死亡这一法律事实。法律规定的继承权只是一种期待权，当事人并不能直接的、现实的享受利益，而只有当被继承人死亡后才能现实地实现权利。生活状态下的亲属之间的财产转移不是继承。

4. 继承人取得遗产是无偿的。继承人无论是按照法定继承还是按照遗嘱继承，其取得遗产时无须支付对价，是无偿取得遗产的。

二、我国继承法的基本原则

我国《继承法》的基本原则是处理继承关系的基本准则，也是实施、解释、研究继承法的基本准则。基本原则本身具有法律效力，处理一切继承纠纷案件，凡法律、法规有具体规定的，适用这些具体规定，没有具体规定的，就应当依照基本原则来处理。根据《继承法》的规定，我国继承法的基本原则包括以下几项：

（一）保护公民私有财产继承权

这是我国《宪法》中有关保护公民合法财产及私有财产继承权规定的具体化，也是《继承法》的立法宗旨，它贯穿《继承法》的全部内容，是《继承法》的首要原则。保护公民私有财产继承权体现在两方面：一是赋予公民继承权，确认公民对其死亡近亲属的遗产有权继承；二是在继承权受到不法侵害时，继承人有权请求人民法院依法保护，恢复其权利原状。

（二）继承权男女平等

《继承法》第9条规定：继承权男女平等。这是公民在法律上一律平等的具体体现。男女平等是宪法确认的一项重要原则，在继承法中男女平等主要表现在以下几个方面：

1. 在法定继承人的范围上男女平等。近亲属中不分男女，一律平等地享有遗产继承权，每一类法定继承人中，男性与女性都是相对应的，如夫和妻、父和母、兄弟和姐妹等都平等地享有继承权。

2. 在确定法定继承人的继承顺序上男女平等。在亲等相同的情况下，适合于男性的继承顺序，同样适合于女性；适合于父系的顺序，也适合于母系。如儿子和女儿都列入第一顺序；祖父母和外祖父母都平等地列入第二顺序。

3. 在代位继承中男女平等。凡是适用于男性的代位继承也适用于女性；适用于父系的代位继承，也同样适用于母系。

4. 在遗嘱继承中，男女平等。无论男女，都有权按照自己的意志依法订立遗嘱，处理个人财产；也不论男女，都可以成为被继承人指定的遗嘱继承人。

5. 按照法定继承分配遗产时，同一顺序的继承人继承遗产的份额，一般应当均等，不因性别而有差别。

（三）养老育幼

养老育幼，照顾病残是社会主义家庭的神圣职责，是社会主义制度优越性的体现，也是我国《继承法》的一项基本原则。这一原则在《继承法》中主要体现在：

1. 在遗产分配上，对生活有特殊困难，又缺乏劳动能力的继承人应当予以照顾多分（第13条）；对继承人以外的依靠被继承人扶养的缺乏劳动能力又没有生活来源的人，可以分给他们适当的遗产（第14条）。

2. 被继承人以遗嘱方式处分财产时，应当对缺乏劳动能力又没有生活来源的继承人，保留必要的遗产份额，以保障他们的基本生活需要。

3. 保护被继承人死亡后出生的新生儿利益。遗产分割时，应当保留胎儿的继承份额(第28条)。

4. 为鼓励赡养老人，《继承法》把对公、婆尽了主要赡养义务的丧偶儿媳，以及对岳父母尽了主要赡养义务的丧偶女婿也列入第一顺序继承人范围，另外还规定，自然人可以通过与扶养人或集体所有制组织签订遗赠扶养协议的方式，使自己的生活得到保证。

（四）互谅互让，和睦团结

根据《继承法》第七条的规定：继承人应当本着互谅互让、和睦团结的精神，协商处理继承问题。继承是近亲属之间的一种法律关系，其本质是家庭成员之间的一种经济互助，所以，继承也应遵照互谅互让、和睦团结的精神来进行。

三、遗产的概念与范围

（一）遗产的概念

遗产是指自然人死亡时所遗留的个人合法财产。从该定义可以看出，遗产是自然人死亡时所遗留的财产，如果没有死亡事实，不能称其财产为遗产；遗产是自然人死亡时遗留的个人合法财产，非法财产不得作为遗产；同时，遗产必须是死亡自然人的个人财产，其他人的财产不得作为遗产。

（二）遗产的范围

根据《继承法》第3条的规定，遗产的范围包括以下几项：①公民的收入；②公民的房屋、储蓄和生活用品；③公民的林木、牲畜和家禽；④公民的文物、图书资料；⑤法律允许公民所有的生产资料；⑥公民的著作权、专利权中的财产权利；⑦公民的其他合法财产。

针对继承法第3条第7项的“其他合法财产”，1985年9月11日的最高人民法院《关于贯彻执行〈中华人民共和国继承法〉若干问题的意见》中的总则部分第3项规定：“其他合法财产包括有价证券和履行标的为财物的债权等。”

在司法实践中，对遗产的范围应注意以下几方面：①他人的财产不能作为遗产。在确定遗产范围时，尤其应注意将夫妻共同财产和家庭共同财产与死者的遗产区分开。继承开始后，应先析产，将属于他人的财产分析出来，以确定死者个人的财产；②承包经营权、房屋租赁权等不得作为遗产。承包经营的内容如土地、荒山、果树、企业的经营管理权等都是属于国家或集体所有的，不是承包者个人的财产，不能作为遗产进行继承。当然其承包应得的收益是遗产。承包权是由于承包合同而产生的，是不能通过继承取得的，实践中死者的近亲属继续承包的，也不是基于继承，而是按照承包合同办理的。房屋租赁权也不是遗产，不能基于继承而继续租赁，而须与出租人重新订立租赁合同；③有关单位发给死者家属的抚恤金不是遗产。这部分财产不是死者的个人财产，而是有关单位给予死者生前扶养、赡养的家属的经济补偿和精神抚慰，是给予特定人的，不能作为遗产在全体继承人中分配；④有人身保险合同的人死后，其保险合同中注明了受益人的，保险金不得作为遗产。该保险金是合同中所注明的受益人的财产，而不是遗产。⑤人身权不能继承，例如公民的姓名权、名誉权、荣誉权等人身权都是与公民的人身不可分离的，权利人死后，任何人都不能继承这些权利。

四、继承权的接受、放弃与丧失

（一）继承权的接受

继承权的接受是指继承人做出的同意继承被继承人遗产的意思表示。继承权的接受是继承人参与继承法律关系，行使继承权，接受被继承人遗产的条件。

在继承开始后，继承人虽然取得了继承的资格，但继承人还须做出接受继承的意思表示，才能参与遗产的继承。继承人接受继承的意思表示，可以是明示的，也可以是默示的。根据《继承法》第25条的规定，只要继承人没有做出放弃继承权的意思表示，即视为接受继承权。

（二）继承权的放弃

（1）继承权放弃的概念

继承权的放弃，是指继承人在继承开始后、遗产分割前，以明示方式做出的放弃继承被继承人遗产的意思表示。放弃继承权的意思表示必须由本人做出，当继承人为无行为能力人或者限制行为能力人时，他们的法定监护人（或法定代理人）不能代替他们做出放弃继承的意思表示。

（2）继承权放弃的时间

《关于贯彻执行〈中华人民共和国继承法〉若干问题的意见》（以下简称《继承法意见》）第49条规定：“继承人放弃继承的意思表示，应当在继承开始后、遗产分割前做出。遗产分割后表示放弃的不再是继承权，而是所有权。”

（3）继承权放弃的方式

继承权放弃必须以明示方式做出，包括书面、口头方式。《继承法意见》第47条规定：“继承人放弃继承应当以书面形式向其他继承人表示。用口头方式表示放弃继承，本人承认，或有其他充分证据证明的，也应当认定其有效。”在诉讼中，继承人向人民法院以口头方式表示放弃继承的，要制作笔录，由放弃继承的人签名（《继承法意见》第48条）。

（4）对继承权放弃的限制

继承人放弃继承权是对自己权利的一种处分,因此,继承人有放弃继承权的自由。但是,如同任何自由都不能绝对一样,放弃继承权也是不受任何限制的。如果继承人因放弃继承权,致其不能履行法定义务的,放弃继承权的行为无效(《继承法意见》第46条)。

(5)继承权放弃的效力

《继承法意见》第51条规定:"放弃继承的效力,追溯到继承开始的时间。"据此,放弃继承的人,自继承开始就退出继承法律关系。不享有取得继承被继承人遗产的权利,也不承担被继承人生前的债务。

(三)继承权的丧失

继承权的丧失,是指依照法律规定,在发生法定事由时,取消继承人的继承权。继承权的丧失,实质是对继承权的剥夺。

根据我国《继承法》第7条的规定,继承权丧失的原因包括下列几种情形:

1. 故意杀害被继承人的。继承人故意杀害被继承人,是一种严重的刑事犯罪行为,它不仅触犯了刑法,而且也违反了《继承法》的宗旨,对家庭关系是重大伤害。所以,决不能使故意杀害被继承人的人,再取得被继承人的遗产。

在这里需要注意以下几点:①该继承人的杀害行为,在主观上是故意的,不管是直接故意,还是间接故意,也不管其动机是什么,都不影响这一条件的成立。②继承人只要实施了以剥夺被继承人生命为目的的杀害行为,就构成丧失继承权的要件,而不管该杀害行为是既遂还是未遂。③该剥夺被继承人生命的行为是违法的。合法的剥夺其生命的行为不构成丧失继承权的要件。如执行枪决命令、正当防卫等。

2. 为争夺遗产而杀害其他继承人的。如果是因为其他目的而杀害其他继承人,不构成丧失继承权。

3. 遗弃被继承人的,或者虐待被继承人情节严重的。遗弃被继承人,是指继承人对没有独立生活能力的被继承人,拒不履行扶养义务的行为。被继承人必须是没有独立生活能力的人,如果被继承人有独立生活能力,继承人对其不尽扶养义务,尽管不合法,但不构成遗弃。另外需要注意,如果继承人本身没有独立生活能力,无力尽扶养义务的,不构成遗弃。

虐待是指对被继承人以各种手段进行肉体或精神上的摧残、折磨的行为。构成丧失继承权的虐待行为,必须达到情节严重。是否情节严重一般看虐待时间长短,手段是否残忍,后果是否严重。只是一时不关心、不照顾,不能认定情节严重。

那么,是不是只要遗弃被继承人,或虐待被继承人情节严重,就一定丧失继承权呢?回答是否定的。根据1985年9月11日最高人民法院对《继承法》的解释意见,如果继承人"以后确有悔改表现,而且被虐待人、被遗弃人生前又表示宽恕的",可不确认其丧失继承权。

4. 伪造、篡改或销毁遗嘱情节严重的。伪造遗嘱,根本不能体现遗嘱人的意愿,篡改遗嘱则改变了遗嘱人的意愿,而销毁遗嘱则是剥夺了遗嘱人对其遗产的处分权。所以,法律确认以上行为情节严重时,继承权就要被剥夺。如何认定情节严重,法律没有具体规定。1985年9月11日最高人民法院做出的解释,也仅列举了一类,即"继承人伪造、篡改或者销毁遗嘱,侵害了缺乏劳动能力又无生活来源的继承人的利益,并造成其生活困难的,应认定其行为情节严重。"对此,应具体问题具体分析,根据个案的具体情况来认定。

继承权丧失的确认,根据《继承法》的规定,人民法院有权依法确认继承权丧失,其他任何机关、团体和个人都没有这个权力。

继承权丧失的后果,是国家依法剥夺自然人取得其死亡近亲属遗产的权利。同时,继承人丧失继承权的,其晚辈直系血亲也不得代位继承。

第二章　法定继承

学习目标

了解法定继承的概念与特征。掌握法定继承人的范围、继承顺序。掌握代位继承和转继承的概念和特点。理解法定继承方式中的遗产分配原则。

一、法定继承的概念与特征

（一）法定继承的概念

法定继承是指被继承人生前未立遗嘱处分其遗产或遗嘱无效时由全体继承人按照法律规定的继承顺序、遗产的分配原则等继承其遗产的继承方式。

法定继承是相对于遗嘱继承而言的，所以，法定继承也称“无遗嘱继承”。从历史上看，法定继承早于遗嘱继承，但从效力上看，遗嘱继承优于法定继承。继承开始后，没有遗赠扶养协议，又没有遗嘱的，才适用法定继承。依据民法原理，财产的所有人有权处分自己的财产，该处分包括生前处分，也包括对自己死后财产的归属确定。在被继承人生前立有合法遗嘱时，按遗嘱办理；在未立遗嘱时，法律根据被继承人与继承人之间的近亲属关系，推定被继承人生前愿意将自己的遗产由全体继承人按照近亲属亲等的远近，一般均等分配的方法进行继承。

（二）法定继承的特征

1. 继承人范围法定。在法定继承中，什么人有继承遗产的权利是由法律明确规定的，在被继承人有遗嘱的情况下，什么人有取得遗产的权利是根据遗嘱确定的。根据我国《继承法》的规定，法定继承人的范围包括：配偶、父母、子女、兄弟姐妹、祖父母、外祖父母、代位继承人，以及对公、婆尽了主要赡养义务的丧偶儿媳和对岳父、岳母尽了主要赡养义务的丧偶女婿。这个范围是法定的，任何人不得随意增加或减少。

2. 继承人的继承顺序法定。在法定继承中，如果有多位继承人，其继承的顺序应由法律来规定的，第一顺序的继承人比第二顺序的继承人有优先继承的权利。在遗嘱继承中，继承的顺序则是由遗嘱来确定的。

3. 遗产的分配原则法定。《继承法》第 13 条具体规定了法定继承中遗产的分配原则，任何人不得违反这些规定而任意多分或不让其他继承人分得应得的遗产份额。

二、法定继承人的范围与继承顺序

（一）法定继承人的范围

法定继承人，是指法律直接规定的可以依法继承被继承人遗产的公民。根据《继承法》的有关规定，我国法定继承人范围包括：配偶、父母、子女、兄弟姐妹、祖父母、外祖父母、代位继承人，以及对公、婆尽了主要赡养义务的丧偶儿媳和对岳父、岳母尽了主要赡养义务的丧偶女婿。这个范围的确定是根据我国的实际情况进行的。长期以来我国人民一般生活在三代同堂的家庭中，民事法律在确定亲属之间的扶养权利和义务时，也以此为根据，法律上所说的“近亲属”也是这样一个范围。

1. 配偶。在继承法中，配偶是指在被继承人死亡时，与被继承人有合法婚姻关系的人之间的称谓。对配偶，在实践中应注意以下几点：①被继承人死亡时，已经与被继承人解除婚姻关系的人，不再是被继承人的配偶。②新中国成立以前遗留的一夫多妻的婚姻关系，按照国家法律和政策，当事人没有解除婚姻关系的,仍认定为互为配偶。不论妻还是妾都是夫的法定继承人。③没有配偶的男女,未办理结婚登记手续即以夫妻名义同居生活的,这期间一方死亡,另一方要求继承遗产的,要具体分析。如果能认定为事实婚姻,则可以按配偶对待,列为法定继承人;如果认定为非法同居,则不是配偶关系,不能列为法定继承人。④正在办理离婚、但尚未办理完手续的夫妻,仍互为配偶。如一审法院已经做出准予离婚的判决,但判决书还没有生效时,一方死亡,那么,另一方仍然是其配偶,是其法定继承人。

2. 子女。这里的子女包括婚生子女(旧社会的一夫多妻制中,妾所生的子女也属于婚生子女)、非婚生子女、养子女和形成扶养关系的继子女。继子女在继承了继父母遗产以后,不影响其继承生父母的遗产。

胎儿不具备民事主体资格,所以胎儿没有继承权。但通常情况下,胎儿是一定要出生的,为了保障胎儿出生后的生活需要,获得其应得的遗产份额,法律对此做了特别规定。根据我国《继承法》第28条的规定:遗产分割时,应当保留胎儿的继承份额。如果胎儿出生时是死体的,被保留的份额应当按照法定继承处理。如果胎儿出生时活着,则与其他继承人享有同等的继承权。

3. 父母。父母包括生父母、养父母、有扶养关系的继父母。

4. 兄弟姐妹。这里的兄弟姐妹包括同父母的兄弟姐妹、同父异母或同母异父的兄弟姐妹、养兄弟姐妹以及有扶养关系的继兄弟姐妹。

5. 祖父母、外祖父母。

6. 丧偶儿媳和丧偶女婿。姻亲关系的人之间,通常是没有继承权的,但是,为了让老人在丧失了子女后,生活上得到照顾,精神上得到慰藉,同时,也使尽了主要赡养义务的丧偶儿媳或女婿,在财产利益上得到报偿,也为了发扬中华民族赡养老人的传统美德。我国《继承法》规定:对公、婆尽了主要赡养义务的丧偶儿媳和对岳父、岳母尽了主要赡养义务的丧偶女婿,赋予其继承权,而且作为第一顺序的继承人。

在这个问题上,应当注意:①只有丧偶的儿媳和丧偶的女婿才有资格继承公、婆或岳父、岳母的遗产。没有丧偶的儿媳或女婿不具有这种资格。②只有尽了主要赡养义务的丧偶儿媳和丧偶女婿才能作为继承人。是否尽了主要赡养义务的标准,是看是否对被继承人的生活提供了主要经济来源,或在劳务等方面给予了主要扶助。一般与被继承人共同生活的,就应认定尽了主要赡养义务。③丧偶儿媳和丧偶的女婿作为第一顺序继承人时,不影响其子女代位继承。④不管丧偶的儿媳或女婿是否再婚,只要对公、婆或岳父、岳母尽了主要赡养义务的,都可以作为第一顺序的继承人。

(二)法定继承人的继承顺序

根据《继承法》第10条的规定,我国的法定继承分为两个顺序。第一顺序的继承人包括:配偶、子女、父母;第二顺序的继承人包括:兄弟姐妹、祖父母、外祖父母。除此之外,对公、婆或岳父、岳母尽了主要赡养义务的丧偶儿媳或丧偶女婿,作为第一顺序继承人参加继承。

这样规定的效力是,有第一顺序继承人时,第二顺序的继承人不能继承;只有在没有第一顺序继承人或第一顺序继承人全部丧失或全部放弃继承权时,才能由第二顺序继承人继承。

三、代位继承与转继承

(一)代位继承的概念和特征

被继承人的子女先于被继承人死亡时,由被继承人子女的晚辈直系血亲代替被继承人的子女继承其应继承的遗产份额的继承制度叫代位继承。其中,先于被继承人死亡的子女叫作被代位继承人,被代位人的晚辈直系血亲叫作代位继承人,代位继承人所享有的代替被代位继承人继承遗产的权利叫作代位继承权。

由该定义分析，在代位继承中，①被代位继承人仅限于被继承人的子女；②被继承人的子女必须是先于被继承人死亡。如果其后于被继承人死亡，那么其应作为第一顺序继承人参加继承，不需要、也不允许他人代位继承；③代位继承人的代位继承权是基于被代位继承人的继承权而成立的。如果被代位继承人丧失了继承权，代位继承权也就不能成立；④代位继承人只限于被继承人子女的晚辈直系血亲，至于晚到几辈，法律上没有限制；⑤不论代位继承人人数多少，只能继承他的父亲或母亲有权继承的遗产份额；⑥代位继承只适用于法定继承，不适用于遗嘱继承或遗赠。遗嘱继承人或受遗赠人先于遗嘱人死亡的，遗产中的有关部分，按照法定继承办理。

（二）转继承的概念和特征

转继承是指被继承人死亡后，遗产分割前，未放弃继承权的继承人也死亡的，其应得遗产份额转由他的继承人继承的继承制度。转继承实际上是就同一部分遗产发生两次连续的继承关系，因此，又称“二次继承”“再继承”。

（三）代位继承与转继承的区别

转继承和代位继承都不是由继承人本人承受被继承人的遗产。但二者却有很大的区别，主要表现在以下几方面：

1. 继承人死亡的时间不同。在代位继承中，被代位人（继承人）先于被继承人死亡；在转继承中，第一次继承中的继承人后于被继承人死亡。

2. 继承的次数不同。代位继承是一次性继承，是由代位继承人直接从被继承人那里取得遗产；转继承则是二次继承。

3. 继承适用的范围不同。代位继承只适用于法定继承，而转继承则可以发生在法定继承中，也可以在遗嘱继承或遗赠中发生。

4. 继承的主体不同。代位继承人只限于被继承人的子女的晚辈直系血亲；而转继承的继承主体包括法定继承人、遗嘱继承人和受遗赠人。

四、法定继承中的遗产分配

1. 同一顺序法定继承人之间对遗产的分配。依据《继承法》第13条的规定，同一顺序继承人继承遗产的份额，一般情况下应当均等。特殊情况下也可不均等分配。包括：经继承人协商同意的，可以不均等分配；对生活有特殊困难的缺乏劳动能力的继承人，分配遗产时，应当予以照顾多分；对继承人尽了主要扶养义务或者与被继承人共同生活的继承人，分配遗产时可以多分；有扶养能力和扶养条件的继承人，不尽扶养义务的，分配遗产时，应当不分或少分。

2. 法定继承人之外的遗产取得人。自然人死亡后，除其继承人有遗产继承权外，还可能发生非继承人对其遗产的取得权。根据我国《继承法》的规定，法定继承人之外的遗产取得人，主要包括：①继承人以外的依靠被继承人扶养的、缺乏劳动能力又没有生活来源的人；②继承人以外的对被继承人扶养较多的人；③继承人以外的自然人、法人或者国家按照死者的有效遗嘱，成为受遗赠人的；④对无人继承又无人受遗赠的遗产有收取权的国家或集体所有制组织；⑤依法对“五保户”遗产享有收取权的集体组织。

第三章 遗嘱继承

学习目标

了解遗嘱继承的概念与特征。掌握遗嘱的形式与遗嘱见证人的资格，理解遗嘱的有效条件，理解遗嘱的变更和撤销。掌握遗赠的概念、特征以及遗赠与遗嘱继承、遗赠与赠与的区别。理解遗赠抚养协议的概念、特征及效力。

一、遗嘱继承概述

（一）遗嘱继承的概念

遗嘱是公民生前依法定方式处分自己的财产及有关事务，而于其死后发生效力的单方行为。广义上的遗嘱指死者生前对死后一切事务的安排。如遗言死后不开追悼会，不举行遗体告别等。狭义的遗嘱仅指对其死后财产的处理，是民法上的遗嘱。这里只讨论狭义上的遗嘱，它是单方法律行为。遗嘱人有权处分自己的财产，而不需要经过任何人的同意。只要他自己做出意思表示就发生法律效力，因而是单方法律行为。同时遗嘱是要式的民事法律行为，遗嘱必须具备法律规定的形式，才能有效。例如：口头遗嘱只能在危急情况下订立，没有危急情况，订立口头遗嘱是无效的。以录音方式订立遗嘱须有其他见证人见证等。订立遗嘱必须符合法律规定的各种条件和形式；遗嘱是遗嘱人生前订立而于死后才发生执行效力的行为。遗嘱并不是一经订立就可以执行的，须待遗嘱人死后才发生执行效力，才能取得遗产；遗嘱是具有人身性的民事法律行为。遗嘱是重要的民事行为，必须由遗嘱人自己订立，而不能由他人代理。代书只是代替遗嘱人书写，而不能代替遗嘱人进行意思表示。

遗嘱继承，是指按照被继承人生前所立合法遗嘱，继承遗产的继承方式。

遗嘱继承是与法定继承相对应的，是现代世界各国都承认的一种继承制度。它起源于罗马法，盛行于资本主义社会，遗嘱自由原则是对个人权利的尊重，是各国普遍采用的。但大多数国家又对此进行了一定的限制。我国法律对遗嘱继承的限制主要有：①遗嘱不得违反宪法和法律；②遗嘱继承不得违背社会主义道德和善良风俗；③遗嘱不得剥夺法定继承人中缺乏劳动能力又没有生活来源人的必要的继承份额等。

（二）遗嘱继承的特征

遗嘱继承的法律特征是与法定继承相比较得出的，二者的区别即是遗嘱继承的特征，主要有以下几方面：

1. 遗嘱继承除了须有被继承人死亡事实外，还必须有被继承人的合法有效遗嘱存在。法定继承只要有被继承人死亡一个事实即可。

2. 遗嘱继承中的继承人范围、继承顺序、继承份额等都由遗嘱人自己来确定，而法定继承中，这些内容则都是由法律直接规定的。

3. 遗嘱继承中，不受法定继承的遗产分配制度的限制。即遗嘱人有权指定继承人继承部分或者全部遗产。

虽然遗嘱继承与法定继承是两种继承制度，二者是有区别的，但它们也是有联系的。对一项继承来说，有合法遗嘱的，适用遗嘱继承，没有合法遗嘱的就要适用法定继承；同时，遗嘱继承人只能是法定继承人中的人，而不得是超出法定继承人范围的人。

二、遗嘱的设立

(一)遗嘱的概念与特征

1. 遗嘱的概念

遗嘱是自然人生前的依法定方式处分自己的财产及有关事务,而无其死后发生效办的单方法律行为。广义上的遗嘱指死者生前对死后一切事务的安排。如遗言死后不开追悼会,不举行遗体告别等。狭义的遗嘱仅指对其死后财产的处理,是民法上的遗嘱。

2. 遗嘱的特征

(1)遗嘱是单方法律行为。遗嘱人有权处分自己的财产,而不需要经过任何人的同意。只要他自己做出意思表示就发生法律效力,因而是单方法律行为。

(2)遗嘱是要式民事法律行为。订立遗嘱必须符合法律规定的各种条件和形式,才能有效。例如:口头遗嘱只能在危急情况下订立,没有危急情况,订立口头遗嘱是无效的;以录音方式订立遗嘱须有其他见证人等。遗嘱是遗嘱人生前订立而于死后才发生执行力的行为,并不是一经订立就可以执行的,须待遗嘱人死后才发生执行效力。

(3)遗嘱是具有人身性的民事法律行为。遗嘱必须由遗嘱人自己订立,而不能由他人代理。代书只是代替遗嘱人书写,而不能代替遗嘱人进行意思表示。

(二)遗嘱的形式

遗嘱是要式的法律行为,法律对遗嘱的各种形式都有明确的规定,违反这些规定的遗嘱无效。根据我国《继承法》的规定,遗嘱有口头遗嘱、录音遗嘱、代书遗嘱、自书遗嘱和公证遗嘱几种形式。

1. 公证遗嘱,指遗嘱人将其所立的遗嘱经过国家公证机关办理公证的遗嘱形式。公证是由公证机关对法律事实的真实性和合法性进行证明的程序。公证遗嘱具有最高的证明力,所以它是需要提倡的一种遗嘱形式。

2. 自书遗嘱,指遗嘱人生前亲笔书写的遗嘱。根据《继承法》第17条的规定,自书遗嘱必须由遗嘱人亲笔书写、签名,并注明年、月、日。在遗书中涉及死后个人财产处分的内容,确为死者本人真实意思表示,有本人签名并注明了年、月、日,又无相反证据的,根据最高人民法院的解释意见,可以按自书遗嘱对待。

3. 代书遗嘱,指由遗嘱人口述,而由他人代为书写形成的遗嘱。代书遗嘱要求有两个以上的见证人在场见证,并由代书人和其他见证人、遗嘱人在遗嘱上签名、盖章后才具有法律效力。

4. 录音遗嘱,指通过录音设备,由遗嘱人表达其对死后财产处理的意思的遗嘱形式。录音遗嘱也必须要有两个以上的见证人见证。

5. 口头遗嘱,是指遗嘱人用口头形式对其死后财产的处理情况所做的意思表示。口头表述的遗嘱容易发生纠纷,而且举证困难,所以,法律对这种形式的遗嘱采取了严格的限制:口头遗嘱只能在危急情况下订立。不是在危急情况下订立的口头遗嘱无效。危急情况是指生命垂危或随时有死亡危险,而当时又没有条件采用书面或录音等形式。若"危急情况"解除,被继承人没有危险后,其所订立的口头遗嘱也即失效。危急情况解除后,被继承人如果要订立遗嘱须采取其他形式。此外,订立口头遗嘱时,还必须有两个以上的见证人在场见证。

(三)遗嘱见证人的资格

见证人是证明遗嘱真实合法的证明人,其证明直接关系遗嘱的效力,所以,见证人须有合法的资格。根据《继承法》第18条的规定,下列人员不得作为见证人:

1. 无行为能力、限制行为能力人。见证人的作用是确认他人的遗嘱是否真实的,如果没有行为能力或行为能力有缺陷,是不可能认定别人的行为性质的。所以,无民事行为能力人、限制民事行为能力人不得作为遗嘱见证人。

2. 继承人、受遗赠人。

3. 与继承人、受遗赠人有利害关系的人。根据最高人民法院的司法解释意见的规定:继承人、受遗赠人的债权人、债务人,共同经营的合伙人,也应当视为与继承人、受遗赠人有利害关系的人,不能作为遗嘱见证人。

除上述几种人外,其他人都有资格担任遗嘱见证人。

三、遗嘱的有效条件

1. 立遗嘱人应具有遗嘱能力。所谓遗嘱能力在此指立遗嘱人必须具有完全民事行为能力。立遗嘱人必须是年满十八周岁,精神正常的人,而无民事行为能力人或限制民事行为能力人所立的遗嘱无效。所谓具有完全民事行为能力,是指在订立遗嘱时,当事人具有完全民事行为能力。如果订立遗嘱时其为无民事行为能力人或限制民事行为能力人,后又成为完全民事行为能力人的,其所订立的遗嘱无效。反之,如果订立遗嘱时为完全民事行为能力人,而后又无民事行为能力了,其原所订立的遗嘱有效。

2. 意思表示真实。立遗嘱人的意思表示必须真实。受胁迫、欺骗所立的遗嘱无效;被篡改的遗嘱、假造的遗嘱无效。

3. 遗嘱形式合法。遗嘱必须采取法律规定的形式,否则,所订立的遗嘱无效。

4. 遗嘱内容合法。指遗嘱必须遵守法律的规定,接受法律的限制,不得取消缺乏劳动能力又没有生活来源的继承人的继承权;必须为胎儿保留必要的遗产份额;遗嘱所处分的财产必须是立遗嘱人个人的合法财产。处分了国家、集体或他人的财产的,其所立遗嘱无效或部分无效;遗嘱的内容不得违反法律规定的精神和社会主义道德的要求。

四、遗嘱的变更与撤销

遗嘱是立遗嘱人依法处分自己财产的法律行为,其有权订立遗嘱,当然也有权修改或撤销遗嘱。

遗嘱的变更是指在遗嘱订立后,生效以前,遗嘱人对其内容进行部分修改的行为。

遗嘱的撤销指遗嘱人取消原订立的遗嘱或对所订立的遗嘱内容进行全部修改的行为。

变更或撤销遗嘱有两种形式:一是明示的变更或撤销,二是推定的变更或撤销。明示的变更或撤销是基于被继承人明确的意思表示的变更或撤销。如可以发表声明直接说明变更部分遗嘱内容或撤销遗嘱等。但以明示的方式进行的变更或撤销,必须符合法律规定的程序和要求,否则不发生法律效力。法定的程序和要求是与遗嘱订立时的要求相一致的。而且,遗嘱人不得以自书、代书、录音、口头遗嘱撤销或变更公证遗嘱,即公证遗嘱的撤销或变更须经过公证机关的公证才能有效。推定的形式是指根据遗嘱人的行为,法律上推定遗嘱人变更或撤销遗嘱的形式。即遗嘱人生前的行为与遗嘱的意思表示相反,而使遗嘱处分的财产在继承开始前灭失、部分灭失或所有权转移的,法律上推定遗嘱人撤销或变更遗嘱内容。

应当指出,当遗嘱人对其财产立有数份内容相抵触的遗嘱的,应以最后所立的合法有效遗嘱为准,但有公证遗嘱时,应以公证遗嘱为准。

五、遗赠

(一)遗赠的概念与特征

遗赠是指遗嘱人用遗嘱方式,把财产无偿地赠送给国家、集体或法定继承人以外的人,并于立遗嘱人死亡后发生法律效力的一种民事法律行为。

遗赠具有以下法律特征:

1. 遗赠是单方法律行为。遗赠是遗赠人用遗嘱方式将自己的财产赠给他人的法律行为,它不需要任何人的同意,只要其本人依法定方式做出意思表示即可成立。

2. 遗赠是无偿行为。遗嘱人在以遗嘱方式给予他人遗产时,一般不得附有义务,应当是无偿遗赠。有时即使附有义务,也不得是对等的。

3. 遗赠是在遗赠人死后发生法律效力的行为。这是遗嘱本身的特征,这表明受遗赠人只有在遗赠人死后才能取得遗产,如果受遗赠人先于遗赠人死亡,则会因遗嘱尚未生效而不能成为受遗赠人。

4. 受遗赠人是国家、集体或法定继承人以外的人。法定继承人不能作为受遗赠人。如果遗嘱人在遗嘱中指定了法定继承人范围内的人继承其遗产,那他即是遗嘱继承人。

(二)遗赠与遗嘱继承的区别

遗赠和遗嘱继承都是以遗嘱方式处分遗产的行为,而且,都是在遗嘱人死后发生法律效力的行为,二者有很多相似之处,但二者毕竟不同,表现在:

1. 遗赠受领人和遗嘱继承人的范围不同。遗赠中受遗赠人可以是国家、集体或法定继承人以外的人;而遗嘱继承中的继承人则是法定继承人范围内的人。

2. 法律对受遗赠权和遗嘱继承权的接受和放弃的规定不同。受遗赠人应当在知道受遗赠后的两个月内,做出接受或放弃受遗赠的表示,没有表示的,视为放弃受遗赠;而在遗嘱继承中,遗嘱继承人在继承开始后、遗产处理前没有表示放弃的,视为接受继承。

(三)遗赠与赠与的区别

赠与和遗赠也是不同的:赠与是将自己的财产权利无偿送与他人所有的民事法律行为。二者的区别在于:①法律行为的性质不同。遗赠是单方法律行为,是只要有遗嘱人一方的意思表示就可成立的行为;而赠与则是双方法律行为,赠与人和受赠与人是合同关系;②发生效力的时间不同。通常情况下,赠与是在赠与人交付赠与物后即发生法律效力的行为,而遗赠是在遗嘱人死后生效的法律行为;③意思表示的方式不同。赠与没有严格的形式,可以由双方当事人以口头形式进行,也可以用书面形式进行,是不要式的法律行为;遗赠则必须按照法律规定的遗嘱形式进行,是要式的法律行为。

六、遗赠扶养协议

(一)遗赠扶养协议的概念

遗赠扶养协议,是指遗赠人与扶养人签订的、由遗赠人将自己的合法财产的一部分或全部于其死后转移给扶养人所有,而由扶养人承担遗赠人生养死葬义务的协议。

遗赠扶养协议是我国立法上的一个创举,它是在我国农村"五保户"(保吃、穿、住、医、葬(或教))的基础上形成和发展起来的。在现阶段我国社会保障制度不健全的条件下,采取遗赠扶养协议的形式保障老年人老有所养,老有所终是具有重要意义的:①可以避免遗嘱的某些弊端。遗嘱作为一项权利,使遗嘱人可以自由处分自己的遗产,但同时也产生了一些弊端。如遗嘱人往往由于个人的好恶、任性等把权利绝对化,任意取消尽了大量扶养义务的法定继承人的继承份额等。遗赠扶养协议则可以解决这种问题,它使一种契约关系扶养人取得遗赠人的遗产且以其对遗赠人所尽的义务为前提,体现了权利义务相一致的民法原则,更好地体现了公平合理的原则;②可以减轻社会负担,弥补社会救济的不足。由于目前我国国民经济发展水平所限,国家还不能做到把社会上所有缺乏劳动能力又没有生活来源的鳏寡孤独和盲聋残哑者的生活统包下来,这就必然要求产生一种能够使他们生活得到保障的法律形式,遗赠扶养协议就是其中一种补充社会救济不足的办法。它是一种具有法律约束力的协议,双方都须遵照执行,使有一定财产的人,解决了生养死葬的问题。这符合双方的心愿,也减轻了国家和社会的负担;③订立遗赠扶养协议,有利于社会主义精神文明建设;④遗赠扶养协议解决了长期争论不休的农村“五保户”遗产的处理问题。

（二）遗赠扶养协议的特征

遗赠扶养协议具有以下法律特征：

1. 遗赠扶养协议的主体，被扶养的一方一般是没有人对其承担法定赡养义务的孤寡老人；承担扶养义务的一方是有关集体组织或被扶养人的法定继承人以外的公民。特殊情况下，虽有法定继承人，但不能履行义务的，也可以与他人签订该协议。

2. 遗赠扶养协议从签订时起生效，但双方履行义务的时间不同。扶养人应从协议生效时起履行义务，而在被扶养人死亡时实现权利；被扶养人则从协议生效时起享受权利，死亡后，其财产转移给扶养人。

3. 遗赠扶养协议是双务、有偿的法律行为。遗赠扶养协议是一种合同，虽然它与一般合同所要求的等价不同，但其成立也必须在平等的基础上，由双方当事人经过协商，取得一致意见后才能有效。协议生效后，双方都应遵守协议的规定，任何一方不得单方解除协议。

4. 遗赠扶养协议是继承法规定的几种遗产转移方式中优先适用的一种。按照《继承法》的规定，继承开始后，按照法定继承办理；有遗嘱的，按遗嘱继承或按遗赠办理；有遗赠扶养协议的，按协议办理。

（三）遗赠扶养协议的效力

遗赠扶养协议对扶养人而言，是负担被扶养人的衣食住行和死后的丧葬；其权利，是在按照协议履行完扶养义务后，有权取得约定的被扶养人的遗产。对被扶养人而言，是不得对自己的财产做出不利于扶养人的处分。如不得将遗赠扶养协议中约定遗赠的财产赠与或出卖给他人。不得随意撤销遗赠扶养协议。被扶养人有权受到扶养。

遗赠扶养协议一经订立，对双方当事人就具有约束力，任何一方不得随意变更或解除协议。扶养人如果有正当理由需要解除协议时，必须事先通知被扶养人，并安排好被扶养人的短期生活。被扶养人如果有正当的解除理由，应与扶养人协商。协议履行一段时间的，应根据扶养人所尽义务的情况，给予适当的经济补偿。

第四章　遗产的处理

学习目标

了解继承的开始、遗产的保管及遗产的分割与债务清偿。

一、继承的开始与遗产的保管

（一）继承的开始

根据《继承法》第2条的规定："继承从被继承人死亡时开始。"所以，继承开始的时间，应以被继承人死亡的时间为准。死亡包括生理死亡和宣告死亡。生理死亡以医学上公认的方法来确认；宣告死亡以人民法院判决书中认定的时间为准。

在某些意外事件中，有数人死亡于同一事件但难于查明每个人确切的死亡时间的，依照最高人民法院的解释意见，应按照下列规则进行推定："相互有继承关系的几个人在同一事件中死亡，如不能确定死亡先后时间的，推定没有继承人的人先死亡。死亡人各自都有继承人的，如几个死亡人辈分不同，推定长辈先死亡；几个死亡人辈分相同，推定同时死亡，彼此不发生继承，由他们各自的继承人分别继承。"

确定自然人死亡的具体时间即继承开始的时间有重要的法律意义：①继承开始的时间是确定继承人范围的时间。不论是法定继承人还是遗嘱继承人，只有在继承开始时尚生存的人，才能享有继承权，才能有资格取得被继承人的遗产。先于被继承人死亡的，除了其为被继承人子女，有可能发生代位继承的以外，其余继承人的继承资格随其本人的死亡而消灭；②继承开始的时间是确定遗产范围的时间。被继承人活着的时候，其作为遗产的财产项目、数额等是无从得知的。只有在其死后，才能确定哪些是其遗留的遗产；③继承开始的时间是继承期待权转为既得权的界限。在继承开始之前的继承权是一种继承资格，是期待权，继承人并不能实际取得遗产，只有在被继承人死亡时，即继承开始时，这种期待权才转化为既得权；④在遗嘱继承中，继承开始的时间是确定遗嘱是否具有执行效力的时间。遗嘱是在立遗嘱人生前订立，而在其死时发生法律效力的民事法律行为，所以，遗嘱是否具有执行效力，应以继承开始的时间为准；⑤继承开始的时间是继承权时效的起算点。

（二）遗产的保管

遗产的保管，是指在继承开始后，遗产分割前，存有遗产的人对遗产进行的保管。根据《继承法》第24条规定的精神，遗产的保管人应当妥善保管遗产，如果其怠于履行义务，致使遗产毁损灭失则应当承担赔偿的责任。遗产的保管人也有通知死者债权人和受遗赠人的义务以及将遗产交付给继承人的义务。

二、遗产的分割与被继承人债务的清偿

（一）遗产分割的原则

依照《继承法》的规定，遗产分割应遵循以下原则：

1. 先析产后继承原则。分割遗产，首先必须确定遗产的范围。如果遗产与共有财产发生联系时，要将遗产与共有财产区分开。《继承法》第26条规定："夫妻在婚姻关系存续期间所得的共同所有的财产，除有约定的以外，如果分割遗产，应当先将共同所有的财产的一半分出为配偶所有，其余的为被继承人的遗产。""遗产在家庭共有财产之中的，遗产分割时，应当先分出他人的财产。"

2. 均分原则。《继承法》第七条规定:“同一顺序继承人继承遗产的份额,一般应当均等。”“对生活有特殊困难的缺乏劳动能力的继承人,分配遗产时,应当予以照顾”。“对被继承人尽了主要扶养义务或者与被继承人共同生活的继承人,分配遗产时,可以多分。”“有扶养能力和有扶养条件的继承人,不尽扶养义务的,分配遗产时,应当不分或者少分。”但是,“继承人协商同意的,也可以不均等。”

3. 协商原则。继承人应当本着互谅互让、和睦团结的精神,协商处理继承问题。遗产分割的时间、办法和份额,由继承人协商确定。

4. 保留胎儿应继份额原则。胎儿是指生父死亡时尚在母腹中的胚胎。胎儿本身不是法定继承人,但我国继承法规定,遗产分割时,应当保留胎儿应继承的份额,以保护其利益。为胎儿保留的遗产份额,如胎儿出生后死亡的,由胎儿的继承人继承;如胎儿出生时就是死体的,由被继承人的继承人继承。

5. 维护遗产效用原则。遗产分割应当有利于生产和生活需要,不损害遗产的效用;不宜分割的遗产,可以采取折价、适当补偿或共有等方式处理。

(二)遗产分割的办法

遗产的分割应根据遗产的性质、种类、使用价值等采用不同的分割办法:①如果遗产为可分物,可根据各个继承人应得的份额,对遗产做实际分割;②如果遗产不宜分割,应采取折价、适当补偿的方法,分割遗产;③如果遗产不能实物分割,又无法通过作价补偿方法分割的,就采取共有的形式,由数个继承人共同继承这一遗产。

(三)被继承人债务的清偿

对被继承人生前所欠的税款和债务,应当用遗产予以偿还。我国《继承法》第33条规定:“继承遗产应当清偿被继承人依法应当缴纳的税款和债务,缴纳税款和清偿债务以他的遗产实际价值为限。超过遗产实际价值部分,继承人自愿偿还的不在此限。”这是《继承法》对被继承人债务的清偿所做的原则性规定。

1. 被继承人债务的范围

清偿被继承人的债务必须严格限于被继承人生前的个人债务。首先,被继承人的债务应当是被继承人以个人名义欠下的,完全用于被继承人个人需要或其他依法应当由其个人承担法律责任的债务,应将个人债务与家庭债务区分开;其次,被继承人的债务应当是被继承人生前自己所欠的个人债务,因殡葬被继承人所欠的债务不是被继承人的债务。

2. 被继承人债务的清偿规则

我国实行概括继承原则,继承人对被继承人的财产权利和财产义务是一并继承的。当然,行为人仅应当对自己的债务负责,而不能使其以本人的财产,负担他人的债务。因此,被继承人生前所欠个人债务,应以其遗产偿还。对被继承人生前所欠的税款和债务的清偿,应遵循以下规则:

(1)我国实行“限定继承”原则,即继承人对被继承人应清偿的税款和债务,以遗产实际价值为限,负有限清偿责任。

(2)几种继承方式并存时,债务的清偿顺序是:有法定继承又有遗嘱继承和遗赠的,首先由法定继承人以其所得遗产清偿,不足时,由遗嘱继承人和受遗赠人按比例用其所得遗产清偿;只有遗嘱继承和遗赠时,由他们按比例用所得遗产偿还。

(3)清偿被继承人所欠的税款和债务不能影响缺乏劳动能力又没有生活来源的继承人的基本生活需要。也就是说,即使遗产的实际价值不足以清偿债务,也应首先考虑他们的基本生活需要。

(4)国家或集体组织作为无人继承又无人受遗赠的遗产的承受者,对死者所欠的税款和债务也应当负责缴纳和清偿。

(5)执行遗赠,应当在清偿完应缴纳税款和债务之后进行。

练习题

一、单项选择题

1. 根据我国《继承法》的规定,下列财产中可以作为遗产的是(　　)
   A. 公民的文物、图书资料
   B. 人身保险中指定了受益人的保险金
   C. 承包经营权
   D. 因公死亡后,有关单位给其近亲属的抚恤金
2. 根据我国《继承法》的规定,有扶养能力和有扶养条件的人,不尽扶养义务的,分配遗产时应当(　　)
   A. 剥夺其继承权　　B. 视为放弃继承权
   C. 不分或者少分　　D. 同其他继承人均等
3. 继承人有下列何种行为即丧失继承权(　　)
   A. 误把被继承人当猎物而开枪打死
   B. 虐待被继承人的
   C. 伪造、篡改或者销毁遗嘱的
   D. 为争夺遗产而杀害其他继承人的
4. 从权利性质上说继承权是(　　)
   A. 身份权　　B. 财产权
   C. 人身权　　D. 人身权和财产权的统一体
5. 第一顺序的法定继承人包括(　　)
   A. 父母　　B. 祖父母　　C. 儿媳、女婿　　D. 兄弟姐妹
6. 某甲的父母离婚后,其母再婚。某甲与继父共同生活多年。后某甲的继父和生父相继去世,某甲(　　)
   A. 只能继承继父的遗产
   B. 只能继承生父的遗产
   C. 既可以继承继父的遗产,又可以继承生父的遗产
   D. 可以选择其中一人的遗产继承
7. 某甲立有有效遗嘱,在其死后,其遗产由其独子乙继承。结果,乙因病先于某甲死亡。某甲死亡后,乙的儿子丙继承某甲的遗产应适用(　　)
   A. 遗嘱继承　　B. 转继承
   C. 代位继承　　D. 第二顺序法定继承
8. 继承人先于被继承人死亡的,继承人的(　　)有代位继承的权利
   A. 父母　　B. 祖父母、外祖父母
   C. 子女　　D. 兄弟姐妹
9. 继承人以外的对被继承人扶养较多的人,在分给他们遗产时,按规定(　　)
   A. 必须多于继承人

B. 只能少于继承人

C. 可以多也可以少于继承人

D. 只能与其他法定继承人分得相同的遗产份额

10. 根据我国法律的规定，当几种继承之间发生冲突时，按效力的高低排列顺序应是(　　)

A. 法定继承，遗嘱继承和遗赠，遗赠扶养协议

B. 遗嘱继承和遗赠，法定继承，遗赠扶养协议

C. 遗赠扶养协议，法定继承，遗嘱继承和遗赠

D. 遗赠扶养协议，遗嘱继承和遗赠，法定继承

11. 遗嘱人在危急情况下，可以订立口头遗嘱，危急情况解除后，遗嘱人能够用书面或录音形式订立遗嘱的，所立的口头遗嘱(　　)

A. 无效　　B. 继续有效

C. 部分有效　　D. 由遗嘱人自己决定是否有效

12. 没有公证遗嘱的数份遗嘱中，如果内容相抵触的，以(　　)为准

A. 自书遗嘱　　B. 代书遗嘱

C. 录音遗嘱　　D. 最后所立的遗嘱

13. 遗嘱人生前的行为与遗嘱的意思表示相反，而使遗嘱处分的财产在继承开始前灭失、部分灭失或所有权转移、部分转移的，遗嘱视为(　　)

A. 无效　　B. 部分无效

C. 失效　　D. 被撤销或者被变更

14. 遗嘱人须有遗嘱能力，依我国法律的规定，下列人员中，哪类人是无遗嘱能力的人(　　)

A. 十七周岁的大学生　　B. 又聋又哑的人

C. 盲人　　D. 正在服刑的罪犯

15. 能够作为遗嘱见证人的是(　　)

A. 限制行为能力人　　B. 受遗赠人

C. 遗嘱人的债务人　　D. 遗嘱人的朋友

16. 遗嘱附有义务的，继承人或受遗赠人无正当理由不履行义务的，经受益人或其他继承人的请求，人民法院可以(　　)

A. 强制其履行义务　　B. 取消其接受附义务那部分遗产的权利

C. 处于罚款　　D. 宣告遗嘱无效

17. 根据我国继承法的规定，继承从(　　)开始。

A. 遗产分割时　　B. 遗产执行时

C. 被继承人死亡时　　D. 订立遗嘱时

18. 被继承人所欠的税款和债务应当(　　)清偿

A. 无论遗产多少，必须全部

B. 超过遗产实际价值部分，由继承人负担

C. 超过遗产实际价值部分，由受遗赠人负担

D. 以遗产的实际价值为限进行清偿，不足部分可不再

19. 在债务未清偿前，遗产已经分割时，如有法定继承又有遗嘱继承和遗赠的，应当先由(　　)用所得的遗产清偿。

A. 遗嘱继承人　　B. 法定继承人

C. 受遗赠人　　D. 受遗赠人和遗嘱继承人

20. 继承人放弃继承的，应当在遗产处理前，做出放弃继承的意思表示，没有表示的，视为(　　)

A. 放弃继承　　B. 不参加继承

C. 接受继承　　D. 任由他人处理

21. 受遗赠人应当在(　　)两个月内做出接受或者放弃受遗赠的表示，到期没有表示的，视为放弃受遗赠。

A. 知道受遗赠后　　B. 遗产处理前

C. 被继承人死亡后　　D. 应当知道受遗赠后

22. 继承人放弃继承的，对被继承人依法应当缴纳的税款和债务(　　)

A. 必须负偿还责任　　B. 应负部分偿还责任

C. 可以不负偿还责任　　D. 可以不偿还债务，但必须偿还应缴纳的税款

23. 数个辈分不同，相互有继承权的人在同一事故中丧生，无法确定死亡先后顺序的，依法应推定(　　)

A. 同时死亡，彼此不发生继承　　B. 没有继承人的人先死亡

C. 长辈先死亡　　D. 晚辈先死亡

24. 儿媳对公、婆遗产的继承必须符合下列条件(　　)

A. 与公、婆共同生活　　B. 对公、婆尽了赡养义务

C. 丧偶后对公、婆尽了主要赡养义务　　D. 丧偶并且没有改嫁

25. 下列对遗产表述正确的是(　　)

A. 遗产是死者遗留下的财产

B. 遗产是民事主体消灭时遗留的合法财产

C. 遗产是自然人死亡时遗留的财产

D. 遗产是自然人死亡时遗留的个人合法财产

26. 下列各项中，属于遗产的有(　　)

A. 被继承人生前所享有的承包经营权

B. 由于被继承人死亡，有关单位给其家属的抚恤金

C. 在保险单中指定了受益人的保险金

D. 被继承人生前已经领取的抚恤费的剩余部分

27. 法律对法定继承顺序规定的效果是(　　)

A. 前一顺序的继承人排斥后一顺序的继承人

B. 区分不同顺序继承人的继承遗产的份额

C. 说明前一顺序继承人对被继承人尽了较多的扶养义务

D. 体现了法律对个人意思的排斥

28. 下列对继子女继承权的表述不正确的是(　　)

A. 继子女与继父母形成扶养关系的，才有继承继父母遗产的权利

B. 继子女继承继父母遗产后，仍有权继承亲生父、母的遗产

C. 继子女应列为第二顺序的继承人

D. 继子女享有继承权的，应当与养子女的地位相同

29. 下列对代位继承特征的表述不正确的是(　　)

A. 被代位继承人必须是被继承人的子女
B. 代位继承人必须是被代位继承人的晚辈直系血亲
C. 代位继承可以适用于法定继承,也可以适用于遗嘱继承
D. 被代位继承人丧失继承权的其晚辈直系血亲不得代位继承

30. 下列对口头遗嘱的表述不正确的是(　　)
A. 口头遗嘱是要式的法律行为
B. 口头遗嘱须有两个以上的见证人在场见证
C. 口头遗嘱只有在危急情况下,才能采用
D. 口头遗嘱不能用书面遗嘱修改

31. 遗产已经分割,而债务尚未清偿时,如有法定继承,又有遗嘱继承和遗赠的,该债务应首先由(　　)清偿
A. 法定继承人　　B. 受遗赠人
C. 遗嘱继承人　　D. 取得遗产的人按比例

32. 某甲有一个已出嫁的女儿,两个儿子。某甲在生病期间自书遗嘱,要将其死后的遗产全部遗赠给其保姆某乙。此遗嘱(　　)
A. 取消了亲生子女的继承权,所以,应认定无效
B. 无两个以上的见证人在场见证,应认定无效
C. 把财产给了继承人以外的人,所以,无效
D. 是某甲的真实意思表示,所以,有效

33. 某甲由于犯有盗窃罪而被判处死刑。其父亲某乙因此而被气死。对某乙的遗产,某甲的子女(　　)
A. 有继承权
B. 无继承权
C. 是未成年人的有继承权
D. 因某乙是因某甲的行为而死亡的,所以,丧失继承权

34. 下列情况下,继承人的继承权被剥夺(　　)
A. 篡改遗嘱内容,取消了没有劳动能力,又无生活来源人的继承权
B. 伪造一份代书遗嘱,要否定原订立的公证遗嘱内容
C. 由于正当防卫而杀死了被继承人的
D. 虐待被继承人的

35. 在遗嘱继承中,有效的见证人是(　　)
A. 某科技大学十五岁的在校大学生　　B. 遗嘱继承人的合伙人
C. 遗嘱继承人的邻居　　D. 遗嘱继承人的债务人

36. 依我国《继承法》的规定,遗嘱附有义务的,如继承人或受遗赠人能履行而不履行义务,经其他继承人请求,人民法院可以(　　)
A. 取消其接受附义务那部分遗产的权利　　B. 强制其履行所附义务
C. 宣告该遗嘱部分无效　　D. 视该遗嘱为不附义务的遗嘱

37. 依据最高人民法院的司法解释意见,相互有继承关系的几个人在同一事件中死亡,如不能确定死亡先后时间的,应(　　)
A. 一律推定同时死亡,彼此不发生继承　　B. 首先推定没有继承人的人先死亡

C. 推定岁数较大的人先死亡　　D. 推定身体虚弱的人先死亡

38. 对被继承人生前所欠的税款和债务,继承人(　　)

A. 必须全部缴纳和清偿

B. 以所继承的遗产为限进行缴纳和清偿

C. 放弃继承的也要负责缴纳和清偿

D. 对超过遗产价值的部分,应视其经济条件而定是否交纳和清偿

39. 下列形式的遗嘱中,不必有见证人见证的是(　　)

A. 口头遗嘱　　B. 自书遗嘱

C. 代书遗嘱　　D. 录音遗嘱

40. 某甲有财产若干,1989 年 9 月,其订立公证遗嘱,言明其死后遗产全部归由长子继承;1990 年 1 月某甲又订立合法代书遗嘱,要将其遗产全部归次子继承;1990 年 3 月,其三子结婚时欠了他人很多钱。某甲又自书遗嘱,言明其死后全部遗产归三子继承。某甲的遗产应归(　　)

A. 长子继承

B. 次子继承

C. 三子继承

D. 因某甲总变更遗嘱,所以,应视其遗嘱无效,遗产归三个儿子共同继承

41. 某甲小时候父亲死亡,其随母亲改嫁,并与继父共同生活。后继父死亡。某甲(　　)

A. 绝对不能继承继父的遗产

B. 如其已经继承了生父的遗产,则不能再继承继父的遗产

C. 在其退还所继承的生父的遗产后,有权继承继父的遗产

D. 有权继承继父的遗产

42. 遗嘱继承人依遗嘱取得遗产后,对遗嘱未处分的遗产(　　)

A. 仍有权继承

B. 不得再继承

C. 对被继承人扶养较多时,才能继承

D. 如其经济条件比其他继承人好,就不得继承

43. 被继承人的子女的晚辈直系血亲进行代位继承时(　　)

A. 受辈数限制　　B. 不受辈数限制

C. 在一定范围内可以受辈数限制　　D. 视具体情况而定是否受辈数的限制

44. 遗嘱继承人应包括(　　)

A. 国家

B. 集体组织

C. 对公婆或岳父母尽了主要赡养义务的丧偶儿媳或丧偶女婿

D. 法定继承人以外的人

45. 被继承人订立的有效遗嘱,只能在(　　)才具有执行的效力。

A. 经过公证后　　B. 被继承人死亡时

C. 经过人民法院的认可后　　D. 全体继承人无异议后

46. 确定继承人是否为缺乏劳动能力又没有生活来源的人,应当以(　　)为准。

A. 遗嘱执行时　　B. 遗嘱生效时

C. 遗嘱订立时　　　　　　　　　　D. 遗产分割时

47. 王某死亡时,遗产有40 000元。由其妻某甲和子某乙、某丙继承,当时,某甲已经怀孕,为胎儿保留继承份额10 000元。胎儿出生后是双胞胎。问如何对待以前的遗产分割结果(　　)

A. 原分割结果有效

B. 原分割结果部分有效,应由某甲、某乙、某丙各返还2 000元给两个新生儿或将遗产分成五份重新分割

C. 原分割结果无效,应由某甲分得20 000元,某乙、某丙及两个新生儿各分得5000元

D. 原分割结果无效,由于是双胞胎,遗产也不多,所以,应由两个新生儿继承全部遗产

48. 上述案例中,如果胎儿出生时是死体,为其保留的遗产10 000元应如何处理(　　)

A. 由某甲取得

B. 由某乙和某丙取得

C. 按法定继承,由某甲、某乙和某丙共同取得

D. 按无人继承财产对待,由国家承受

49. 上述案例中,如果胎儿出生后死亡,为其保留的10 000元遗产应如何处理(　　)

A. 由某甲取得　　　　　　　　　　B. 由某乙和某丙取得

C. 由某甲、某乙和某丙共同取得　　D. 由国家取得

二、判断题

1. 继承权纠纷的诉讼时效期间为两年,自继承人知道或者应当知道其权利被侵害之日起计算。(　　)

2. 个人承包,依照法律允许由继承人继续承包的,按照法律规定办。(　　)

3. 继承人杀害其他继承人的,丧失继承权。(　　)

4. 遗嘱人在危急情况下,可以订立口头遗嘱,危急情况解除后,遗嘱人用书面或录音形式订立遗嘱的,所立的口头遗嘱继续有效。(　　)

5. 王某立遗嘱把遗产赠给自己的非法同居者,王妻可以要求法院认定该遗嘱无效。(　　)

6. 正在服刑的罪犯无遗嘱能力。(　　)

7. 根据我国《继承法》的规定,继承从订立遗嘱时开始。(　　)

8. 受遗赠人应当在被继承人死亡后两个月内做出接受或者放弃受遗赠的表示,到期没有表示的,视为放弃受遗赠。(　　)

9. 遗赠扶养协议同遗嘱继承发生冲突时,优先满足扶养人的遗产取得权。(　　)

10. 继承人放弃继承的,对被继承人依法应当缴纳的税款和债务必须负偿还责任。(　　)

三、简答题

1. 简述《继承法》规定的继承权丧失的原因。

2. 简述养老育幼原则在《继承法》中的体现。

3. 简述代位继承和转继承的区别。

4. 简要回答法定继承的继承顺序及其效力。

5. 遗赠和赠与有什么区别?

6. 简述遗嘱的变更或撤销的形式。

7. 我国继承法对继承开始的时间是怎样规定的?确定继承开始的时间有何意义?

8. 清偿被继承人生前所欠税款和债务应遵循哪些法律规定?

9. 简述继承法中限定清偿原则。

10. 简述遗产的分配原则。

四、论述题

1. 论男女平等是我国《继承法》的基本原则。

2. 简述法定继承。

3. 简述遗嘱的有效条件。

4. 论遗赠扶养协议的性质及效力。

五、案例分析题

1. 王老太是某国营工厂的退休工人,早年与陈某结婚。婚后不久丈夫得病身亡,留给王老太三间房屋。后王老太收养了一个儿子王某。王某长大后,王老太倾自己所有为他办了喜事。随后即中风瘫痪在床。开始,王某夫妇对王老太照顾得不错,但不久便失去耐心,王妻更是经常以言语相辱,王老太十分气愤。

王某厌烦待在家中照顾养母,便跑到外地做买卖。王妻对王老太越发反感,经常忘记给其吃喝,更不帮其擦洗,婆婆身上长了褥疮也不为其治疗。王老太难以忍受身体上的痛苦和精神上的折磨,遂割腕自尽。

王某听说后立即赶回,办完丧事后,即独占了王老太的三间房屋和400元退休金。王某有一堂哥陈某,得知婶母被王某夫妇折磨致死一事,即以一纸诉状告至法院,要求将王老太的三间房屋判归其所有。其诉讼理由是:房屋为"陈家"所有,而王某虽是王老太的养子,但其未尽赡养义务,所以不能由王某继承这三间房屋。王某则认为:自己对养母已尽过赡养义务,后因外出做买卖,只能由其妻代为照顾养母,但不能因为妻子对养母不孝而剥夺他的继承权。

问:陈某的要求法院能否支持?王老太的遗产应由何人承受?

2. 王某的妻子和女儿早年死亡。1991年王某也死亡,留有遗产房屋四间。遗产未经分割,王某的儿子暴病而死。为继承这四间房屋,王某的女婿、外孙女与王某的儿媳、孙子发生争执。一审法院判决由外孙女和孙子各继承两间,当事人均不服,上诉到二审法院,二审法院判决四间房屋应先由王某的儿子和女儿各继承两间,然后,转由女婿、外孙女各继承一间;儿媳和孙子各继承一间。

问:法院的判决存在哪些问题?应怎样判决?

3. 不孝儿子郝某家资丰厚,但在其妻刘氏的训导下,对将其辛辛苦苦拉扯大的母亲郝赵氏拒不扶养。结婚后就搬出去另过,基本不去照顾母亲。郝赵氏年纪大了,生活上需要帮助。邻居有位姑娘李玉,看到郝赵氏有困难,即主动给予多方照顾。一天郝赵氏病危,李玉即将其送往医院抢救,并通知郝某。郝赵氏想到儿子的不孝和李玉对她的多年照顾,在手术前立下口头遗嘱,表示在她死后,将其出嫁时带到郝家并埋在院内的一罐银圆留给李玉。当时有医生的护士在场见证。在手术进行过程中,郝某和刘氏赶到医院。当听说母亲将银圆赠给李玉时,郝某夫妇逼迫李玉立下字据,写明李玉将那罐银圆转给郝某夫妇。

由于手术不成功,郝赵氏死亡。一个星期后,在一次同学聚会上,李玉提起此事,同学们都劝李玉找郝某要回银圆。在一位律师的帮助下,李玉找到郝某欲要回银圆,未果,即起诉到人民法院。作为李玉的律师,请提出要回银圆的理由。

4. 甲有父母、配偶(机关干部)、儿子(工程师)、女儿(小学音乐教师)各一人。甲去世,留有遗产房屋6间、存款5 000元,古字画10件和钢琴一架。甲生前自书遗嘱指定:房产归妻子和儿女继承,古字画赠给文物部门。对存款和钢琴遗嘱未作处理。现甲的女儿提出要将钢琴留给自己;甲的父母皆年迈且丧失劳动能力,又无独立生活来源,主张要2间房居住,其他继承人亦对继承份额发生争议,诉至法院。审理中又发现甲因购字画还有10 000元债款未还。诉讼开始,甲的儿子未表示放弃继承权,但却以不愿伤害亲属关系为由,不愿参加诉讼。问:

(1)甲的遗嘱是否有效?

(2)甲的女儿的要求是否合理?

(3)甲的债务如何清偿?

(4)甲的父母应否分得遗产?

(5)甲的儿子是否能继承甲的遗产?

参考答案

一、

1. A	2. C	3. D	4. B	5. A	6. C	7. C	8. C	9. C	10. D
11. A	12. D	13. D	14. A	15. D	16. B	17. C	18. D	19. B	20. C
21. A	22. C	23. B	24. C	25. D	26. D	27. A	28. C	29. C	30. D
31. A	32. D	33. A	34. A	35. C	36. A	37. B	38. B	39. B	40. A
41. D	42. A	43. B	44. C	45. B	46. B	47. B	48. C	49. A	

二、

1. ✓　2. ×　3. ×　4. ×　5. ✓　6. ×　7. ×　8. ×　9. ✓　10. ×

三、

1. 继承权的丧失,是指依照法律规定,在发生法定事由时,取消继承人的继承权。继承权的丧失,实质是对继承权的剥夺。

根据我国《继承法》的规定,继承权丧失的原因包括下列几种情形:

1)故意杀害被继承人的。继承人故意杀害被继承人,是一种严重的刑事犯罪行为,它不仅触犯了刑法,而且也违反了《继承法》的宗旨,对家庭关系也是重大伤害。所以,决不能使故意杀害被继承人的人,再取得被继承人的遗产。

在这里需要注意以下几点:(1)该继承人的杀害行为,在主观上是故意的,不管是直接故意,还是间接故意,也不管其动机是什么,都不影响这一条件的成立。(2)继承人只要实施了以剥夺被继承人生命为目的的杀害行为,就构成丧失继承权的要件,而不管该杀害行为是既遂还是未遂。(3)该剥夺被继承人生命的行为是违法的。

2)为争夺遗产而杀害其他继承人的。如果是因为其他目的而杀害其他继承人,不构成丧失继承权。

3)遗弃被继承人的,或者虐待被继承人情节严重的。遗弃被继承人,是指继承人对没有独立生活能力的被继承人,拒不履行扶养义务的行为。被继承人必须是没有独立生活能力的人,如果被继承人有独立生活能力,继承人对其不尽扶养义务,尽管不合法,但不构成遗弃。另外需要注意,如果继承人本身没有独立生活能力,无力尽扶养义务的,不构成遗弃。

虐待是指对被继承人以各种手段进行肉体或精神上的摧残、折磨的行为。构成丧失继承权的虐待行为,必须达到情节严重。是否情节严重一般看虐待时间长短、手段轻恶,后果是否严重。只是一时不关心、照顾,不能认定情节严重。

4)伪造、篡改或销毁遗嘱情节严重的。伪造遗嘱,根本不能体现遗嘱人的意愿,篡改遗嘱则改变了遗嘱人的意愿,而销毁遗嘱则是剥夺了遗嘱人对其遗产的处分权,所以,法律确认以上行为情节严重时,继承权就要被剥夺。

继承权丧失的后果是国家依法剥夺自然人取得其死亡近亲属遗产的权利。同时,继承人丧失继承权的,其晚辈直系血亲也不得代位继承。

2. 养老育幼,是我国继承法的一项基本原则。养老育幼,照顾病残也是社会主义家庭的神圣职责,是社会主义制度优越性的体现,这一原则在《继承法》中主要体现在:1)在遗产分配上,对生活有特殊困难,又缺乏劳动能力的继承人应当予以照顾多分;对继承人以外的依靠被继承人扶养的缺乏劳动能力又没有生活来源的人,可以分给他们适当的遗产。2)被继承人以遗嘱方式处分财产时,应当对缺乏劳动能力又没有生活来源的继承人,保留必要的遗产份额,以保障他们的基本生活需要。3)保护被继承人死亡后出生的新生儿利益。遗产分割时,应当保留胎儿的继承份额。4)对公、婆尽了主要赡养义务的丧偶儿媳,以及对岳父母尽了主要赡养义务的丧偶女婿也列入第一顺序继承人范围,另外还规定,自然人可以通过与扶养人或集体所有制组织签订遗赠扶养协议的方式,使自己的生活得到保证。

3. 代位继承,是指被继承人的子女先于被继承人死亡时,由被继承人子女的晚辈直系血亲代替被继承人的子女继承其应继承的遗产份额的继承制度。转继承是指被继承人死亡后,遗产分割前,未放弃继承权的继承人也死亡的,其应得遗产份额转由他的继承人继承的继承制度。

转继承和代位继承都不是由继承人本人承受被继承人的遗产。但二者却有很大的区别,主要表现在以下几方面:1)继承人死亡的时间不同。在代位继承中,被代位人(继承人)先于被继承人死亡,在转继承中,第一次继承中的继承人后于被继承人死亡。2)继承的次数不同。代位继承是一次性继承,是由代位继承人直接从被继承人那里取得遗产的;转继承则是二次继承。3)继承适用的范围不同。代位继承只适用于法定继承,而转继承可以发生在法定继承中,也可以在遗嘱继承或遗赠中发生。4)继承的主体不同。代位继承人只限于被继承人的子女的晚辈直系血亲;而转继承的继承主体包括法定继承人、遗嘱继承人和受遗赠人。

4. 根据《继承法》第10条的规定,我国的法定继承分为两个顺序。第一顺序的继承人包括:配偶、子女、父母;第二顺序的继承人包括:兄弟姐妹、祖父母、外祖父母。除此之外,对公、婆或岳父、岳母尽了主要赡养义务的丧偶儿媳或丧偶女婿,也作为第一顺序继承人参加继承。

这样规定的效力是,有第一顺序继承人时,第二顺序的继承人不能继承;只有在没有第一顺序继承人或第一顺序继承人全部丧失或全部放弃继承权时,才能由第二顺序继承人继承。

5. 赠与是将自己的财产权利无偿送与他人所有的民事法律行为。遗赠是指遗嘱人用遗嘱方式,把财产无偿地赠送给国家、集体或法定继承人以外的人,并于立遗嘱人死亡后发生法律效力的一种民事法律行为。

二者的区别在于:1)法律行为的性质不同。遗赠是单方法律行为,是只要有遗嘱人一方的意思表示就可成立的行为;而赠与则是双方法律行为,赠与人和受赠与人是合同关系,此所谓赠与合同。2)发生效力的时间不同。通常情况下,赠与是在赠与人交付赠与物后即发生法律效力的行为,而遗赠是在遗嘱人死后生效的法律行为。3)意思表示的方式不同。赠与没有严格的形式,可以由双方当事人以口头形式进行,也可以用书面形式进行,是不要式的法律行为;遗赠则必须按照法律规定的遗嘱形式进行,是要式的法律行为。

6. 遗嘱是立遗嘱人依法处分自己财产的法律行为,其有权订立遗嘱,当然也有权修改或撤销遗嘱。遗嘱的变更,是指在遗嘱订立后,生效以前,遗嘱人对其内容进行部分修改的行为。遗嘱的撤销,是指遗嘱人取消原订立的遗嘱或对所订立的遗嘱内容进行全部修改的行为。

变更或撤销遗嘱有两种形式:一是明示的变更或撤销,二是推定的变更或撤销。明示的变更或撤销是基于被继承人明确的意思表示的变更或撤销。如可以发表声明直接说明变更部分遗嘱内容或撤销遗嘱等。但以明示的方式进行的变更或撤销，必须符合法律规定的程序和要求，否则不发生法律效力，法定的程序和要求是与遗嘱订立时的要求相一致的。而且，遗嘱人不得以自书、代书、录音、口头遗嘱撤销或变更公证遗嘱。即公证遗嘱的撤销或变更须经过公证机关的公证才能有效。

推定的形式是指根据遗嘱人的行为，法律上推定遗嘱人变更或撤销遗嘱的形式。即遗嘱人生前的行为与遗嘱的意思表示相反，而使遗嘱处分的财产在继承开始前灭失、部分灭失或所有权转移的，法律上推定遗嘱人撤销或变更遗嘱内容。如：将遗嘱指定的财产在生前赠与他人，或出卖等；又如：订立数份遗嘱，处分同一项财产时，即立有数份内容相抵触的遗嘱的，应认定最后所立的合法有效遗嘱是对以前所立遗嘱的变更或撤销等。

7. 根据《继承法》的规定："继承从被继承人死亡时开始。"所以，继承开始的时间，应以被继承人死亡的时间为准。死亡包括生理死亡和宣告死亡。生理死亡以医学上公认的方法来确认；宣告死亡以人民法院判决书中认定的时间为准。

确定自然人死亡的具体时间即继承开始的时间有重要的法律意义：1）继承开始的时间是确定继承人范围的时间。2）继承开始的时间是确定遗产范围的时间。3）继承开始的时间是继承期待权转为既得权的界限。4）在遗嘱继承中，继承开始的时间是确定遗嘱是否具有执行效力的时间。5）继承开始的时间是继承权时效的起算点。

8. 按照我国法律的有关规定，对被继承人生前所欠的税款和债务的清偿，应遵循以下规则：

1）"限定继承"原则。即继承人对被继承人应清偿的税款和债务，以遗产实际价值为限，负有限清偿责任。

2）几种继承方式并存时，债务的清偿顺序是：有法定继承又有遗嘱继承和遗赠的，首先由法定继承人以其所得遗产清偿，不足时，由遗嘱继承人和受遗赠人按比例用其所得遗产清偿；只有遗嘱继承和遗赠时，由他们按比例用所得遗产偿还。

3）清偿被继承人所欠的税款和债务不能影响缺乏劳动能力又没有生活来源的继承人的基本生活需要。

4）国家或集体组织作为无人继承又无人受遗赠的遗产的承受者，对死者所欠的税款和债务也应当负责缴纳和清偿。

5）执行遗赠，应当在清偿完应缴纳税款和债务之后进行。

9. 依继承法的规定，继承遗产应当清偿被继承人依法应当缴纳的税款和债务。但对此税款和债务的清偿，以遗产的实际价值为限，继承人负清偿责任。限定清偿以继承人接受继承为前提，另外，超过遗产实际价值的部分应缴纳的税款和应清偿的债务，虽可以不清偿，但继承人自愿偿还的，不受限制。

10. 遗产的分配原则指遗产在分配过程中，应当遵循的原则。根据我国继承法的有关规定，对有两个以上法定继承人的遗产的分配，应遵循以下原则：1）在一般情况下，同一顺序的继承人继承遗产的份额应当均等。2）对生活有特殊困难的缺乏劳动能力的继承人，在分配遗产时应照顾多分。3）贯彻权利与义务相一致的原则，对被继承人尽了主要扶养义务或者与被继承人共同生活的继承人，可以多分；有扶养条件和扶养能力的继承人，不尽扶养义务的，分配遗产时，应当不分或者少分。4）经过继承人协商同意的，分配遗产时，也可以不均等。

四、

1.《继承法》的基本原则是处理继承关系的基本准则，也是实施、解释、研究继承法的基本准则。它贯穿继承法的始终。

继承权男女平等是宪法确认的男女平等原则在我国《继承法》中的具体体现。这主要表现在：1)《继承法》第9条明确规定:继承权男女平等。2)在法定继承人的范围上男女平等。近亲属中不分男女,一律平等地享有遗产继承权,每一类法定继承人中,男性与女性都是相对应的,如夫和妻、父和母、兄弟和姐妹等都平等地享有继承权。3)在确定法定继承人的继承顺序上男女平等。在亲等相同的情况下,适合于男性的继承顺序,同样适合于女性;适合于父系的顺序,也适合于母系。如儿子和女儿都列入第一顺序;祖父母和外祖父母都平等地列入第二顺序。4)在代位继承中男女平等。凡是适用于男性的代位继承,也适用于女性;适用于父系的代位继承,也同样适用于母系。5)在遗嘱继承中,男女平等。无论男女,都有权按照自己的意志依法订立遗嘱,处分个人财产;也不论男女,都可以成为被继承人指定的遗嘱继承人。6)按照法定继承分配遗产时,同一顺序的继承人继承遗产的份额,一般应当均等,不应因性别而有差别。

总之,男女平等是我国继承法的一项基本原则,它体现在继承法的各个方面,贯穿继承法的始终。

2. 法定继承是指被继承人生前未立遗嘱处分其遗产或遗嘱无效时,由全体继承人按照法律规定的继承顺序、遗产的分配原则等继承其遗产的继承方式。

法定继承是相对于遗嘱继承而言的,所以,法定继承也称“无遗嘱继承”。从历史上看,法定继承早于遗嘱继承,但从效力上看,遗嘱继承优于法定继承。继承开始后,没有遗赠扶养协议,又没有遗嘱的,才适用法定继承。依据民法原理,财产的所有人有权处分自己的财产,该处分包括生前处分,也包括对自己死后财产的归属确定。在被继承人生前立有合法遗嘱时,按遗嘱办理;在未立遗嘱时,法律根据被继承人与继承人之间的近亲属关系,推定被继承人生前愿意将自己的遗产由全体继承人按照近亲属亲等的远近、一般均等分配的方法进行继承,这就是法定继承。在我国法定继承适用的范围广泛。

依法定继承,继承人范围法定,任何人不得随意增加或减少;继承人的继承顺序法定;遗产的分配原则法定。

3. 遗嘱的有效条件是指遗嘱设立的效力,遗嘱只有符合法律规定的条件才能有效成立。根据我国法律的规定,遗嘱的成立必须符合下列条件:

1)立遗嘱人应具有遗嘱能力。所谓遗嘱能力在此指立遗嘱人必须具有完全民事行为能力。即立遗嘱人必须是年满十八周岁,精神正常的人,无民事行为能力人或限制民事行为能力人所立的遗嘱无效。所谓具有完全民事行为能力,是指在订立遗嘱时,当事人具有完全民事行为能力。如果订立遗嘱时其为无民事行为能力人或限制民事行为能力人,后又成为完全民事行为能力人的,其所订立的遗嘱无效;反之,如果订立遗嘱时为有民事行为能力人,而后又无民事行为能力了,其原所订立的遗嘱有效。

2)意思表示真实。立遗嘱人的意思表示必须真实。受胁迫、欺骗所立的遗嘱无效;被篡改的遗嘱、假造的遗嘱无效。

3)遗嘱形式合法。遗嘱必须采取法律规定的形式,否则,所证立的遗嘱无效。

4)遗嘱内容合法。指遗嘱必须遵守法律的规定,接受法律的限制,不得取消缺乏劳动能力又没有生活来源的继承人的继承权;必须为胎儿保留必要的遗产份额;遗嘱所处分的财产必须是立遗嘱人个人的合法财产。处分了国家、集体或他人的财产的,其所立遗嘱无效或部分无效;遗嘱的内容不得违反法律规定的精神和社会主义道德的要求等。

4. 遗赠扶养协议,是指遗赠人与扶养人签订的,由遗赠人将自己的合法财产的一部分或全部于其死后转移给扶养人所有,而由扶养人承担遗赠人生养死葬义务的协议。

遗赠扶养协议是我国立法上的一个创举，它是在我国农村“五保户”的基础上形成和发展起来的，在现阶段，我国社会保障制度不健全的条件下，采取遗赠扶养协议的形式保障老年人老有所养，老有所终是具有重要意义的。

遗赠扶养协议在性质上是一种合同，虽然它与一般合同所要求的等价不同，但其成立也必须在平等的基础上，由双方当事人经过协商，取得一致意见后才能有效。协议生效后，双方都应遵守协议的规定，任何一方不得单方解除协议。所以，遗赠扶养协议是双务、有偿的法律行为。

遗赠扶养协议一经订立，对双方当事人就具有约束力，任何一方不得随意变更或解除协议。扶养人如果有正当理由需要解除协议时，必须事先通知被扶养人，并安排好被扶养人的短期生活。被扶养人如果有正当的解除理由，应与扶养人协商。协议履行一段时间的，应根据扶养人所尽义务的情况，给予适当的经济补偿。

五、

1. 首先，根据我国《继承法》第10条的有关规定，陈某不属于王老太的法定继承人；而且，陈某在王老太生前并未尽主要赡养义务，所以，陈某以三间房屋为“陈家”所有为由主张继承是没有法律依据的，法院对陈某的要求不能支持。

其次，王某虽是王老太唯一的法定继承人，但其在养母患病期间不尽心照顾，反而外出做买卖，其妻更未尽到照顾的责任。对王老太的死，王某有不可逃脱的责任。根据我国《继承法》第7条第3项的规定：遗弃被继承人的，或者虐待被继承人情节严重的，丧失继承权。所以，法院应认定王某丧失继承权。

第三，由于王老太没有其他继承人，所以其三间房屋及400元退休金属于无人继承财产，应归国家所有。

2. 一审法院判决的错误在于把王某儿媳和孙子的转继承当作代位继承处理；二审法院判决的错误，在于把王某外孙女的代位继承当作转继承处理。因此，一、二审法院的判决都是错误的。

本案中，由于王某的女儿先于王某死亡，所以，王某的外孙女适用代位继承取得王某的遗产，王某的女婿没有继承权。而王某的儿子则是在王某死后，遗产分割之前死亡的，对其应继承的遗产份额，依法应适用转继承的规定，由王某的儿媳和孙子共同继承。又由于我国《婚姻法》规定：夫妻在婚姻关系存续期间所得的财产，归夫妻共同所有。所以，王某儿子继承的王某的遗产，属于夫妻共同财产，其中的一半是王某儿媳的个人财产，而另一半才是王某儿子的遗产，由其配偶和儿子共同继承。所以，本案应判决：对王某的四间房屋，王某的外孙女继承两间；王某的儿媳取得一间半；王某的孙子继承半间。

3. 首先，应指出郝赵氏的遗嘱是合法有效的。在其死后，应按照该遗嘱处理。其次，李玉在医院写明的把银圆转给郝某的书据是无效的。因为，当时郝赵氏并没有死亡，继承还没有开始，遗嘱也没有执行的效力，李玉没有权利处分郝赵氏的财产。第三，在郝赵氏死后，李玉表示接受遗赠，根据我国继承法的有关规定，并没有超过法定的“两个月”的期限，因此是合法的，应当得到人民法院的支持。

4. (1)甲的遗嘱部分无效。因为遗嘱没有给丧失劳动能力、又无生活来源的父母保留必要的遗产份额。(2)甲的女儿的要求是合理的。因为她是搞音乐的，根据《继承法》和最高人民法院的解释意见，分割遗产时，依据有利于发挥遗产使用效益的原则，应认定钢琴是特定职业所需要的财产，应照顾给最需要的人所有。(3)对于甲的债务，应先进行清偿，然后再进行遗赠和继承。(4)作为继承人，甲的父母是缺乏劳动能力，又无生活来源的继承人，根据法律的规定应首先为该继承人留下必要的遗产，所以，甲的父母应首先分得遗产。(5)甲的儿子虽说不愿参加诉讼，但其并没有放弃继承，根据继承法的有关规定，其仍然是继承人，在分割遗产时，应分给其一份。

第七部分　民事责任

第一章　民事责任概述

学习目标

了解民事责任的概念与特征。掌握民事责任的主要类型。

一、民事责任的概念与特征

（一）民事责任的概念

民事责任是民事主体违反民事义务或者侵犯他人民事权利所应当承担的一种法律责任，即民事违法行为人所应当承担的法律后果。理解民事责任概念应注意：①民事责任是一种法律责任，具有法律的强制性；②民事责任以恢复被损害的民事权利为目的；③我国的民事责任制度与传统民法中把民事责任分散规定的体系有所不同。我国《民法通则》将民事责任作为总则的构成部分，专列一章加以规定，提高了民事责任制度的地位，有利于对民事主体民事权利的保护。当然，也有篡位民事权利本位的嫌疑。

（二）民事责任的特征

与行政责任、刑事责任相比较，民事责任具有以下特征：

1. 民事责任主要是财产责任。民法是商品经济发展的产物，民法以商品关系为主要调整对象，商品关系以财产关系为特征。民事义务也大都具有财产内容，人身权受到侵害，最终也可以以财产进行补偿。所以，违反民事义务或侵犯民事权利的责任主要是财产责任。而行政责任主要是对行政违法行为人的人身的制裁，如记过、撤职等。刑事责任主要是限制违法者的人身自由。行政责任和刑事责任中都有一定的财产责任如罚金、没收财产等，但这里的财产责任都不是主要的责任方式。民事责任中也还有部分非财产性的责任，如消除影响、恢复名誉、赔礼道歉等。

2. 民事责任是一方当事人对另一方当事人承担的责任。民事责任是违法行为人对受害人承担的责任。这是由民法调整对象和民事法律关系的特征所决定的，民法调整平等主体之间的财产关系和人身关系，说明当事人之间的法律地位平等，权利义务关系平等。平等要求当事人诚实履行义务，不得侵害他人的合法权利，否则，就使双方之间的平等状态受到破坏。法律为使平等状态得到恢复，即以强制力迫使加害人承担不利的后果。所以民事责任是当事人一方对另一方承担的责任。而刑事责任和行政责任都不是平等主体之间的责任。

3. 民事责任的范围与违法行为造成的权利损害相适应。这包括两方面的含义：一是指造成损害的结果不同，适用的责任形式不同。造成财产损害，适用财产责任形式，如赔偿损失等；造成非财产损害一般适用非财产的责任形式，如赔礼道歉等。二是指造成财产上的损失，应根据损失的大小确定承担民事责任的范围。

4. 民事责任是违反民事法律规范的法律责任。违反民事法律规范，从事法律所禁止的行为（包括作为和不作为），就应承担相应的民事法律责任。民事违法行为一般表现为：侵权行为、违约行为和不履行其他民事义务的行为。

二、民事责任的分类

1. 侵权行为的民事责任

侵权行为的民事责任，是指行为人对其不法行为造成他人财产或人身权利损害时，应承担的法律责任。

侵权行为的民事责任，是违反法定义务所产生的责任，以补偿受害人因受侵害而受到的损失为目的，因此，责任的性质主要是财产责任，如赔偿损失、恢复原状等，少数的也可以是非财产性质的，如赔礼道歉、恢复名誉等责任方式。

2. 违反合同的民事责任

违反合同的民事责任，是指当事人违反合同约定的义务而应承担的法律责任。

依法成立的合同，对当事人有法律约束力，任何一方都不得违反，违反合同不仅仅是不守信用，而且是对合同法律的违反，因此，应当承担法律责任。

违反合同的民事责任，是违反约定义务的法律后果，在确定责任时，主要根据当事人之间的合同，在合同没有具体约定时，按照法律的规定。违反合同的民事责任，在性质和内容上都属于财产责任。

3. 缔约过失责任（见“合同的成立”）

第二章　缔约过失责任与违约责任

学习目标

掌握缔约过失责任与违约责任的基本内容。

一、缔约过失责任

1. 缔约过失责任的概念

缔约过失责任，是指在合同订立过程中，一方因违反先合同义务给对方造成损失时所应承担的损害赔偿责任。

缔约过失责任发生在合同订立过程中而不是合同成立之后，这是缔约过失责任与违约责任的基本区别所在。缔约过失责任作为独立的民事责任，是有其法律意义的。交易是个过程，包括当事人开始接触、相互洽商、成交，到最后履行几个阶段。相应地，法律保护交易，应该是对整个交易过程加以全面规制。而传统合同法仅仅设立了违约责任，其所保护的只是合同有效成立之后当事人的权利，但对合同成立之前处于接触磋商阶段缔约当事人的权益却没有予以保护。因此，缔约过失责任制度的确立，使保护当事人权利的起点提前到了缔约阶段，从而完善了保护整个交易安全的规则。

2. 缔约过失责任的构成要件

缔约过失责任的成立，需要具备以下要件：

(1)缔约一方违反先合同义务

所谓先合同义务，是指在合同订立过程中，缔约当事人依据诚实信用原则所应承担的注意义务，包括互相协助、照顾、保护、告知、保密等义务。这些义务系以诚实信用原则为基础，其发生以双方当事人进入缔约过程为前提。那么，如何判断是否进入了缔约过程呢？一般认为，以缔约当事人之间已经显然具有了某种订约上的联系为标准，换言之，为缔结合同，一方实施了具有某种法律意义的行为(如发出要约)，并表明受该行为的约束，而另一方对此行为产生了能够成立合同关系或合同有效的合理信赖，缔约当事人之间产生了一种信赖关系。

(2)对方当事人受有损失

对方当事人受有损失是指信赖利益的损失。所谓信赖利益损失，是指在缔约过程中，由于一方当事人信赖合同成立和有效，但后因合同不成立、无效或被撤销所遭受的损失。应当指出，受到法律保护的信赖利益，必须是基于合理的信赖而产生的利益。

(3)违反先合同义务与受有损失存在因果关系

即对方当事人的损失是由违反先合同义务所引起的。

(4)违反先合同义务方有过错

这里的过错是指行为人对导致合同不成立、无效或被撤销等的原因上的过错，包括故意和过失。

3. 缔约过失责任的适用情形

根据我国《合同法》规定，缔约过失责任适用的情形主要有：

(1)假借订立合同，恶意进行磋商，给对方造成损失的；

(2)故意隐瞒与订立合同有关的重要事实或者提供虚假情况，给对方造成损失的；

(3)泄露或不正当使用在缔约过程中知悉的商业秘密，给对方造成损失的；

(4)在缔约过程中有其他违背诚实信用原则的行为,造成对方损失的。如不协助办理申请批准、登记手续,致使合同不能生效,使对方遭受损失等。

4. 缔约过失责任的形式

缔约过失责任的形式为损害赔偿。损害赔偿的范围为信赖利益损失,具体包括直接损失和间接损失两部分。其中直接损失有:(1)缔约费用,如邮电费用、赶赴缔约地及验查标的物等所支出的合理费用;(2)准备履行所支出的费用,如为运送标的物或受领对方的给付所支出的合理费用;(3)支出上述费用所失去的利息。间接损失主要是指因丧失与第三人另订合同的机会所产生的损失。

二、违约责任

1. 违约责任的概念与特征

违约责任,是指合同当事人不履行合同义务所应承担的民事法律后果。

《合同法》第107条规定:"当事人一方不履行合同义务或者履行合同义务不符合约定的,应当承担继续履行、采取补救措施或者赔偿损失等违约责任。"违约责任的产生是以合同的有效存在为前提的。合同一旦生效以后,就已经受到有效合同的约束,当事人应按照合同的约定全面、严格地履行合同义务,任何一方当事人因违反有效合同所规定的义务均应承担违约责任。

违约责任具有以下特征:

(1)违约责任的产生是以合同当事人不履行合同义务为前提的

合同义务又称为合同债务。债务是责任发生的前提,无债务则无责任,责任是债务不履行的后果。一旦债务人不履行债务,则债务在性质上便转化为一种强制履行的责任。

(2)违约责任具有相对性

违约责任的相对性是指违约责任仅发生于合同当事人之间,合同关系以外的人不承担违约责任,合同当事人也不对合同关系以外的第三人承担违约责任。

具体来说,违约责任的相对性包含以下几层含义:

①违反合同债务的当事人应对自己的违约行为负责,不能将违约责任推卸给他人。

②因第三人原因造成违约的,债务人仍应对债权人负违约责任,而不是由第三人向债权人负违约责任。《合同法》第121条规定:"当事人一方因第三人的原因造成违约的,应当向对方承担违约责任。当事人一方和第三人之间的纠纷,依照法律规定或者按照约定解决。"

③债务人应当向债权人承担违约责任,而不是向国家或者第三人承担违约责任。

(3)违约责任可以由当事人约定

作为民事责任的一种,违约责任当然具有强制性。但与其他民事责任相比,它具有更高程度的任意性,即法律允许当事人事先对违约责任做出约定。如《合同法》第114条第1款规定:"当事人可以约定一方违约时应当根据违约情况向对方支付一定数额的违约金,也可以约定因违约产生的损失赔偿额的计算方法。"再如,当事人还可以通过约定免责条款来限制和免除其违约责任。当然,当事人对违约责任的约定不能超出法律规定的范围和程度,否则将是无效的。

(4)违约责任是财产责任

就违约责任性质而言,违约责任作为合同债务的转化形式,与合同债务在经济利益方面具有同一性,违约责任固然是一种财产责任;就违约责任形式而言,《合同法》第七章规定的诸种违约责任形式,如实际履行、赔偿损失、支付违约金及定金等,都可以用财产、金钱来进行计算,违约责任当然属于财产责任范畴。

(5)违约责任主要具有补偿性

违约责任的补偿性,是指违约责任旨在弥补因违约行为造成的损害后果。违约责任具有补偿性，从根本上说是民法的平等、公平原则的体现，也是商品交易关系在法律上的内在要求。在一方违约使合同关系遭到破坏，当事人利益失去平衡时，法律通过违约责任的方式要求违约方对受害人所遭受的损失给予充分的补偿，从而使双方的利益状况达到平衡。

当然，强调违约责任的补偿性，并不否认存特定情况下违约责任也具有惩罚性。

2. 违约责任的一般构成要件

违约责任的构成要件，是指违约当事人应具备何种条件才承担违约责任。违约责任的构成要件可分为一般构成要件和特殊构成要件。所谓一般构成要件，是指违约当事人无论承担何种违约责任形式都必须具备的要件。所谓特殊构成要件，是指各种具体的违约责任形式所要求的责任构成要件。各种不同违约责任形式的责任构成要件是不同的，如损害赔偿责任构成要件与违约金责任构成要件就不完全相同。

《合同法》第 107 条规定："当事人一方不履行合同义务或者履行合同义务不符合约定的，应当承担继续履行、采取补救措施或者赔偿损失等违约责任。"本条规定是承担违约责任的总纲性规定，这一规定没有要求违约方主观上有过错。据此，非违约方只需举证证明违约方有违约行为，便可以要求其承担违约责任，而无须证明其主观上有过错。可见，我国合同法将严格责任原则作为了违约责任的一般归责原则。但从《合同法》分则的规定来看，仍有若干情形将过错责任原则作为了一项归责原则，如《合同法》第 303 条第 1 款规定："在运输过程中旅客自带物品毁损、灭失，承运人有过错的，应当承担损害赔偿责任。"第 406 条第 1 款规定："有偿的委托合同，因受托人的过错给委托人造成损失的，委托人可以要求赔偿损失。"这些规定表明，严格责任原则是违约责任普遍适用的归责原则，而过错责任原则只在特殊情形下才适用。

可见，违约责任的一般构成要件仅包括两个，即存在违约行为和不存在免责情形。以下分别述之。

(1)存在违约行为

违约行为，是指合同当事人不履行合同义务或履行合同义务不符合约定的行为。在学理上，违约行为也称为不履行合同债务的行为。

实践中，违约行为表现为多种多样。根据我国《合同法》规定，以履行期限是否届满为标准，可以将这些违约行为分为预期违约和实际违约两种形态。

①预期违约

预期违约也称为先期违约，是指在履行期限届满之前，当事人一方明确表示或者以自己的行为表明不履行主要债务。

预期违约包括明示毁约和默示毁约两种类型。所谓明示毁约，是指在履行期限届满之前，当事人一方明确表示不履行主要债务。所谓默示毁约，是指在履行期限届满之前，当事人一方以自己的行为表明不履行主要债务。

《合同法》第 108 条规定："当事人一方明确表示或者以自己的行为表明不履行合同义务的，对方可以在履行期限届满之前要求其承担违约责任。"

②实际违约

实际违约，是指履行期限届满之后，合同当事人不履行或不适当履行合同义务。实际违约主要包括不能履行、拒绝履行、迟延履行和不完全履行等几种类型。

A. 不能履行

不能履行是指债务人在客观上已经没有履行能力，或者法律禁止债务的履行。如在以提供劳务为标的的合同中，债务人丧失了劳动能力，为不能履行；在以给付特定物为标的的合同中，该特定物灭失,为不能履行。

B. 拒绝履行

拒绝履行是指债务人能够履行而对债权人表示不履行。这种表示一般为明示的,也可以是默示的。例如,债务人将应交付的标的物处分给第三人,即可视为拒绝履行。

C. 迟延履行

迟延履行又称逾期履行,是指债务人能够履行,但在履行期限届满时却未履行债务的现象。迟延履行不同于拒绝履行。在迟延的情况下,违约当事人已经做出了履行,只是履行不符合期限的规定。而在拒绝履行的情况下,违约当事人不仅没有做出履行,还明确表示不愿意履行合同义务,可见拒绝履行是一种公然的违约。

D. 不完全履行

不完全履行又称不适当履行,是指债务人虽然履行了债务,但其履行不符合债务的本旨,包括标的物的品种、规格、型号、数量、质量以及其运输方法、包装方法等不符合合同约定等。

(2)不存在法定的免责条件与约定的免责条款

《合同法》虽然采取了无过错责任原则,但并不意味着违约方在任何情况下均须对其违约行为负责。在法律规定有免责条件的情况下,当事人不承担违约责任;在当事人以约定排除或者限制其未来责任的情况下,也可能不承担违约责任或者只承担一部分违约责任。反之,在既不存在免责条件也不存在免责条款的情况下,违约当事人就须承担违约责任了。

①免责条件

所谓免责条件,是指法律明文规定的当事人对其不履行合同不承担违约责任的条件。我国法律规定的免责条件,主要有不可抗力、货物本身的自然性质、货物的合理损耗、债权人的过错等。其中,不可抗力是普遍使用的免责条件,其他则仅适用于个别场合。

A. 不可抗力

不可抗力,是指不能预见、不能避免并不能克服的客观情况。《合同法》第 117 条第 1 款规定:"因不可抗力不能履行合同的,根据不可抗力的影响,部分或者全部免除责任,但法律另有规定的除外。当事人迟延履行后发生不可抗力的,不能免除责任。"

B. 货物本身的自然性质、货物的合理损耗

根据《合同法》第 311 条的规定,承运人对运输过程中货物的毁损、灭失承担损害赔偿责任,但承运人证明货物的毁损、灭失是因不可抗力、货物本身的自然性质或者合理损耗造成的,不承担损害赔偿责任。

C. 债权人的过错

因债权人的过错致使债务人不履行合同,债务人不负违约责任。我国《合同法》多有明文规定,如《合同法》第 302 条规定:"承运人应当对运输过程中旅客的伤亡承担损害赔偿责任,但伤亡是旅客自身健康原因造成的或者承运人证明伤亡是旅客故意、重大过失造成的除外。"第 370 条规定:"寄存人交付的保管物有瑕疵或者按照保管物的性质需要采取特殊保管措施的,寄存人应当将有关情况告知保管人。寄存人未告知,致使保管物受损失的,保管人不承担损害赔偿责任。"

②免责条款

免责条款,是指当事人以协议排除或者限制其未来责任的合同条款。民法实行意思自治原则,民事主体可以依法放弃民事权利,免除他人的民事义务、民事责任。因此,当事人在订立合同时,可以约定免责条款,只要具有免责条款规定的情形,当事人纵有违约行为,也不承担违约责任。但是,免责条款的内容不能违背法律的强制性规定,否则无效,当事人仍应承担违约责任。

3. 为第三人承担违约责任

《合同法》第65条规定："当事人约定由第三人向债权人履行债务的，第三人不履行债务或者履行债务不符合约定，债务人应当向债权人承担违约责任。"第121条规定："当事人一方因第三人的原因造成违约的，应当向对方承担违约责任。当事人一方和第三人之间的纠纷，依照法律规定或者按照约定解决。"这些规定，实际上是让债务人对以履行辅助人为典型代表的第三人的原因造成的违约负责，可以成为"为第三人负责"。

为第三人负责，其中第三人的范围是一个问题。在我国合同法上，由于采纳了无过错责任原则，"第三人"便不局限于履行辅助人，尚包括其他的第三人，《合同法》第121条的规定实即如此。

4. 违约责任与侵权责任的竞合

(1)违约责任与侵权责任竞合的概念及构成要件

违约责任与侵权责任竞合，是指行为人的同一违反民事义务的行为同时符合侵权责任与违约责任的构成要件，从而导致两种责任形式并存和相互冲突的现象。其构成要件如下：

①行为人与受害人之间成立合同关系

②行为人只实施了一个违反民事义务的行为

所谓"一个违反民事义务的行为"，乃因故意或过失地违反约定义务或法定义务的行为。如买卖合同交付的标的物质量不合格(违反约定义务，属于违约行为)致他人人身遭受损害；保管人擅自将保管物出卖给第三人(违反法定义务，属于侵犯他人财产行为)致他人财产遭受损害。只实施了一个违反民事义务的行为，是民事责任竞合的前提条件。

③同一违反民事义务的行为同时符合侵权责任与违约责任的构成要件

所实施的同一违反民事义务的行为同时违反了合同法和侵权责任法的规定，同时符合侵权责任与违约责任的构成要件，这是民事责任竞合的决定性条件。如前所述，买卖合同交付的标的物质量不合格(符合违约责任的构成要件)致他人人身遭受损害(符合侵权责任的构成要件)；保管人擅自将保管物出卖给第三人(符合侵权责任的构成要件)致他人财产遭受损害(符合违约责任的构成要件)。

④两个民事责任之间相互冲突

两个民事责任相互冲突，是指侵权责任与违约责任之间不能相互吸收或者同时并存，行为人只能承担其中之一。不能相互吸收，是指一种民事责任不能为另一种民事责任所涵盖。不能同时并存，是指行为人不能同时承担数个民事责任。

(2)违约责任与侵权责任竞合的法律效果

违约责任与侵权责任的竞合将导致双重请求权的存在，应允许受害人选择行使，但不应允许同时行使。否则，行为人承担双重责任，受害人获得双重赔偿。《合同法》第122条对违约责任与侵权责任竞合的法律效果做出了明确规定，即"因当事人一方的违约行为，侵害对方人身、财产权益的，受损害方有权选择依照本法要求其承担违约责任或者依照其他法律要求其承担侵权责任"。法律允许受害人选择责任，是因为在责任竞合的情况下，行为人的行为已符合两种责任的构成要件，受害人选择任何一种责任都是加害人所应当承担的。同时，允许受害人选择责任，也是因为违约责任和侵权责任在很多方面都是不同的，而选择不同的责任对受害人的保护也不同。

违约责任与侵权责任的区别主要表现在以下几方面：

①归责原则不同。侵权责任以过错责任原则为一般归责原则，只有在法律有明确规定的情形下才适用无过错责任原则。而违约责任以严格责任(无过错责任)为一般归责原则，只有在法律有明确规定的情形下才适用过错责任原则。

②举证责任不同。归责原则的不同影响了举证责任的承担。在一般侵权责任中,因适用过错责任原则,故受害人有义务举证加害人主观上有过错。而违约责任因以严格责任为一般归责原则,故未违约方只需证明有违约行为存在,无须证明违约方有过错。

③责任构成要件不同。侵权责任以损害事实作为构成要件之一,无损害即无责任。而违约责任不以损害事实为构成要件。

④免责条件不同。在违约责任中,法定的免责条件主要限于不可抗力,但当事人可以事先约定免责条款。在侵权责任中,当事人虽然难以事先约定免责条款,但一般侵权责任的法定的免责条件不限于不可抗力,还包括意外事故、第三人的行为、正当防卫和紧急避险等。

⑤责任形式不同。侵权责任既包括财产性责任(以损害赔偿为主),也包括多种非财产性责任,如停止侵害、赔礼道歉、排除妨碍等。违约责任都是财产性责任,包括损害赔偿、违约金、定金等。

⑥损害赔偿范围不同。对于侵权责任来说,损害赔偿不仅包括财产损失的赔偿,而且包括人身伤害和精神损害的赔偿。违约损害赔偿主要是财产损失的赔偿,不包括对人身伤害的赔偿和精神伤害的赔偿责任,且法律采取了"可预见性"标准来限定赔偿的范围。

⑦是否为第三人行为负责不同。在侵权责任中,"对自己行为负责"原则决定了行为人仅对自己实施的侵权行为负责。在违约责任中,根据合同相对性规则,因第三人的原因导致合同债务不能履行的,债务人首先应对债权人负责,然后才能向第三人追偿。

此外,在时效期限、诉讼管辖等方面,违约责任与侵权责任也存在着区别。正是因为上述区别的存在,所以受害人选择不同的责任,将严重影响到对其利益的保护和对不法行为人的制裁。这也正是违约责任与侵权责任竞合产生的意义及被广泛讨论的原因所在。

5. 承担违约责任的方式

根据我国《合同法》的规定,承担违约责任的方式有很多,下面重点介绍继续履行、赔偿损失、违约金和定金四种方式。

(1)继续履行

①继续履行的概念

继续履行,学理说上又称强制实际履行,是指当事人一方不履行合同时,由法院强制违约方继续履行合同债务的违约责任方式。与其他违约责任形式相比,继续履行的功能不在于对受害方所受损失的弥补,而是在于合同目的的实现。

继续履行虽然是合同履行的继续,仍然是履行原合同债务,但它与正常地履行原合同义务在性质上是不同的。一是履行时间不同,正常履行是按期履行,而继续履行是在履行期限届满后才履行;二是强制性不同,正常履行是债务人的自觉履行,是单纯的履行合同债务,而继续履行则带有国家强制的性质,是对当事人违约行为的否定性评价。

继续履行与解除合同是完全对立的补救方法,主张继续履行就不能请求解除合同,主张解除合同就不能请求继续履行。

②不能适用继续履行的情形

根据给付标的的不同,我国《合同法》将合同债务分为金钱债务和非金钱债务。前者是指支付价款或者报酬的债务,后者是指金钱债务以外的债务。若违反金钱债务,可以适用继续履行,若违反非金钱债务,则并非都能适用继续履行。根据《合同法》第110条的规定,下列几种情形不能适用继续履行:

A. 法律上或者事实上不能履行

所谓法律上不能履行是指根据法律规定,履行是不可能的。如某买卖合同成立后履行前,该合同项下的标的物被新颁布的法律规定为禁止流通物,继续履行将构成违法。所谓事实上不能履行,是指在客观上履行是不可能的。如特定物交付前灭失。

B. 债务的标的不适于强制履行或者履行费用过高

所谓债务的标的不适于强制履行,是指债务的标的强制履行不合法或者不合常理。如委托合同、演出合同、出版合同中的劳务债务。这些合同通常具有人身专属性,在性质上决定了不适于强制履行。

所谓履行费用过高,是指对标的物若要强制履行,代价太大。比如为履行合同专门进口一台设备,所花代价远远超过履行合同所产生的收益。

C. 债权人在合理期限内未要求履行

之所以规定此种情形,实际上是想以此督促债权人及时主张权利,行使其履行请求权。如果债权人并不积极行使其履行请求权,主张强制履行,待一段时间后始主张强制履行,则对于债务人未免不公。

所谓"合理期限",是一个不确定概念,最终要由法院在个案中具体地加以判断。

(2)赔偿损失

①赔偿损失的概念及类型

赔偿损失,亦称违约损害赔偿,是指债务人不履行合同义务时依照约定或者依照法律规定赔偿债权人所受损失的责任方式。

以损害赔偿的依据为标准,可以将损害赔偿分为约定损害赔偿和法定损害赔偿。所谓约定损害赔偿,是指当事人双方在订立合同时预先估计的损害赔偿总额,或预先约定的损害赔偿额的计算方法。由于债权人于对方违约而请求损害赔偿时,须证明损害及因果关系。而此类举证,不但困难,且易产生纠纷,因而当事人为避免上述困难及纠纷,预先约定损害赔偿额或者其计算方法,不失为良策,一方面,可以激励债务人履行债务;另一方面,如发生违约,则其责任承担简单明了。我国《民法通则》和《合同法》都允许当事人约定损害赔偿。所谓法定损害赔偿,是指违约方依照法律规定赔偿对方当事人所受的损失。

约定损害赔偿与法定损害赔偿既有相同之处,也有不同之处。相同之处在于,这两种损害赔偿都以因违约给未违约方造成损害为前提。不同之处在于:A. 一旦因违约给未违约方造成了损害,约定损害赔偿的未违约方不必举证证明损害的范围和损害的大小,依据约定损害赔偿条款就可以获得赔偿;而法定损害赔偿的未违约方必须要举证证明损害的范围和损害的大小,否则不能获得赔偿。B. 在损害赔偿的适用上,约定损害赔偿优先于法定损害赔偿。

②法定损害赔偿的范围

对于法定损害赔偿,最核心的内容就是确定赔偿范围。《合同法》第113条第1款规定:"当事人一方不履行合同义务或者履行合同义务不符合约定,给对方造成损失的,损失赔偿额应当相当于因违约所造成的损失,包括合同履行后可以获得的利益,但不得超过违反合同一方订立合同时预见到或者应当预见到的因违反合同可能造成的损失。"第119条第1款规定:"当事人一方违约后,对方应当采取适当措施防止损失的扩大;没有采取适当措施致使损失扩大的,不得就扩大的损失要求赔偿。"这些规定是《合同法》对一般法定赔偿范围所做的原则性规定。除此之外,我国特别法上对损害赔偿范围还设有一些特别规定。

根据《合同法》第113条第1款的规定,确定赔偿范围应遵循完全赔偿原则。所谓完全赔偿原则,是指违约方对于违约所造成的损失应当全部赔偿的原则,即"损失赔偿额应当相当于因违约所造成的损失,包括合同履行后可以获得的利益"。按照这一原则,违约方应当赔偿未违约方实际遭受的全部损失，包括现有财产的损失和可得利益的损失。这里的可得利益，是指合同在适当履行后可以实现和取得的财产利益。它具有以下特点：第一，未来性。可得利益是一种未来利益，它在违约行为发生时并没有为合同当事人所实际享有，而必须通过合同的实际履行才能得以实现。第二，期待性。可得利益是当事人订立合同时期望通过履行合同可以获得的利益，是当事人在订约时能够合理预见到的利益。第三，现实性。可得利益虽非当事人所实际享有的利益，但该利益也非臆造和想象的，而具有一定的现实性，只要合同能够按期履行就可以实现。可见，可得利益的损失就是指因违约行为的发生而导致当事人丧失了在合同得到适当履行情况下可以获得的利益，而因合同未得到适当履行而丧失的利益。总之，完全赔偿原则的效果，就是要通过赔偿损失，使受损失方达到如同合同已经履行的状态。

但是，任何国家的法律在确定损害赔偿范围时，都要面对如何限制赔偿范围的问题，以防止赔偿范围漫无边际。我国法律也不例外。我国《合同法》采纳了可预见规则和减轻损失规则等来限制赔偿的范围。

所谓可预见规则，是指违约方的损害赔偿不得超过其在订立合同时预见到或者应当预见到的因违反合同可能造成的损失。《合同法》第 113 条第 1 款确认了这一规则，即“损失赔偿额应当相当于因违约所造成的损失，包括合同履行后可以获得的利益，但不得超过违反合同一方订立合同时预见到或者应当预见到的因违反合同可能造成的损失”。按照这一规则，违约方负责赔偿的范围仅限于其在订立合同时预见到或者应当预见到的因违反合同可能造成的损失之内。立法上确立可预见规则的原因，是为了鼓励交易，防止利用合同使交易当事人陷于不合理的被动地位，从而承受不可预见的不利后果。

减轻损失规则，是指一方违约后，对方应及时采取适当措施以防止损失扩大，否则就扩大的损失不得要求赔偿。《合同法》第 119 条第 1 款确认了这一规则。法律之所以对受损失方课以减轻损失的义务，其原因是为了增进社会整体的经济效益，同时促进当事人之间的协作关系。为公平起见，《合同法》第 119 条第 2 款又规定：“当事人因防止损失扩大而支出的合理费用，由违约方承担。”

(3)违约金

①违约金的概念

所谓违约金是指由当事人事先约定的、在违约发生后由违约方向对方支付一定数额的金钱的责任方式。

《合同法》第 114 条第 1 款规定：“当事人可以约定一方违约时应当根据违约情况向对方支付一定数额的违约金，也可以约定因违约产生的损失赔偿额的计算方法。”《合同法》所规定的违约金在性质上属于赔偿性违约金，也叫作损害赔偿额的预定。

②违约金数额的调整

基于合同自愿原则，对于违约金的数额，《合同法》均未做出最低和最高的限制要求。但是，完全放任自愿，可能也会带来不适当的结果，会使违约金条款异化成为一方压榨另一方的工具。因而，我国《合同法》做出了违约金数额过高或者过低时可以调整的规定。《合同法》第 114 条第 2 款规定：“约定的违约金低于造成的损失的，当事人可以请求人民法院或者仲裁机构予以增加；约定的违约金过分高于造成的损失的，当事人可以请求人民法院或者仲裁机构予以适当减少。”针对违约金数额的调整问题，应从以下几个方面去理解：

A. 必须基于当事人的请求。只有在当事人提出请求时，法院和仲裁机构才可以考虑就违约金数额进行调整，如果当事人没有提出请求，法院和仲裁机构不能依职权主动进行调整。这主要是因为合同法奉行的合同自愿原则，违约金是当事人自愿约定的，无论数额过低还是过高，只要不损害国家利益和社会公共利益,且当事人自愿接受,他人就不能干涉。

B. 违约金高低的比较标准。《合同法》第114条所规定的比较标准是“因违约造成的损失”。

C. 违约金的增加。约定的违约金低于造成的损失的,当事人可以请求人民法院或者仲裁机构予以增加。《合同法解释(二)》第28条规定,当事人请求人民法院增加违约金的,增加后的违约金数额以不超过实际损失为限。增加违约金以后,当事人又请求对方赔偿损失的,人民法院不予支持。

D. 违约金的适当减少。约定的违约金过分高于造成的损失的,当事人可以请求人民法院或者仲裁机构予以适当减少。依据《合同法解释(二)》第29条的规定,当事人主张约定的违约金过高请求予以适当减少的,人民法院应当以实际损失为基础,兼顾合同的履行情况、当事人的过错程度以及预期利益等综合因素,根据公平原则和诚实信用原则予以衡量,并做出裁决。当事人约定的违约金超过造成损失的30%的,一般可以认定为《合同法》第114条第2款规定的“过分高于造成的损失”。

③违约金与其他责任方式的关系

A. 违约金与继续履行

违约金与继续履行两种责任方式能否并用,应区分具体情形而定。

如果违约金是针对迟延履行约定的,根据《合同法》第114条第3款的规定,违约方支付违约金后,还应当履行债务。这就是说,在债务人履行迟延场合,一方面债权人仍享有履行请求权,另一方面又享有违约金请求权,由于两项请求权指向的对象并不相同,因而可以同时主张,并行不悖。

如果违约金是针对不能履行、拒绝履行或不完全履行的情形约定的,是作为替代债务不履行的损害赔偿的预定,则在实际发生不能履行、拒绝履行或不完全履行的场合,继续履行请求权消灭,只能请求违约金。

B. 违约金与赔偿损失

赔偿性违约金与损害赔偿在本质上具有同一性,原则上不宜并用。

C. 违约金与定金

《合同法》第115条规定:“当事人可以依照《中华人民共和国担保法》约定一方向对方给付定金作为债权的担保。债务人履行债务后,定金应当抵作价款或者收回。给付定金的一方不履行约定的债务的,无权要求返还定金;收受定金的一方不履行约定的债务的,应当双倍返还定金。”可见,《合同法》所规定的定金属于违约定金。

《合同法》第116条规定:“当事人既约定违约金,又约定定金的,一方违约时,对方可以选择适用违约金或者定金条款。”按照这一规定,如果在一个合同中,当事人既约定了违约金,又约定了定金的,一方违约时,对方只能在违约金责任和定金责任中择一请求。也就是说,违约金责任与定金责任不能并用。

(4)定金

根据《民法通则》《担保法》及《合同法》的规定,定金既可以作为担保方式,也可以作为违约责任方式。

定金作为债的担保方式与定金作为违约责任方式并不矛盾。定金的设立虽然是为了担保债的履行,但是在当事人违约后,就要产生违约责任,此时的定金担保就转化成了定金责任。

关于定金责任的内容,请参见“债的担保”部分。

第三章　侵权责任

学习目标

了解侵权行为的概念与分类。理解侵权行为民事责任的概念与特征。掌握侵权行为民事责任的归责原则。理解侵权行为民事责任的承担方式。理解一般侵权行为民事责任的成立要件与免责事由。理解数人侵权行为与责任的基本内容。掌握所列举的几种具体的特殊侵权行为的民事责任。

一、侵权责任概述

(一)侵权行为的概念与分类

侵权行为,是指不法侵害他人非合同权利或受法律保护的利益的致害行为。侵权行为发生后,即在侵权人和受害人之间产生以损害赔偿为内容的债权债务关系。所以侵权行为是债发生的根据之一,由此产生的债属于法定之债。

侵权行为与违约行为不同。侵权行为违反的是法律直接规定的、针对一般人的义务,即法定义务;而违约行为违反的是合同当事人约定的、针对特定当事人的合同义务,即约定义务。违约行为以合同的存在为前提,其侵权的对象是合同债权;而侵权行为不以合同为前提,其侵害的对象是民事主体的财产权和人身权。从主体看,违约行为的主体仅限于合同当事人,而侵权行为的主体则不受此限制。

侵权行为与犯罪行为也有所不同。犯罪行为是刑法规定的行为,其制度的功能在于维护公共秩序;侵权行为是民法的概念,其制度功能在于给受害人以直接的和同质的救济。侵权行为必须以实际损害发生为要件;而犯罪行为则不以损害的发生为要件,其有预备和未遂的形态。犯罪行为以故意为原则,以过失为例外;而侵权行为则以过错为原则,以不问过错为例外。犯罪行为的法律后果是刑罚;而侵权行为的后果是同质救济。

根据侵权行为的成立要件和表现形式的不同,侵权行为可分为一般侵权行为和特殊侵权行为。一般侵权行为,是指具备侵权行为的一般构成要件,直接由行为人自己承担民事责任的侵权行为。特殊侵权行为,是指在特殊情况下,即使不同时具备一般侵权行为构成的要件,法律规定要承担民事责任的,也必须承担民事责任的侵权行为。

(二)侵权行为民事责任的概念和特征

侵权行为的民事责任,是指由民法规定的侵权行为人对其不法行为造成他人财产或人身权利损害时,应承担的法律责任。即侵权行为人对自己侵权行为所应承担的法律后果。该民事责任具有以下法律特征:

1. 侵权行为的民事责任是由法律直接规定的、侵权人必须承担的法律后果,不由当事人约定,具有强制性。这与违约责任相区别。

2. 侵权行为民事责任的主体具有广泛性,可以是自然人,可以是法人,在特殊情况下还可以是国家机关,以及无民事行为能力人;其他行为的责任主体范围相对要窄。

3. 从承担的责任方式上看,侵权行为的民事责任既可以适用财产责任方式,也可以适用非财产的责任方式。

(三)侵权行为民事责任的归责原则

归责原则,是确定责任归属所依据的标准或准则,即行为人须就自己所导致的损害负责的依据。

根据我国《民法通则》的有关规定，民事责任的归责原则主要包括：过错责任原则、无过错责任原则和公平责任原则。

1. 过错责任原则

过错责任原则，是指行为人须对自己有过错的致害行为负责的责任状态，即行为人承担民事责任以其主观上有过错为原则。“有过错即有责任，无过错即无责任”。《民法通则》第106条第2款规定：“公民、法人由于过错侵害国家、集体的财产，侵害他人财产、人身的，应当承担民事责任。”此项规定表明我国现行的民事立法对过错责任原则作为归责原则的肯定。过错责任原则适用于一般情况，是一般侵权行为的归责原则。过错责任原则实行谁主张谁举证原则，受害人须就加害人的过错进行举证。

在过错责任原则中，还有一种推定过错责任，指法律推定特定的加害行为人于行为之际具有过错，行为人因此须对其加害行为负责的责任形态。依此责任，在损害发生后，特定加害行为的行为人如果不能证明自己无过错，法律即推定其有过错，须对其致害行为负责。过错推定责任免除了受害人的举证责任，而加害人须承担其没有过错的举证责任，即使举证责任倒置。过错推定责任原则只适用于法律有特别规定的行为，是特殊侵权行为的归责原则。

2. 无过错责任原则

无过错责任原则，是指不以存在过错为要件的责任形态。此责任形态不以行为人主观上具有过错作为归责原则，而是不问行为人于行为之际是否有过错，均须对其致害行为承担民事责任。无过错责任原则仅适用于法律有特别规定的情况，是特殊侵权行为的归责原则。无过错责任原则免除了受害人对加害人的过错进行举证的责任，也简化了司法审判的程序。我国《民法通则》第106条第3款规定：“没有过错，但法律规定应当承担民事责任的，应当承担民事责任。”这是我国民法关于无过错责任原则的立法规定。

3. 公平责任原则

公平责任原则，是指在当事人对造成的损害都没有过错，又不能适用无过错责任原则要求致害人承担赔偿责任，而使受害人遭受重大损害得不到赔偿显失公平的情况下，由人民法院根据实际情况，依据公平合理负担的原则，判决双方分担损失的原则。我国《民法通则》第132条规定：“当事人对造成损害都没有过错的，可以根据实际情况，由当事人分担民事责任。”是这一原则的立法表现。

（四）侵权行为民事责任的承担方式

侵权行为民事责任的承担方式是指由民法规定的承担民事责任的具体形式。依据《民法通则》的规定，我国法律规定的责任方式包括以下几种：

1. 停止侵害

停止侵害是指行为人正在实施侵害他人合法权益的行为（包括正在进行的违约行为和侵权行为）时，受害人有权要求其停止侵害，以制止行为人的违法行为，防止损害的发生或扩大。一般而言，停止侵害是侵权人首先应承担的民事责任方式。

2. 排除妨碍

排除妨碍，是指行为人的行为虽然没有直接侵害他人的合法权益，但却妨碍了他人民事权利的行使，使他人的民事权益不能充分实现时，权利人要求侵权人承担的除去险情、防止损失的责任方式。例如在楼道内堆放杂物，影响他人的通行时，杂物的所有人应承担排除妨碍的责任。

3. 清除危险

清除危险指当行为人的行为确实存在可能发生侵害他人民事权利的后果时，其所应当承担的采取紧急措施，消除危险，防止损害发生的责任方式。

4. 返还财产

返还财产,指非法占有他人财产的占有人将财产归还权利人的责任方式。适用返还财产这种责任方式时,需要注意:①只能由非法占有人承担返还责任;②原物存在的返还原物,原物不存在的应折价赔偿;③返还财产时,原物的孳息也应返还;④原物已被非法占有人转移给第三人时,则要区别情况对待。第三人在取得财产时,如果是善意的、有偿的则适用善意取得制度;如果是恶意的,则应返还原物。

5. 恢复原状

恢复原状指当行为人侵害他人财产,致使他人财产受到损坏时,财产所有人有权向侵权人要求的对财产进行修复、恢复财产原状的责任方式。

6. 修理、重作、更换

修理、重作、更换指对行为人的行为使他人的财产受到损害时,受害人有权要求行为人采取的挽回,弥补所造成的损害的责任方式。这种责任方式多适用于加工承揽法律关系中的侵权行为。

7. 赔偿损失

赔偿损失,是指在行为人的行为致使他人财产或人身受到损害,而又不可能采取其他责任方式弥补受害人所受损失时,行为人所承担的以自己的财产补偿受害人损失的责任方式。赔偿损失是民事责任方式中使用最普遍的一种方式,一切的民事责任最终都可以转化为赔偿损失这一责任方式。赔偿损失的作用是补偿受害人的经济损失,在人身权领域主要是抚慰受害人的心理创伤。赔偿损失的范围内原则上是受害人所受到的全部实际损失,即损失多少,赔偿多少。

8. 支付违约金

支付违约金,是指按照法律规定或者合同约定,在不履行或不适当履行合同时,违约方必须给付另一方一定数额的金钱的责任方式。承担违约金民事责任的条件是,只要一方不履行或不适当履行合同,不论对方是否受到损失违约方就要承担责任;而且在承担了违约金责任后,并不免除其继续履行合同的义务。

9. 消除影响、恢复名誉

消除影响,是指公民、法人的人身权受到侵害后,有权要求行为人在影响所及的范围内消除不良后果。恢复名誉,是指公民、法人的名誉受到侵害后,有权要求行为人在影响所及的范围内将其名誉恢复到未受侵害时的状态。

10. 赔礼道歉

赔礼道歉,指公民、法人的人身权受到侵害后,权利人可要求行为人公开承认错误,表示歉意。

二、一般侵权责任的构成要件

(一)一般侵权行为民事责任的成立要件

即侵权行为的一般成立要件,指在一般情况下,构成侵权行为民事责任所必须具备的条件。按照通行的观点,其构成要件包括以下四方面:

1. 须有损害事实

损害是指权利或受法律保护的利益数量减少以及品质降低。民事责任是一种后果责任,有损失,有责任,没有损失,就没有责任。所以,损害事实的存在与否是决定行为人是否承担民事责任的首要要件。损害包括物质上的财产损害,也包括心理上的精神损害;包括直接损害,也包括间接损害。直接损害指:现存的财产权利和人身权利数量的减少和品质的降低。如:身体受到损害后造成的身心痛苦、医疗费、误工费的损失等。间接损害指因损害行为导致受害人本应得到的利益而不能得到。如:利息、租金、劳动收入等。

2. 须损害行为违法

即造成损害事实的行为，必须具有违法性质。行为如不具有违法性质，即使造成他人损害，也不构成侵权行为。这种不具违法性质的行为包括：①权利行使。如行使留置权，扣留被留置物，自杀，自残等。②自力救济行为。如正当防卫、紧急避险等。③受害人允诺。如医生为病人开刀等。④权力行使。如：拘捕人犯、执行枪决命令等。⑤意外事件，即损害结果的发生为行为人不可预见。由于不可预见，所以，不能要求行为人予以避免或预防。即行为人对损害结果的发生没有过错，因而也没有责任。如：医疗抢救过程中发生意外停电，造成患者死亡等。⑥受害人的过错。即由于受害人的原因导致其受到损害。如行为人欲卧轨自杀，或故意挑唆他人的动物使自己受到攻击等。违法包括违反法律，也包括违反法规或公序良俗；包括作为的违法，也包括不作为的违法。

3. 须行为人于行为之际有过错

一般侵权行为以过错责任原则为归责原则，有过错即有责任。所以，在侵权行为实施之际，行为人须有过错，才构成侵权行为。民法上所谓过错指行为人应当并能够预见其行为具有加害他人的危险性，却仍然实施该行为的心理状态。过错包括故意和过失。故意，指行为人已经预见到自己行为的后果，并希望或放任这种结果发生的心理状态；过失，指行为人应当预见其行为的后果，却因疏忽大意没有预见或虽已经预见却轻信能够避免损害后果发生的心理状态。

在一般情况下，民法上的行为人是故意还是过失，对于确定其民事责任意义并不大。因为，确定侵权民事责任的范围，通常取决于损害结果的有无、大小，而并不以故意或过失而有所不同。只有在混合过错或共同致人损害时，行为人的过错程度才成为确定其赔偿责任大小的依据。

实质上，过错在本质上是一种主观现象，但认定过错的标准应当是客观的。因为无论行为人的年龄、认识能力都是可以为人们所感知的客观存在。判断行为人是否有过错应针对不同的案件，综合多方面的情况进行分析。

过错还有两种特殊形式：一是共同过错，指二人以上共同实施加害行为且均有过错的情形。在共同过错场合，行为人须对损害承担连带责任。如《民法通则》第130条规定：二人以上共同侵权造成他人损害的，应当承担连带责任。二是混合过错，指对受害人损害的发生，加害人与受害人都有过错的情形。在混合过错场合，对加害人的责任可以减轻。

4. 损害事实与违法行为之间有因果关系

所谓因果关系，是社会现象之间的一种客观联系，即一种现象在一定条件下必然引起另一种现象的发生。前一种现象称为原因；后一种现象称为结果。对因果关系，虽然各国法律都认为是侵权行为的构成要件，但目前法学理论上还没有一个统一的观点。对于这个问题，我国民法学者，主要是借鉴哲学上或刑法上的成果来说明。目前，有代表性的学说包括：

相当因果关系说。指作为侵权行为的原因，只要依社会一般经验，即足以导致损害事实的发生时，就可以认定他们之间有因果关系。其优点是简便易行，客观性强；缺点是有扩大归责范围的倾向。

直接因果关系说。即行为人只对由其行为或按规定应当由其负责的事件，所产生的直接后果承担责任。即作为原因的现象直接引起作为结果的现象。这就意味着，对非直接结果来说行为人的行为仅仅是条件，而不是法律上的原因。如甲追打乙，乙仓皇之间撞倒丙，甲的行为只是丙的损害的条件，而不是原因，即甲对丙的损害不承担责任。这种观点的明显缺点是偏重保护加害人一方的利益。

必然因果关系说。认为行为与损害之间的因果关系，是指行为与损害之间要有客观的必然的因果联系。这是社会主义国家的一些学者提出的观点。从该观点可以推导出：偶然因果关系是不承担民事责任的。这招致很多学者的批评，他们认为偶然性是必然性的特殊表现，必然性寓于偶然性之中,从事物发展的原因来说,必然性决定于事物发展的内在根据,偶然性取决于事物发展的外部条件。但是,内在根据和外部条件都是事物发展的原因。如:英国有著名的“蛋壳脑袋”案件:指受害人的头骨异常薄脆,在遭到打击时,很容易就破裂了。“一个对他人犯有过失的人,不应计较其受害人的个人特质,尽管受害人的这种个人特质增加了他遭受损害的可能性和程度;对于一个因致人头骨破裂而引起的赔偿请求,受害人头骨异常易于破裂,并不能成为抗辩的事由。”这就是所谓的“蛋壳脑袋规则”。在这种情况下,行为人是不能认为它是偶然因果关系,进而主张不负责任。所以,不能拘泥于模糊不清的概念,而不管法律制裁不法行为和补救受害人损失的根本职责。

实质上确定两种自然现象之间是否具有因果关系,关键在于区别原因和条件。在客观现象中,作为原因的现象只是那种对结果发生起决定作用,并与结果之间有内在的必然的联系的现象;条件虽然对结果的发生有一定的影响和作用,但它只是对结果的发生造成某些可能性,并不起决定作用。条件与结果之间只是一般的联系。如果把条件当作原因就会扩大民事责任的范围。

(二)免责事由

免除民事责任,指由于行为人的侵权行为造成他人财产或人身损害,具有不可归咎于行为人的事由,法律规定可以不承担民事责任的情况。所谓“不可归责的事由”即是免责理由。根据我国法律的规定,一般侵权行为的民事责任的免责理由主要包括以下几种情况:

1. 因不可抗力造成他人权利损害的。不可抗力,是指不能预见、不能避免并不能克服的客观情况。包括某些自然灾害,也包括某些社会现象,如战争等。在出现不可抗力的情况下,当事人没有过错,如果让其对自己不能预见、不能避免并不能克服的事件造成的损害承担责任是不公平的。根据《民法通则》第107条的规定:因不可抗力不能履行合同或者造成他人损害的,不承担民事责任。

2. 因受害人的故意或重大过失造成的损害。如果受害人的损失是由于其本人的故意或重大过失造成的,责任应由其本人承担。

3. 因正当防卫和紧急避险造成他人损害的。正当防卫致使国家、集体、他人利益或者公民自己的利益免受正在进行的不法侵害,而对侵权行为人采取的必要防卫行为。该防卫行为必须针对正在进行的不法行为;而且防卫不得超过必要的限度。因正当防卫而造成的损害,免除当事人的民事责任。紧急避险,是指为了使本人或他人的人身或财产免受正在发生的侵害,不得已而采取的损害他人权益的行为。紧急避险是为避免较大损害的发生,而采取的以较小的损害来保全较大利益的行为。所以,紧急避险要求必须是有急迫危险存在,危险须是现实的,是不得已而采取的,并且没有超过必要的限度。

三、数人侵权行为与责任

1. 数人侵权行为的概念

数人侵权行为,是指二人以上实施的侵权行为。数人侵权行为与单独侵权行为对应。根据承担责任的方式,数人侵权行为可以分为承担连带责任的数人侵权行为和承担按份责任的数人侵权行为。承担连带责任的数人侵权行为,也称为共同侵权行为。

根据《侵权责任法》的规定,数人侵权行为包括共同侵权行为,教唆、帮助行为,共同危险行为,无意思联络数人侵权行为。下面仅探讨前三种数人侵权行为。

2. 共同侵权行为及其责任

(1)共同侵权行为的概念与特征

共同侵权行为,是指二人以上共同故意或者共同过失侵害他人合法权益,依法承担连带责任的行为。

共同侵权行为具有以下构成要件:

其一,行为人为二人以上。

这里的行为人可以是自然人,也可以是法人或其他组织。

其二,行为具有关联性。

共同侵权行为的数个侵权人,每个人都实施了加害行为。这些行为结合在一起,共同造成了损害后果,各行为彼此之间具有密切的关联性。

其三,具有共同过错。

传统民法学说认为,共同侵权行为以共同的过错为必要,这种共同过错包括共同故意,共同过失,故意和过失的混合。共同故意或共同过失是数个行为人承担连带责任的正当性所在,此即所谓意思共同说。

其四,损害后果具有单一性。

数个侵权人虽然实施了多个侵权行为,但数个行为造成了同一的损害结果,该损害结果不可分割。

(2)共同侵权行为的责任

《侵权责任法》第8条规定:"二人以上共同实施侵权行为,造成他人损害的,应当承担连带责任。"第13条规定:"法律规定承担连带责任的,被侵权人有权请求部分或者全部连带责任人承担责任。"

根据上述规定,共同侵权行为承担连带责任。共同侵权的每个行为人都有义务对受害人所遭受到的侵害承担全部责任。受害人有权请求全部行为人或者其中部分行为人承担全部的侵权责任。部分行为人向受害人承担全部责任后,即解除了全部行为人的责任;受害人的请求权全部实现后,就不得再次提出请求。共同侵权人的连带责任是一种法定责任,不因加害人内部的约定而有所改变。

共同侵权人向受害人承担责任后,确定其内部各侵权人赔偿数额的问题,应依据《侵权责任法》第14条规定,即"连带责任人根据各自责任大小确定相应的赔偿数额;难以确定责任大小的,平均承担赔偿责任。支付超出自己赔偿数额的连带责任人,有权向其他连带责任人追偿"。

3. 教唆、帮助行为及其责任

(1)教唆行为

教唆行为,是指通过开导、说服、怂恿、利诱、刺激等方法使被教唆者实施侵权行为的行为。

教唆行为与被教唆者的加害行为构成共同侵权的要件如下:

其一,教唆者实施了教唆行为,被教唆者按教唆内容实施了加害行为,二者之间具有因果关系。

其二,教唆者与被教唆者须有共同过错。包括教唆者与被教唆者主观上都是故意,教唆者是故意、被教唆者是过失以及教唆者与被教唆者都是过失。

其三,教唆者与被教唆者都是完全民事行为能力人。如果被教唆者是无民事行为能力人或者限制民事行为能力人,则由教唆者单独承担责任,但该无民事行为能力人、限制民事行为能力人的监护人未尽到监护责任的,应当承担相应的责任。

(2)帮助行为

帮助行为,是指通过提供工具或激励等方式在物质上或者精神上帮助他人实施侵权行为的行为。

帮助行为与被帮助行为构成共同侵权的要件如下:

其一,帮助者实施了帮助行为,被帮助者实施了加害行为。

其二,帮助者与被帮助者须有共同过错。

其三,帮助者与被帮助者都是完全民事行为能力人。如果被帮助者是无民事行为能力人或者限制民事行为能力人，则由帮助者单独承担责任，但该无民事行为能力人、限制民事行为能力人的监护人未尽到监护责任的，应当承担相应的责任。

(3)教唆、帮助行为的责任

《侵权责任法》第9条规定："教唆、帮助他人实施侵权行为的，应当与行为人承担连带责任。""教唆、帮助无民事行为能力人、限制民事行为能力人实施侵权行为的，应当承担侵权责任；该无民事行为能力人、限制民事行为能力人的监护人未尽到监护责任的，应当承担相应的责任。"据此，教唆、帮助行为的责任应视被教唆者、被帮助者的民事行为能力状况分别对待。

教唆、帮助完全民事行为能力人实施侵权行为的，教唆者、帮助者与被教唆者、被帮助者的行为构成共同侵权行为，承担连带责任。

教唆、帮助无民事行为能力人、限制民事行为能力人实施侵权行为的，由教唆者、帮助者承担侵权责任。被教唆、被帮助的无民事行为能力人、限制民事行为能力人的监护人，根据监护情况承担相应的监护责任。

4. 共同危险行为及其责任

(1)共同危险行为的概念与构成要件

共同危险行为，是指二人以上实施危及他人人身或者财产安全的行为并造成损害后果，不能确定实际侵害行为人的情况。

共同危险行为具有以下构成要件：

其一，主体必须是二人以上。

其二，每个人都单独实施了危险行为。所谓危险行为，是指可能引发损害后果的行为。二个以上的主体都单独实施了可能引发损害后果的行为，彼此行为之间无关联或者结合关系。

其三，每个人都具有独立的过错，这些过错可能相同，但是彼此之间无意思联络。

其四，不能确定是哪个人的行为造成了损害后果。在因果关系方面，也许只有一个人的行为造成了损害后果，也许是多人的行为都与损害后果有因果关系，究竟如何，无法确定。如果能够确定具体侵权人的，则属于单独侵权行为，由侵权人单独承担责任。

(2)共同危险行为的责任

《侵权责任法》第10条规定："二人以上实施危及他人人身、财产安全的行为，其中一人或者数人的行为造成他人损害，能够确定具体侵权人的，由侵权人承担责任；不能确定具体侵权人的，行为人承担连带责任。"据此，共同危险行为人对受害人承担连带责任。支付超出自己赔偿数额的连带责任人，有权向其他连带责任人追偿。

四、我国侵权责任法规定的各类侵权责任

本部分所讲的各类侵权责任，有些是在侵权责任构成要件上有特殊性，有些是侵权责任主体有特殊性，有些是新类型的侵权责任。

1. 监护人责任

(1)监护人责任的概念与构成要件

监护人责任，是指无民事行为能力人、限制民事行为能力人致人损害的，由其监护人承担的侵权责任。

监护人责任的成立须具备以下要件：

其一，须实施侵害行为的主体是无民事行为能力人、限制民事行为能力人。

其二，所实施的侵害行为必须是无民事行为能力人、限制民事行为能力人按照自己的意思、独立地所为，而不是受他人教唆、指使所为或被带领与他人共同所为。

其三，须有损害后果。

其四，须侵害行为与损害后果之间有因果关系。

其五，须责任人与侵权人之间存在监护关系。

(2)监护人责任的承担

根据《侵权责任法》第32条的规定，被监护人侵权行为的后果由其监护人来承担。在被监护人侵权行为中，行为主体和责任主体相分离，行为主体是被监护人，责任主体是其监护人。监护人承担责任的归责原则是无过错责任，即只要被监护人的行为构成侵权行为，监护人就应当承担侵权责任。如果监护人尽到了监护责任，可以减轻其责任。在具体的损害赔偿方面，如果被监护人自己有财产的，则从其本人财产中支付赔偿费用。不足部分，由监护人赔偿。

2. 职务侵权责任

(1)职务侵权责任的概念与构成要件

职务侵权责任，是指用人单位的工作人员因执行工作任务造成他人损害的，由用人单位承担的侵权责任。

《民法通则》第121条规定："国家机关或者国家机关工作人员在执行职务中，侵犯公民、法人的合法权益造成损害的，应当承担民事责任。"《侵权责任法》第34条第1款规定："用人单位的工作人员因执行工作任务造成他人损害的，由用人单位承担侵权责任。"比较而言，《侵权责任法》的规定扩大了《民法通则》第121条的适用范围。用人单位既包括国家机关，也包括法人以及其他组织。

职务侵权责任的成立须具备以下要件：

其一，须职务侵权行为的主体是国家机关、国家机关工作人员或其他用人单位的工作人员。

其二，须有职务侵权行为。即国家机关、国家机关工作人员或其他用人单位的工作人员在执行职务过程中实施的侵权行为。

其三，须有损害后果，即侵犯了他人的合法权益。这里的合法权益，是指职务行为所指向范围以外的合法权益，如警察在追击犯人时，将路边小摊上出卖的古玩踩坏。此时，就侵犯了出售者的财产权益。

其四，须职务侵权行为与损害后果之间有因果关系。

(2)职务侵权责任的承担

根据《侵权责任法》第34条第1款的规定，用人单位的工作人员因执行工作任务造成他人损害的，由用人单位承担侵权责任。用人单位承担责任的归责原则是无过错责任原则。

在劳务派遣的场合，被派遣人员出现了两个用人单位，一个是劳务派遣单位，另一个是接受劳务派遣的单位。《侵权责任法》第34条第2款规定："劳务派遣期间，被派遣的工作人员因执行工作任务造成他人损害的，由接受劳务派遣的用工单位承担侵权责任；劳务派遣单位有过错的，承担相应的补充责任。"据此，被派遣人员行为的后果由接受派遣单位承担。而派遣单位仅在自己过错范围内承担相应的补充责任。

3. 网络侵权责任

(1)网络侵权责任的概念

网络侵权责任，是指因通过互联网侵害他人合法权益所应承担的侵权责任。

自互联网出现之后，网络侵权也随之出现。随着网络技术的发展，互联网日益普及，网络侵权行为也大量出现，日益复杂。

网络具有传输速度快、无边界等特点，因此，网络侵权给他人造成的损害，往往要比其他侵权行为更严重。

(2)网络侵权责任的承担

网络侵权责任的承担有三种类型：

①网络用户侵权责任

根据《侵权责任法》第36条第1款的规定，网络用户利用网络侵害他人民事权益的，应当承担侵权责任。

此种网络侵权行为的主体是网络用户。网络是行为人侵害他人合法权益的手段。网络用户侵权责任是否构成，应根据一般侵权责任的构成要件来判断。

②网络服务提供者侵权责任

根据《侵权责任法》第36条第1款的规定，网络服务提供者利用网络侵害他人民事权益的，应当承担侵权责任。

此种网络侵权行为的主体是网络服务提供者。网络服务提供者侵权责任是否构成，也是根据一般侵权责任的构成要件来判断。

③网络用户侵权时网络服务提供者的侵权责任

网络用户侵权时网络服务提供者的侵权责任，应根据网络服务提供者是否知情而区别对待。

第一种情况，网络服务提供者知道网络用户利用其网络侵害他人民事权益的。

根据《侵权责任法》第36条第3款的规定，网络服务提供者知道网络用户利用其网络服务侵害他人民事权益，未采取必要措施的，与该网络用户承担连带责任。

网络服务提供者知道网络用户利用其网络服务侵害他人民事权益的，应当采取删除、屏蔽、断开链接等必要措施。否则，将与网络用户承担连带责任。此处的“知道”，包括知道和应当知道。对“知道”的认定，需要由法官结合具体情况加以判断。

第二种情况，网络服务提供者不知道网络用户利用其网络侵害他人民事权益的。

根据《侵权责任法》第36条第2款的规定，网络用户利用网络服务实施侵权行为的，被侵权人有权通知网络服务提供者采取删除、屏蔽、断开链接等必要措施。网络服务提供者接到通知后未及时采取必要措施的，对损害的扩大部分与该网络用户承担连带责任。

据此，网络服务提供者不知道网络用户利用其网络实施侵权行为的，不承担侵权责任。但是，网络服务提供者在接到被侵权人通知后，应当采取删除、屏蔽、断开链接等必要措施。否则，应就损害的扩大部分与实施侵权行为的网络用户承担连带责任。

4. 违反安全保障义务的责任

(1)违反安全保障义务责任的概念与构成要件

违反安全保障义务的责任，是指公共场所的管理人或者群众性活动的组织者因违反法定的安全保障义务，造成他人损害时应当承担的侵权责任。

《侵权责任法》第37条第1款规定：“宾馆、商场、银行、车站、娱乐场所等公共场所的管理人或者群众性活动的组织者，未尽到安全保障义务，造成他人损害的，应当承担侵权责任。”据此，违反安全保障义务的责任须具备以下要件：

其一，违反安全保障义务的主体是宾馆、商场、银行、车站、娱乐场所等公共场所的管理人或者群众性活动的组织者。

其二，须违反了安全保障义务。安全保障义务是指宾馆、商场、银行、车站、娱乐场所等公共场所的管理人或者群众性活动的组织者，应尽的合理限度范围内使他人免受损害的注意义务。合理限度范围的确定，需要根据具体情况，结合义务人所管理的公共场所和组织的群众性活动的性质，由法官就个案加以判断。

其三，须有损害后果，即侵犯了他人的合法权益。

其四，须违反安全保障与损害后果之间有因果关系。

（2）违反安全保障义务侵权责任的承担

违反安全保障义务侵权责任的承担有两种类型：

①安全保障义务人自己违反安全保障义务时的责任

《侵权责任法》第37条第1款规定："宾馆、商场、银行、车站、娱乐场所等公共场所的管理人或者群众性活动的组织者，未尽到安全保障义务，造成他人损害的，应当承担侵权责任。"据此，安全保障义务人因其未尽合理限度范围内的安全保障义务，造成他人损害的，由义务人承担侵权责任。此时，违反安全保障义务侵权责任适用过错责任原则。安全保障义务就其性质而言属于注意义务，未尽到适当的注意义务，即应认定过错的存在。

②第三人侵权时安全保障义务人的责任

《侵权责任法》第37条第1款规定："因第三人的行为造成他人损害的，由第三人承担侵权责任；管理人或者组织者未尽到安全保障义务的，承担相应的补充责任。"此种情况是指因第三人的原因造成受害人在安全保障义务人所管理的公共场所或者组织的群众性活动中遭受人身损害。此时，应当根据一般侵权行为的构成要件要求第三人承担侵权责任。但是，如果安全保障义务人未尽到安全保障义务的，应当在其能够防止或者制止的范围承担相应的补充赔偿责任。

5.教育机构伤害责任

（1）教育机构伤害责任的概念

教育机构伤害责任，是指未成年人在教育机构学习、生活期间受到伤害的，该教育机构依法所应承担的侵权责任。

这里的教育机构，包括幼儿园、学校或者其他教育机构；包括公益性的，也包括营利性的；包括走读的，也包括全日制寄宿的。未成年人在教育机构学习、生活期间受到的伤害，包括来自教育机构本身的行为造成的伤害，如因学校的教学设备不符合安全标准引起的人身损害，教师变相体罚学生、侮辱学生人格尊严引起的人身损害等；还包括来自在同一教育机构学习、生活的其他未成年人行为造成的伤害，如学生之间互相嬉戏、玩耍造成的人身损害等；还包括来自教育机构以外的人员的伤害，如社会人员进入幼儿园殴打儿童，校外车辆在校园内撞伤学生等。

（2）教育机构伤害责任的承担

教育机构伤害责任的承担有三种类型：

①无民事行为能力人在教育机构中受到伤害的责任承担

《侵权责任法》第38条规定："无民事行为能力人在幼儿园、学校或者其他教育机构学习、生活期间受到人身损害的，幼儿园、学校或者其他教育机构应当承担责任，但能够证明尽到教育、管理职责的，不承担责任。"

据此，无民事行为能力人在幼儿园、学校或者其他教育机构学习、生活期间受到人身损害的，适用过错推定原则。幼儿园、学校或者其他教育机构要想免除责任，需要举证证明自己已经尽到教育、管理职责。这里的教育、管理职责的范围应考虑时间和空间两方面因素。时间上应限定于学校等教育机构组织的教育、教学活动期间（包括其中的间歇，例如课间休息时间以及中午不离校的休息时间）；空间上应限定于教育机构负有管理责任的校舍、操场以及其他教育教学设施、生活设施范围内。在寄宿制教育机构，教育机构对整个寄宿期间的无民事行为能力人、限制民事行为能力人都负有教育、管理职责。

②限制民事行为能力人在教育机构中受到伤害的责任承担

《侵权责任法》第39条规定:“限制民事行为能力人在学校或者其他教育机构学习、生活期间受到人身损害,学校或者其他教育机构未尽到教育、管理职责的,应当承担责任。”据此,限制民事行为能力人在教育机构中受到伤害的,适用过错责任原则。

在教育机构伤害责任的归责原则方面,《侵权责任法》对无民事行为能力人和限制民事行为人采取了区别对待的立法政策。在受害人为无民事行为能力人的场合,采过错推定原则;在受害人为限制民事行为能力人的场合,采过错责任原则。

③无民事行为能力人、限制民事行为能力人在教育机构中受到第三人侵害时的责任承担

《侵权责任法》第40条规定:“无民事行为能力人或者限制民事行为能力人在幼儿园、学校或者其他教育机构学习、生活期间,受到幼儿园、学校或者其他教育机构以外的人员人身损害的,由侵权人承担侵权责任;幼儿园、学校或者其他教育机构未尽到管理职责的,承担相应的补充责任。”

幼儿园、学校或者其他教育机构以外的人员,是指幼儿园、学校或者其他教育机构的教师、学生和其他工作人员以外的人员,通常称其为第三人。第三人的侵权行为直接造成人身损害后果的发生,其作为侵权人就应当依法承担责任。

幼儿园、学校或者其他教育机构未尽到管理职责的,承担相应的补充责任。对于补充责任,应当从以下两点去理解:

第一,第三人的侵权责任和安全保障义务人的补充责任有先后顺序。首先由第三人承担侵权责任,在无法找到第三人或者第三人没有能力全部承担侵权责任时,才由幼儿园、学校或者其他教育机构承担侵权责任。如果第三人已经全部承担侵权责任,则幼儿园、学校或者其他教育机构不再承担侵权责任。

第二,幼儿园、学校或者其他教育机构承担的补充责任是相应的补充责任。对于第三人没有承担的侵权责任,幼儿园、学校或者其他教育机构不是全部承担下来,而是在其未尽到安全保障义务的范围内承担,即根据幼儿园、学校或者其他教育机构未尽到的管理职责的程度来确定其应当承担的侵权责任和份额。

6. 产品责任

(1)产品责任的概念与构成要件

产品责任,是指产品的生产者、销售者,因其生产、销售的产品存在缺陷造成他人损害而应承担的侵权责任。

我国《产品质量法》对这种侵权行为做了规定,《侵权责任法》第五章专门规定了产品责任。

产品责任的成立须具备以下要件:

其一,产品存在缺陷。

根据《产品质量法》的规定,所谓产品,是指经过加工、制作,用于销售的产品。所谓缺陷,是指产品存在危及人身、他人财产安全的不合理的危险;产品有保障人体健康以及人身、财产安全的国家标准、行业标准的,是指不符合该标准。另外,根据该法第40条规定,下列情况也属于缺陷范围:不具备产品应当具备的使用性能而事先未作说明的;不符合在产品或者其包装上注明采用的产品标准的;不符合以产品说明、实物样品等方式表明的质量状况的。

其二,须有损害后果,即他人的人身、财产遭受损害。

其三,须产品缺陷与损害事实之间有因果关系。

(2)产品责任的承担

①产品责任的主体

《侵权责任法》第43条规定:“因产品存在缺陷造成损害的,被侵权人可以向产品的生产者请求

赔偿,也可以向产品的销售者请求赔偿。产品缺陷由生产者造成的,销售者赔偿后,有权向生产者追偿。因销售者的过错使产品存在缺陷的,生产者赔偿后,有权向销售者追偿。"第44条规定:"因运输者、仓储者等第三人的过错使产品存在缺陷,造成他人损害的,产品的生产者、销售者赔偿后,有权向第三人追偿。"

根据上述规定,产品责任的责任主体是产品的生产者和销售者。受害人如果因产品存在缺陷而遭受损害的,可以选择生产者,也可以选择销售者请求赔偿。承担责任的生产者或者销售者,可以在彼此之间进行追偿。如果是产品运输者、仓储者等第三人的过错使产品存在缺陷,产品的生产者、销售者赔偿后,可以向该第三人追偿。

②产品责任的归责原则

关于产品责任的归责原则,存在两种不同观点。一种观点认为产品责任适用过错责任原则,另一种观点认为产品责任适用无过错责任原则。本书认为,生产者的产品责任适用无过错责任原则,销售者的产品责任适用过错责任原则。其依据为《侵权责任法》第41条规定:"因产品存在缺陷造成他人损害的,生产者应当承担侵权责任。"第42条规定:"因销售者的过错使产品存在缺陷,造成他人损害的,销售者应当承担侵权责任。"

③产品责任的形式

其一,赔偿损失。《侵权责任法》第43条第1款规定:"因产品存在缺陷造成损害的,被侵权人可以向产品的生产者请求赔偿,也可以向产品的销售者请求赔偿。"

其二,排除妨碍、消除危险。《侵权责任法》第45条规定:"因产品缺陷危及他人人身、财产安全的,被侵权人有权请求生产者、销售者承担排除妨碍、消除危险等侵权责任。"

其三,警示、召回。《侵权责任法》第46条规定:"产品投入流通后发现存在缺陷的,生产者、销售者应当及时采取警示、召回等补救措施。未及时采取补救措施或者补救措施不力造成损害的,应当承担侵权责任。"

其四,惩罚性赔偿。《侵权责任法》第47条规定:"明知产品存在缺陷仍然生产、销售,造成他人死亡或者健康严重损害的,被侵权人有权请求相应的惩罚性赔偿。"

7. 机动车交通事故责任

(1)机动车交通事故责任的概念

机动车交通事故责任,是指机动车发生交通事故造成损害的,依照法律规定应承担的赔偿责任。

(2)机动车交通事故责任的承担

机动车交通事故责任承担有六种类型:

①机动车所有人与使用人为同一人时发生交通事故后的责任承担

《侵权责任法》第48条规定:"机动车发生交通事故造成损害的,依照《道路交通安全法》的有关规定承担赔偿责任。"根据《道路交通安全法》第76条的规定,机动车发生交通事故造成人身伤亡、财产损失的,由保险公司在机动车第三者责任强制保险责任限额范围内予以赔偿;不足的部分,按照下列规定承担赔偿责任:第一,机动车之间发生交通事故的,由有过错的一方承担赔偿责任;双方都有过错的,按照各自过错的比例分担责任。第二,机动车与非机动车驾驶人、行人之间发生交通事故,非机动车驾驶人、行人没有过错的,由机动车一方承担赔偿责任;有证据证明非机动车驾驶人、行人有过错的,根据过错程度适当减轻机动车一方的赔偿责任;机动车一方没有过错的,承担不超过10%的赔偿责任。交通事故的损失是由非机动车驾驶人、行人故意碰撞机动车造成的,机动车一方不承担赔偿责任。

《道路交通安全法》主要解决的是在强制保险责任限额范围内赔偿后不足部分的责任承担问

题。按照该法规定,责任承担分三种情况:

其一,机动车之间发生交通事故后的赔偿责任。

机动车之间发生交通事故的,由有过错的一方承担赔偿责任;双方都有过错的,按照各自过错的比例分担责任(《道路交通安全法》第76条第1款第1项)。

其二,机动车与非机动车驾驶人、行人之间发生交通事故后的赔偿责任。

机动车与非机动车驾驶人、行人之间发生交通事故,非机动车驾驶人、行人没有过错的,由机动车一方承担赔偿责任;有证据证明非机动车驾驶人、行人有过错的,根据过错程度适当减轻机动车一方的赔偿责任;机动车一方没有过错的,承担不超过10%的赔偿责任(《道路交通安全法》第76条第1款第2项)。

其三,机动车一方不承担责任的情形。

交通事故的损失是由非机动车驾驶人、行人故意碰撞机动车造成的,机动车一方不承担赔偿责任(《道路交通安全法》第76条第2款)。

②租赁、借用机动车发生交通事故后的责任承担

《侵权责任法》第49条规定:"因租赁、借用等情形机动车所有人与使用人不是同一人时,发生交通事故后属于该机动车一方责任的,由保险公司在机动车强制保险责任限额范围内予以赔偿。不足部分,由机动车使用人承担赔偿责任;机动车所有人对损害的发生有过错的,承担相应的赔偿责任。"

之所以让机动车使用人承担赔偿责任,是因为使用人直接控制着机动车,更有能力和可能避免损害的发生。但是,如果所有人的过错对损害的发生造成了影响,则要承担相应的责任。

③转让并交付机动车但未办理所有权转移登记期间发生交通事故后的责任承担

《侵权责任法》第50条规定:"当事人之间已经以买卖等方式转让并交付机动车但未办理所有权转移登记,发生交通事故后属于该机动车一方责任的,由保险公司在机动车强制保险责任限额范围内予以赔偿。不足部分,由受让人承担赔偿责任。"

之所以让受让人承担责任的原因,是因为受让人控制着机动车,更有能力和可能避免损害的发生。

④转让拼装或者报废机动车发生交通事故后的责任承担

《侵权责任法》第51条规定:"以买卖等方式转让拼装或者已达到报废标准的机动车,发生交通事故造成损害的,由转让人和受让人承担连带责任。"

拼装机动车或者驾驶已达报废标准的机动车,是违法行为;买卖拼装机动车或者已达报废标准的机动车,也是违法行为。因违法行为发生交通事故的,转让人和受让人承担连带责任。

⑤盗窃、抢劫或者抢夺的机动车发生交通事故后的责任承担

《侵权责任法》第52条规定:"盗窃、抢劫或者抢夺的机动车发生交通事故造成损害的,由盗窃人、抢劫人或者抢夺人承担赔偿责任。保险公司在机动车强制保险责任限额范围内垫付抢救费用的,有权向交通事故责任人追偿。"

机动车被盗窃、抢劫或者抢夺后,机动车的所有人失去了对机动车的控制,被盗机动车辆的所有人不承担损害赔偿责任。相反,机动车由盗抢人控制,由其承担责任,既可能激励其避免损害的发生,也体现了对盗抢人的制裁和惩罚。

⑥发生交通事故后机动车驾驶人逃逸的责任承担

《侵权责任法》第53条规定:"机动车驾驶人发生交通事故后逃逸,该机动车参加强制保险的,由保险公司在机动车强制保险责任限额范围内予以赔偿;机动车不明或者该机动车未参加强制保

险,需要支付被侵权人人身伤亡的抢救、丧葬等费用的,由道路交通事故社会救助基金垫付。道路交通事故社会救助基金垫付后,其管理机构有权向交通事故责任人追偿。"

8. 医疗损害责任

(1)医疗损害责任的概念与构成要件

医疗损害责任,是指医疗机构及其医务人员在诊疗活动中使患者受到损害,依照法律规定应承担的赔偿责任。

医疗损害责任的成立须具备以下要件:

其一,医疗机构及其医务人员实施了医疗行为。

医疗侵权行为发生在医务人员以医疗机构名义从事的医疗活动中。因此,医务人员是行为主体,医疗机构是责任主体。

其二,患者遭受非正常的损害。

在医疗活动中遭受一定的损害,是医疗行为不可避免的。但这种损害必须是正常医疗行为导致的合理损害。如果超出了合理范围,则即构成非正常的损害。

其三,须医疗机构及其医务人员有过错。

《侵权责任法》第 54 条规定:"患者在诊疗活动中受到损害,医疗机构及其医务人员有过错的,由医疗机构承担赔偿责任。"这表明医疗损害责任一般适用过错责任原则。但在某些特殊情况下,适用过错推定原则。根据《侵权责任法》第 58 条的规定,患者有损害,因下列情形之一的,推定医疗机构有过错:①违反法律、行政法规、规章以及其他有关诊疗规范的规定;②隐匿或者拒绝提供与纠纷有关的病历资料;③伪造、篡改或者销毁病历资料。

其四,须医疗行为与患者非正常损害之间具有因果关系。

(2)医疗损害责任的承担

医疗损害责任的承担有以下五种类型:

①违反说明和征得同意义务的责任

《侵权责任法》第 55 条第 1 款规定:"医务人员在诊疗活动中应当向患者说明病情和医疗措施。需要实施手术、特殊检查、特殊治疗的,医务人员应当及时向患者说明医疗风险、替代医疗方案等情况,并取得其书面同意;不宜向患者说明的,应当向患者的近亲属说明,并取得其书面同意。"第 2 款规定:"医务人员未尽到前款义务,造成患者损害的,医疗机构应当承担赔偿责任。"

②未尽到与当时医疗水平相应的诊疗义务的责任

根据《侵权责任法》第 57 条的规定,医务人员在诊疗活动中未尽到与当时的医疗水平相应的诊疗义务,造成患者损害的,医疗机构应当承担赔偿责任。

③医疗产品侵权的责任

医疗产品侵权,是指因药品、医疗设备存在缺陷造成患者损害的侵权行为。

《侵权责任法》第 59 条规定:"因药品、消毒药剂、医疗器械的缺陷,或者输入不合格的血液造成患者损害的,患者可以向生产者或者血液提供机构请求赔偿,也可以向医疗机构请求赔偿。患者向医疗机构请求赔偿的,医疗机构赔偿后,有权向负有责任的生产者或者血液提供机构追偿。"

④违反诊疗规范诊疗的责任

根据《侵权责任法》第 60 条的规定,患者或者其近亲属不配合医疗机构进行符合诊疗规范的诊疗,医疗机构及其医务人员也有过错的,应当承担相应的赔偿责任。

⑤泄露患者隐私的责任

根据《侵权责任法》第 62 条的规定,医疗机构及其医务人员应当对患者的隐私保密。泄露患者隐私或者未经患者同意公开其病历资料,造成患者损害的,应当承担侵权责任。

(3)医疗损害责任的免责事由

医疗损害责任属于一般侵权责任,一般侵权责任的免责事由对医疗损害责任都适用。但鉴于医疗行为的特殊性,除一般免责事由外,医疗损害责任还有一些特殊的免责事由。根据《侵权责任法》第60条的规定,患者有损害,因下列情形之一的,医疗机构不承担赔偿责任:①患者或者其近亲属不配合医疗机构进行符合诊疗规范的诊疗。②医务人员在抢救生命垂危的患者等紧急情况下已经尽到合理诊疗义务。③限于当时的医疗水平难以诊疗。

9. 环境污染责任

(1)环境污染责任的概念与构成要件

指污染环境造成他人损害的,污染者依法应当承担的侵权责任。

环境污染责任的成立须具备以下要件:

其一,须有污染环境的行为。

污染环境的行为,并非仅以排污行为超过了国家或地方规定的污染物排放标准来衡量。即使排污符合标准,但给他人造成损害的,仍构成污染环境行为,仍需承担侵权责任。

其二,须有环境污染的损害事实。

其三,须污染环境行为与损害事实之间存在因果关系。

根据《侵权责任法》第66条的规定,因污染环境发生纠纷,污染者应当就其行为与损害之间不存在因果关系承担举证责任。据此,因果关系的举证责任实行倒置,即不是由受害人举证证明因果关系的存在,而是由行为人举证证明因果关系的不存在。如果不能证明因果关系不存在,则推定因果关系的存在。

(2)环境污染责任的承担

《侵权责任法》第66条规定:"因污染环境造成损害的,污染者应当承担侵权责任。"根据这一规定,环境污染责任适用无过错责任原则。法律之所以做出这种规定,是由于污染环境会严重威胁社会大众的生命和财产安全,如果不适用无过错责任,势必严重威胁人类的生存与发展。

环境污染责任的承担有以下两种类型:

①数个污染者侵权责任的承担

根据《侵权责任法》第67条的规定,两个以上污染者污染环境,污染者承担责任的大小,根据污染物的种类、排放量等因素确定。

②因第三人过错污染环境的责任的承担

第三人过错,是指污染者与受害人之外的第三人,对受害人损害的发生具有过错。此种过错包括故意和过失。根据《侵权责任法》第68条的规定,因第三人的过错污染环境造成损害的,被侵权人可以向污染者请求赔偿,也可以向第三人请求赔偿。污染者赔偿后,有权向第三人追偿。

10. 高度危险责任

(1)高度危险责任的概念与构成要件

高度危险责任,是指从事高度危险作业造成他人损害的,依法应当承担的侵权责任。人们为提高社会生产力以发展经济和提高物质生活水平,追求高效、快捷,必然借助具有高度危险性的作业;但高度危险作业本身具有对人身和财产的巨大潜在危险性,即时作业者尽最大的注意和谨慎,也不能完全避免侵害的发生。基于此,法律一方面允许高度危险作业的存在,另一方面,高度危险作业者要为因此给他人带来的损害承担无过错责任。也正因为如此,高度危险责任一般都存在责任限额。根据《侵权责任法》第77条的规定,承担高度危险责任,法律规定赔偿限额的,依照其规定。

高度危险责任的成立须具备以下要件：

其一，行为人从事了高度危险作业。

高度危险作业，是指从事高空、高压、高速、易燃、易爆、剧毒、放射性等对周围环境具有高度危险性的活动。高度危险作业应具备两个条件，一是作业本身具有高度的危险性；二是即使采取安全措施并尽到了相当的注意义务，也无法避免损害。

其二，须有损害后果。

即损害了他人的人身和财产利益。

其三，行为人从事的高度危险作业与损害之间存在因果关系。

（2）高度危险责任的承担

《侵权责任法》第 69 条规定："从事高度危险作业造成他人损害的，应当承担侵权责任。"据此，高度危险作业致人损害责任适用无过错责任。法律之所以这样规定，是为了促使从事高度危险作业的人提高责任心和不断改进技术安全措施，以保障社会公众的人身、财产安全。

高度危险责任的承担有七种类型：

①民用核设施致害责任

《侵权责任法》第 70 条规定："民用核设施发生核事故造成他人损害的，民用核设施的经营者应当承担侵权责任，但能够证明损害是因战争等情形或者受害人故意造成的，不承担责任。"

据此，民用核设施的核事故致人伤害适用无过错责任。民用核设施的经营者要想免责，需要自己举证证明损害是因战争等情形或者受害人故意造成的。

②民用航空器致害责任

《侵权责任法》第 71 条规定："民用航空器造成他人损害的，民用航空器的经营者应当承担侵权责任，但能够证明损害是因受害人故意造成的，不承担责任。"

据此，民用航空器致人损害适用无过错责任。民用航空器的经营者要想免责，需要自己举证证明损害是因受害人故意造成的。

③易燃、易爆、剧毒、放射性等高度危险物致害责任

《侵权责任法》第 72 条规定："占有或者使用易燃、易爆、剧毒、放射性等高度危险物造成他人损害的，占有人或者使用人应当承担侵权责任，但能够证明损害是因受害人故意或者不可抗力造成的，不承担责任。被侵权人对损害的发生有重大过失的，可以减轻占有人或者使用人的责任。"

据此，占有、使用易燃、易爆、剧毒、放射性等高度危险物致人损害适用无过错责任。占有人或者使用人要想免责，需要自己举证证明损害是因受害人故意或者不可抗力造成的。

④从事高空、高压、地下挖掘活动或者使用高速轨道运输工具致害责任

《侵权责任法》第 73 条规定："从事高空、高压、地下挖掘活动或者使用高速轨道运输工具造成他人损害的，经营者应当承担侵权责任，但能够证明损害是因受害人故意或者不可抗力造成的，不承担责任。被侵权人对损害的发生有过失的，可以减轻经营者的责任。"

据此，从事高空、高压、地下挖掘活动或者使用高速轨道运输工具致人损害适用无过错责任。经营者要想免责，需要自己举证证明损害是因受害人故意或者不可抗力造成的。

⑤遗失、抛弃高度危险物致害责任

《侵权责任法》第 74 条规定："遗失、抛弃高度危险物造成他人损害的，由所有人承担侵权责任。所有人将高度危险物交由他人管理的，由管理人承担侵权责任；所有人有过错的，与管理人承担连带责任。"

据此，遗失、抛弃高度危险物致人损害责任适用无过错责任。所有人将高度危险物交由他人管

理的，由管理人承担侵权责任；所有人有过错的，与管理人承担连带责任。这里的“所有人有过错”，是指所有人未选择符合资质的管理人，或者未如实告知高度危险物的性质、危害、应急措施等有关情况。如果管理人遗失、抛弃高度危险物造成他人损害的，所有人与管理人承担连带责任。

遗失、抛弃高度危险物会使得危险范围无限扩大，因此，所有人或者管理人产生责任。遗失、抛弃高度危险物责任本身没有免责事由，由此可见立法者对遗失、抛弃危物者的严厉态度。

⑥非法占有高度危险物致害责任

《侵权责任法》第 75 条规定：“非法占有高度危险物造成他人损害的，由非法占有人承担侵权责任。所有人、管理人不能证明对防止他人非法占有尽到高度注意义务的，与非法占有人承担连带责任。”

所谓非法占有，是指明知自己无权占有，而通过盗窃、抢劫非法手段将他人物品据为己有。按照高度危险物致害责任原理，一般由实际控制人承担侵权责任。因此，应当由非法占有人承担侵权责任，且为加重其责任，适用无过错责任原则。

按照高度危险安全规范，所有人、管理人对其占有的高度危险物应尽到高度注意义务，采取严格的安全措施，防止高度危险物被盗窃或非法流失。如果所有人、管理人未尽到高度注意义务，一旦高度危险物被非法占有，那么就将对社会产生巨大危害，所以，应使所有人、管理人对自己的过错行为负责。另外，考虑到非法占有人可能没有赔偿能力，如果仅让其承担侵权责任，受害人可能得不到合理的赔偿，对受害人保护不力，也不利于促使高度危险物的所有人或者管理人加强管理，采取有效的安全措施。因此，《侵权责任法》规定，所有人、管理人不能证明对防止他人非法占有尽到高度注意义务的，与非法占有人承担连带责任。此种情形下，所有人、管理人的连带责任适用的是过错推定原则。

⑦未经许可进入高度危险活动区域受害责任

根据《侵权责任法》第 76 条的规定，未经许可进入高度危险活动区域或者高度危险物存放区域受到损害，管理人已经采取安全措施并尽到警示义务的，可以减轻或者不承担责任。

11. 饲养动物损害责任

(1) 饲养动物损害责任的概念与构成要件

饲养动物损害责任，是指动物饲养人或者管理人因其饲养的动物致人损害而应当承担的侵权责任。

饲养动物损害责任的成立须具有以下要件：

其一，须有饲养动物的加害行为。

首先，加害动物必须为饲养动物，即为人们管束喂养的动物。野生动物，因无管理人，其造成的损害，谈不上由谁承担责任。其次，饲养动物为加害，必须是指基于动物的本能，而非受人的驱使。如无人看管的狗在大街上咬伤行人，这属于动物的本能动作。但如果狗是在人的驱使下去咬伤路人，则此情形不构成饲养动物损害责任，而是应由动物驱使者承担一般侵权责任。

其二，须有造成他人损害的事实。

其三，须饲养动物加害行为与损害之间存在因果关系。

(2) 饲养动物损害责任的承担

《侵权责任法》第 78 条规定：“饲养的动物造成他人损害的，动物饲养人或者管理人应当承担侵权责任，但能够证明损害是因被侵权人故意或者重大过失造成的，可以不承担或者减轻责任。”据此，饲养动物损害责任一般适用无过错责任原则，即只要饲养的动物造成他人损害，动物饲养人或者管理人就应当承担侵权责任。法律之所以这样规定，主要是考虑到动物比一般物体致人损害有更大的危险性。适用无过错责任原则，有利于加强动物饲养人或管理人的管理责任，从而使社会大众的安全更有所保障。

动物饲养人或者管理人要想免责或减轻责任，需要自己举证证明损害是因受害人故意或者重大过失造成的。

饲养动物损害责任的承担有以下五种类型：

①未对动物采取安全措施致害责任

根据《侵权责任法》第 79 条的规定，违反管理规定，未对动物采取安全措施造成他人损害的，动物饲养人或者管理人应当承担侵权责任。

②禁止饲养的危险动物致害责任

根据《侵权责任法》第 80 条的规定，禁止饲养的烈性犬等危险动物造成他人损害的，动物饲养人或者管理人应当承担侵权责任。

③动物园动物致害责任

根据《侵权责任法》第 81 条的规定，动物园的动物造成他人损害的，动物园应当承担侵权责任，但能够证明尽到管理职责的，不承担责任。

④遗弃、逃逸的动物致害责任

根据《侵权责任法》第 82 条的规定，遗弃、逃逸的动物在遗弃、逃逸期间造成他人损害的，由原动物饲养人或者管理人承担侵权责任。

⑤因第三人过错致使动物致害责任

《侵权责任法》第 83 条规定："因第三人的过错致使动物造成他人损害的，被侵权人可以向动物饲养人或者管理人请求赔偿，也可以向第三人请求赔偿。动物饲养人或者管理人赔偿后，有权向第三人追偿。"

第三人过错是指被侵权人和动物饲养人或者管理人以外的人对动物造成损害有过错。第三人的过错在大多数场合表现为有意挑逗、投喂、诱使动物等，其后果致使他人受到人身或者财产的损害，其实质是实施了诱发动物致害的行为。因第三人的过错致使动物造成他人损害的，受害人在行使赔偿请求权方面有选择权。受害人既可以请求动物饲养人或者管理人承担赔偿责任，也可以请求第三人承担赔偿责任。法律赋予受害人选择权，一方面可使受害人获得实际赔偿的可能性增大，另一方面也可使动物饲养人或者管理人对动物的管理更加尽注意义务，从而减少动物伤人的次数。动物饲养人或者管理人赔偿后，有权向第三人追偿。可见，第三人是责任的最终承担者。

12. 物件损害责任

(1)物件损害责任的概念

物件损害责任，是指物件管领人因其物件造成他人损害而应当承担的侵权责任。

因为"物件等同于人的手臂的延长"，所以，物件致人损害等同于物件的所有人、管理人或使用人实施了侵权行为致人损害。

不同类型的物件致人损害责任适用不同归责原则。有的适用过错推定原则，有的适用无过错责任原则。可见，物件损害责任是一个集合名词，涵盖了与物件损害有关的各种不同情况。

(2)物件损害责任的承担

物件损害责任的承担有以下八种类型：

①建筑物及其搁置物等脱落、坠落致害责任

根据《侵权责任法》第 85 条的规定，建筑物、构筑物或者其他设施及其搁置物、悬挂物发生脱落、坠落造成他人损害，所有人、管理人或者使用人不能证明自己没有过错的，应当承担侵权责任。

所有人、管理人或者使用人赔偿后，有其他责任人的，有权向其他责任人追偿。

建筑物、构筑物或者其他设施及其搁置物、悬挂物发生脱落、坠落致人损害责任适用过错推定原则，即建筑物脱落、坠落责任采过错推定原则，即所有人、管理人或者使用人需要证明自己没有过错，否则即应承担责任。此处之所以采过错推定原则，是因为受害人几乎无法证明所有人、管理人或者使用人存在过错。如果是其他责任人的原因造成的损害，所有人、管理人或者使用人赔偿后，可以向该责任人追偿。

②建筑物或者其他设施倒塌致害责任

《侵权责任法》第 86 条规定："建筑物、构筑物或者其他设施倒塌造成他人损害的，由建设单位与施工单位承担连带责任。建设单位、施工单位赔偿后，有其他责任人的，有权向其他责任人追偿。因其他责任人的原因，建筑物、构筑物或者其他设施倒塌造成他人损害的，由其他责任人承担侵权责任。"

建筑物、构筑物或者其他设施倒塌致人损害的责任适用无过错责任原则。此种情形下的责任有两种情形：

其一，如果建筑物、构筑物或者其他设施是因为建设、施工等原因倒塌的，则由建设单位与施工单位承担连带责任。如果是因为设计缺陷或者监理工作中的疏漏等原因倒塌的，表明该损害还存在其他责任人，包括设计人、监理人等。那么，建设单位、施工单位赔偿后，有权向设计人、监理人等其他责任人追偿。

其二，如果建筑物、构筑物或者其他设施并非是因为设计、建造、监理等建筑施工原因倒塌，而是因为其他原因（如外力作用）而倒塌，则由其他责任人承担侵权责任。

③从建筑物中抛物或者从建筑物上坠物致害责任

《侵权责任法》第 87 条规定："从建筑物中抛掷物品或者从建筑物上坠落的物品造成他人损害，难以确定具体侵权人的，除能够证明自己不是侵权人的外，由可能加害的建筑物使用人给予补偿。"

从建筑物中抛掷物品或者从建筑物上坠落的物品致人损害，如果能够确定具体侵权人的，则按照一般侵权责任处理。在无法确定具体侵权人时，由可能加害的建筑物使用人给予补偿。此处的"建筑物使用人"，是指在侵权行为发生时建筑物的实际使用人，包括建筑物的所有权人、承租人、借用人以及其他使用建筑物的人。可能加害的建筑物使用人给予补偿时，建筑物的各个使用人之间并非承担连带责任，而是按份分别对受害人进行补偿。

可能加害的建筑物使用人要想免责，需要举证证明自己不是侵权人。要想证明自己不是侵权人，可以证明自己根本没有实施抛物行为的可能性，比如，侵权行为发生时，自己出差在外，且当时家中也无其他人；或物品是从高层上抛下，而自己住在一楼等。

④堆放物倒塌致害责任

根据《侵权责任法》第 88 条的规定，堆放物倒塌造成他人损害，堆放人不能证明自己没有过错的，应当承担侵权责任。

堆放物倒塌致人损害责任适用过错推定原则。堆放人要想免责，需要自己举证证明没有过错存在。

⑤公共道路上堆放、倾倒、遗撒物品致害责任

根据《侵权责任法》第 89 条的规定，在公共道路上堆放、倾倒、遗撒妨碍通行的物品造成他人损害的，有关单位或者个人应当承担侵权责任。

公共道路上堆放、倾倒、遗撒妨碍通行物品致人损害责任适用无过错责任原则。

⑥林木折断致害责任

《侵权责任法》第90条规定："因林木折断造成他人损害，林木的所有人或者管理人不能证明自己没有过错的，应当承担侵权责任。"

据此，林木折断致人损害责任适用过错推定原则。林木的所有人或者管理人要想免责，需要自己举证证明没有过错存在。

⑦公共场所或者道路上施工致害责任

根据《侵权责任法》第91条第1款的规定，在公共场所或者道路上挖坑、修缮安装地下设施等，没有设置明显标志和采取安全措施造成他人损害的，施工人应当承担侵权责任。

在公共场所或者道路上挖坑、修缮安装地下设施等致人损害责任的归责原则，在学术界有较大争议。有的主张适用无过错责任原则，有的主张适用过错推定原则。本书同意后者，即行为人能够证明设置了明显标志和采取安全措施，并能起到防止损害发生作用的，即可免除其侵权责任。

⑧地下设施致害责任

根据《侵权责任法》第91条第2款的规定，窨井等地下设施造成他人损害，管理人不能证明尽到管理职责的，应当承担侵权责任。

地下设施致人损害责任适用过错推定原则。地下设施的管理人要想免责，需要自己举证证明已经尽到管理职责。

练习题

一、单项选择题

1. 侵害人身权时，行为人承担的民事责任方式包括(　　)
   A. 返还财产　　B. 恢复原状
   C. 赔偿损失　　D. 支付违约金
2. 建筑物倒塌致人损害的民事责任，适用(　　)原则
   A. 过错责任　　B. 无过错责任
   C. 过错推定责任　　D. 公平责任
3. 根据所违反的法律关系的性质不同，《民法通则》把民事责任分为(　　)
   A. 过错责任和无过错责任　　B. 违约责任和侵权责任
   C. 单独责任和连带责任　　D. 刑事责任和民事责任
4. 违反合同，应承担的民事责任方式是(　　)
   A. 赔礼道歉　　B. 消除影响
   C. 恢复原状　　D. 双倍返还定金
5. 因堆放物品倒塌造成他人损害的，如果当事人均无过错，应当(　　)
   A. 根据无过错责任原则处理　　B. 由堆放物品的人承担责任
   C. 根据公平原则酌情处理　　D. 由受害人自己承担责任
6. 甲、乙、丙三人进山打猎，见草丛中有动静，三人同时开枪，结果造成采药人李某重伤。现无法确定是谁射中的。李某的损害应由(　　)承担
   A. 甲、乙、丙共同　　B. 甲、乙、丙与李某共同
   C. 李某自己　　D. 山林的管理人
7. 甲、乙二人路过丙家门口时，甲提议赛跑，乙表示同意。二人刚开始跑，即引得丙家的狼狗追赶，仓皇中，乙摔倒在地，左臂骨折。对乙的损害应由(　　)负担

A. 甲　　B. 丙

C. 甲、乙　　D. 甲、乙和丙

8. 某甲骑自行车逆行，与正在执行公司运输任务的李某所开的130卡车相撞，造成李某的自行车报废。查当时李某是违章调头。某甲的损失应由(　　)承担

A. 某甲　　B. 李某

C. 某公司和某甲共同　　D. 李某和某甲共同

9. 某甲从乙商店购买丙厂生产的保温瓶，在正常使用过程中，发生爆炸，使某甲胳膊被烫伤。某甲的损失应由(　　)承担责任

A. 乙商店和丙厂　　B. 某甲

C. 某甲和乙商店　　D. 某甲和丙厂

10. 根据我国《民法通则》的规定，受害人对于损害的发生也有过错的，(　　)侵害人的民事责任

A. 可以免除　　B. 可以减轻

C. 由双方平均分担　　D. 可以免除或减轻

11. 因紧急避险造成损害的，如果险情是由于人为的原因引起的，则由(　　)承担民事责任

A. 紧急避险人　　B. 引起险情的人

C. 紧急避险人和引起险情的人　　D. 受害人自己

12. 某气象局在机关院内铺设管道，由甲工程队负责施工。在马路上违规码放管线，当某乙(七岁)经过此地时，管线塌落，造成某乙当场死亡。对某乙的死亡应由(　　)承担责任

A. 某气象局　　B. 甲工程队

C. 某气象局和工程队　　D. 某气象局、工程队和乙的监护人

13. 当事人在合同中约定的违约金过分高于造成的损失的，当事人(　　)

A. 要遵守约定

B. 可以请求法院将违约金额降低至与损失相同的范围

C. 可以请求仲裁机构予以适当减少

D. 将高出部分上缴国家

14. 当事人在合同中既约定了违约金，又约定定金的，一方违约时，对方(　　)

A. 只能适用违约金条款

B. 只能适用定金条款

C. 可以既要求违约方支付违约金，又要求按定金罚则处理定金问题

D. 可以选择适用违约金或定金条款

15. 当事人一方因另一方违反合同受到损失时，如果没有及时采取措施致使损失扩大的(　　)

A. 有权就全部损失要求赔偿　　B. 无权就扩大的损失要求赔偿

C. 无权要求另一方赔偿损失　　D. 双方应就扩大的损失共同承担责任

16. 当事人一方不履行非金钱债务或履行非金钱债务不符合约定的，对方在下列情况下，可以要求履行(　　)

A. 法律上或事实上不能履行　　B. 债务的标的不适合于强制履行

C. 债务的标的履行费用过高　　D. 当事人拒绝履行

17. 当事人一方明确表示不履行合同义务的，对方(　　)要求其承担违约责任

A. 可以在履行期届满之前　　B. 必须在履行期届满之后

C. 需在另行订立的履行期到来时　　D. 必须在履行期届满之前

18. 除法律另有规定外，违约方不履行合同，也不须向另一方承担民事责任的理由是(　　)
A. 第三人的过错　　B. 不可抗力
C. 上级主管机关的决定　　D. 违约方法定代表人更换

19. 某甲驾汽车闯红灯，致使正常行驶的某乙为躲闪而将骑自行车正常行驶的某丙撞倒，造成某丙右臂骨折。对某丙的损失，应由(　　)承担赔偿损失的责任
A. 某甲　　B. 某乙
C. 某甲和某乙　　D. 某丙自己

20. 因防止、制止国家的、集体的财产或者他人的财产、人身遭受侵害而使自己受到损害的，由侵权人承担赔偿责任，(　　)也可以给予适当补偿
A. 受益人　　B. 受害人
C. 第三人　　D. 国家民政部门

21. 债务应当清偿。暂时无力偿还的，经债权人同意或者人民法院裁决可以由债务人(　　)
A. 免除清偿责任　　B. 分期偿还
C. 终止清偿　　D. 中止清偿

22. 依《民法通则》的规定，当事人一方由于上级机关的原因，不能履行合同义务的，应当(　　)
A. 由该上级机关向另一方赔偿损失
B. 由该上级机关向另一方当事人承担相应的民事责任
C. 由当事人按照合同约定向另一方赔偿损失或者采取其他补救措施，再由上级机关对造成的损失负责处理
D. 由另一方当事人自己承担自己受到的损失

23. 某甲在某乙经营的鱼塘里垂钓。当其甩渔竿时，渔钩挂在鱼塘上面的高压输电线上，某甲当场死亡，经查，该高压输电线路属于某供电局。对某甲的死亡后果，应由(　　)承担赔偿责任
A. 供电局　　B. 某甲自己
C. 某乙　　D. 供电局和某乙

24. 某甲在回家的路上，被因大风而被刮断的高压线电伤，双臂被截肢。某甲的损害应(　　)承担赔偿责任
A. 由某甲自己　　B. 由从事高压电线的经营者
C. 属于不可抗力，无人　　D. 由国家

25. 因运输者的原因，使产品质量不合格，造成他人财产或人身损害的，受害人应(　　)依法承担民事责任
A. 请求产品的销售者　　B. 请求产品的运输者
C. 请求产品的运输者和销售者　　D. 自己承担民事责任

26. 在幼儿园、学校生活、学习的无民事行为能力人、限制民事行为能力人或者在精神病院治疗的精神病人，如果造成他人损害，应(　　)承担民事责任
A. 一律由这些单位
B. 一律由监护人
C. 单位有过错的，可以责令这些单位适当
D. 单位没有过错，也应适当

27. 饲养的动物造成他人损害的，如果是由于第三人的原因造成的，应当由(　　)承担民事责任。

A. 该第三人　　B. 动物的饲养人

C. 动物的所有人　　D. 第三人和动物的饲养人

28. 某甲和某乙路过某丙家，发现门口拴着一条狗，某甲用一根棍儿挑逗狗。狗挣脱绳索并将某乙咬伤。查此狗系某丙代某丁看管。此案某乙的损害应当由(　　)承担

A. 某甲　　B. 某丙

C. 某丁　　D. 某丙和某丁

29. 依我国《合同法》的有关规定，当事人一方不履行合同义务或者履行合同义务不符合约定的，在履行义务或采取补救措施后，对方还有损失的，应当(　　)

A. 解除合同　　B. 不负赔偿责任

C. 仍然负赔偿责任　　D. 双方分担损失

30. 某甲因某乙的原因，使得无法按约定期限向某丙交付工作物。某甲应(　　)

A. 向某丙承担违约责任　　B. 要求某乙向某丙承担违约责任

C. 某甲和某乙共同向某丙承担违约责任　　D. 减轻向某丙承担的违约责任

31. 一方当事人不履行或不适当履行非金钱债务的，对方可以要求强制履行。下列适合于强制履行的是(　　)

A. 能履行而不履行的债　　B. 债权人在合理的期限内未要求履行

C. 债务的标的不适合于强制履行　　D. 履行费用过高的

32. 由于产品质量不合格，造成他人财产、人身损害的；产品的运输者、仓储者对此负有责任的，受害人有权向(　　)要求赔偿

A. 产品的运输者、仓储者

B. 产品的销售者、生产者

C. 产品的生产者、销售者、运输者、仓储者

D. 消费者协会

33. 下列属于一般侵权行为的是(　　)

A. 某甲纠集十几个人殴打某乙，造成某乙重伤

B. 工商人员某甲在工作检查中，把某商贩打伤

C. 某化肥厂排污水造成他人损害

D. 某小学生把同学打伤

二、判断题

1. 民事责任是民事主体不履行民事义务时应当承担的法律责任。　(　　)

2. 侵害他人财产权或者人身权的，在法律有特别规定的条件下，即使主观上无过错也要承担民事责任。　(　　)

3. 公平责任就是对侵害人追究民事责任时要公平。　(　　)

4. 产品质量不合格使消费者损害的，是违约责任。　(　　)

5. 根据我国《民法通则》的规定，受害人对于损害的发生也有过错的，可以免除侵害人的民事责任。　(　　)

6. 损害事实是一般侵权行为的构成要件之一，特殊侵权行为只要求有侵权行为，不要求必须有损害事实。　(　　)

7. 合同当事人不履行合同义务的,无论是由于何种原因,都要承担违约责任,但法律另有规定或当事人另有约定的除外。 ( )
8. 合同当事人迟延交货,发生不可抗力,致使货物毁损的,迟延方承担损失。 ( )
9. 违约方的赔偿责任不能超过对方因违约受到的实际损失。 ( )
10. 不可抗力是法定的负责事由,因此,只要发生不可抗力,当事人无论如何都可以免责。 ( )

三、简答题

1. 简述无过错责任原则。
2. 简述一般侵权行为民事责任的构成要件。
3. 简述动物致人损害的民事责任的构成要件及免责条件。
4. 违反合同的民事责任的免责条件有哪些?
5. 简述违约责任的构成要件。

四、论述题

1. 论监护人责任。
2. 简述违反合同的民事责任的构成要件。
3. 论侵权行为的民事责任与违约责任的区别。

五、案例分析题

1. 一天,某石灰厂放炮炸石。在经过望、呼喊、吹哨等程序后,认为安全的情况下点火。于某这一天赶着马车来装石灰,正赶上放炮,碎石将于某砸伤。花医药费若干。于某让石灰厂赔偿,石灰厂认为自己在放炮之前,采取了必要的安全措施,于某自己对损失有过错,所以,石灰厂不承担责任。

问:对于某的损失,石灰厂有无责任?于某可以提出哪些理由支持自己的诉讼请求?

2. 甲厂与乙公司于1999年11月1日签订了一份服装买卖合同。双方在合同中约定,乙公司购买甲厂大衣1000件,价款30万元。货物由公司自提,提货时由乙公司验货付款。11月16日乙公司带车到甲厂,对大衣验货后表示满意,即付清货款。双方商定第二天早上开始装货。当天夜里甲厂又收到丙商场的一份订单。对方愿意以35万元购买1000件大衣。甲厂见有利可图,即将该1000件大衣连夜运到丙商场。致使乙公司没能按时提货。

问:甲厂对乙公司应承担什么责任?

3. 陈桂花领着3岁的女儿到邻居孙桂清家闲聊天,其女儿手里拿着饼干独自在院子里玩耍。这时从外边跑来一只芦花大公鸡,扑到小孩身上,将其右眼和下巴各啄了一个小口子。即送医院检查为“右眼球外伤,角膜血染”,并做了眼球摘除手术,小孩右眼失明。陈桂花为小孩治疗花费656元,自己误工费损失431元。陈桂花找到大公鸡的主人刘机,要求赔偿,刘予以拒绝,理由是小孩的损失是公鸡造成的,不是他指使公鸡去啄伤她的,并允许陈桂花将大公鸡杀掉。陈无奈以刘机为被告起诉到法院,要求刘赔偿医疗费、误工费1087元。

一审法院经过调查认定:陈桂花女儿的损害确系刘机家的大公鸡所致,该公鸡过去曾啄伤过人。根据《民法通则》第127条的规定:饲养的动物造成他人损害的,动物的饲养人或者管理人应当承担民事责任。另外,作为监护人陈桂花对其女儿疏于监护,对造成的损害也有一定的责任。所以判决由被告刘机承担70%的赔偿责任,即刘机赔偿760.9元。陈桂花自己承担30%的责任。陈桂花不服,上诉到中级人民法院,中级人民法院认为,基层人民法院认定的事实清楚,适用法律得当,维持原判。

问:1)法院的判决是否正确?

2)该案谁应对孩子的损害承担民事责任？理由是什么？

4. 某施工队承包了某大学的地下管道铺设工程，在一条南北走向的通道上，挖了一条一米深的大沟，准备安装地下管道。施工队在开挖处的路段上，竖立了一个木牌，上写"此处施工，行人及车辆禁止通行"。一天晚上，张三骑车路过此处，因没有看见禁止通行的木牌而掉进沟里。后经他人相救送往医院，经查：张三左臂骨折以及其他部位的擦伤，共花医疗费749元，被迫休息一个月。张三找到施工队要求赔偿，遭到拒绝，张三即以施工队为被告起诉到人民法院，要求施工队赔偿医药费749元、自行车修理费60元、误工补助费610元，并承担本案诉讼费。

施工队辩称：在道路上挖沟进行施工是经过有关部门批准的，在开挖处也设立了标志。张三掉进沟里纯系他自己骑车不注意所造成的，施工队没有过错，也不应对张三的损失承担赔偿责任。

问：法院应如何判决？理由是什么？

5. 某甲和某乙订立了一份买卖牛的合同。合同约定某甲向某乙交付3头牛，总价款为6 000元。某乙向某甲预付3 000元，余下款项在半年内付清。双方还约定，在某乙向某甲付清牛款之前，某甲保留3头牛的所有权。某甲向某乙交付了3头牛。在牛款付清之时，其中1头牛把某丙给顶伤，造成某丙损失2 000元。

问：该损失应由谁来承担，理由是什么？

6. 某小学二年级学生放学后，几个人分成两拨玩打仗游戏。其中，甲、乙、丙三人一伙，同时向另一拨人群投掷石子，其中有一颗石子正好打在某丁眼睛上。某丁被送到医院治疗，共花费两万元，而且被砸伤的眼睛也完全失明。对某丁的损失，甲、乙、丙都否认自己是伤人者，但又都不能提供有效的证据。其监护人则抗辩说，玩打仗游戏是双方都同意的，现某丁被打伤，其自己也有责任。

问：某丁的损失应由谁来承担责任？如何承担？

7. 某甲要出国，临行时把房屋钥匙交给邻居某乙，让其帮着看家。一天，某乙发现，屋里的几盆花由于经常见不到太阳快死掉了，就把花盆都搬到阳台上。不料那天傍晚刮风，把其中一盆吹落，正好砸在从楼下经过的某丙头上，某丙当时被砸晕了，被人送到医院抢救，共花费医疗费2 000元。

问：某丙的损失应由谁承担？为什么？

参考答案

一、

1. C　2. C　3. B　4. D　5. C　6. B　7. B　8. C　9. A　10. B
11. B　12. B　13. C　14. D　15. B　16. D　17. A　18. B　19. A　20. A
21. B　22. C　23. A　24. B　25. A　26. C　27. A　28. A　29. C　30. A
31. A　32. B　33. A

二、

1. ✓　2. ✓　3. ✕　4. ✕　5. ✕　6. ✕　7. ✓　8. ✓　9. ✓　10. ✕

三、

1. 无过错责任，是指不以存在过错为要件的责任形态，此责任形态不以行为人主观上具有过错作为归责原则，而是不问行为人于行为之际是否有过错，均须对其致害行为承担民事责任。无过错责任原则仅适用于法律有特别规定的情况，是特殊侵权行为的归责原则。无过错责任原则免除了受害人对加害人的过错进行举证的责任，也简化了司法审判的程序。

2. 一般侵权行为民事责任的构成要件，指在一般情况下，构成侵权行为民事责任所必须具备的条件。其构成要件包括以下四方面：

1)须有损害事实

损害是指：权利或受法律保护的利益数量减少以及品质降低。民事责任是一种后果责任，有损失，有责任，没有损失，就没有责任。所以，损害事实的存在与否是决定行为人是否承担民事责任的首要要件。损害包括物质上的财产损害，也包括心理上的精神损害；包括直接损害，也包括间接损害。

2)须加害行为违法

即造成损害事实的行为，必须具有违法性质。行为如不具有违法性质，即使造成他人损害，也不构成侵权行为。违法包括违反法律，也包括违反法规或公序良俗；包括作为的违法，也包括不作为的违法。

3)须行为人于行为之际有过错

一般侵权行为以过错责任原则为归责原则，有过错即有责任。所以，在侵权行为实施之际，行为人须有过错，才构成侵权行为。

过错在本质上是一种主观现象，但认定过错的标准应当是客观的。因为无论行为人的年龄、认识能力都是可以为人们所感知的客观存在。判断行为人是否有过错应针对不同的案件，综合多方面的情况进行分析。

4)损害事实与违法行为之间有因果关系

即损害事实必须是由于违法行为所造成的。这里的因果关系，是社会现象之间的一种客观联系，即一种现象在一定条件下必然引起另一种现象的发生。前一种现象称为原因；后一种现象称为结果。

实质上确定两种自然现象之间是否具有因果关系，关键在于区别原因和条件。在客观现象中，作为原因的现象只是那种对结果发生起决定作用，并与结果之间有内在的必然的联系的现象；条件虽然对结果的发生有一定的影响和作用，但它只是对结果的发生造成某些可能性，并不起决定作用。条件与结果之间只是一般的联系。如果把条件当作原因就会扩大民事责任的范围。

3. 饲养动物致人损害的民事责任构成要件包括：

1)须为饲养的动物。饲养，表明动物与人的活动之间的关系。即它须为特定的人所有或占有，并对动物具有适当的控制力。动物的饲养，无论其目的、用途为何，也不论合法、非法均不妨适用该法律规定。饲养的动物在逃逸、迷失期间，原则上仍视为饲养的动物。

2)须为动物加害。即必须是指基于动物本身的性质(本能行为)所造成的损害。如果是在人的驾驭下造成的损害，则应属于人的行为，而不是动物造成的损害。这时，动物的驾驭人除承担一般民事责任外，还应承担相应的刑事或行政责任。如纵狗伤人、骑马踏青苗等。

3)须有损害后果。如被狗咬伤、青苗被损害等。

4)须损害后果与动物的加害之间有因果关系。

在下列情况下，动物的饲养人、管理人可以免除责任：一是受害人有过错。如逗打他人之犬而遭咬伤等。如果受害人有过错、动物的饲养人、管理人也有过错，即混合过错时，应由他们分担责任。二是第三人的过错造成损害的发生时，应由第三人承担民事责任。三是其他抗辩事由。如原告借被告的马骑之前，被告知该马性情暴烈，原告仍然坚持借骑，结果被摔伤。被告可以以“受害人同意”为理由主张免责等。

4. 根据我国《合同法》的规定，违反合同的民事责任的免责条件主要包括：

1)不可抗力。即在当事人由于不能预见、不能避免并不能克服的客观现象造成合同不能履行或不能完全履行时,违约方可以不负责任。因为,此时造成当事人违约的后果,当事人主观上没有过错。根据我国《合同法》第117条的规定:“因不可抗力不能履行合同的,根据不可抗力的影响,部分或者全部免除责任,但法律另有规定的除外。当事人迟延履行后发生不可抗力的,不能免除责任。”由此规定也可以确定,并非凡不可抗力都可以免除违约者的责任。

2)有法律规定或当事人约定免责理由的。即在订立合同时,法律有特别规定或当事人有特别约定免责条款的,当发生合同不履行或不适当履行后果又符合这些免责条款时,可以免除违约者的违约责任。

3)对方有过错。如果合同的不能履行或不完全履行是由于对方的过错造成的,不能履行或不完全履行合同的当事人可以免除责任。

5. 违约责任指违反合同约定的义务所承担的法律后果。构成违约责任的要件包括:1)有不履行合同约定的义务的行为,即有违约行为。不履行合同约定义务包括没有履行,也包括没有适当履行。2)不履行合同义务的一方主观上有过错。依据《民法通则》及《合同法》的规定,违约行为人主观上有过错时,才承担相应的民事责任。

四、

1. 监护人责任,是指因未成年或患精神病而处于监护之下的无民事行为能力人、限制民事行为能力人致人损害时,由监护人承担的民事责任。也称被监护人致人损害的责任。

根据《民法通则》第133条规定:“无民事行为能力人、限制行为能力人造成他人损害的,由监护人承担民事责任。监护人尽了监护责任的,可以适当减轻他的民事责任。有财产的无民事行为能力人、限制民事行为能力人造成他人损害的,从本人的财产中支付赔偿费用。不足部分,由监护人适当赔偿,但单位担任监护人的除外。”对此,有人认为:监护人的民事责任是基于其故意或过失违反监护义务而承担的责任,所以它属于过错责任范围。这是不对的。因为:依该规定,监护人在被监护人造成他人损害时承担责任,而仅可以依据尽了监护责任而请求“适当减轻”责任。也就是说,监护人的责任成立,不受有无过错的影响。其无过错(尽了监护责任)的事实,不能作为免除责任的条件,而只是减轻责任情节。所以,监护人的责任适用无过错责任原则。

从法律规定看,监护人的责任只需具备以下两个基本条件即可构成:

一是被监护人损害的行为,具有客观上的可归责性。即因果关系和行为违法性。所谓因果关系,在此指被监护人的行为是造成损害的原因。二是监护关系的存在。没有监护关系则不承担监护人责任。

在监护人责任中要注意:1)监护人尽了监护责任的,可以适当减轻其民事责任。2)被监护人有财产的,应先从其财产中优先支付赔偿费用。监护人承担补充义务。另外,单位担任监护人的,不承担赔偿责任。3)根据我国民事审判实践,在幼儿园、学校生活、学习的未成年人以及在精神病院或医院接受治疗的精神病人致人损害时,该幼儿园、学校、精神病院或医院有过错时,应适当承担赔偿义务,从而减轻监护人的赔偿责任。这里的“幼儿园、学校、精神病院或医院”承担的责任不是监护人责任,而是一般侵权行为的民事责任,适用过错责任原则。4)监护人可以将监护职责部分或全部委托给他人。因被监护人的侵权行为需要承担民事责任的,应当由监护人承担,但另有约定的除外;被委托人确有错误的,负连带责任。

总之,监护人责任是特殊侵权行为的民事责任,其责任构成不以过错为条件,而是不问过错,只要被加害人造成他人损害的,监护人都要承担民事责任。

2. 违反合同民事责任,是指当事人违反合同约定而应依法承担的法律责任。也称违约责任。

违反合同的民事责任必须具备以下要件:

(1)当事人要有违约行为。这是违约责任的客观要件。没有违约行为,违约责任也就无从谈起。通常情况下,凡不履行合同的行为都是违约行为,其具体表现形态主要有:不能履行、拒绝履行、不完全履行、逾期履行和受领迟延。根据我国《合同法》第107条的规定:当事人一方不履行合同义务或者履行合同义务不符合约定的,应当承担继续履行、采取补救措施或者赔偿损失等违约责任。其中,不履行合同义务即指当事人不能履行或拒绝履行合同义务。所谓不能履行是指由于某种情形,事实上已经不可能再履行债务。对于因可归责于债务人的事由而导致的不能履行,债务人要承担违约责任。拒绝履行,是指债务人能够履行债务而拒不履行。履行合同义务不符合约定,指虽然进行了履行,但其履行有瑕疵。即是不适当履行。包括不完全履行(指部分履行)、逾期履行(迟延履行)和受领迟延。当事人只有有违约行为,才可能承担违约责任。

违约行为分为预期违约和实际违约,实际违约也称既期违约。

①预期违约。预期违约是指合同义务人在履行期限届满之前,明确表示或者以自己的行为表明不履行合同义务的违约现象。

明确表示,即以明示的方式进行违约。如以书信的方式通知合同权利人,不再履行义务。以自己的行为表明,主要是采用一些一般人能够推知的方式进行的违约。比如,房屋买卖合同中,卖方拆掉约定出卖的房屋。

《合同法》第108条规定,对预期违约的,对方当事人可以在履行期限届满之前要求其承担违约责任。

②实际违约。实际违约是指合同义务人在合同履行期届满时不履行义务或履行义务不符合约定的违约现象。通常所说的违约,就是这种违约。

(2)无免责事由

当事人不履行合同义务或者履行合同义务不符合约定,又没有法定的或者约定的免责事由的,就应当承担违约责任。

通常情况下违反合同时就要承担相应的法律责任。但在有些情况下,由于某些客观条件所造成的违约,法律却不要求违约者承担责任,即免除违约者的违约责任,这些客观条件即是免责理由。根据我国《合同法》的规定,违反合同的民事责任的免责理由主要包括:

①不可抗力。即在当事人由于不能预见、不能避免并不能克服的客观现象造成合同不能履行或不能完全履行时,违约方可以不负责任。因为,此时造成当事人违约的后果,当事人主观上没有过错。根据我国《合同法》第117条的规定:因不可抗力不能履行合同的,根据不可抗力的影响,部分或者全部免除责任,但法律另有规定的除外。当事人迟延履行后发生不可抗力的,不能免除责任。

②有法律规定或当事人约定免责理由的。即在订立合同时,法律有特别规定或当事人有特别约定免责条款的,当发生合同不履行或不适当履行后果又符合这些免责条款时,可以免除违约者的违约责任。

③对方有过错。如果合同的不能履行或不完全履行是由于对方的过错造成的,不能履行或不完全履行合同的当事人可以免除责任。

3. 侵权的民事责任是指公民、法人由于过错侵害国家的、集体的财产,侵害他人的财产、人身所应承担的法律后果。违约责任是指违反合同约定的义务所应承担的法律后果。两种虽都是民事责任,有时承担责任的方式可能也相同,但毕竟是不同的民事责任,其主要区别在于:

1)产生责任的根据不同。侵权的民事责任是在有损害事实的前提下,由法律直接规定的民事责任;而违约责任则以存在有效合同为前提,以违反合同的约定为条件。

2)保护的对象范围不同。侵权民事责任保护民事主体的财产权,也保护人身权;而违约责任则仅以财产权为保护对象。

3)适用的归责原则不同。侵权行为的民事责任以过错责任为原则,同时,也适用无过错责任原则以及公平责任原则;而违约责任一般只适用过错责任原则中的推定过错责任,一般不适用无过错责任原则。

4)承担责任的主体范围不同。侵权行为的民事责任的承担者,不限于本人,也不限于有行为能力的人;而违约责任则主要由违约人自己承担,而且一般都是有相应民事行为能力的人,无民事行为能力的人通常不发生违约责任问题。

5)承担责任的方式有所不同。侵权行为的民事责任既适用财产责任方式,也适用非财产责任方式;而违约责任则仅得适用财产责任。

五、

1. 对于某的损失,石灰厂有责任。于某可以通过以下几方面支持自己的诉讼请求:第一,石灰厂放炮炸石的作业属于《民法通则》规定的高度危险作业,对周围环境有高度危险,因高度危险作业造成他人损害的,属于特殊侵权行为。其责任构成只需具备有损害事实以及损害事实与高度危险作业之间有因果关系即可,而无须证明作业人有无过错。本案中,石灰厂虽然在放炮时,也采取了一些安全防范措施,但仍然造成了于某的损伤,所以,石灰厂应承担民事责任;第二,根据《民法通则》的规定,高度危险作业造成他人损害的免责条件是:证明损害是由受害人的故意造成的。本案没有证据表明于某是故意闯入作业区,故意要造成自己受伤的。他只是没有听到警示。所以本案不存在作业人免责的条件。

2. 甲厂应承担以下几项责任:1)继续履行的责任。因为乙公司还需要这批货,而甲厂也有供货的能力。2)赔偿损失的责任。这里的损失包括没能按时提货而丧失的商机损失,以及所多支出的运输费、人工费等。3)迟延履行期间向乙公司支付的30万元货款的利息。

3. 1)法院的判决存在问题。首先,被告的大公鸡过去曾经啄伤过人,被告对该公鸡本应采取果断措施,而没有采取,又圈管不牢,致使其又啄伤陈桂花的女儿。根据《民法通则》第127条的规定:饲养的动物造成他人损害的,动物饲养人或者管理人应当承担民事责任;由于受害人的过错造成损害的,动物饲养人或者管理人不承担民事责任;由于第三人的过错造成损害的,第三人应当承担民事责任。本案被告刘机是伤人大公鸡的饲养人,对原告陈桂花女儿的损害,依法应当承担赔偿责任。由于动物造成的他人损害赔偿,是指由于动物基于动物本身的特性而致人损害。根据法律规定这种民事责任的承担,并不要求动物的所有人或者饲养人一定要有过错,动物的所有人或饲养人的免责条件仅在于:是受害人或第三人有过错。否则,不能免除其责任。其次,法院认定陈桂花对女儿疏于监护,是很牵强的,陈桂花带着女儿去邻居家串门、聊天无可厚非,法律要求她对刘机家的大公鸡从外边跑进来伤人有所预料,则未免过于苛刻,既然如此,那么说陈桂花对其女儿疏于监护也就没有道理。因此,判决陈桂花承担30%的责任是不合法的。

2)本案应判决被告刘机承担全部赔偿责任。理由如上所述。

4. 这是一起特殊侵权行为的案件,法院应判决被告某施工队承担原告由此造成的一切损失。理由如下:

1)根据《民法通则》的规定:“在公共场所、道旁或者通道上挖坑,修缮安装地下设施等,没有设置明显标志和采取安全措施造成他人损害的,施工人应当承担民事责任。”本案被告某施工队在道路上施工挖沟时,只在沟前竖立了一个小木牌,这种做法在白天还起一定作用,但是在晚上或者有雾的情况下,就不能起到警示作用,更不要说安全保护作用。也就是说根据有关法律的规定,不能认定施工队已经设置了“明显标志和采取了安全措施”。所以,施工队以自己设立了标志为抗辩理由是没有法律根据的。

2)至于施工队说张三系自己骑车不注意所造成的,以及施工队没有过错问题。从民事责任的归责原则上说,这种责任是一种无过错责任。只要施工人没有设置明显标志和采取安全措施造成他人损害的,就应承担民事责任。所以,以自己没有过错进行抗辩也没有法律依据。

所以,法院应判决由施工队承担全部责任。

5. 某丙的损失应由某乙承担。因为,根据《民法通则》的规定:饲养的动物造成他人损害时,动物的饲养人或者管理人应当承担民事责任。某乙在接受某甲的交付后,虽然对三头牛还没有取得所有权,但却是牛的饲养人和管理人,所以,某乙应对某丙的损失承担赔偿责任。

6. 某丁的损失应由甲、乙、丙三人的监护人承担赔偿责任。因为造成某丁损害的是无民事行为能力人,所以,这是特殊侵权行为,根据《民法通则》的规定,其责任的承担者是该无民事行为能力人的监护人。另外三人的行为应属于共同危险行为,因无法确定究竟是谁致某丁损害,因此,应由三人的监护人承担连带责任,各监护人应承担的份额均等。

7. 某丙的损失应由某乙承担。因为某甲虽然是花盆的所有人,但他并不是将花盆放在阳台上的责任人,即某甲对花盆坠落砸伤某丙没有过错。而某乙则是造成某丙被砸伤的责任人,因为,此时某乙是花盆的管理人。根据《民法通则》的规定,建筑物上的搁置物坠落造成他人损害的,它的所有人或者管理人应当承担民事责任。但能证明自己没有过错的除外。本案某甲即是能证明自己没有过错的人,所以,某甲对某丙的损害不承担责任,而某乙作为管理人,则不能证明自己没有过错。所以其应对某丙的损害承担责任。

附录部分

2016年成人高等学校

专升本招生全国统一考试民法模拟题(一)

一、选择题:1~35小题,每小题2分,共70分。在每小题给出的四个选项中,选出一项最符合题目要求的,将所选项前的字母填涂在答题卡相应题号的信息点上。

1. 下列说法正确的是 ( )
A.《民法通则》是我国的民法典
B. 我国民法原则上有溯及既往的效力
C. 民法是平等主体关系法,因此是私法
D. 公平原则是指当事人在民事活动中的地位平等

2. 公民甲的户籍在天津,经常居住在南京。依照法律规定 ( )
A. 天津与南京都是甲的住所
B. 天津与南京都不是甲的住所
C. 天津是甲的住所,南京视为甲的住所
D. 天津视为甲的住所,南京是甲的住所

3. 在货物运输合同关系中,民事权利和民事义务共同指向的对象是 ( )
A. 运送行为 B. 运输费用 C. 运送合同 D. 运送的货物

4. 6周岁的张浩在父母离异后随奶奶生活。两年后,其父母各自再婚,此时,张浩的法定监护人是 ( )
A. 父亲和继母 B. 母亲和继父 C. 奶奶 D. 父亲和母亲

5. 两个以上的法人归并于一个新法人,原有的法人均告消灭的情况,在民法上称之为 ( )
A. 分立 B. 解散 C. 创设式合并 D. 吸收式合并

6. 王某不小心丢失项链一串,路人拾得后交给公安部门,王某未在规定期限内前去认领,公安部门按照有关规定交寄售店出售,刘某从寄售店处购得该项链,其子将项链送给女友孙某。项链不久被小偷偷去,并以500元卖给林某。该项链的所有权属于 ( )
A. 王某 B. 刘某 C. 孙某 D. 林某

7. 李某是某普通合伙企业的合伙人,因欠债致使个人丧失了偿债能力,则根据《合伙企业法》规定,李某属于 ( )
A. 通知退伙的情形,应提出30天通知其他合伙人
B. 自愿退伙的情形,李某可以自愿退伙或不退伙
C. 当然退伙的情形,以李某丧失偿债能力发生日为退伙生效日
D. 除名的情形,李某接到除名通知日,除名时生效

8. 下列属于实践民事行为特别成立要件的是 ( )
A. 标的
B. 当事人
C. 意思表示
D. 标的物的实际交付

9. 复代理人进行代理活动产生的法律后果 ( )
A. 由原代理人承担
B. 由复代理人承担
C. 由被代理人承担
D. 由复代理人和被代理人承担

10. 以下各选项中,我国《民法通则》没有规定的是 ( )

A. 诉讼时效　　B. 取得时效　　C. 消灭时效　　D. 除斥期间

11. 借贷合同是　（　）

A. 单务合同

B. 诺成合同

C. 转移财产使用权的合同

D. 以国家专业银行、其他金融机构和信用合作社为出借人的合同

12. 下列选项中,可以作为抵押财产的是　（　）

A. 土地所有权　　B. 学校图书馆

C. 使用权有争议的财产　　D. 船舶

13, 甲公司向银行贷款,以自有厂房作抵押,并办理了抵押登记;以商标权作质押,未办理出质登记。则　（　）

A. 抵押权与质权均成立　　B. 抵押权与质权均不成立

C. 抵押权成立,质权不成立　　D. 抵押权不成立,质权成立

14. 甲在乙的画展上看中一幅画,并提出购买,双方以 5 万元成交。甲同意待画展结束后,再将属于自己的画取走。此种交付方式属于　（　）

A. 现实交付　　B. 简易交付　　C. 指示交付　　D. 占有改定

15. 甲乙两人的菜园地相邻,共用一小道进出,甲未经乙同意,在小路上插上一排栅栏,给乙的进出带来许多不便,这在法律上构成侵犯人的　（　）

A. 使用权　　B. 债权　　C. 相邻权　　D. 所有权

16. 下列情形下发生不当得利的是　（　）

A. 养子女向亲生父母给付生活费　　B. 一方因赌博输给另一方钱财

C. 在商店购物时售货员多找了钱　　D. 合同约定的价格高于市场价格

17. 下列选项中,不能作为保证人的是　（　）

A. 某公司财务部主任　　B. 某实验中学

C. 某建材公司　　D. 某信托投资公司

18. 下列协议中,不属于《合同法》调整的是　（　）

A. 收养协议　　B. 委托协议

C. 商标权转让协议　　D. 肖像使用许可协议

19. 甲、乙二人设立一份买卖合同,约定不论谁违约,都应向对方支付 1 万元的违约金(合同总标的为 100 万元)。现甲没有任何理由没有履行合同,给乙造成损失 3 万元,乙依法可以要求甲总共支付　（　）

A. 1 万元　　B. 2 万元　　C. 3 万元　　D. 4 万元

20. 甲于 2011 年 2 月向乙借款 1 000 元。同年 6 月乙将对甲的这一债权让与丙,但未通知甲。7 月丙向甲主张债权,此时甲　（　）

A. 以乙转让行为未征得自己同意为由,主张该转让对其不发生效力

B. 应向乙偿还 1 000 元的借款

C. 以乙转让债权未通知自己为由,主张该转让对其不发生效力

D. 应同时向乙、丙偿还 1 000 元的借款

21. 甲为年满 22 周岁的青年工人,乙为年满 15 周岁的精神病人(限制民事行为能力人),甲问乙是否敢拿一块石头砸丙,乙便捡起一块石头向丙扔去,将丙砸伤,花去医药费 2 000 元,对此损失,应由　（　）

A. 甲承担
B. 乙的监护人承担
C. 主要由甲承担，乙的监护人也应承担相应的责任
D. 主要由乙的监护人承担，甲也应当承担相应的责任

22. 根据我国法律的规定，下列财产中专属于国家所有的是 （ ）
A. 历史文物　B. 矿藏和水流　C. 土地　D. 生物化石

23. 能够作为遗嘱见证人的是 （ ）
A. 限制行为能力人　B. 受遗赠人
C. 遗嘱人的债务人　D. 遗嘱人的朋友

24. 人身权分为人格权和身份权，下列人身权利中，属于公民身份权的是 （ ）
A. 肖像权　B. 名誉权　C. 荣誉权　D. 姓名权

25. 甲在乙经营的鱼塘里垂钓。当其甩鱼竿时，鱼竿挂在鱼塘上面的高压线上，甲当场死亡，经查，该高压线属于供电局。对甲的死亡后果，承担责任的应当是 （ ）
A. 供电局　B. 甲自己　C. 供电局和乙　D. 乙

26. 根据我国的著作权取得制度，中国公民的著作权在下列何种情况下产生 （ ）
A. 随作品的发表而自动产生　B. 随作品的创作完成而自动产生
C. 在作品以一定物质形态固定后自动产生　D. 在作品上加注版权标记后自动产生

27. 在下列何种情况下，申请专利的发明或实用新型，如在申请日以前有同样的发明或实用新型并不丧失新颖性 （ ）
A. 在国外出版物上公开发表过　B. 在国内出版物上公开发表过的
C. 在国外公开使用的　D. 在国内公开使用的

28. 王某死亡时，遗产 40 000 元。由其妻某甲和其子某乙、某丙继承，当时，某甲已经怀孕，为胎儿保留继承份额 10 000 元。胎儿出生后是双胞胎。问：如何对待以前的遗分割结果？（ ）
A. 原分割结果有效
B. 原分割结果部分有效，应由某甲、某乙、某丙各返还 2 000 元给两个新生儿或将遗产分成五份重新分割
C. 原分割结果无效，应由某甲分得 20 000 元，某乙、某丙及两个新生儿各分得 5 000 元
D. 原分割结果无效，由于是双胞胎，遗产也不多，所以，应由两个新生儿继承全部遗产

29. 下列选项中，不属于我国婚姻法基本原则的是 （ ）
A. 婚姻自由原则　B. 一夫一妻原则　C. 男女平等原则　D. 等价有偿原则

30. 下列所列期间，允许男方提出离婚的是 （ ）
A. 女方怀孕期间　B. 女方分娩后一年内
C. 女方患病住院期间　D. 女方中止妊娠后六个月内

31. 根据我国现行法律的规定，因土地、山岭、森林、草原、荒地、滩涂、水面等自然资源的所有权或者使用权发生权属争议的，应当 （ ）
A. 先由有关行政部门处理，对行政处理不服的，当事人再向人民法院提起诉讼
B. 当事人可以依据有关法律和行政法规的规定，直接向人民法院提起诉讼
C. 当事人可以依据约定，向有关机关申请仲裁
D. 由有关行政部门处理，行政部门的处理具有最终的法律效力

32. 甲死后留有 1.5 万元的遗产，甲生前欠乙债务 2 万元，甲的三个儿子见此情形，均表示放弃继承，

也不愿意清偿债务，乙为此诉至法院，对甲的2万元债务，法院 ( )

A. 应判决甲的三个儿子承担连带清偿责任

B. 应判决甲的三个儿子承担按份清偿责任

C. 应判决遗产代管人在1.5万元遗产范围内清偿债务

D. 应判决不足部分由甲生前所在单位偿还

33. 支配权和请求权的划分标准是 ( )

A. 权利人的不同　　B. 权利客体分别是物和行为

C. 法律的具体规定　　D. 权利的作用不同

34. 某气象局在机关院内铺设管道，由甲工程队负责施工。在马路上违规码放管线，当某乙(7岁)经过此地时，管线塌落，造成某乙当场死亡。对某乙的死亡应由谁来承担责任 ( )

A. 某气象局　　B. 甲工程队

C. 某气象局和工程队　　D. 某气象局、工程队和乙的监护人

35. 王某由甲单位派遣至乙单位务工。在劳动派遣期间，王某因执行工作任务造成他人损害。对此，应由 ( )

A. 王某承担侵权责任

B. 甲、乙单位承担按份责任

C. 甲、乙单位承担连带责任

D. 乙单位承担侵权责任，甲单位若有过错，承担补充现责任

二、简答题:36～38小题，每小题10分，共30分。

36. 简述合同解除的条件。

37. 简述父母子女间的权利和义务。

38. 简述遗赠扶养协议的法律特征。

三、论述题:39小题，20分。

39. 论述饲养动物致人损害的民事责任的构成要件及免责条件。

四、案例分析题:40～41小题，每小题15分，共30分。

40. 个体户甲租赁了乙商场的柜台出售保健品，根据租赁合同中乙商场所做"为甲的经营活动提供一切便利"的承诺，商场经常提供公章或合同章给甲，供其对外签订进货合同时用。甲后来经营不善，经与乙协商提前结束合同撤出商场。而此后不久，丙公司持盖有乙商场公章的合同，将一批货物运到商场，并要求其按约支付10余万元货款。乙看此货实际是甲在租赁期间所订，且自己并不需要，遂拒收货物。

问：丙公司能否要求乙商场受领并付款？为什么？

41. 王小丽的父母两年前离婚，因升学需要，王小丽一直随母亲居住在父亲的房屋内(房屋系王父婚前财产)。一年前，王父写了一份书面声明，内容是将此房屋赠与女儿王小丽，并将房证交给了王母，但未办理过户登记。事后王父反悔，拒绝办理房屋的过户登记。双方就房屋所有权发生争议，诉至法院。问：

(1)该房屋所有权是否已发生转移？为什么？

(2)王父的反悔行为是否构成违约？为什么？

参考答案(一)

一、

1. C　2. C　3. A　4. D　5. C　6. C　7. C　8. D　9. C　10. B

11. A　12. D　13. C　14. D　15. C　16. C　17. B　18. A　19. C　20. C

21. C　22. B　23. D　24. C　25. A　26. B　27. C　28. B　29. D　30. C

31. A　32. C　33. D　34. B　35. D

二、

36. 合同的解除,是指合同成立后,因当事人一方的意思表示或者双方的协议,使基于合同而发生的债权债务关系归于消灭的行为。合同的解除分为约定解除和法定解除两种。

约定解除,是当事人通过行使约定的解除权或者双方协商决定而进行的合同解除。可见,约定解除分两种情况,一是当事人在合同成立后生效前,在合同中约定了解除条件,并约定为一方或双方保留解除合同的权利,一旦条件成就,一方或双方即可行使约定的解除权,解除合同;二是当事人未在合同中约定解除条件,但在合同履行完毕前,经双方当事人协商一致而解除合同。

法定解除,是指出现法律规定的解除事由而由享有解除权的一方当事人解除合同。

(1)约定解除的条件包括:须经当事人双方协商一致;须不因解除而损害国家利益和社会公共利益。

(2)法定解除的条件包括:因不可抗力致使不能实现合同目的,当事人双方均可解除合同;预期违约。在合同履行期限届满之前,当事人一方明确表示或者以自己的行为表明不履行主要债务的,对方当事人可以解除合同;当事人一方迟延履行主要债务,经催告后在合理期限内仍未履行的,对方可以解除合同;当事人一方迟延履行债务或者有其他违约行为致使不能实现合同目的,对方可不经催告解除合同;法律规定的其他情形。

37. (1)父母对子女有抚养教育义务;(2)父母对未成年子女有管教、保护的权利和义务;(3)子女对父母有赡养扶助的义务;(4)父母和子女有相互继承遗产的权利。

38. 遗赠扶养协议具有以下法律特征:

(1)遗赠扶养协议的主体,被扶养的一方一般是没有人对其承担法定赡养义务的孤寡老人;承担扶养义务的一方是有关集体组织或被扶养人的法定继承人以外的公民。特殊情况下,虽有法定继承人,但不能履行义务的,也可以与他人签订该协议。

(2)遗赠扶养协议从签订时起生效,但双方履行义务的时间不同。扶养人应从协议生效时起履行义务,而在被扶养人死亡时实现权利;被扶养人则从协议生效时起享受权利,死亡后,其财产转移给扶养人。

(3)遗赠扶养协议是双务、有偿的法律行为。遗赠扶养协议是一种合同,虽然它与一般合同所要求的等价不同,但其成立也必须在平等的基础上,由双方当事人经过协商,取得一致意见后才能有效。协议生效后,双方都应遵守协议的规定,任何一方不得单方解除协议。

(4)遗赠扶养协议是继承法规定的几种遗产转移方式中优先适用的一种。按照《继承法》的规定,继承开始后,按照法定继承办理;有遗嘱的,按遗嘱继承或按遗赠办理;有遗赠扶养协议的,按协议办理。

三、

39. 饲养动物致人损害的民事责任构成要件包括:

(1)须为饲养的动物。饲养,表明动物与人的活动之间的关系。即它须为特定的人所有或占有,并对动物具有适当的控制力。动物的饲养,无论其目的、用途为何,也不论合法、非法均不妨适用该法律规定。饲养的动物在逃逸、迷失期间,原则上仍视为饲养的动物。

(2)须为动物加害。即必须是指基于动物本身的性质(本能行为)所造成的损害。如果是在人的驾驭下造成的损害,则应属于人的行为,而不是动物造成的损害。这时,动物的驾驭人除承担一般民事责任外,还应承担相应的刑事或行政责任。如纵狗伤人、骑马踏青苗等。

(3)须有损害后果。如被狗咬伤、青苗被损害等。

(4)须损害后果与动物的加害之间有因果关系。

在下列情况下,动物的饲养人、管理人可以免除责任:一是受害人有过错。如逗打他人之犬而遭咬伤等。如果受害人有过错、动物的饲养人、管理人也有过错,即混合过错时,应由他们分担责任。二是第三人的过错造成损害的发生时,应由第三人承担民事责任。三是其他抗辩事由。如原告借被告的马骑之前,被告知该马性情暴烈,原告仍然坚持借骑,结果被摔伤。被告可以以“受害人同意”为理由主张免责等。

四、

40. 丙公司可主张对方的行为构成表见代理,因而由乙商场承受有效代理的后果。

理由:(1)乙商场出借(提供)某公章供甲使用,客观上制造了权利外观,使丙公司有理由相信甲有代理乙商场签约的权利。

(2)丙公司主观上不具有恶意,也无证据证明其存在过失。

(3)甲与丙签订的合同具备民事法律行为的有效要件和代理的表面特征,因此已构成表见代理。乙商场应受领并支付货款,由此造成的损失,则可向甲追偿。

41. (1)该房屋所有权未发生转移。

理由:不动产的物权变动登记为要件。王小丽拿到房产证后未办理所有权变更登记,因此,房屋所有权人仍然是王父。

(2)王父的行为不构违约。

理由:赠与人在赠与财产的权利转移之前可以撤销赠与。如上分析,不动产权利的转移以登记为要件,因王小丽未办理房屋所有权转移登记,该房屋所有权未转移。王父在所有权转移之前所悔,可视为行使撤销权。

2016 年成人高等学校

专升本招生全国统一考试民法模拟题(二)

一、选择题:1 ~ 35 小题,每小题 2 分,共 70 分。在每小题给出的四个选项中,选出一项最符合题目要求的,将所选项前的字母填涂在答题卡相应题号的信息点上。

1. 全国人民代表大会及其常务委员会制定的民事法律适用的空间范围是 ( )
A. 外国驻华使领馆　B. 在我国境内的外国船舶
C. 我国驻外使领馆　D. 在我国境内的外国飞机

2.《民法通则》是我国的 ( )
A. 民法典　B. 民法总则　C. 民事基本法　D. 民事特别法

3. 附期限的债权属于 ( )
A. 既得权　B. 期待权　C. 形成权　D. 抗辩权

4. 根据我国民法的有关规定,在法定代表人和法人关系的问题上,下列表述中正确的是 ( )
A. 法定代表人既是法人的代表人,又是法人机关的代表人
B. 法定代表人履行职务的行为是法人的行为
C. 法定代表人只能是法人单位的行政正职负责人
D. 法定代表人的代表权源于法人的授权

5. 涉外合同的当事人没有选择合同争议所适用的法律的,应适用哪国的法律 ( )
A. 中国　B. 与合同有最密切联系的国家
C. 外国　D. 合同履行地法

6. 下列物品中,不属于特定物的是 ( )
A. 张大千的一幅名画　B. 明代的香炉
C. 甲送给好友的西服一套　D. 甲订购的小糊涂仙酒两箱

7. 某有限合伙企业吸收甲为该企业的有限合伙人。对甲入伙前该企业既有的债务,下列表述中,符合《合伙企业法》规定的是 ( )
A. 甲不承担责任　B. 甲以其认缴的出资额承担责任
C. 甲以其实缴的出资额承担责任　D. 甲承担无限责任

8. 某甲同某乙订立借款合同时约定,到下个月发了工资就还钱,这一约定是 ( )
A. 附延缓条件　B. 附期限　C. 附解除条件　D. 还款期

9. 同一物上不能同时设定以下权能的是 ( )
A. 所有权、债权　B. 所有权、抵押权
C. 所有权、所有权　D. 抵押权、承包经营权

10. 为了耕种自己的土地,需要经过他人土地而取得通行权,这一权利从用益物权的角度讲,叫作 ( )
A. 典权　B. 地上权　C. 地役权　D. 使用权

11. 下列人员中,可以行使自力防御权的有 ( )
A. 出租人　B. 出质人　C. 寄存人　D. 留置权人

12. 甲从乙门口经过,忽有一恶狗扑出,欲咬甲,甲为避免受害,急忙躲避,不慎将乙的名贵花盆打碎,

甲的行为是 （ ）

A. 正当防卫 B. 自助行为 C. 紧急避险 D. 侵权行为

13. 关于保管合同中保管物毁损、灭失的风险承担的正确表述是 （ ）

A. 保管物在保管期限内毁损、灭失的风险，一律由保管人承担

B. 保管物于期限届满而寄存人没有领取，发生毁损、灭失风险的，保管人不承担责任

C. 保管物在保管期限内毁损、灭失的风险，一律由双方平均承担

D. 保管物在保管期限内毁损、灭失的风险，由保管人承担大部分，寄存人承担小部分

14. 甲工程建筑公司与乙、丙银行签订了借款合同，现甲公司资不抵债，宣告破产，此时 （ ）

A. 乙、丙之债权先发生者，先受偿 B. 乙、丙之债权何者受清偿，由甲指定

C. 乙、丙应按比例平均受偿 D. 乙、丙中先申报债权者，先受偿

15. 关于债权人撤销权的错误表述是 （ ）

A. 债权人只能请求人民法院撤销债务人的行为，而无权径直撤销

B. 撤销权的行使范围以债权人的债权为限

C. 债权人行使撤销权的必要费用，由债务人负担

D. 债务人的行为自发生时起2年内，债权人没有行使撤销权的，该权利消灭

16. 甲公司与乙公司订立一份总价款50 000元的买卖合同。合同订立后，甲公司依约交付定金5 000元。后乙公司违约。乙公司应当返还甲公司 （ ）

A. 5 000元 B. 7 500元 C. 10 000元 D. 12 500元

17. 属于债的内容变更的是 （ ）

A. 债权让与 B. 债务承担

C. 债权债务的概括承受 D. 履行方式变更

18. 某医药公司在运输药品的过程中，一盒药品从车上掉下来，刘德(8岁)捡得误食，结果产生药物过敏反应而花去治疗费和其他必要费用3 500元，按照我国民法的有关规定，该费用应由谁承担 （ ）

A. 刘德的监护人

B. 某医药公司

C. 主要由某医药公司承担，刘德的监护人适当分担

D. 主要由刘德的监护人承担，某医药公司适当分担

19. 王某出海不归被宣告死亡后，王妻刘某改嫁孙某，孙某死后一年，刘某得知王某仍然在世，遂向法院申请撤销原死亡宣告，撤销王某的死亡宣告后，王某与刘某的婚姻关系 （ ）

A. 自行恢复 B. 并未自行恢复

C. 视为自行恢复 D. 经王某同意自行恢复

20. 王某与李某签订电脑买卖合同，双方就电脑所有权转移时间未作约定。电脑所有权转移的时间为 （ ）

A. 合同成立时 B. 合同生效时 C. 电脑交付时 D. 货款支付时

21. 下列权利中，可以质押的是 （ ）

A. 存款单 B. 股票 C. 商标专用权 D. 土地使用权

22. 不动产物权的证明一般是 （ ）

A. 占有 B. 交付 C. 登记 D. 证券

23. 委托书授权不明的 （ ）

A. 被代理人不应当向第三人承担民事责任
B. 被代理人应向代理人及第三人承担责任
C. 代理人应当向第三人承担连带责任
D. 代理人不应当对第三人承担连带责任

24. 甲在比赛中故意打伤乙的眼睛,影响了乙的视力。甲的行为侵犯了乙的 ( )
A. 健康权 B. 生命权 C. 名誉权 D. 肖像权

25. 下列选项中,不能作为荣誉权主体的是 ( )
A. 自然人 B. 法人 C. 其他组织 D. 国家

26. 无因管理的事务 ( )
A. 应具有经济内容 B. 应不具有经济内容
C. 可具有经济内容,也可不具有经济内容 D. 以上都不对

27. 不当得利之债、无因管理之债、侵权行为之债三者的共同点是 ( )
A. 均为法定之债 B. 均因非法行为而产生
C. 均强调对加害人的惩罚性 D. 均因债务人单方的行为而产生

28. 当事人申请宣告婚姻无效的受理机关为 ( )
A. 人民法院 B. 婚姻登记机关
C. 人民法院和婚姻登记机关 D. 当事人可自行确定婚姻无效

29. 甲、乙夫妇及女儿丙与甲母共同生活。后甲母去世,未留有遗嘱,甲母之弟丁主张继承遗产。该案中,有权继承甲母遗产的是 ( )
A. 甲 B. 乙 C. 丙 D. 丁

30. 甲、乙、丙三人合买一套机器设备。甲欲以5 000元的价格转让自己的份额。乙、丙知道后,丙表示不要,乙未置可否。3个月后,丁愿意购买该份额,甲允诺并履行,同时接受了丁交付的5 000元款项。此时甲父知道此事也欲购买份额,甲又与其父签订了转让份额协议。这时乙、丙也分别向甲表示欲购买甲的份额。甲的份额应转让给 ( )
A. 乙与丙 B. 乙 C. 丁 D. 甲父

31. 下列关于知识产权的说法中,错误的是 ( )
A. 知识产权是物权的一种
B. 知识产权的客体是无形的智慧成果,但需具备客观形式
C. 知识产权具有地域性
D. 知识产权包括著作权、专利权、商标权等智力成果权

32. 甲、乙两兄弟共同出资购置了别墅一幢,并约定双方轮流居住,甲居住期间因连降暴雨致使别墅倒塌,砸伤丙,应由 ( )
A. 甲、乙二人对丙负连带赔偿责任 B. 甲、乙二人分别对丙负赔偿责任
C. 甲对丙负赔偿责任 D. 甲、乙按出资比例对丙负赔偿责任

33. 下列无效民事行为的法律后果,错误的是 ( )
A. 赔偿损失 B. 恢复原状
C. 收归国家或集体所有或退还第三人 D. 排除妨碍

34. 甲将鞭炮挂在牛尾巴上燃放,牛受惊狂奔,路人乙为避险,踩坏摊贩丙的西瓜。丙的损失应由 ( )
A. 甲、丙分担 B. 乙承担 C. 甲、乙共担 D. 甲承担

35. 甲公司在其所有的办公大楼上悬挂广告牌。某日,广告牌被风吹落砸伤行人。应向受害人承担责任的是 ( )

A. 甲公司　　B. 大楼的承建人　　C. 广告牌的设计人　　D. 市容管理单位

二、简答题:36 ~ 38 小题,每小题 10 分,共 30 分。

36. 简述保证的概念与特征。

37. 简述身份法律行为的概念与特征。

38. 简述法定继承的适用情形。

三、论述题:39 小题,20 分。

39. 论述监护人的职责。

四、案例分析题:40 ~ 41 小题,每小题 15 分,共 30 分。

40. 甲公司在离海不远的地方建了一座酒店,在酒店上端的旋转餐厅就餐可以很好地欣赏海景。乙公司取得了酒店与大海之间的土地的建设用地使用权,甲公司担心乙公司修建高层建筑,会妨害在旋转餐厅的客人的视野,遂与乙公司约定,乙公司 10 年内不修建 20 米以上的建筑,甲公司每年向乙公司支付 20 万元,双方签订了书面形式的合同,但未进行登记。

问:(1)甲公司的地役权何时成立?

(2)如果乙公司将该土地的建设用地使用权转让给丙公司,甲公司是否有权要求丙公司按照与乙公司的合同约定履行义务?

41. 某施工队承包了某大学的地下管道铺设工程,在一条南北走向的通道上,挖了一条一米深的大沟,准备安装地下管道。施工队在开挖处的路段上,竖立了一个木牌,上写“此处施工,行人及车辆禁止通行”。一天晚上,张三骑车路过此处,因没有看见禁止通行的木牌而掉进沟里。后经他人相救送往医院,经查:张三左臂骨折以及其他部位的擦伤,共花医疗费 749 元,被迫休息一个月。张三找到施工队要求赔偿,遭到拒绝,张三即以施工队为被告起诉到人民法院,要求施工队赔偿医药费 749 元、自行车修理费 60 元、误工补助费 610 元,并承担本案诉讼费。

施工队辩称:在道路上挖沟进行施工是经过有关部门批准的,在开挖处也设立了标志。

张三掉进沟里纯系他自己骑车不注意所造成的,施工队没有过错,也不应对张三的损失承担赔偿责任。

问:法院应如何判决?理由是什么?

参考答案(二)

一、

1.C 2.C 3.B 4.B 5.B 6.D 7.B 8.D 9.C 10.C
11.D 12.C 13.B 14.C 15.D 16.C 17.D 18.B 19.B 20.C
21.A 22.C 23.C 24.A 25.D 26.C 27.A 28.A 29.A 30.C
31. A 32. A 33. D 34. D 35.A

二、

36. 保证,是指第三人与债权人约定,当债务人不履行其债务时,由该第三人按照约定履行债务或者承担责任的行为。

保证具有以下特征。

(1)保证具有从属性。保证的从属性主要表现在:其一,保证以主债的存在为前提,主债不成立或者无效,保证也不存在;其二,保证的范围与强度不得大于或者强于主债;其三,保证随主债权的转移而转移;其四,担保随主债消灭而消灭。(2)保证具有相对独立性。(3)保证具有补充性。

37. 身份法律行为,是指以身份以及身份所引起的人身关系和财产关系的产生、变更或消灭为目的的法律行为。

身份法律行为有以下几个特征:(1)主体资格具有限定性;(2)身份行为不得代理;(3)身份行为不得附条件或期限;(4)身份行为具有要式性;(5)身份行为的评价具有独立的规则。

38. 我国《继承法》规定,有下列情形之一的,遗产中的有关部分按照法定继承办理:

(1)被继承人生前未立遗嘱,又无遗赠扶养协议的;(2)遗嘱继承人放弃继承或受遗赠人放弃接受遗嘱的;(3)遗嘱继承人丧失继承权的;(4)遗嘱继承人、受遗赠人先于遗嘱人死亡的;(5)遗嘱无效部分涉及的遗产;(6)遗嘱未处分的遗产。

三、

39. (1)保护被监护人的身体健康

保护被监护人的身体健康是监护人的首要任务。监护人在日常生活中应当注意保护被监护人的人身安全与健康状况,防止被监护人的人身受到自身或者外力的伤害。

(2)照顾被监护人的生活

在监护法律关系中,被监护人是未成年人和精神病人,他们往往缺乏生活自理能力,所有,监护人应当照顾好被监护人的生活,不得虐待、遗弃被监护人。

(3)管理和保护被监护人的财产

监护人应当保护好被监护人的财产,在管理被监护人的财产时,应当尽善良管理人的注意义务。非为被监护人利益,监护人不得处分被监护人的财产。

(4) 对被监护人进行管理和教育

监护人不仅应当保护、照顾被监护人,还应当管理、教育未成年的被监护人,防止他们对他人、对社会造成损害,并让他们在品德、智力、体质等方面全面发展。

(5)代理被监护人进行民事活动

监护人是被监护人的法定代理人,代理被监护人进行民事活动是监护人的一项重要职责。被监护人是无民事行为能力人的,由监护人代理其进行一切民事活动。被监护人是限制民事行为能力人的,他们只可进行与其年龄、智力或精神健康状况相适应的民事活动,其他民事活动必须由监护人代理，或者经监护人同意进行。

(6)代理被监护人进行诉讼

当被监护人因合法权益受到侵害或者侵害他人合法权益涉讼时，监护人应当代理被监护人进行诉讼，以维护被监护人的合法权益。

四、

40. (1)根据《物权法》第158条的规定，地役权自地役权合同生效时设立。因此，甲公司的地役权自其与乙公司签订的地役权合同生效之时成立。

(2)根据《物权法》第158条的规定，地役权自地役权合同生效时设立。当事人要求登记的，可以向登记机构申请地役权登记；未经登记，不得对抗善意第三人。甲公司的地役权没有登记，不具有对抗效力，因此如果丙公司对地役权的设立不知情，是善意第三人，甲公司就无权要求丙公司履行地役权合同的义务。

41. 这是一起特殊侵权行为的案件，法院应判决被告某施工队承担原告由此造成的一切损失。理由如下。

(1)根据《民法通则》的规定："在公共场所、道旁或者通道上挖坑，修缮安装地下设施等，没有设置明显标志和采取安全措施造成他人损害的，施工人应当承担民事责任。"本案被告某施工队在道路上施工挖沟时，只在沟前竖立了一个小木牌，这种做法在白天还起一定作用，但是在晚上或者有雾的情况下，就不能起到警示作用，更不要说安全保护作用。也就是说根据有关法律的规定，不能认定施工队已经设置了"明显标志和采取了安全措施"。所以，施工队以自己设立了标志为抗辩理由是没有法律根据的。

(2)至于施工队说张三系自己骑车不注意所造成的，以及施工队没有过错问题。从民事责任的归责原则上说，这种责任是一种无过错责任。只要施工人没有设置明显标志和采取安全措施造成他人损害的，就应承担民事责任。所以，以自己没有过错进行抗辩也没有法律依据。所以，法院应判决由施工队承担全部责任。

绝密★启用前

2015年成人高等学校专升本招生全国统一考试

民　　法

答案必须答在答题卡上指定的位置,答在试卷上无效。

选　择　题

一、选择题:1~35小题,每小题2分,共70分。在每小题给出的四个选项中,选出一项最符合题目要求的,将所选项前的字母填涂在答题卡相应题号的信息点上。

1. 民法的空间效力是指 (　　)

A. 民法的溯及力　　B. 民法适用的地域范围
C. 民法的适用对象　　D. 民法的生效时间

2. 民事法律关系的要素不包括 (　　)

A. 主体　　B. 内容
C. 形式　　D. 客体

3. 拒付租金的诉讼时效期间为 (　　)

A. 1年　　B. 2年
C. 3年　　D. 4年

4. 甲向乙借款,到期后乙要求甲还款。乙向甲主张的权利属于 (　　)

A. 请求权　B. 形成权
C. 支配权　D. 抗辩权

5. 乘人之危所订立的买卖合同 (　　)

A. 有效　　B. 可撤销
C. 无效　　D. 部分有效

6. 限制民事行为能力人订立的纯获利益的合同 (　　)

A. 有效　　B. 无效
C. 可撤销　　D. 效力待定

7. 甲委托乙购买电脑。后经甲同意,乙委托丙代为购买。该案中被代理人是 (　　)

A. 甲　　B. 乙
C. 丙　　D. 乙和丙

8. 甲、乙成立普通合伙,经营期间对外负债3万元,后丙加入合伙。3万元债务应由 (　　)

A. 甲、乙按份承担　　B. 乙、丙按份承担
C. 甲、丙按份承担　　D. 甲、乙和丙连带承担

9. 以下列财产设定抵押,抵押权须登记方可设立的是 (　　)

A. 汽车　　B. 房屋
C. 船舶　　D. 设备

10. 甲将自有的电动车交乙保管,乙以自己的名义将该车以市价卖给不知情的丙,并交付。本案中,善意取得该车所有权的是 (　　)

A. 甲　　B. 乙
C. 丙　　D. 甲和乙

11. 下列选项中,可以作为质押标的的是　( )
A. 土地　　B. 房屋
C. 电脑　　D. 隧道

12. 下列选项中,属于原物与孳息关系的是　( )
A. 电脑与键盘　　B. 存款与利息
C. 房屋与门窗　　D. 上衣与裤子

13. 甲将存放在丙仓库中的货物卖给乙,双方约定一周后送货。签约当晚,仓库遭雷击起火,货物被毁。该风险的承担人为　( )
A. 甲　　B. 乙
C. 丙　　D. 乙和丙

14. 地役权属于　( )
A. 所有权　　B. 用益物权
C. 担保物权　　D. 债权

15. 除共有人之间另有约定外,处分共同共有的不动产,应当经　( )
A. 全体共有人同意　　B. 1/2 以上共有人同意
C 1/3 以上共有人同意　　D. 1/4 以上共有人同意

16. 甲与乙为邻居,甲长期将自家杂物堆放于乙家门前。乙享有　( )
A. 返还原物请求权　　B. 排除妨碍请求权
c. 消除影响请求权　　D. 赔偿损失请求权

17. 下列财产中,属于动产的是　( )
A. 土地　　B. 林木
C. 房屋　　D. 手表

18. 甲购买了某住宅小区 A 座楼的一套房屋,该楼电梯归　( )
A. 电梯生产商所有　　B. A 座楼的业主共有
C. 电梯销售商所有　　D. 物业服务企业所有

19. 甲与乙婚外同居,生有一女丙。甲与丙之间属于　( )
A. 旁系血亲　　B. 直系姻亲
C. 直系血亲　　D. 拟制血亲

20. 除《收养法》有特别规定外,被收养人的年龄应不满　( )
A. 6 周岁　　B. 10 周岁
C. 12 周岁　　D. 14 周岁

21. 人民法院调解无效,应准予离婚的情形是　( )
A. 夫妻因感情不和分居满 6 个月　　B. 夫妻因感情不和分居满 1 年
C. 夫妻因感情不和分居满 2 年　　D. 夫妻因感情不和分居满 3 年

22. 我国《继承法》规定以录音形式立的遗嘱应当有见证人,见证人人数为　( )
A. 2 人以上　　B. 3 人以上
C. 4 人以上　　D. 5 人以上

23. 婚姻关系存续期间所得的下列财产中,除另有约定外,属于夫妻共同所有的是 ( )
A. 赠与合同中确定只归一方的财产　B. 一方因身体受到伤害获得的医疗费
C. 一方的残疾人生活补助费　D. 工资

24. 依据我国《婚姻法》,男性的结婚年龄不得早于 ( )
A. 22 周岁　B. 23 周岁
C. 25 周岁　D. 27 周岁

25. 遗嘱人在危急情况下,可以立口头遗嘱。危急情况解除后,遗嘱人能够用书面或者录音形式立遗嘱的,所立口头遗嘱 ( )
A. 有效　B. 部分有效
C. 无效　D. 可撤销

26. 下列权利中,属于债权的是 ( )
A. 知识产权　B. 人格权
C. 侵权损害赔偿请求权　D. 继承权

27. 买卖合同属于 ( )
A. 无偿合同　B. 单务合同
C. 有偿合同　D. 担保合同

28. 当事人对保证方式没有约定或约定不明确的,保证人 ( )
A. 不承担保证责任　B. 承担连带保证责任
C. 承担一般保证责任　D. 承担补充保证责任

29. 下列选项中,属于无名合同的是 ( )
A. 赠与合同　B. 运输合同
C. 保管合同　D. 借用合同

30. 一方当事人向另一方当事人报告订立合同的机会或者提供订立合同的媒介服务,另一方当事人为此支付报酬的合同是 ( )
A. 委托合同　B. 买卖合同
C. 行纪合同　D. 居间合同

31. 租赁期限为 6 个月以上的租赁合同,应当采用书面形式。当事人未采用书面形式的,租赁期限视为 ( )
A. 6 个月　B. 1 年
C. 20 年　D. 不定期

32. 甲故意将赝品字画当成真品卖给了乙。该买卖合同 ( )
A. 未成立　B. 无效
C. 效力待定　D. 可撤销

33. 甲、乙、丙均为完全民事行为能力人。甲唆使乙将无辜的丙打伤。丙的损害应由 ( )
A. 甲独自承担责任　B. 乙独自承担责任
c. 甲、乙连带承担责任　D. 甲、乙按过错大小分担责任

34. 因污染环境造成损害的侵权责任的归责原则是 ( )
A. 过错责任原则　B. 无过错责任原则
C. 过错推定原则　D. 公平责任原则

35. 假借订立合同恶意进行磋商，给对方造成损失的，应当承担 （ ）

A. 违约责任　　B. 缔约过失责任

C. 补充责任　　D. 无过错责任

非选择题

二、简答题:36～38小题，每小题10分，共30分。

36. 简答姓名权的内容。

37. 简答侵权责任的特征。

38. 简答同时履行抗辩权的成立要件。

三、论述题:39小题，20分。

39. 论述民法的基本原则。

四、案例分析题:40～41小题，每小题15分，共30分。

40. 2014年4月1日，王某骑车行至某桥上时，因该桥处于施工中且没有设置任何明显标志和采取任何防护措施，导致王某从桥上坠落，造成骨折。同年7月1日，王某找到施工单位要求赔偿，遭拒。

问：(1)王某找施工单位要求赔偿的行为是否导致诉讼时效中断？为什么？

(2)施工单位应否对王某的损害承担赔偿责任？为什么？

41. 王强、李玉夫妇生有一子王健。王健娶妻章晖，育有一女王晓。2011年4月，王健因车祸丧生，章晖继续赡养体弱多病的公婆。2014年王强病故。经查，王强名下有房屋1套，系婚后所购。

问：(1)本案中的房屋是否全部属于王强的遗产？为什么？(2)谁有权继承王强的遗产？为什么？

绝密★启用前

2015年成人高等学校专升本招生全国统一考试

民法试题答案及评分参考

一、选择题:1～35小题,每小题2分,共70分。

1. B	2. C	3. A	4. A	5. B
6. A	7. A	8. D	9. B	10. C
11. C	12. B	13. A	14. B	15. A
16. B	17. D	18. B	19. C	20. D
21. C	22. A	23. D	24. A	25. C
26. C	27. C	28. B	29. D	30. D
31. D	32. D	33. C	34. B	35. B

二、简答题:36～38小题,每小题10分,共30分。

【评分参考】按要点给分。若考生未按要点作答,只要意思正确,也应给分。

36. 答题要点:

(1)姓名决定权;(4分)

(2)姓名使用权;(3分)

(3)姓名变更权。(3分)

37. 答题要点:

(1)侵权责任是因违反法律规定的义务而承担的法律后果;(3分)

(2)侵权责任以侵权行为的存在为前提;(3分)

(3)侵权责任方式具有法定性;(2分)

(4)侵权责任形式具有多样性。(2分)

38. 答题要点:

(1)须当事人双方基于同一双务合同互负债务;(3分)

(2)须当事人双方未约定先后履行顺序,且双方互负的债务均已届清偿期;(3分)

(3)须对方当事人未履行债务或者未提出履行债务;(2分)

(4)须对方的对待给付是可能履行的。(2分)

三、论述题:39小题,20分。

【评分参考】按要点给分。若考生未按要点作答,只要意思正确,也应给分。

39. 答题要点:

(1)自愿原则;

(2)平等原则;

(3)公平原则;

(4)诚实信用原则:

(5)公序良俗原则;

(6)禁止权利滥用原则。

(注:每小点4分,答对5点即给满分)

四、案例分析题:40~41小题,每小题15分,共30分。

【评分参考】按要点给分。若考生未按要点作答,只要意思正确,也应给分。

40. 答题要点:

(1)导致中断。(4分)因为当事人一方提出要求履行义务时,诉讼时效中断。(4分)

(2)应当承担。(3分)因为在道路上施工没有设置明显标志和采取安全措施造成他人损害的,施工人应当承担侵权责任。(4分)

41. 答题要点:

(1)不全部属于。(3分)因为王强名下的房屋系夫妻共同所有的财产,除另有约定外,分割遗产时,应当先将房屋的一半分出为配偶李玉所有,另一半才为王强的遗产。(4分)

(2)李玉、章晖、王晓有权继承。(4分)因为:李玉系王强的配偶,为第一顺序继承人;章晖系尽了主要赡养义务的丧偶儿媳,视为第一顺序继承人;王健系王强的儿子,为第一顺序继承人,王健先于被继承人死亡,其女儿王晓享有代位继承权。(4分)

全国各类成人高等学校招生复习考试大纲
——专科起点升本科

民　　法

总　要　求

1. 能够比较准确地理解民法基本概念的内涵与外延，较为系统地掌握民法的基本原理。

2. 能够理解各种基本民事权利，具备在具体社会关系中识别各种民事法律关系的能力，并力求准确地表述基本民事权利义务的内容。

3. 具备运用所学的民法理论来分析和解决现实生活中的具体法律问题的能力。

复习考试内容

第一部分　总　　论

一、民法概述

【要求】

理解民法的概念与调整对象。掌握民法的渊源和适用范围。掌握我国民法的基本原则。

（一）民法的概念

（二）民法的调整对象

（三）民法的渊源

1. 制定法

2. 习　惯

（四）民法的适用范围

1. 时间上的适用范围

2. 空间上的适用范围

3. 对人的适用范围

（五）民法的基本原则

1. 自愿原则

2. 平等原则

3. 公平原则

4. 诚实信用原则

5. 公序良俗原则

6. 禁止权利滥用原则

二、民事法律关系

【要求】

掌握民事法律关系的概念、特征及要素。掌握民事法律事实的概念、分类及构成。理解民事权利的概念与分类。理解民事权利的保护方法。了解民事义务的概念与分类。

（一）民事法律关系概述

1. 民事法律关系的概念与特征

2. 民事法律关系的要素

3. 民事法律事实

民事法律事实的概念；民事法律事实的分类；民事法律事实的构成。

（二）民事权利

1. 民事权利的概念

2. 民事权利的分类

财产与人身权；支配权、请求权、形成权与抗辩权；绝对权与相对权；主权利与从权利；原权利与救济权；既得权与期待权。

（三）民事权利的保护方法

1. 公共救济

2. 私力救济

自卫行为；自助行为。

（四）民事义务的概念与分类

三、自然人

【要求】

了解自然人的概念与住所。掌握自然人民事权利能力的概念与特征、开始与终止。掌握自然人民事行为能力的概念、特征及种类。掌握宣告失踪、宣告死亡的条件、程序与效力，理解死亡宣告的撤销。了解监护的概念与设立、监护人及其职责。

（一）自然人概述

1. 自然人的概念

2. 自然人的住所

（二）自然人的民事权利能力

1. 自然人民事权利能力的概念与特征

2. 自然人民事权利能力的开始与终止

（三）自然人的民事行为能力

1. 自然人民事行为能力的概念与特征

2. 自然人民事行为能力的种类

完全民事行为能力；限制民事行为能力；无民事行为能力。

（四）宣告失踪与宣告死亡

1. 宣告失踪

宣告失踪的条件与程序；宣告失踪的效力。

2. 宣告死亡

宣告死亡的条件与程序；宣告死亡的效力；死亡宣告的撤销。

（五）监　护

1. 监护的概念

2. 监护的设立

法定监护；指定监护。

3. 监护人

未成年人的监护人；精神病人的监护人。

4. 监护人的职责

四、法　人

【要求】

掌握法人的概念与特征、法人应具备的条件及法人机关。理解我国现行立法对法人的分类。理解法人民事权利能力、民事行为能力的概念与特征。了解法人的变更、终止与清算。

（一）法人概述

1. 法人的概念与特征

2. 法人应具备的条件

3. 法人机关

（二）我国现行立法对法人的分类

（三）法人民事权利能力

1. 法人民事权利能力的概念

2. 法人民事权利能力的特征

（四）法人民事行为能力

1. 法人民事行为能力的概念

2. 法人民事行为能力的特征

（五）法人的变更、终止与清算

1. 法人变更的概念与类型

2. 法人终止的概念与原因

3. 法人清算的概念与清算终结

五、合　伙

【要求】

掌握合伙的概念。掌握普通合伙的概念与特征，掌握普通合伙设立的条件，了解普通合伙的财产、合伙损益的分配与合伙事务的执行，掌握合伙债务的承担，理解普通合伙人的入伙、退伙的条件及效力，理解特殊普通合伙的概念与特征。掌握有限合伙的概念与特征，了解有限合伙设立的条件，理解有限合伙人的入伙与退伙。

（一）合伙的概念

（二）普通合伙

1. 普通合伙的概念与特征

2. 普通合伙设立的条件
3. 普通合伙的财产
4. 普通合伙事务的执行
5. 普通合伙损益的分配与合伙债务的承担
6. 普通合伙人的入伙与退伙

入伙的概念、条件及效力；退伙的概念、形式及效力。

7. 特殊普通合伙的概念与特征

（三）有限合伙

1. 有限合伙的概念与特征
2. 有限合伙设立的条件
3. 有限合伙人的入伙与退伙

六、民事行为

【要求】

理解民事行为的概念和特征，掌握民事行为的分类。了解民事行为的形式，掌握民事行为的成立与生效要件。理解无效民事行为的概念与特征，掌握无效民事行为的情形及民事行为被确认无效的法律后果。理解可撤销民事行为的概念与特征，掌握可撤销民事行为的情形及撤销权的行使。理解效力待定民事行为的概念与特征，掌握效力待定民事行为的情形。

（一）民事行为概述

1. 民事行为的概念与特征
2. 民事行为的分类

单方形为、双方行为和多方行为；要式行为和不要式行为；有偿行为和无偿行为；诺成行为和实践行为；主行为和从行为。

3. 民事行为的形式

（二）民事行为的成立与生效

1. 民事行为的成立要件
2. 民事行为的生效要件
3. 民事行为的特别生效要件

附条件民事行为；附期限民事行为。

（三）无效民事行为

1. 无效民事行为的概念与特征
2. 无效民事行为的情形
3. 民事行为被确认无效的法律后果

（四）可撤销的民事行为

1. 可撤销的民事行为的概念与特征
2. 可撤销的民事行为的情形
3. 撤销权的行使

（五）效力待定的民事行为

1. 效力待定民事行为的概念与特征
2. 效力待定民事行为的情形

七、代　理

【要求】

理解代理的概念、特征及代理的类型。掌握代理权行使的原则及滥用代理权的禁止。了解代理权的消灭，理解无权代理的概念与特征，掌握狭义无权代理的情形及法律后果。掌握表见代理的概念、构成要件及法律后果。

（一）代理的概念与特征

（二）代理的类型

1. 委托代理、法定代理与指定代理

2. 本代理与复代理

（三）代理权的行使

1. 代理权行使的原则

2. 滥用代理权的禁止

（四）代理权的消灭

（五）无权代理

1. 无权代理的概念与特征

2. 狭义无权代理

狭义无权代理的情形；狭义无权代理的法律后果。

3. 表见代理

表见代理的概念；表见代理的构成要件；表见代理的法律后果。

八、诉讼时效和期限

【要求】

理解时效的概念与种类。理解诉讼时效的概念，掌握诉讼时效的适用范围及效力，理解诉讼时效与除斥期间的区别。掌握诉讼时效的种类。掌握诉讼时效的起算、中止、中断与延长。了解期限的概念、确定与计算。

（一）时效的概念与种类

（二）诉讼时效

1. 诉讼时效的概念

2. 诉讼时效的适用范围

3. 诉讼时效的效力

4. 诉讼时效与除斥期间的区别

5. 诉讼时效的种类

普通诉讼时效；特殊诉讼时效。

6. 诉讼时效的起算、中止、中断与延长

（三）期　限

1. 期限的概念

2. 期限的确定与计算

第二部分 物　　权

一、物权概述

【要求】

理解物、物权的概念与特征。理解物的分类与物权的类型。掌握我国物权法的基本原则及物权的保护方法。

（一）物权的概念与特征

（二）物权的客体

1. 物的概念与特征

2. 物的分类

动产与不动产；主物与从物；原物与孳息；可分物与不可分物；特定物与种类物；流通物、限制流通物、禁止流通物；有主物与无主物。

（三）物权的类型

1. 我国物权法规定的物权种类

2. 民法学上物权的分类

自物权与他物权；动产物权与不动产物权；主物权与从物权；所有权与限制物权。

（四）我国物权法的基本原则

1. 物权法定原则

2. 公示公信原则

（五）物权的保护

1. 请求确认物权

2. 请求返还原物

3. 请求排除妨害或消除危险

4. 请求修理、重作、更换或者恢复原状

5. 请求损害赔偿

二、物权的变动

【要求】

理解物权变动的概念及物权变动的原因。掌握动产与不动产物权变动的公示方法。

（一）物权变动的概念

（二）物权变动的原因

1. 基于民事行为引起的物权变动

2. 非基于民事行为引起的物权变动

（三）物权变动的公示方法

1. 动产交付

2. 不动产登记

三、所有权

【要求】

理解所有权的概念、特征与内容。理解业主的建筑物区分所有权的概念、特征及其内容。理解相邻关系的概念与特征，掌握各种相邻关系。掌握所有权取得的特别方式。理解共有的概念与特征，掌握按份共有和共同共有。

（一）所有权概述

1. 所有权的概念与特征

2. 所有权的内容

占有；使用；收益；处分。

（二）业主的建筑物区分所有权

1. 业主的建筑物区分所有权的概念与特征

2. 业主的建筑物区分所有权的内容

（三）相邻关系

1. 相邻关系的概念与特征

2. 各种相邻关系

（四）所有权取得的特别方式

1. 善意取得

善意取得的概念、构成条件及法律效果。

2. 拾得遗失物

3. 发现埋藏物或隐藏物

4. 添　附

附合；混合；加工。

（五）共　有

1. 共有的概念与特征

2. 按份共有

按份共有的概念与特征；按份共有的内部、外部关系；共有物的分割。

3. 共同共有

共同共有的概念与特征；共同共有的内部、外部关系；共同共有的类型。

四、用益物权

【要求】

掌握用益物权的概念与特征。理解土地承包经营权的概念与特征。理解土地承包经营权的取得，了解土地承包经营权的消灭。理解建设用地使用权的概念与特征。掌握建设用地使用权的取得与期限，了解建设用地使用权的消灭。理解宅基地使用权的概念、特征及内容。理解地役权的概念与特征，掌握地役权的取得，了解地役权的内容。

（一）用益物权的概念与特征

（二）土地承包经营权

1. 土地承包经营权的概念与特征

2. 土地承包经营权的取得

3. 土地承包经营权的消灭
（三）建设用地使用权
1. 建设用地使用权的概念与特征
2. 建设用地使用权的取得与期限
3. 建设用地使用权的消灭
（四）宅基地使用权
1. 宅基地使用权的概念与特征
2. 宅基地使用权的内容
（五）地役权
1. 地役权的概念与特征
2. 地役权的取得
3. 地役权的内容

五、担保物权

【要求】

理解担保物权的概念与特征。掌握担保物权的担保范围，了解担保物权消灭的情形。理解抵押权的概念与特征。掌握抵押权的设立，理解抵押权当事人的权利及抵押权的实现。理解质权的概念，掌握动产质权与权利质权。理解留置权的概念，掌握留置权的取得，理解留置权人的权利与义务。

（一）担保物权概述
1. 担保物权的概念与特征
2. 担保物权的担保范围
3. 担保物权消灭的情形
（二）抵押权
1. 抵押权的概念与特征
2. 抵押权的设立
抵押权的标的；抵押合同；抵押登记。
3. 抵押权当事人的权利
抵押权人的权利；抵押人的权利。
4. 抵押权的实现
抵押权实现的条件；抵押权实现的方式；抵押权实现的顺位。
（三）质　权
1. 质权的概念
2. 动产质权
动产质权的概念；动产质权的设立；动产质权当事人的权利。
3. 权利质权
权利质权的概念；权利质权的标的。
（四）留置权
1. 留置权的概念
2. 留置权的取得

留置权取得的积极要件；留置权取得的消极要件。

3. 留置权人的权利与义务

六、占 有

【要求】

理解占有的概念及分类。掌握我国物权法对占有的保护。

（一）占有概述

1. 占有的概念

2. 占有的分类

有权占有与无权占有；善意占有与恶意占有；直接占有与间接占有；自主占有与他主占有。

（二）占有的保护

第三部分　债　　权

一、债的概述

【要求】

理解债的概念、特征及分类。掌握债的发生原因。理解债的保全的概念，掌握债权人的代位权与撤销权。理解债的担保的概念，掌握保证与定金。理解债的移转的概念，掌握债权的让与、债务的承担与债的概括移转。了解债的消灭概念，掌握债的消灭原因。

（一）债的概念与特征

（二）债的分类

1. 意定之债与法定之债

2. 特定物之债与种类物之债

3. 简单之债与选择之债

4. 按份之债与连带之债

5. 单一之债与多数人之债

6. 主债与从债

（三）债的发生原因

1. 合　同

2. 侵权行为

3. 无因管理

无因管理的概念与性质；无因管理的构成条件；无因管理之债的内容。

4. 不当得利

不当得利的概念；不当得利的构成条件；不当得利的基本类型；不当得利之债的内容。

（四）债的保全 132

1. 债的保全的概念

2. 债权人的代位权

债权人代位权的概念、成立要件、债权人代位权的行使及效力。

3. 债权人的撤销权

债权人撤销权的概念、成立要件、债权人撤销权的行使及效力。

（五）债的担保

1. 债的担保的概念

2. 保　证

保证的概念与特征；保证合同；保证方式；保证担保的范围；债权人与保证人的关系；保证人与主债务人之间的关系；保证责任的免除。

3. 定　金

定金的概念；定金的成立；定金的效力。

（六）债的移转

1. 债的移转的概念

2. 债权让与

债权让与的概念；债权让与合同的有效条件；债权让与的效力。

3. 债务承担

债务承担的概念；免责债务承担；并存债务承担。

4. 债的概括移转

债的概括移转的概念；债的概括移转的类型；债的概括移转的效力。

（七）债的消灭

1. 债的消灭的概念

2. 债的消灭的原因

清偿；抵销；提存；免除；混同。

二、合　同

【要求】

理解合同的概念与特征，掌握合同的分类。掌握合同订立的一般程序，掌握合同成立的时间与地点。理解合同的内容，了解合同的形式。理解合同履行的规则，掌握双务合同履行中的抗辩权。了解合同变更与解除的概念，理解合同解除的分类，掌握合同解除的条件、程序及法律后果。掌握买卖合同、赠与合同、租赁合同、承揽合同、保管合同、运输合同、委托合同及居间合同。

（一）合同概述

1. 合同的概念与特征

2. 合同的分类

单务合同与双务合同；有名合同与无名合同；诺成合同与实践合同；要式合同与不要式合同；主合同与从合同。

（二）合同的订立

1. 合同订立的一般程序

要约；承诺。

2. 合同成立的时间与地点

（三）合同的内容和形式

1. 合同的内容

提示性条款；格式条款；免责条款。

2. 合同的形式

（四）合同的履行

1. 合同履行的规则

2. 双务合同履行中的抗辩权

同时履行抗辩权的概念、成立要件、行使及效力；先履行抗辩权的概念、成立要件、行使及效力；不安抗辩权的概念、成立要件、行使及效力。

（五）合同的变更与解除

1. 合同变更与解除的概念

2. 合同解除的分类

3. 合同解除的条件

4. 合同解除的程序与法律后果

（六）各种合同

1. 买卖合同

买卖合同的概念与特征；出卖人与买受人的主要义务；标的物所有权转移的规则；标的物风险负担的规则。

2. 赠与合同

赠与合同的概念与特征；赠与人的主要义务；赠与合同的撤销；赠与合同的解除。

3. 租赁合同

租赁合同的概念与特征；出租人与承租人的主要义务；租赁合同的解除。

4. 承揽合同

承揽合同的概念与特征；承揽人与定作人的主要义务；承揽合同的解除。

5. 保管合同

保管合同的概念与特征；保管人与寄存人的主要义务。

6. 运输合同

运输合同的概念与特征；客运合同的概念、特征，客运合同当事人的主要义务；货运合同的概念与特征，货运合同当事人的主要义务。

7. 委托合同

委托合同的概念与特征；委托人与受托人的主要义务；委托合同的解除。

8. 居间合同

居间合同的概念与特征；委托人与居间人的主要义务。

第四部分　人　身　权

一、人身权概述

【要求】

理解人身权的概念、特征及分类。

（一）人身权的概念与特征

（二）人身权的分类

1. 人格权

2. 身份权

二、人格权

【要求】

理解人格权的概念与特征。掌握生命权、健康权、姓名权、名称权、肖像权、名誉权及隐私权的概念、特征与内容。

（一）人格权的概念与特征

（二）生命权

1. 生命权的概念与特征

2. 生命权的内容

（三）健康权

1. 健康权的概念与特征

2. 健康权的内容

（四）姓名权与名称权

1. 姓名权的概念与内容

2. 名称权的概念与内容

（五）肖像权

1. 肖像权的概念与特征

2. 肖像权的内容

（六）名誉权

1. 名誉权的概念与特征

2. 名誉权的内容

（七）隐私权

1. 隐私权的概念与范围

2. 隐私权的内容

三、身份权

【要求】

理解身份权的概念与特征。掌握荣誉权的概念、特征与内容。

（一）身份权的概念与特征

（二）荣誉权

1. 荣誉权的概念与特征

2. 荣誉权的内容

（三）其他身份权

第五部分　婚姻家庭

一、概　述

【要求】

理解婚姻家庭法的调整对象。掌握婚姻家庭法的基本原则。理解身份法律行为的概念、特征及分类，了解我国婚姻法上的身份权。

（一）婚姻家庭法的调整对象

（二）婚姻家庭法的基本原则

1. 婚姻自由原则

2. 一夫一妻原则

3. 男女平等原则

4. 保护妇女、儿童和老人合法权益原则

5. 计划生育原则

（三）身份法律行为与身份权

1. 身份法律行为的概念、特征及分类

2. 我国婚姻法上的身份权

二、亲属关系原理

【要求】

理解亲属的概念与种类。掌握亲系与亲等，了解行辈。理解亲属关系的发生与终止。

（一）亲属的概念与种类

1. 亲属的概念

2. 亲属的种类

配偶；血亲；姻亲。

（二）亲系、行辈与亲等

1. 亲　系

亲系的概念；亲系的分类。

2. 行　辈

行辈的概念；行辈的分类。

3. 亲　等

亲等的概念；亲等的计算方法；我国婚姻法关于亲属关系计算方法的规定。

（三）亲属关系的发生与终止

1. 配偶关系的发生与终止

2. 血亲关系的发生与终止

3. 姻亲关系的发生与终止

三、结　婚

【要求】

理解结婚的概念与特征。掌握结婚的实质条件与形式条件。理解事实婚姻的概念及我国现行婚姻法对事实婚姻的规定。掌握无效婚姻与可撤销婚姻。

（一）结婚的概念与特征

（二）结婚条件

1. 结婚的实质条件

结婚的必备条件；结婚的禁止条件。

2. 结婚的形式条件

（三）事实婚姻

1. 事实婚姻的概念

2. 我国现行婚姻法对事实婚姻的规定

（四）无效婚姻与可撤销婚姻

1. 无效婚姻

无效婚姻的概念；婚姻无效的情形；宣告婚姻无效的程序；婚姻无效的法律后果。

2. 可撤销婚姻

可撤销婚姻的概念；婚姻可撤销的原因；撤销婚姻的程序；婚姻被撤销的法律后果。

四、夫妻关系

【要求】

理解夫妻人身关系。掌握夫妻财产制度，理解夫妻间的抚养和夫妻间的继承。

（一）夫妻人身关系

（二）夫妻财产关系

1. 夫妻财产制度

夫妻财产制度的概念；我国现行婚姻法对夫妻财产制度的规定。

2. 夫妻间的扶养

3. 夫妻间的继承

五、离　婚

【要求】

理解离婚的概念与特征。理解登记离婚的概念，掌握登记离婚的条件及程序。理解诉讼离婚的概念及适用情形，掌握诉讼离婚的程序、判决离婚的法定理由，理解诉讼离婚的限制性规定，掌握离婚的法律后果。

（一）离婚的概念与特征

（二）登记离婚

1. 登记离婚的概念

2. 登记离婚的条件和程序

（三）诉讼离婚

1. 诉讼离婚的概念及适用情形

2. 诉讼离婚的程序

3. 判决离婚的法定理由

4. 诉讼离婚的限制性规定

5. 离婚的法律后果

离婚在当事人身份上的后果；离婚在当事人财产上的后果；离婚损害赔偿制度；离婚在父母

子女关系方面的后果。

六、父母子女

【要求】

理解父母子女关系的概念与分类。了解父母子女间的权利和义务。

（一）父母子女关系的概念与分类

（二）父母子女间的权利和义务

1. 父母对子女有抚养教育的义务

2. 父母对未成年子女有管教、保护的权利和义务

3. 子女对父母有赡养扶助的义务

4. 父母和子女有相互继承遗产的权利

七、收　养

【要求】

理解收养的概念与特征。了解收养法的基本原则。掌握收养关系成立的实质条件及形式条件。理解收养关系成立的法律效力及收养行为的无效。掌握收养关系解除的方式及收养关系解除的法律后果。

（一）收养的概念与特征

（二）收养法的基本原则

1. 有利于被收养人抚养、成长原则

2. 保障被收养人和收养人合法权益原则

3. 平等自愿原则

4. 不违背社会公德原则

5. 不违背计划生育原则

（三）收养关系的成立

1. 收养关系成立的实质条件

一般收养关系成立的条件；特殊收养关系成立的条件。

2. 收养关系成立的形式条件

（四）收养的效力

1. 收养关系成立的法律效力

收养的拟制效力；收养的解消效力。

2. 收养行为的无效

收养无效的原因；确认收养无效的程序；收养无效的法律后果。

（五）收养关系的解除

1. 收养关系解除的方式

协议解除；诉讼解除。

2. 收养关系解除的法律后果

人身关系上的效力；财产关系上的效力。

第六部分　继　承　权

一、继承权概述

【要求】

理解继承的概念与特征。了解我国继承法的基本原则。理解遗产的概念与范围，掌握继承权的接受、放弃与丧失。

（一）继承权的概念与特征

（二）我国继承法的基本原则

1. 保护公民私有财产继承权原则

2. 继承权平等原则

3. 养老育幼、互助互济原则

4. 互谅互让、和睦团结原则

（三）遗产的概念与范围

（四）继承权的接受、放弃与丧失

二、法定继承

【要求】

理解法定继承的概念与特征。掌握法定继承人的范围与继承顺序。掌握代位继承、转继承的概念、特征及两者的区别。理解法定继承中的遗产分配原则及非继承人的遗产取得权。

（一）法定继承的概念与特征

（二）法定继承人的范围与继承顺序

1. 法定继承人的范围

2. 法定继承人的继承顺序

（三）代位继承与转继承

1. 代位继承的概念和特征

2. 转继承的概念和特征

3. 代位继承与转继承的区别

（四）法定继承中的遗产分配

1. 法定继承的遗产分配原则

2. 非继承人的遗产取得权

三、遗嘱继承

【要求】

理解遗嘱、遗嘱继承的概念与特征，掌握遗嘱继承的适用条件。掌握遗嘱的形式，理解遗嘱见证人的资格。理解遗嘱的有效条件。掌握遗嘱的变更与撤销。理解遗赠的概念与特征。了解遗赠与遗嘱继承的区别。理解遗赠扶养协议的概念、特征及效力。

（一）遗嘱继承概述

1. 遗嘱继承的概念和特征

2. 遗嘱继承的适用条件

（二）遗嘱的设立
1. 遗嘱的概念与特征
2. 遗嘱的形式
公证遗嘱；自书遗嘱；代书遗嘱；录音遗嘱；口头遗嘱。
3. 遗嘱见证人的资格
（三）遗嘱的有效条件
1. 遗嘱人须有遗嘱能力
2. 遗嘱须是遗嘱人的真实意思表示
3. 遗嘱内容合法
4. 遗嘱形式合法
（四）遗嘱的变更与撤销
（五）遗　赠
1. 遗赠的概念与特征
2. 遗赠与遗嘱继承的区别
（六）遗赠扶养协议
1. 遗赠扶养协议的概念与特征
2. 遗赠扶养协议的效力

四、遗产的处理

【要求】
了解继承的开始与遗产的保管。掌握遗产分割的原则及被继承人债务的清偿。
（一）继承的开始与遗产的保管
1. 继承的开始
2. 遗产的保管
（二）遗产的分割与被继承人债务的清偿
1. 遗产分割的原则
2. 被继承人债务的清偿

第七部分　民 事 责 任

一、民事责任概述

【要求】
理解民事责任的概念与特征。理解民事责任的分类。
（一）民事责任的概念与特征
（二）民事责任的分类
1. 合同责任与非合同责任
2. 双方责任与单方责任
3. 共同责任与单独责任
4. 财产责任与非财产责任
5. 有限责任与无限责任

二、缔约过失责任与违约责任

【要求】

理解缔约过失责任的概念，掌握缔约过失责任的构成要件、适用情形及形式。理解违约责任的概念与特征，掌握违约责任的一般构成要件，理解为第三人承担违约责任，掌握违约责任与侵权责任的竞合。理解承担违约责任的方式。

（一）缔约过失责任

1. 缔约过失责任的概念

2. 缔约过失责任的构成要件

3. 缔约过失责任的适用情形

4. 缔约过失责任的形式

（二）违约责任

1. 违约责任的概念与特征

2. 违约责任的一般构成要件

3. 为第三人承担违约责任

4. 违约责任与侵权责任的竞合

5. 承担违约责任的方式

继续履行；赔偿损失；定金；违约金。

三、侵权责任

【要求】

理解侵权行为、侵权责任的概念与特征。掌握侵权责任的归责原则。理解承担侵权责任的方式，掌握不承担责任和减轻责任的情形。掌握一般侵权责任的构成要件。理解数人侵权行为的概念，掌握共同侵权行为及其责任，掌握教唆行为、帮助行为及其责任，掌握共同危险行为及其责任。掌握我国侵权责任法规定的各类侵权责任。

（一）侵权责任概述

1. 侵权行为的概念与特征

2. 侵权责任的概念与特征

3. 侵权责任归责原则

侵权责任归责原则的概念；过错责任原则；无过错责任原则。

4. 承担侵权责任的方式

停止侵害；排除妨碍；消除危险；返还财产；恢复原状；赔偿损失；赔礼道歉；消除影响、恢复名誉。

5. 不承担责任和减轻责任的情形

（二）一般侵权责任的构成要件

1. 加害行为

2. 损害事实

3. 加害行为与损害事实之间有因果关系

4. 过　错

（三）数人侵权行为与责任

1. 数人侵权行为的概念

2. 共同侵权行为及其责任
3. 教唆行为、帮助行为及其责任
4. 共同危险行为及其责任
(四) 我国侵权责任法规定的各类侵权责任
1. 监护人责任
2. 职务侵权责任
3. 网络侵权责任
4. 违反安全保障义务的责任
5. 教育机构伤害责任
6. 产品责任
7. 机动车交通事故责任
8. 医疗损害责任
9. 环境污染责任
10. 高度危险责任
11. 饲养动物损害责任
12. 物件损害责任

考试形式与试卷结构

试卷总分： 150 分
考试时间： 150 分钟
考试方式： 闭卷，笔试
试卷内容比例：

总论部分	约 20%
物权部分	约 20%
债权部分	约 20%
人身权部分 婚姻家庭部分 继承权部分	约 20%
民事责任部分	约 20%

试卷题型比例：

选择题	约 46%
简答题	约 20%
论述题	约 14%
案例分析题	约 20%

试题难易比例：

容易题	约 30%
中等难度题	约 50%
较难题	约 20%

样　题

全国各类成人高等学校招生统一考试

专科起点升本科·民法试卷

一、**选择题**：1～35 小题，每小题 2 分，共 70 分。在每小题给出的四个选项中，只有一项是符合题目要求的。

1. 广义的民法是指（　　）
   A. 民法典　B. 商法典之外的民法典、民事法律法规
   C. 所有关于民事的成文法和不成文法　D. 民法通则

2. 下列选项中，不属于民法的解释方法的是（　　）
   A. 文义解释　B. 类推适用　C. 体系解释　D. 历史解释

3. 根据民事权利的相互依赖关系，民事权利可以分为（　　）
   A. 支配权和请求权　B. 原权利和救济权
   C. 主权利和从权利　D. 绝对权和相对权

4. 下列选项中，属于民事法律关系的是（　　）
   A. 甲向税务机关纳税　B. 政府向某灾区拨款
   C. 乙向某小学捐款　D. 违章司机丙被交警罚款

5. 在下列机构中，不具有法人资格的是（　　）
   A. 某机关人事处　B. 某乡政府
   C. 某市教育局　D. 某大学法学院

6. 北京甲公司与上海乙公司签订了一书面合同，甲公司签字、盖章后寄给乙公司签字、盖章。该合同的成立时间为（　　）
   A. 甲乙公司达成合意时　B. 甲公司签字、盖章时
   C. 乙公司收到甲公司的签字、盖章时　D. 乙公司签字、盖章时

7. 甲受诈欺与乙订立买卖合同，该合同原则上（　　）
   A. 无效　B. 可撤销　C. 效力待定　D. 可追认

8. 甲对乙为要约，下列哪种情况该要约可以撤销？（　　）
   A. 要约到达乙之前
   B. 要约人确定了承诺期限
   C. 乙对甲发出承诺之前
   D. 乙善意地信赖甲的要约是不可撤销的且为履行做好了准备

9. 甲与乙订立空调购销预约，甲支付 5 万元，并约定，甲若半年内不与乙签订正式的购销合同，甲即丧失 5 万元。反之，若乙半年内不与甲签订正式购销合同，则应向甲双倍返还 5 万元。此时，甲所支付的 5 万元是（　　）
   A. 证约定金　B. 预付款　C. 违约定金　D. 解约定金

10. 甲欲购买乙所有的机器设备一台，双方就价款已达成一致。因乙已将该设备出租给丙，

故双方约定待租期届满由丙负责交付。租期届满后，丙未为交付，对此甲应向谁请求给付？（　　）

A. 乙

B. 丙

C. 乙或丙，二者承担连带责任

D. 甲不得向任何一方请求，因为该种合同无效

11. 甲是债务人，乙是债权人，丙受甲之委托为甲提供抵押物担保债权的清偿。若丁与乙协议，由丁承担甲的债务，此时乙丙所设定的抵押权（　　）

A. 仍担保乙债权的清偿

B. 不再担保乙债权的清偿

C. 除非丙有承认的表示以外，不再担保乙债权的清偿

D. 不因丁承担甲之债务而消灭

12. 甲与花店约定，于其友6月1日生日时，由花店将99朵玫瑰送至乙处。花店由于雇员的疏忽，于6月3日才履行合同，甲乙拒收，并且拒付价款。此际（　　）

A. 甲因没有催告，不得拒收

B. 花店迟延履行使合同目的不能实现，故甲可以拒收

C. 花店本身无过错，故花店未违约，甲不得拒收

D. 甲未给花店合理期限，故不得解除合同

13. 下列物品中，不属于不动产的是（　　）

A. 土地　B. 伐倒的树木　C. 田中的禾苗　D. 房屋的地板

14. 下列选项中，属于继受取得所有权的方式是（　　）

A. 收取孳息　B. 生产　C. 善意取得　D. 接受赠与

15. 下列属于抵押权成立要件的是（　　）

A. 须债权人合法占有债务人的财产　B. 债权的发生须与该财产有牵连关系

C. 债权已届清偿期　D. 债权人须与抵押人订立抵押合同

16. 债务人向债权人给付定金作为金钱债权的担保，除双方有特约的外（　　）

A. 债务人履行债务时，债权人既可以用定金折抵价款，也可以将其返还债务人

B. 债务人履行债务时，债权人必须将定金返还债务人

C. 债务人履行债务时，债权人必须将其折抵价款

D. 债务人履行债务时，债务人只能要求返还定金

17. 一般保证人承担保证责任后（　　）

A. 不得向债务人追偿

B. 任何情况下，都有权向债务人追偿

C. 保证人出于赠与而作保证的，不得向债务人追偿

D. 保证人出于赠与而作保证的，原债权人的债权不得移转于保证人

18. 应当先履行合同债务的当事人，可以行使不安抗辩权的情形是：有确切证据证明对方（　　）

A. 经营状况恶化　B. 丧失商业信誉

C. 转移财产　D. 更换法定代表人

19. 人身损害赔偿请求权的诉讼时效期间为（　　）

A. 半年　　B. 一年　　C. 二年　　D. 四年

20. 可以依法转让自己的名称的是　（　）

A. 机关法人　　B. 事业单位法人　　C. 社会团体法人　　D. 个体工商户

21. 下列情况中构成侵害肖像权的是　（　）

A. 未经公民同意，教师将以纪实手法拍摄的路人的特写镜头作为电影教学之用

B. 为发泄心中不满，离婚的前夫将前妻的照片置于马桶下面

C. 以营利为目的，擅自将他人的肖像装饰商店的橱窗

D. 新闻记者将有影星参加的场面拍摄后，刊登于报刊

22. 侵害注册商标专用权的，被侵权人可以请求侵权人将其在侵权期间因侵权所获得的利润转归自己。此种请求权在性质上是　（　）

A. 侵权损害赔偿请求权　　B. 准合同上的请求权

C. 不当得利返还请求权　　D. 缔约过失责任

23. 下列不得授予专利的是　（　）

A. 发明　　B. 实用新型　　C. 科学发现　　D. 外观设计

24. 以著作权中的财产权设定质权的时候　（　）

A. 因著作权之取得无须登记，故设定质权亦无须登记

B. 著作权虽无须登记，但其质权的设定却须登记

C. 书面质押合同于订立时生效，登记仅为对抗要件

D. 只要有口头质押合同并向其管理部门办理出质登记即可

25. 继承人不丧失继承权的情形是　（　）

A. 继承人虐待被继承人情节严重的，但以后确有悔改表现的

B. 继承人遗弃被继承人，如以后确有悔改表现，且被继承人生前予以宽恕的

C. 故意杀害被继承人未遂，被继承人在其生前又表示宽恕的

D. 伪造遗嘱情节严重，以后又有悔改表现的

26. 被继承人被宣告死亡时，其继承从　（　）

A. 法院判决之日开始

B. 不论判决书有无确定的日期均以法院宣判之日开始

C. 以法院判决所确定的日期，没有确定日期的要以宣判之日开始

D. 法院发出寻找失踪人的公告期间届满之日开始

27. 下列选项中，不能作为遗产被继承的是　（　）

A. 文物　　B. 股票　　C. 荣誉称号　　D. 稿酬

28. 2000年，李英与刘宏结婚，育有一子刘晓。2005年刘宏因病去世，此后，李英一直在侍奉公婆。2006年，李英与王强结婚，仍赡养公婆。2009年刘宏的父亲去世，留下其个人所有的私房一幢，该房屋应由　（　）

A. 李英与刘晓各得一半　　B. 刘晓与刘宏之母各得二分之一

C. 李英、刘晓及刘宏母各三分之一　　D. 李英、王强与刘晓各三分之一

29. 甲因出差将家中的一台电脑交由邻居乙保管。在甲出差期间，乙将电脑卖给丙，丙以为电脑为乙所有，便以合理价款购得。对此，甲　（　）

A. 可向丙请求返还电脑　　B. 可要求丙返还电脑

C. 可要求乙与丙共同承担赔偿责任　　D. 可要求丙赔偿损失

30. 下列事实中，能发生不当得利的是 (　　)

A. 债务人清偿未到期的债务
B. 给付因赌博所欠的钱
C. 养子女给其生父母的赡养费
D. 顾客多付售货员的货款

31. 遗赠的标的为 (　　)

A. 遗赠的财产权利
B. 遗赠的财产权利和财产义务
C. 遗赠的财产义务
D. 遗赠的财产

32. 依照我国法律规定，宅基地的所有权属于 (　　)

A. 集体所有
B. 国家所有
C. 村委会所有
D. 宅基地使用人所有

33. 公民离开住所地最后连续居住满多长时间的地方，为经常居住地 (　　)

A. 半年以上　B. 10 个月以上　C. 1 年以上　D. 2 年以上

34. 下列选项中，属于财团法人的是 (　　)

A. 某科学技术协会
B. 某供销合作社
C. 某见义勇为基金会
D. 某股份有限公司

35. 以民事责任的内容是否财产为标准，民事责任可以分为 (　　)

A. 合同责任与非合同责任
B. 双方责任与单方责任
C. 共同责任与单独责任
D. 财产责任与非财产责任

二、简答题：第 36 ~ 38 小题，每小题 10 分，共 30 分。

36. 简述留置权的成立条件。

37. 简述代理行为的法律特征。

38. 简述我国《合同法》对格式条款的法律规制。

三、论述题：第 39 小题，20 分。

39. 试论违约责任。

四、案例分析题：第 40 ~ 41 小题，每小题 15 分，共 30 分。

40. A 地的甲厂与 B 地的乙商店于 2012 年 6 月订立洗衣粉买卖合同，约定 7 月 25 日由甲厂在 B 地的火车站交货。7 月 14 日由于洪水冲垮两地间的铁路，交通中断，A 地与 B 地之间又无飞机通航，甲厂未将此情势通知乙商店，乙商店亦未查询。8 月 1 日交通恢复后，甲厂立即装运，8 月 9 日运抵 B 地火车站，甲厂押运人通知乙商店取货。乙商店拒不受领，在与甲厂押运人的谈判中，要求压低价格，甲厂不能接受。甲厂押运人只好租用民房一间暂为保管，同时继续与乙商店交涉。8 月 15 日，由于 B 地大雨，山洪暴发，冲垮民房，洗衣粉灭失三分之一，另外三分之二也因浸水而只能降价处理。

问：(1) 甲乙间的合同关系是否解除？为什么？

(2) 甲厂未将交通中断的事实通知乙商店，若乙商店因此受有损害，甲厂是否应该负责赔偿？

(3) 乙商店不受领是否构成违反买卖合同？为什么？

(4) 甲厂因部分洗衣粉灭失以及降价而遭受的损失，可否要求乙商店予以赔偿？为什么？

41. 某体育报社记者接到张某的电话，张某在电话中透露说：足球裁判于某在 A 队与 B 队的比赛过程中，偏向 B 队，吹“黑哨”。记者将该事实请示报社领导后，经与张某核实并经领导过目，在该报上刊登了“于某吹黑哨”的消息。

于某见报后，将该报社告上了法庭，使之为其恢复名誉，赔礼道歉并赔偿损失。经查明，报社的报道严重失实，但报社声称：报社对消息已尽了形式审查的注意义务，此次报道失实完全是张某故意提供虚假事实所致，报社并无过错，故报社不应承担民事责任，原告应向张某请求赔偿。

问：(1) 某体育报社的报道是否构成了对于某的名誉损害？于某可否要求该报社停止侵害，登报为其恢复名誉？

(2) 若于某起诉张某，张某是否应承担民事责任？承担什么责任？为什么？

(3) 报社与张某是否构成共同侵权？为什么？

参考答案

一、选择题

1. C	2. B	3. C	4. C	5. D	6. D	7. B	8. B	9. C	10. C
11. A	12. C	13. B	14. D	15. D	16. A	17. B	18. B	19. B	20. D
21. C	22. A	23. C	24. C	25. B	26. C	27. C	28. C	29. A	30. D
31. A	32. A	33. C	34. C	35. D					

二、简答题

答案要点：

36. (1) 留置权是指，依照合同的约定占有债务人财产的债权人，于债务人逾期不履行债务时，可以扣留其占有的财产，并以其担保债权得以实现的权力。

(2) 留置权的成立要件：

第一，一方按照合同已经占有了对方的财产。

第二，对方没有依约给付应付的款项。

第三，对方没有履行给付义务超过了约定期限。

37. (1) 所谓代理是指，代理人在代理的授权范围之内，以被代理人的名义，为被代理人的利益所实施的，该代理行为的后果要由被代理人来承担的法律行为。

(2) 代理的法律特征：

第一，代理人须在代理的权限范围内实施民事法律行为。

第二，代理人以被代理人的名义来实施民事法律行为。

第三，代理人所实施的民事法律行为的后果要由被代理人来承担。

38. (1) 所谓格式条款是指，当事人为了重复使用而预先拟定好合同当事人权利义务内容的条款，并在订立合同时一般不与对方协商合同条款，而仅就订立或者不订立合同达成意思表示一致的合同。

(2) 合同法对格式条款的法律规制：

第一，提供格式合同的一方应当遵循公平原则来确定当事人之间的权利和义务。

第二，提供格式合同的一方应采取合理的方式提请对方注意免除和限制其责任的条款，按照对方的要求就该条款做出说明。

第三，格式条款的无效：违反合同法有关合同的生效要件的格式条款，以及提供条款的一方通过格式条款免除自己的责任，加重对方的责任，排除对方主要权利的格式条款均无效。

第四，对格式条款的理解发生争议的时候，应当按照通常的理解予以解释；对格式条款可以作两种以上的解释的时候，应当做出不利于提供格式合同的一方的解释；格式合同和非格式合同条款不一致的时候，应当以非格式合同为准。

三、论述题

答案要点：

39. (1) 违约责任的概念。所谓违约责任，是指当事人违反合同义务依法所要承担的民事法律后果。

(2) 违约责任的法律特征：

①违约责任的产生是以合同当事人不履行合同义务为条件的。如果当事人违反的不是合同义务，而是法律规定的其他义务，则应负其他责任。

②违约责任具有相对性。合同关系具有相对性，也就决定了违约责任具有相对性，即违约责任只能在合同关系的当事人之间发生，合同关系以外的人不承担违约责任，合同当事人也不对其承担违约责任。

③违约责任主要具有补偿性。违约责任旨在弥补因违约行为造成的损害后果，从而使双方的利益状况达到平衡。

④违约责任可以由当事人约定。违约责任具有一定的任意性，即当事人可以在法律规定的范围内，对违约责任事先做出安排。

⑤违约责任是民事责任的一种形式。民事责任有多种形式，违约责任是其中的一种。违约责任不仅是合同法的核心内容，也是我国民事责任制度的组成部分。

(3) 违约责任的成立要件

①必须有违约行为。

A. 违约行为具有以下特点：

第一，违约行为的主体是合同关系中的当事人。

第二，违约行为是以有效合同关系的存在为前提的。

第三，违约行为在性质上都违反了合同义务。

第四，违约行为在后果上都导致对合同债权的侵害。

B. 违约行为的类型：违约行为包括预期违约和实际违约。

②不存在法定或约定的免责事由。法定免责事由主要是指不可抗力，约定免责事由主要是指免责条款。

上述两个要件是违约责任的一般成立要件。有些具体的违约责任，如损害赔偿责任，除须具备上述两个要件外，还要具有损害事实等特殊要件。

(4) 承担违约责任的方式。主要包括：

①继续履行，是指在一方违反合同时，另一方有权要求其依据合同的规定继续履行。

②损害赔偿，是指违约方因违反合同义务致使对方受到损害时，应赔偿受害方所受的损失。

③违约金，是指一方违约时依约定或法律规定，向对方支付的一定数额的金钱。

④定金，是指合同当事人约定的，为确保合同的履行，由一方当事人预先支付给另一方的一定款项。给付定金的一方不履行债务的，无权要求返还定金；接受定金的一方不履行债务的，应当双倍返还定金。

四、案例分析题

答案要点：

40. (1) 虽然不可抗力是法定的免责条款，但鉴于甲乙之间既没有解除合同的协议，也不符合法定的解除合同的情形，鉴于解除权的行使要以通知为要件，故该合同没有解除。

(2) 洪水是不可抗力，因洪水引起的交通中断所造成的履行不能带来的损失，甲方不承担赔偿责任；但发生不可抗力以后，甲方负有通知的义务，由于其未尽通知义务而造成的损失，则要承担赔偿责任。

(3) 乙商店拒不受领违反买卖合同的义务。因为合同双方约定的履行期限虽然已过，但本案的履行期限在合同的内容上并不特别重要，故即使债务人在合同约定的履行期届满后才履行，原则上也不允许债权人立即解除合同。因此无正当理由其不得拒绝受领。

(4) 甲厂因部分洗衣粉灭失及降价所受的损失虽然同样是由于不可抗力而引起的，但既然合同没有解除，依合同约定运到B地火车站即算交付，故可以要求乙商店予以赔偿。

但甲厂在迟延履行后发货时，并未通知对方，对损失的形成也有一定责任，故依据公平责任也应分担一定的损失。故不论乙商店是否拒绝受领，鉴于货物业已交付，所以因此而遭受的损失，即使是不可抗力亦要由乙商店承担主要责任。

41. (1) 报社的报道符合侵权行为的构成要件，故于某可以请求报社停止侵害，登报为其恢复名誉。

(2) 若于某起诉张某，张某自然应承担民事责任。因为张某提供虚假信息，并有意扩散给媒体，符合侵害名誉权的构成要件，故应承担损害他人名誉权的民事责任。

(3) 根据目前我国有关法律规定，报社由于其报道主要事实失实而要承担侵害于某名誉权的民事责任。

本案中记者的行为是履行职务且事先已经请示过领导，故应由新闻单位承担全部责任。简单地说，法人的工作人员在其执行职务的过程中所实施的侵权行为，要由法人承担损害赔偿的责任，此谓“雇主的转承责任”。故报社与信息提供者张某构成共同侵权，要承担连带责任。